深圳经济特区建立40周年改革创新研究特辑

吴定海 主编

谢志岿 副主编

深圳密码：
迈向社会主义现代化强国的城市范例

Decoding the Development of Shenzhen:
To a Model City of Great Modern Socialist Country

中国社会科学出版社

图书在版编目（CIP）数据

深圳密码：迈向社会主义现代化强国的城市范例/吴定海主编．—北京：中国社会科学出版社，2020.10（2021.1重印）

（深圳经济特区建立40周年改革创新研究特辑）

ISBN 978-7-5203-7218-3

Ⅰ.①深… Ⅱ.①吴… Ⅲ.①区域经济发展—研究—深圳 Ⅳ.①F127.653

中国版本图书馆 CIP 数据核字（2020）第 175322 号

出 版 人	赵剑英
项目统筹	王　茵
责任编辑	马　明　赵　威
责任校对	胡新芳
责任印制	王　超
出　　版	中国社会科学出版社
社　　址	北京鼓楼西大街甲158号
邮　　编	100720
网　　址	http://www.csspw.cn
发 行 部	010-84083685
门 市 部	010-84029450
经　　销	新华书店及其他书店
印刷装订	北京君升印刷有限公司
版　　次	2020年10月第1版
印　　次	2021年1月第2次印刷
开　　本	710×1000　1/16
印　　张	25.75
字　　数	383千字
定　　价	159.00元

凡购买中国社会科学出版社图书，如有质量问题请与本社营销中心联系调换
电话：010-84083683
版权所有　侵权必究

吴定海

博士,毕业于武汉大学传播学专业,现任深圳市社会科学院(社会科学联合会)党组书记、院长(主席)。长期从事宣传文化管理与研究工作,在现代城市文明建设、大众传播理论与实践、经济特区发展等领域有着丰富的研究经验和成果。近年来担任《深圳改革创新丛书》《深圳学派建设丛书》编委会主任,先后主编了《中国道路的深圳样本》《深圳经济发展报告》等系列丛书,主持和参与了社会主义现代化强国的城市范例研究、全球区域文化中心城市研究、深圳加快建设社会主义现代化先行区战略研究、深圳市民文明素养提升研究等课题,在《学习时报》等刊物发表《城市基层文明建设须发挥市民主体作用》等多篇论文。

谢志岿

　　谢志岿，湖南道县人，香港中文大学博士，现为深圳市社会科学院（社会科学联合会）党组成员、副院长（副主席）、研究员。主要研究领域为国家和社会治理、城市化与经济社会转型等。出版专著两部、合作著作多部；发表论文六十余篇，被《新华文摘》、人大复印报刊资料等转载近二十篇。主持国家社科基金及省市重点项目数十项。成果多次获广东省和深圳市哲学社会科学优秀成果奖。

深圳经济特区建立40周年改革创新研究特辑编委会

顾　　　问：王京生　李小甘
主　　　任：王　强　吴以环
执 行 主 任：陈金海　吴定海
主　　　编：吴定海
编委会成员：（以姓氏笔画为序）

王为理　王世巍　刘婉华　李凤亮
杨　建　肖中舟　何国勇　张玉领
陈少兵　罗　思　赵剑英　南　岭
袁易明　袁晓江　莫大喜　黄发玉
黄　玲　曹天禄　谢志岿　谭　刚
魏达志

总　　序

　　先进的文化，来自对先进的生产方式和生活方式的能动反映；先进的生产力，来自对生产前沿审时度势的探索。40多年来，深圳一直站在生产力和生产关系新模式探索的最前沿，从生产实践，到制度建立，再到观念更新，取得了系统的、多层次的成果，为改革开放全面成功推广，提供一整套系统的观念与经验。当然，深圳的改革历程，是一个步步为营的过程。如果说，改革开放之初所取得的成功，主要在于以一系列惊心动魄的实践，按照市场经济发展规律，循序渐进地突破制度的坚冰，在摸索中逐步确立社会主义市场经济的新制度、新机制、新关系，形成新的发展模式；那么，在完成试验田式的探索之后，深圳取得的新突破，则是在国内经济转型和国际新经济背景之下，结合自身优势而完成的产业升级和观念升级。在升级换代过程中，深圳已经取得开阔的国际视野，在国际上也形成自身的影响力，在国内则拥有党中央强有力的支持和更成熟的制度后盾。

　　在这个过程中，深圳作为探索者、排头兵所探索出来的一系列成功经验，已经成为社会主义市场经济体制的基本构成部分；在这个过程中，深圳人为社会主义市场经济模式的建立与繁荣，做出系列有利于国、有益于民的大胆探索，其间所形成的开拓进取精神，已经凝聚成为一种可以叫作"深圳精神"的东西。正如习近平总书记在深圳考察时说的："如果说，深圳是中国改革开放的一本样板书，那这本书上，给人留下印象最深刻的两个字，就是'敢闯'！"同时，深圳的系列探索实践，也是对党的老一辈革命家改革开放、发展生产力理想的具体实践。从全国来看，改革开放40余年，在我国沿海、沿江、沿线甚至内陆地区建立起国家级或省市级高新区、开发区、自贸区、保税区等，形成了类型众多、层次多样的多元化改革发展新格局。

党的十八大以来，中央对深圳提出的新要求，正体现着这种一贯思路的延续和战略高度的提升。深圳的拓荒意义不但没有过时，而且产生了新的内涵。深圳被赋予了中国特色社会主义先行示范区的新角色，从改革开放试验田，到社会主义先行示范区，这种身份的转变，是新时代进一步深化改革开放的新成果，也是深圳作为中国这个世界第二大经济体经济发展的重要驱动力在国际经济新格局中扮演的新角色。在习近平新时代中国特色社会主义思想指导下继续解放思想、真抓实干，改革开放再出发，在新时代走在前列，在新征程勇当尖兵，是新时代赋予深圳的新任务。在深化改革的过程中，不论是国家，还是以北京、上海、广州、深圳为代表的大城市所面对的国际政治形势和经济形势，比以往都要复杂很多，需要我们做出更睿智和更高瞻远瞩的决策，以应对更复杂的产业形势和政治形势。从这个角度看，新时代深圳改革开放、开拓进取的任务不是轻了，而是更重了；需要的勇气和毅力不是少了，而是更多了。

习近平新时代中国特色社会主义思想，是我们继续深化改革的指导思想和行动指南。在以习近平同志为核心的党中央的坚强领导下，因世界大势，应国内态势，以满足人民不断增长的物质文化生活需求为动力，在经济特区已有的经验基础上，围绕新时代经济特区发展进行深入理论思考和实践探索，完成城市发展与国家发展的统一，完成继承与创新的统一，为习近平新时代中国特色社会主义思想增添新的生动范例，为践行中国特色社会主义理论提供新的经验，推进新时代经济特区在经济、政治、文化、社会和城市生态等方面实现更高层次的发展，是新时代赋予深圳的新使命。

新时代推动新实践，新实践催生新思想，新思想呼唤新理论。讲好深圳故事既是时代所需，也是中国学者的责任。为了总结深圳经济特区建立40年来改革探索的经验，为深圳改革探索提供学者的观察和视角，深圳市社科院组织市内外的专家学者对深圳经济特区40年经济社会发展的路径进行了深入研究，形成了十部著作，作为《深圳改革创新丛书》的特辑出版。《深圳改革创新丛书》作为深圳推进哲学社会科学发展的重要成果,此前已经出版了六个专辑,在国内引起了一定的关注。这套《深圳经济特区建立40周年改革创新研究特辑》,既有对改革开放40多年来深圳发展历程的回顾,也有结合新使命而做的新探索。希望这些成果,为未来更深入和更高层面的研究,提供新的理论资源。这套丛书也是学界和中国社会科学出版社对深圳经济特区建立40周年的一份献礼。

编写组
2020年6月

目 录

导 论 …………………………………………………………（1）
 第一节 背景与意义 ……………………………………（1）
 第二节 为什么是深圳？ ………………………………（6）
 第三节 深圳密码 ………………………………………（9）
 第四节 深圳的使命担当 ………………………………（14）

第一章 社会主义现代化强国：理论与内涵 ……………（18）
 第一节 习近平关于社会主义现代化的重要论述 ……（18）
 第二节 现代化的主要理论 ……………………………（28）
 第三节 中国特色社会主义现代化的基本概念 ………（40）
 第四节 社会主义现代化强国基本概念 ………………（47）

第二章 城市与中国现代化发展历程 ……………………（61）
 第一节 上海开埠：中国城市现代化的历史起点 ……（63）
 第二节 重工业优先：社会主义现代化的第一阶段 …（69）
 第三节 改革开放：中国特色社会主义理论与实践 …（76）
 第四节 深圳：从改革开放试验田到现代化先行示范
     城市 …………………………………………（82）

第三章 全国经济现代化的排头兵 ………………………（88）
 第一节 "再造一个香港"成为现实 …………………（89）
 第二节 构建面向世界的开放型经济体制 ……………（97）
 第三节 内地市场化程度最高的地区 …………………（107）
 第四节 产权制度改革铺就企业成长的温床 …………（112）

第五节　迈向国际科技创新中心 …………………………………（119）
第六节　走高质量发展道路 ………………………………………（130）
第七节　构建完善的现代化经济体系 ……………………………（137）

第四章　营造和谐活力的现代城市社会 …………………………（146）
第一节　构建橄榄型社会结构 ……………………………………（147）
第二节　维护和实现公民的社会权利 ……………………………（153）
第三节　践行民生财政 ……………………………………………（160）
第四节　满足市民对公共服务的需求 ……………………………（164）
第五节　不断丰富和完善社会福利 ………………………………（176）
第六节　让人民感到安全安心 ……………………………………（181）
第七节　发达的社会组织 …………………………………………（184）
第八节　共建共治共享的社会治理格局 …………………………（188）

第五章　文明之城与人的现代化 ……………………………………（193）
第一节　梦想之城：深圳的"创世纪"故事 ……………………（194）
第二节　社会主义市场经济的文化精神 …………………………（200）
第三节　"市场社会"与新型文化的生成场域 …………………（208）
第四节　践行"文化立市"战略 …………………………………（214）
第五节　文明城市：实现人的现代化 ……………………………（221）

第六章　宜居宜业美丽生态之城 ……………………………………（229）
第一节　优良的空气质量 …………………………………………（230）
第二节　绿色之城 …………………………………………………（233）
第三节　绿色产业体系 ……………………………………………（239）
第四节　绿色生活方式 ……………………………………………（244）
第五节　污染治理 …………………………………………………（248）
第六节　规划引导城市发展 ………………………………………（251）
第七节　交通和公共服务先导 ……………………………………（256）
第八节　城市更新和城中村整治 …………………………………（262）

第七章 民主法治的现代城市治理 (267)
  第一节 打造服务型政府 (268)
  第二节 集中力量办大事 (278)
  第三节 打造数字政府 (288)
  第四节 法治城市建设 (299)
  第五节 百姓的事大家说了算 (310)

第八章 深圳现代化发展程度：量化评价与追赶预测 (316)
  第一节 深圳现代化发展程度的评价指标体系 (317)
  第二节 深圳现代化发展程度的测算 (325)
  第三节 深圳现代化发展五大领域存在的短板和不足 (333)
  第四节 深圳现代化发展程度追赶预测：2020—2049 (355)

第九章 社会主义先行示范区：深圳再出发 (359)
  第一节 先行示范区：新时代的行动纲领 (360)
  第二节 先行示范区的主要特征 (363)
  第三节 先行示范区建设的主要机遇 (366)
  第四节 先行示范区建设的主要挑战 (370)
  第五节 建设先行示范区的方法论 (374)

参考文献 (384)

后记 (400)

导　　论

在世界现代化进程的坐标中，深圳探索了一条后发地区快速而高质量实现现代化的成功路径。因此，习近平总书记寄望深圳"建设中国特色社会主义先行示范区，努力创建社会主义现代化强国的城市范例"。深圳的崛起是"市场经济＋社会主义"的中国特色社会主义道路的成功实践。解读深圳现代化的密码，创建社会主义现代化强国的城市范例，对推进国家的现代化，具有重要意义。

第一节　背景与意义

"五十年历史看深圳，一百年历史看上海，一千年历史看北京，两千年历史看西安，五千年历史看河南"，网络上流传的这个说法，形象地反映了深圳在中国改革开放历史上的地位。作为改革开放的缩影，深圳从落后的农业区域发展成为一流现代化城市的案例，最典型、最生动、最鲜明地反映了改革开放以来中国在经济社会发展和现代化转型方面所发生的巨变。深圳的发展成就引起世界瞩目。《经济学人》杂志2017年4月刊发了一篇题为《深圳已成创新温室》的特别报道，指出深圳已经做了比中国内地任何地方更多的工作，来彻底改变"山寨中国"的过时印象。目前，深圳已成为全球硬件和制造业创新枢纽。[1] 海外中国研究学者2017年编辑出版了一

---

[1] Welcome to Silicon Delta：Shenzhen is a hothouse of innovation，http：//www.economist.com/news/special-report/21720076-copycats-are-out-innovators-are-shenzhen-hothouse-innovation？from＝groupmessage&isappinstalled＝0.

部名为《向深圳学习》的著作，专门讨论深圳发展的经验和成就。①2019年，中国经济学者张军出版了《深圳奇迹》一书，探讨深圳奇迹及其原因。

改革开放以来深圳经济特区所取得的成就，得到了党中央高度重视和肯定。2012年12月7日，在中共十八大新当选的中共中央总书记习近平离京考察的第一站即选择了深圳，向世界郑重宣示新一届中央领导班子坚持改革开放、继续发展中国特色社会主义的时代宣言。从2012年到2018年，习近平总书记对广东工作先后做出"三个定位，两个率先"（2012），②"四个坚持、三个支撑、两个走在前列"（2017）③和"四个走在全国前列"（2018）④的指示批示。2018年10月下旬，在改革开放40周年、粤港澳大湾区建设全面推进的关键时刻，习近平总书记又一次考察广东，对广东和深圳工作提出新要求。2019年初，习近平总书记对深圳工作做出新的重要批示，希望深圳"朝着建设中国特色社会主义先行示范区的方向前行，努力创建社会主义现代化强国的城市范例"。总书记的批示指示，既是对广东和深圳工作的充分肯定，更是对广东和深圳工作的殷切期望。2019年8月，中共中央国务院印发了《关于支持深圳建设中国特色社会主义先行示范区的意见》，将支持深圳建设中国特色社会主义先行示范区上升为国家战略。

实现社会主义现代化是中国共产党矢志不渝的目标。新中国的

---

① Mary Ann, O'Donnell and Jonathan Bach, Winnie Wong, *Learning from Shenzhen*: *China's Post-Mao Experiment from Special Zone to Model City*, Chicago: The University of Chicago Press, 2017, p. 20.

② "三个定位，两个率先"是习近平总书记在2012年末视察广东时提出的殷切期望，即广东要努力成为发展中国特色社会主义的排头兵、深化改革开放的先行地、探索科学发展的试验区，为率先全面建成小康社会、率先基本实现社会主义现代化而奋斗。

③ 2017年4月，习近平对广东工作做出重要批示，希望广东坚持党的领导、坚持中国特色社会主义、坚持新发展理念、坚持改革开放，为全国推进供给侧结构性改革、实施创新驱动发展战略、构建开放型经济新体制提供支撑，努力在全面建成小康社会、加快建设社会主义现代化新征程上走在前列。

④ 2018年3月，习近平在参加十三届全国人大一次会议广东代表团审议时发表重要讲话，要求广东在构建推动经济高质量发展的体制机制上走在全国前列，在建设现代化经济体系上走在全国前列，在形成全面开放新格局上走在全国前列，在营造共建共治共享社会治理格局上走在全国前列。

历史，就是实现社会主义现代化的历史。1954年，周恩来在《政府工作报告》中首次提出要"建立起强大的现代化的工业、现代化的农业、现代化的交通运输业和现代化的国防"。1957年，毛泽东在《关于正确处理人民内部矛盾的问题》一文中，提出了将中国建设成为一个具有现代工业、现代农业和现代科学文化的社会主义国家。①1959年，毛泽东在三个现代化基础上又加上了"国防现代化"。②1964年和1975年，周恩来在全国人大会议上明确提出了实现"四个现代化"的目标。党的十一届三中全会以后，邓小平对中国社会主义现代化建设提出了"三步走"的发展战略，即"本世纪走两步，达到温饱和小康，下个世纪用三十年到五十年时间再走一步，达到中等发达国家的水平"③。党的十三大明确提出把中国建设成为富强、民主、文明的社会主义现代化国家的目标。江泽民在1997年党的十五大报告中提出了经济政治文化"三大目标"："建设有中国特色社会主义的经济、政治和文化的基本目标和基本政策，有机统一、不可分割，构成党在社会主义初级阶段的基本纲领"；在2002年党的十六大报告中做出了中国社会主义经济建设、政治建设、文化建设的"三位一体"的战略部署。胡锦涛在2007年党的十七大报告中提出了中国社会主义经济建设、政治建设、文化建设、社会建设的"四位一体"的战略部署，在2012年党的十八大报告中全面提出了经济建设、政治建设、文化建设、社会建设和生态文明建设的"五位一体"的总体布局，促进现代化建设各方面相协调。

党的十八大以来，以习近平同志为核心的党中央，对实现社会主义现代化做出了新部署。2012年11月29日，在参观"复兴之路"展览时第一次阐释"中国梦"以来，习近平系统地阐述了实现全面建成小康社会、建成富强民主文明和谐的社会主义现代化国家的奋斗目标，实现中华民族伟大复兴的中国梦。④为实现"两个一

---

① 《毛泽东选集》第7卷，人民出版社1999年版，第207页。
② 《毛泽东文集》第8卷，人民出版社1999年版，第116页。
③ 《邓小平文选》第3卷，人民出版社1993年版，第251页。
④ 《习近平在第十二届全国人民代表大会第一次会议上的讲话》，2013年3月17日。

百年"奋斗目标、实现中华民族伟大复兴的中国梦，习近平总书记明确提出协调推进"全面建成小康社会、全面深化改革、全面依法治国、全面从严治党"的"四个全面"战略布局。① 在党的十九大报告中，习近平总书记系统阐述了新时代中国特色社会主义思想，即"八个明确""十四个坚持"，确定了中国特色社会主义的总任务、目标、步骤和路径等，为中国实现社会主义现代化制定了行动纲领。

中国共产党人对中国社会主义现代化的认识是不断拓展和深化的。从现代化的领域来看，从工业化到四个现代化，再到三位一体、四位一体的现代化，直至五位一体的现代化以及习近平总书记强调的国家治理体系和治理能力的现代化等，关于社会主义现代化的内容更加丰富完整。

城市是社会主义现代化强国的组成部分和重要支撑。中国特色社会主义先行示范区和现代化强国的城市范例，是结合城市特点，在富强、民主、文明、和谐、美丽各个方面取得了较高成就，探索了新鲜经验，从而成为典范的城市。根据《中共中央国务院关于支持深圳建设中国特色社会主义先行示范区的意见》，结合现代化的相关定义，具体而言，现代化强国城市范例大致具有如下特征。

（1）经济科技高度发达，发展质量高。人均GDP达到发达国家平均水平，基础研究实力雄厚，原始科技创新、科技成果转化能力强，科技产业全球竞争力卓越，拥有一大批在新兴先导行业各细分领域的龙头跨国大企业和国际领先人才，科技产业总体处于价值链中高端，先导科技产业集群优势明显，整体经济实力和人均创造力处于全球先进城市之列，形成高质量的有竞争力的现代经济体系。

（2）社会和谐，民生幸福。人均收入水平高，贫富差距较小，教育、医疗等各项公共服务体系优质均衡，覆盖各群体可持续的社会保障和社会福利体系完善，形成共建共治共享共同富裕的民生发展格局，实现幼有善育、学有优教、劳有厚得、病有良医、老有颐养、住有宜居、弱有众扶，市民幸福感、获得感高，社会和谐

---

① 习近平：《协调推进"四个全面"战略布局》，载《习近平谈治国理政》第2卷，外文出版社2017年版。

稳定。

（3）城市文明程度高。城市文化基础设施和公共文化服务体系完善，现代文化产业发达，市民自觉践行社会主义核心价值观，具有良好的思想道德修养和文明的行为习惯，具有与社会主义市场经济相适应的现代观念和文化精神，成为新时代举旗帜、聚民心、育新人、兴文化、展形象的引领者，实现人的现代化和全面发展。

（4）城市治理现代化。法治建设水平全面提升，政府与市场、政府与社会关系清晰规范，形成稳定、公平、透明、可预期的国际一流法治化营商环境。人民当家做主制度进一步完善，知情权、参与权、表达权、监督权等民主权利得到充分保障。社会组织完善并充分发挥作用。政府机构职能设置科学，运作规范法治，管理和服务智慧高效，治理体系和能力现代化，公平正义的民主法治得到充分彰显。

（5）宜居宜业，生态文明发达。牢固树立和践行绿水青山就是金山银山的理念，实行最严格的生态环境保护制度，建立完善的生态文明制度。形成节约资源和保护环境的空间格局，产业结构、生产方式、生活方式、空气质量、单位GDP能耗等绿色发展环境指标达到国际一流水平。建成区公园绿地、市政和公共服务设施完善，为宜居宜业和可持续发展奠定良好物质基础，成为人与自然和谐共生的美丽中国典范。

城市化是现代化的重要内容，城市作为经济、科技、文化中心，是国家实现现代化的引擎和依托。中国要实现社会主义现代化强国的目标，需要一大批城市的带动引领。深圳经济特区创造了工业化、城市化奇迹，也为国家现代化做出了巨大贡献，对整个国家的现代化发展发挥着重要的推动作用。因此，总结深圳经济特区40年来社会主义现代化的成功经验，探讨创建社会主义现代化强国城市范例的未来路径，对深圳乃至全国的社会主义现代化建设，具有重要的意义和价值。

第二节 为什么是深圳？

中国地域辽阔，各地资源禀赋千差万别，现代化不可能在所有地区都以同样的速度和水平推进，"胡焕庸线"[①]不仅仅是人口密度的分界线，同时也是现代化发展水平的分界线，东南部地区的现代化水平明显高于西北部地区。城市是各种现代化要素的聚集点和交汇处，城市现代化对于国家现代化而言有先行和示范作用。一部分地区先行启动和实现现代化，可以为相对落后地区的现代化进程提供借鉴，避免走弯路。党的十八大报告也提出："鼓励有条件的地方在现代化建设中继续走在前列，为全国改革发展作出更大贡献。"社会主义现代化强国的建设，既不能照抄西方的现代化发展模式，也没有其他社会主义国家的经验可供借鉴，必须自己探索一条中国特色的社会主义现代化新路。也就是在这一背景下，习近平总书记提出要深圳勇当尖兵，"朝着建设中国特色社会主义先行示范区的方向前行，努力创建社会主义现代化强国的城市范例"。

在全国各大城市中，深圳并非在现代化的各个领域都走在前面，在这种情况下，为什么是深圳而不是其他城市被赋予社会主义现代化强国的城市范例？笔者认为，主要有以下原因。

第一，深圳在一穷二白的基础上建设成为一个国际大都市，是赶超型现代化的成功范例。中国和其他发展中国家一样，走的都是赶超型现代化道路，现代化的发展基础远远落后于西方发达国家，如何在较短时间内完成西方发达国家上百年才完成的现代化进程，是困扰后发现代化国家和地区的一大难题。然而，深圳经济特区成立以来，在短短40年的时间内，从人口30万的边陲小县，发展成为一个拥有1300多万常住人口的大城市；地区生产总值（GDP）从1979年的1.9亿元发展到2018年的超过2.4万亿元，综合经济

[①] 是地理学家胡焕庸在1935年提出的划分中国人口密度的对比线，被称为"爱辉—腾冲一线"或"黑河—腾冲一线"。从黑龙江的黑河（旧称"瑷珲"或"爱辉"）到云南省腾冲市，大致为45度直线，这条直线的东南方36%的土地上生活着96%的人口。

实力跃居全国大中城市前列，持续增长速度位居国内大中城市之首；从基础设施一穷二白的农业县城发展成为城市功能基本完备、城市品质全面提升的现代化国际化都市，创造了世界城市建设和现代化发展史上的奇迹。内地多数城市与深圳类似，城市基础设施和现代化的底子薄，深圳赶超型现代化发展模式有着较大的典范作用。

第二，深圳将"一次现代化"和"二次现代化"紧密结合在一起，是现代化"并联"发展的成功范例。习近平总书记指出："我国的现代化与西方发达国家不同，西方发达国家的工业化、城镇化、农业现代化、信息化顺序发展，是一个'串联式'的发展过程，前后大概用了二百多年的时间。而我国的工业化、信息化、城镇化、农业现代化是一个'并联式'的过程。"[1] 如果沿袭西方发达国家的现代化发展道路，先进行工业化，后进行城市化、信息化，先启动"一次现代化"，再开展"二次现代化"，那中国的现代化就永远处在追赶状态，无法达到西方发达国家水平，更不用说弯道超车。深圳赶超型现代化本身就是一种"并联式"的现代化模式，在进行工业化和城市建设的同时，及时推进科技创新和产业转型，将"一次现代化"的工业化、城市化、市场化等因素与"二次现代化"的知识化、信息化、网络化等因素有机结合起来[2]，产业发展和转型升级始终先行一步，代表工业社会的高质量实体经济和代表后工业社会的现代服务业深度融合，推动一种"并联式"的发展模式，可以为国内其他城市发展提供典范。

第三，深圳在改革开放的最前沿保持政治定力和社会主义不动摇，是中国特色社会主义现代化的成功范例。中国特色社会主义现代化不是资本主义的现代化，而是社会主义的现代化。深圳位于改革开放最前沿，临近港澳，再加上改革开放对西方发达国家发展经验的引进，容易受各种思潮的影响和冲击。在这种复杂情况下，深圳坚持保持政治定力，始终与党中央保持高度一致，通过在社会主

---

[1] 中共中央文献研究室编：《习近平关于社会主义经济建设论述摘编》，中央文献出版社2017年版，第159页。

[2] 何传启：《知识经济与第二次现代化》，《科技导报》1998年第6期。

义条件下解决发展市场经济和现代化许多重大而复杂的问题，实现了社会主义制度与现代化发展的有机结合。在所有制结构上，形成了以公有制为支撑、多种所有制平等竞争的格局，国有企业牢牢把握金融、供水、供电、供气、交通运输等关系国计民生的行业和部门；在全国较早形成以按劳分配为主体、多种分配制度并存的分配制度。深圳的经验证明，社会主义不仅可以发展市场经济，而且可以比资本主义更好更快地实现现代化；不仅可以为国内其他城市发展社会主义现代化增强信心，提供道路自信、理论自信、制度自信和文化自信，而且可以提供发展路径示范。

第四，深圳多年致力于改革开放与创新发展，是践行改革创新作为新时代现代化建设第一动力的成功范例。2018年，习近平在参加全国人大广东代表团审议时提出："发展是第一要务，人才是第一资源，创新是第一动力。"[①] 党的十九大报告中 70 次提到"改革"、59 次提到"创新"，中国社会主义现代化建设进入新时代，改革创新已经成为新时代现代化建设的第一动力。深圳作为中国最早实施改革开放的城市，作为中国经济体制改革的"试验场"，从一开始就在很多领域大胆探索、勇于创新，释放了巨大的生产力，以体制机制创新为现代化建设释放活力、提供动力，成为中国特色社会主义现代化的生动实践和鲜活样本。同时，多年来深圳始终把创新作为城市的主导战略，率先在全国构建了综合创新生态体系，成为中国第一个国家创新型城市，"创新驱动"成为深圳建设社会主义现代化建设的核心动力。

经过几十年特别是改革开放 40 年的建设和发展，中国特色社会主义取得了巨大成就，进入了新时代。中国经济实力、科技实力、国防实力、综合国力进入世界前列，国际地位实现了前所未有的提升，中华民族迎来了从站起来、富起来到强起来的巨大飞跃。但党的十九大报告也指出了我们现代化建设面临的困难和挑战。主要是：发展不平衡不充分的一些突出问题尚未解决，发展质量和效益还不高，创新能力不够强，实体经济水平有待提高，生态环境保护

[①] 习近平：《发展是第一要务，人才是第一资源，创新是第一动力》，新华网（http://www.xinhuanet.com/politics/2018lh/2018-03/07/c_1122502719.htm）。

任重道远；民生领域还有不少短板，脱贫攻坚任务艰巨，城乡区域发展和收入分配差距依然较大，群众在就业、教育、医疗、居住、养老等方面面临不少难题；社会文明水平尚需提高；社会矛盾和问题交织叠加，全面依法治国任务依然繁重，国家治理体系和治理能力有待加强；等等。这些问题，必须着力加以解决。从世界现代化进程来看，一些国家在现代化进程中，由于多方面原因，最终陷入中等收入陷阱，没有实现向更高水平的现代化阶段跃升。因此，以深圳作为先行示范区和现代化城市范例，探索一条高质量全面可持续发展的现代化之路，对于中国实现从站起来到富起来、强起来的现代化目标，具有重大的现实意义。"中国特色社会主义拓展了发展中国家走向现代化的途径，为解决人类问题贡献了中国智慧和中国方案。中国特色社会主义进入新时代，需要有承载综合探索示范功能的重大平台，为推进国家治理体系和治理能力现代化、追求人类美好生活和美好制度探索新路径。"[1]

第三节　深圳密码

40年来，深圳人发扬敢闯敢试的精神，不仅创造了一个个世界奇迹，还探索出许多新鲜经验。创造了1000多项全国第一，创造了闻名全国的三天一层楼的"深圳速度"，第一个实施工程承包制、奖励工资制和计件工资制，土地拍卖"第一槌"，公开发行第一只股票，率先全面实施科技人员持股改革，率先探索出"6个90%"科技发展模式，率先出台《深圳市基本生态控制线管理规定》，率先建立科学发展观和深圳质量评价考核标准和考核体系等。深圳现代化建设的成就，最根本的是因为党中央国务院设立经济特区，赋予经济特区改革开放的使命，并且在深圳经济特区发展的各个关键阶段均给予了正确领导和支持。当然也离不开广东省委省政府的领导和全国人民的支持。在这一背景下，深圳充分利用和释放改革开

---

[1] 王伟中：奋力谱写中国特色社会主义先行示范区壮丽篇章，《学习时报》2019年10月18日。

放的政策红利，制定了一系列符合深圳经济社会发展的政策，积累了诸多的发展经验，如始终坚持中国特色社会主义道路、始终坚持改革创新、始终坚持以开放促发展、始终坚持有效市场和有为政府相结合、坚定不移支持实体经济发展和可持续高质量发展之路、坚定不移贯彻新发展理念、坚定不移树立以人民为中心的发展思想、坚定不移全面加强党的建设和治理现代化，等等。[1] 其中最具深圳特色的经验如下。

第一，开放改革、创新制度，让投入者获得合理回报。[2] 改革创新是深圳经济社会发展的第一动力。在党中央正确领导之下，深圳不断探索经济体制改革，逐步实现劳动、资本和土地等三大要素现代化管理和市场化运作。生产要素的所有者通过合法经营、诚信劳动都会获得与投入相对应的收益。如在劳动方面，深圳率先开始鼓励按劳分配，多劳多得；最早颁布实行劳动合同制暂行办法，建立以市场为导向的劳动用工制度，首开劳动力商品化先河。深圳重视培育民营企业，重视知识产权和科技专利保护，积极制定支持性政策文件，实现生产要素权益的制度化保障。深圳的经济社会发展一个显著特征就是：开放倒逼改革，以改革推动发展。以发展外向型经济为导向，率先开放投资领域为开端，以帮助外资企业获得正常的生产经营条件为直接目的，扫除项目建设各种障碍，完善各种生产经营配套条件和营商环境，从单一企业设立、注册和土地、人力、资金、生产资源供给保障和海关、税务、外汇等方面主动对各种不相适应的政策、法制、体制、机制进行全面的改革和创新，不断地满足各类企业生产运营需要。

第二，崇尚竞争、善于引导，发挥市场在资源配置中的决定性作用。深圳的经济发展，是中国特色社会主义市场经济建立和发展的生动实践。在40余年的发展过程中，深圳坚定市场化改革方向，发挥市场的基础性、决定性作用，放手让市场主体进行充分的合作和公平的竞争，让市场要素高效流动，企业能最大限度地整合产业

---

[1] 吴定海：解析深圳现代化密码，《学习时报》2020年2月10日。
[2] 谢志岿、李卓：《深圳模式：世界潮流与中国特色——改革开放40年深圳现代化发展成就的理论阐释》，《深圳市社会科学》2019年第1期。

资源,最有效地组织生产经营,最低综合成本经营。深圳不断拆除市场壁垒,创造低成本的竞争优势,全面敞开市场大门,不断地吸引国内外各类企业、资金、项目和人才到深圳来创新创业。深化国有企业改革,深圳建立了"国有资产委员会—资产经营公司—企业"的监管和运营新体制,实现政企分离,首创国有出资人制度,国有企业或者作为竞争性行业的平等主体或者退出竞争性行业。"放水养鱼"、培育小微企业,是深圳发挥市场决定性作用的重要表现。与内地相比,深圳政府部门对小微企业经营干扰最小,支持和培育力度却是最大。深圳对创业者的创新、创业、孵化全面助力,提供最周到细致的政务服务,在企业设立环节提供工商、税务、财务代办,技术开发环节提供办公场所、车辆、生活公寓供给等全方位服务;较早实行对企业研发经费进行税前扣除;对市场推广提供政府采购支持和参加展销会场地补贴;对人才引进提供安居补贴、人才房、创业补贴、人才团队补贴等。深圳一大批国内外知名企业,如平安、华为、腾讯等,都是从小微企业不断成长发展壮大起来的。

第三,质量第一、注重内涵,走高质量可持续发展道路。相对于北京、上海、广州等其他一线城市,深圳土地面积小,资源紧约束强,迫使深圳格外重视内涵式发展,很早便开启集约型产业生产方式变革,广泛学习香港、新加坡和其他发达城市集约型开发的经验。深圳采取了一系列适合本地实际的发展模式,如中心区—卫星城布局;大力发展高新技术产业和战略新兴产业;总部研发和精密制造+周边区域大规模制造模式;产业集群基地开发模式;大力淘汰落后产能等。产业集约型发展和人口居住区高层化开发,有效克服了资源约束,实现了经济高质量发展。仅 2017 年,深圳新兴产业增加值合计 9183.55 亿元,占 GDP 比重 40.9%;同年,深圳人均 GDP 17.9 万元/人,地均 GDP 11.24 亿元/平方公里,远高于北京、上海、广州等城市。在经济发展过程中,深圳牢固树立和践行绿水青山就是金山银山的发展理念,坚持绿色发展,大力发展低碳型新能源产业,积极推进循环经济发展;积极开展森林公园、社区公园和道路绿化;持续大力度强化环境污染治理,将工程建设全面引入生态文明考核，实施"深圳蓝"可持续行动计划。目前，深圳单位资源产出明显提升，单位能耗稳步下降，大气质量明显好转，2017年，全市PM2.5下降到仅为28微克/立方米的水平。

第四，合理布局、优化升级，全力打造现代产业链和产业集群。对外开放之初，面临发达国家和亚洲"四小龙"地区劳动密集型产业转移的重要机遇期，深圳积极利用廉价的劳动力成本优势和国际国内两个市场优势，按照"三来一补"的方式发展劳动密集型产业，发展出口创汇型经济，为日后经济高速发展积累了原始资金和先进管理经验。随后，经济产业结构悄然调整，逐步转型为先进制造业和服务业为主导的现代经济，进而升级为高科技产业先导的经济体系。目前，深圳形成了全球最完整的电子通信和人工智能产业链配套体系，从零配件、原材料和生产设备生产，到研发设计环节大批企业聚集。企业间技术竞争、交流增多，推动了企业技术研发和工艺流程创新。企业组织方式变革，非核心技术、业务不断外包，提升了核心企业的全球科技竞争力。深圳已经成为全球通信技术、智能手机、无人机、互联网、生物工程等首屈一指的科技创新城市。

第五，尊崇法治、积极有为，正确处理政府、市场和社会的关系。深圳在强调市场的基础性、决定性作用的同时，十分注重激发社会组织和其他社会主体的活力，强调法治和制度保障的作用，恰当处理好政府与市场、社会三者之间的关系。在深圳，政府既充当看不见的手，通过法治来维持市场秩序，规范政商关系；又充当看得见的手，通过规划、财政和金融干预手段，维护市场秩序、促成科研成果转化、优化营商环境、培育小微企业。同时，移民社会也具有较强的契约精神、法治精神和公共参与意识。深圳市政府积极动员和组织公民和社会组织加入创业发展的洪流，不断转变执政理念，让权于民，让权于社会组织，使其积极参与社会治理。深圳建立了一套现代城市治理体制机制，将市民和社会组织对社会管理和公共事务的关注和意愿表达纳入法制化、有序化的轨道，使之成为深圳推进和谐社会建设的积极力量。经过多年努力，多元治理的新格局初步形成。通过妥善处理改革、发展与稳定之间的关系，使深圳避免了快速转型时期在其他国家所出现的动荡和可能出现的中等收入陷阱。通过理顺政府、市场、社会之间的关系，形成"有限有为政府＋有效市场＋活力有序社会"治理格局，为城市治理体系和治理能力现代化积累了宝贵经验。

第六，共建共治共享，坚持以人民为中心的发展理念。党的十九大报告指出，新时代中国社会主要矛盾是人民日益增长的美好生活需要和不平衡不充分的发展之间的矛盾，必须坚持以人民为中心的发展思想，不断促进人的全面发展，实现全体人民共同富裕。长期以来，深圳坚持践行市民权利，坚持共建共治共享的理念，坚持以需求为导向，推进社会治理服务化、精细化、人性化，不断加大投入，增加教育医疗、公共服务供给，在实现教育与医疗公平方面迈出重要步伐，基本实现社会保障全覆盖；大力推进平安建设，社会法治水平不断提高，在形成有效的社会治理、良好的社会秩序方面，走出了一条切实有效的社会建设之路。深圳坚持"来了就是深圳人"的开放包容、海纳百川的理念，在公共服务中十分注意尊重和保障外来人口的合法权益，不断出台相关保障性政策文件，充分保障外来务工人员的医疗、子女受教育权利，推动外来人口融入深圳，最大限度实现社会公平正义。

第七，艰苦奋斗、锐意进取，把顶层设计和经济特区的创新精神紧密结合。党的领导是中国特色社会主义最本质的特征，是中国特色社会主义制度的最大优势。坚持党的领导是中国特色社会主义事业兴旺发达的根本保证。深圳经济特区的创立和社会经济的快速发展，都源自党的伟大创造和正确领导。1980年，党中央做出了兴办经济特区的重大战略部署，创立了深圳经济特区。2019年，在习近平总书记的亲自谋划、亲自部署、亲自推动下，中共中央国务院发布《关于支持深圳建设中国特色社会主义先行示范区的意见》，为深圳经济特区的发展开启了新的征程。可以说，深圳经济特区发展的每一步，都得益于党中央国务院和广东省委省政府的大力支持与顶层设计。历届深圳市委市政府按照中央的决策部署，带领特区人发扬敢闯敢试、敢为人先的精神，以"杀出一条血路"的勇气，艰苦奋斗、锐意进取，在探索社会主义市场经济体制，推进五位一体全面协调可持续发展中取得了不平凡的业绩。党的领导和顶层设计与特区人的奋斗和首创精神结合,推动经济特区改革开放和现代化事业不断走向前进,使深圳成为一座充满魅力、动力、活力、创新力的国际化创新型城市。

第四节 深圳的使命担当

深圳经济特区的诞生、成长和发展壮大,每一步都离不开党中央国务院的正确决策,离不开中共广东省委省政府的直接领导和全国全省人民的支持。40年来,深圳经济特区的发展,也是一代又一代特区人始终牢记初心、勇担使命、为国担责、为党分忧、奋发有为、艰苦奋斗的结果;是全体深圳人民面对困难,勇于突破传统经济体制束缚,大胆改革创新,闯过一个又一个暗礁险滩,不断探索的结果。

40年来,深圳取得了一个又一个辉煌成就,在党和国家重大战略中起到了应有的作用。深圳在对外开放和市场经济导向的改革中始终先行一步走在全国前列。在20世纪90年代中期,国内工业长期轻重产业失调,轻工业发展滞后,深圳充当国家轻工制造中的先行者;进入21世纪第一个十年,粗放型经济增长方式难以为继,深圳充当践行科学发展观的示范城市,打造出"深圳效益""深圳质量"城市品牌;在建设创新国家的征程中,深圳创造了全球瞩目的科技创新成就,担当了国际科技创新先锋城市重任。在经济特区40年的探索中,深圳很好地充当了中国改革的"试验田"和对外开放的"窗口"。

改革开放以来,中国社会主义现代化主要分为两个阶段。第一个阶段是从1978年到2020年前后,主要任务是依次实现解决人民温饱问题、人民生活总体上达到小康水平和全面建成小康社会目标;第二个阶段的任务是到21世纪中叶,把中国建成富强民主文明和谐美丽的社会主义现代化强国。在中华民族迎来从站起来、富起来到强起来的伟大飞跃的新时代,深圳未来的使命将更加光荣伟大,也更加任重道远。前40年,深圳完成了社会主义现代化建设的第一个征程,成功担当了改革开放"试验田"的历史使命,在中国建立社会主义市场经济体制机制中进行了大量的超前探索，成为社会主义市场经济的范例城市，改革开放各领域都走在全国前面，向全党和全国人民提交了一份满意答卷。未来30年，深圳要全面推进建设中国特色社会主义先行示范区的第二个征程。到2025年，建成现代化国际化创新型城市；到2035年，建成具有全球影响力的创新创业创意之都，成为中国建设社会主义现代化强国的城市范例；到21世纪中叶，成为竞争力、创新力、影响力卓著的全球标杆城市。因此，深圳未来的目标更加高远，前途更加光明。深圳必须凤凰涅槃、华丽转身，实现发展方向、发展目标、发展动力、资源配置方式、发展方式和城市治理方式的重大变革，要为中国参与和引导未来全球治理体系做出深圳担当。深圳将通过中国特色社会主义发展道路的发展实践，为人类探索出一条从后发赶超型现代化道路到引领型现代化之路的后发现代化地区的发展之路，可谓任务艰巨、使命光荣。

2018年，深圳GDP总量达24221.98亿元，人均GDP接近3万美元。在世界现代化的坐标中，深圳已达到中等发达水平，但与世界最发达城市相比，深圳还存在较大差距。在科技、教育、医疗、绿色发展、文化软实力、现代城市治理等方面仍存在明显的短板。未来30年，深圳要赶上世界最发达城市，必须在经济上继续保持较高的发展水平和质量的同时，实现五位一体的全面协调发展。过去40年，深圳的发展成就主要是通过引进和学习西方发展成果和发展经验实现的。未来几十年，深圳面临的发展环境变了，中央对深圳的要求更高了，深圳的使命和角色作用也发生了根本性变化，即要成为全国乃至全球引领型标杆城市。深圳不能仅仅再走学习追赶型发展道路，而是要有更宽广的视野，更宏大的雄心，更坚实的努力，不断探索、勇于创新，走在世界城市发展前列。

当今世界正面临百年未有之大变局。深圳建设中国特色社会主义先行示范区，面临着重大机遇，如国家现代化战略布局机遇、粤港澳大湾区战略机遇、国家"一带一路"战略机遇和新技术革命等政策和经济机遇等，也面临着一系列严峻挑战。从内部看，存在人才与科技基础薄弱、营商成本高企和实体经济发展压力大、人口老龄化和劳动力供给不足、超大城市治理等问题的挑战；从外部看，面临美国实行国际贸易保护主义、单边主义及其对中国实施前所未有的技术打压，全球科技体系、产业体系面临分裂的风险。随着中国经济实力上升，国际社会对中国承担更多国际义务的声音不断增强，中国参与国际经济、贸易、环境等全球治理体系的需要和责任不断上升，客观上增加了与美国等发达国家在全球治理中话语权的矛盾与摩擦，处理好这些关系是国家面临的一大挑战。

在第二个征程中，深圳要坚持党的领导和中国特色社会主义方向，勇当先锋，勇挑重担，为国分忧，在解决中国未来面临的重大挑战方面，超前探索，创造新经验，取得新突破，造就新辉煌。笔者认为，未来30年，深圳要按照中央的战略定位，全面推进中国特色社会主义各项事业，尤其要在如下一些方面精准发力，重点突破。一是在巩固以制造业为主的实体经济地位和制造业高端化方面探索新路子，加强人工智能应用，建设综合型的产业城市。二是必须扭住教育这一关系未来发展的"牛鼻子"，在理论研究、基础研究方面取得重大新进展。三是必须深化改革、扩大开放，在发挥核心引擎作用中实现粤港澳大湾区协同发展，努力建设全球高端资源配置的枢纽城市。四是必须加强超大城市的谋划和治理，在智慧城市、智慧政府等方面创造新经验。五是要在可持续发展方面做出新示范。六是在突破发达国家技术封锁和贸易保护主义方面开辟新道路，在推动中国各类技术标准、管理标准国际化，参与全球治理体系和扩大中国在全球治理中的话语权等方面做出新贡献。

过去40年的奋斗成果，为深圳创造新优势、发展更上一层楼打下了坚实基础，深圳的经济实力、财政实力、科技实力和城市建设、社会建设能力迈上了新台阶。未来几十年，深圳面临的任务更加光荣伟大，挑战前所未有，前进道路将更加崎岖曲折，困难可能更多更大。深圳必须牢记党中央国务院的重托，更加紧密地团结在以习近平同志为核心的党中央周围，高举习近平新时代中国特色社会主义思想伟大旗帜，要不忘初心、牢记使命、凝心聚力、接续奋斗,坚定不移将改革开放进行到底,奋力谱写新时代改革开放新篇章。① 要进一步增强责任感、使命感、紧迫感,以改革开放40周年为新起点,永葆敢闯敢试、敢为人先的改革精神,勇做新时代改革开放的弄潮儿、实干家、奋进者,在攻坚克难中逢山开路、遇水架桥,在破解改革难题中再创改革优势、再领风气之先,向全党和全国人民交上一份建设中国特色社会主义先行示范区和社会主义现代化强国城市范例的满意答卷。

---

① 李希:在广东省庆祝改革开放40周年大会上的讲话,《南方日报》2018年12月19日。

第一章　社会主义现代化强国：
　　　　理论与内涵

"坚持和发展中国特色社会主义，总任务是实现社会主义现代化和中华民族伟大复兴。""到那时，我国物质文明、政治文明、精神文明、社会文明、生态文明将全面提升，实现国家治理体系和治理能力现代化，成为综合国力和国际影响力领先的国家，全体人民共同富裕基本实现，我国人民将享有更加幸福安康的生活，中华民族将以更加昂扬的姿态屹立于世界民族之林。"社会主义现代化强国的城市范例，将为全面实现社会主义现代化提供先行示范。

第一节　习近平关于社会主义
　　　　现代化的重要论述

建设现代化强国是中国人民一直以来追求的目标，新中国成立以来，毛泽东、邓小平、江泽民、胡锦涛等领导的党中央积极推进社会主义现代化建设，提出了一系列社会主义现代化理论。党的十八大以来，以习近平同志为核心的党中央描绘了新时代中国特色社会主义现代化的宏伟蓝图。习近平同志提出了社会主义现代化应该是包括经济、政治、文化、社会、生态"五位一体"的现代化，目标是建成富强民主文明和谐美丽的社会主义现代化强国，在此基础上系统提出了社会主义现代化的内涵、发展宗旨、动力源泉、部署以及发展思路，在"两个一百年"奋斗目标的基础上，将基本实现社会主义现代化的目标提前了15年，并进一步提出了建设社会主义现代化强国的目标。习近平同志在给深圳的重要批示中，要求深圳朝着建设中国特色社会主义先行示范区的方向前行，努力创建社会主义现代化强国的城市范例。习近平新时代中国特色社会主义思想，为深圳建设社会主义先行示范区和现代化强国城市范例提供了根本指南。

一 全面系统的现代化

现代化是中国特色社会主义的重要目标。党的十九大报告提出，"新时代中国特色社会主义思想，明确坚持和发展中国特色社会主义，总任务是实现社会主义现代化和中华民族伟大复兴"。现代化的领域很多，在西方社会主要表现在经济领域的市场化和工业化、政治领域的民主化和法制化，以及思想文化领域的理性化和科学化等。从新中国成立早期提出的工业、农业、交通运输业和国防的四个现代化到后期的工业、农业、国防和科学技术的现代化，内涵不断丰富。习近平在"四个现代化"的基础上，进一步提出了国家治理体系和治理能力现代化、新型工业化、新型城镇化、经济体系现代化等概念，对现代化进行了更为全面系统的阐释。

习近平在论述新型工业现代化时，是和信息化、城镇化、农业现代化联系在一起。习近平在十八届中央政治局第九次集体学习时的讲话中提到："我国的现代化与西方发达国家不同，西方发达国家的工业化、城镇化、农业现代化、信息化顺序发展，是一个'串联式'的发展过程，前后大概用了二百多年的时间。而我国的工业化、信息化、城镇化、农业现代化是一个'并联式'的过程。"[①] 工业化是现代化的重要内容，甚至被不少人等同于现代化。城镇化和农业现代化会伴随着工业和制造业的转型升级和区域转移，通过产城融合推动城镇化与工业化的有机融合，以及用工业化延长农业产业链带动农村发展，逐步解决人民日益增长的美好生活需要和不平衡不充分的发展之间的矛盾，而信息技术和互联网技术的发展更是会带来新一轮的工业化与信息化的融合互动，用新动能推动新发

---

① 中共中央文献研究室编：《习近平关于社会主义经济建设论述摘编》，中央文献出版社2017年版，第159页。

展。习近平认为，解决了农业现代化就是解决了"四化同步"的短腿。农村是全面建成小康社会的短板，同步推进新型工业化、新型化、城镇化、农业现代化的薄弱环节也是农业现代化。2016年，习近平在农村改革座谈会上的讲话中指出："改变农业是四化同步短腿、农村是全面建成小康社会短板状况，根本途径是加快农村发展。要紧紧扭住发展现代农业、增加农民收入、建设社会主义新农村三大任务，全力推进农村发展。"[1]

习近平将新型城镇化作为现代化的一个重要领域。2013年，在中央城镇化工作会议上，习近平强调："城镇化是现代化的必由之路。推进城镇化是解决农业、农村、农民的重要途径，是推动区域协调发展的有力支撑，是扩大内需和促进产业升级的重要抓手，对全面建成小康社会、加快推进社会主义现代化具有重大现实意义和深远历史意义。"[2] 与过去城镇化不同的是，习近平强调的城镇化是新型城镇化，是创新、协调、绿色、开放、共享等发展理念引导下的城镇化。为此，习近平用了"四个更加注重"，即更加注重提高户籍人口城镇化率，更加注重城乡基本公共服务均等化，更加注重环境宜居和历史文脉传承，更加注重提升人民群众获得感和幸福感。[3] 现代化的本质是人的现代化，新型城镇化的核心是人而不是物。通过户籍制度改革提高户籍人口城镇化率，推动有能力在城镇就业和生活的常住人口有序实现市民化。而推进城乡基本公共服务均等化，实现城镇基本公共服务常住人口全覆盖，以及加强宜居环境建设，都会有效提升人民群众的获得感和幸福感。新型城镇化是一个系统工程，如果发展得好，可以带动巨大内需，助力现代化的实现。习近平在党的十九大报告中指出的"以城市群为主体构建大中小城市和小城镇协调发展的城镇格局"更是为中国推进新型城镇化指明了方向。城市群是优化城市功能布局的有效途径，是新型城

---

[1] 中共中央文献研究室编：《习近平关于社会主义经济建设论述摘编》，中央文献出版社2017年版，第202页。

[2] 中共中央文献研究室编：《习近平关于全面建成小康社会论述摘编》，中央文献出版社2016年版，第20页。

[3] 《习近平对深入推进新型城镇化建设作出重要指示》，人民网（http://politics.people.com.cn/n1/2016/0223/c1024-28144199.html）。

镇化和现代化建设的重要载体，中国现已形成京津冀、长三角、珠三角等三个大型城市群，还有若干个区域型城市群，极大提升了城市运行效率和现代化水平。而正在推进的粤港澳大湾区建设则是将城市群和新型城镇化置于更大的发展格局中。

习近平将国家治理体系和治理能力现代化作为现代化的重要内容。习近平在党的十八届三中全会第二次全体会议上首次提出了国家治理体系和国家治理能力的概念。他指出："国家治理体系是在党领导下管理国家的制度体系，包括经济、政治、文化、社会、生态文明和党的建设等各领域体制机制、法律法规安排，也就是一整套紧密相连、相互协调的国家制度。国家治理能力则是运用国家制度管理社会各方面事务的能力，包括改革发展稳定、内政外交国防、治党治国治军等各个方面。"[①] 而党的十八届三中全会把推进国家治理体系和治理能力现代化和完善和发展中国特色社会主义制度一起作为全面深化改革的总目标。也就是说，国家治理体系和治理能力现代化是与完善和发展中国特色社会主义制度分不开的，我们要推进的国家治理体系和治理能力都是在中国特色社会主义制度框架下开展的。诺斯认为，"制度是个社会的游戏规则，更规范地讲，它们是为人们的相互关系而人为设定的一些制约"。国家治理体系和治理能力可以说是一个国家现代化的重要保障，与工业、农业、国家、科学技术现代化等硬实力不同的是，国家治理体系和治理能力现代化是属于软实力层面的。不仅有自身现代化的体系和逻辑，同时也是其他现代化的保障，比如家庭联产承包责任制激发和解放了农村生产力，是对农业现代化的一个巨大促进。甚至有学者认为国家治理体系和治理能力现代化是"四个现代化"之后的第五个"现代化"。[②] 国家治理体系和治理能力现代化包含六个层次的现代化：经济治理方面，要坚持以公有制为主体、多种所有制经济共同发展的社会主义市场经济，正确处理好市场与政府之间的关系。政治治理方面强调民主执政、依法执政和科学执政。文化治理方面，

---

① 《习近平谈治国理政》，外文出版社2014年版，第91页。
② 李景鹏：《关于推进国家治理体系和治理能力现代化——"四个现代化"之后的第五个"现代化"》，《天津社会科学》2014年第2期。

从弘扬社会主义核心价值观、保障国家文化需求、提供公共文化服务等方面系统开展。社会治理方面，主要通过推进基层治理体系和治理能力现代化，实现共建共治共享的社会治理格局。生态治理方面，将生态文明建设融入到经济建设、政治建设、文化建设、社会建设等各方面和全过程，着力推动生态文明制度化、法治化，形成人与自然和谐发展的现代化建设新格局。政党治理则通过坚定不移全面从严治党，不断提高党的执政能力和领导水平。

二 以人民为中心的现代化

在《1844年经济学哲学手稿》中，马克思就提出过人的全面发展思想，他认为人的发展是"人以一种全面的方式，也就是说，作为一个完整的人，占有自己的全面的本质"。其后在《关于费尔巴哈的提纲》中马克思指出，"人的本质并不是单个人所固有的抽象物，在其现实性上，它是一切社会关系的总和"。马克思关于人的自由发展有着丰富内涵，人的社会关系是全面的，发展的目的最终是实现人个性的自由发展、素质的全面提高以及个人价值的全面实现。人的全面发展是社会主义所追求的终极价值，在中国在今天同样有效。作为以马克思主义为指导的政党，中国共产党始终以全心全意为人民服务作为宗旨。习近平更是将人民放在一切事业的最高位置，强调以人民为中心的发展思想，形成了习近平新时代中国特色社会主义思想以及现代化思想的价值取向。从全心全意为人民服务到以人民为中心，是一种理论升华，党的十八大以来，习近平在各个场合把以人民为中心的发展思想，贯穿到经济建设、文化建设、哲学社会科学和文艺创作等多个领域。党的十八届五中全会更是明确提出坚持以人民为中心的发展思想，把增进人民福祉、促进人的全面发展、朝着共同富裕方向稳步前进作为经济发展的出发点和落脚点。以人民为中心的现代化回答了发展是为了谁、发展是依靠谁、发展动力是谁的问题。

现代化的发展为了人民。现代化不是为了建设而建设，最终是为了人民，"我们党领导人民全面建设小康社会、进行改革开放和社会主义现代化建设的根本目的，就是要通过发展社会生产力，不断提高人民物质文化生活水平,促进人的全面发展。检验我们一切工作的成效,最终都要看人民是否真正得到了实惠,人民生活是否真正得到了改善"。① 也就是说,把人民拥护不拥护、赞成不赞成、高兴不高兴、答应不答应,把人民对美好生活的向往,作为衡量一切工作得失的标准。发展为了人民,不仅是使改革开放成果更多惠及全体人民,实现全体人民共同富裕,更重要的是要满足人民对美好生活的向往。人民美好生活需要同现代化一样是随着时代而变迁的,早在十八届中央政治局常委同中外记者见面会上,习近平就明确提出,人民对美好生活的向往,就是我们的奋斗目标,并且从更好的教育、更稳定的工作、更满意的收入、更可靠的社会保障、更高水平的医疗卫生服务、更舒适的居住条件、更优美的环境等七个方面系统阐述了美好生活。2017 年的"7·26"讲话中在这七个方面基础上增加了更丰富的精神文化生活,从物质生活进一步扩展到精神生活。党的十九大报告中针对中国社会主要矛盾由人民群众日益增长的物质文化需要同落后的社会生产之间的矛盾转化为人民日益增长的美好生活需要和不平衡不充分的发展之间的矛盾,习近平进一步拓展了人民美好生活需要的内涵,提出"不仅对物质文化生活提出了更高要求,而且在民主、法治、公平、正义、安全、环境等方面的要求日益增长",从物质文化生活拓展到公平正义和民主法治领域,进一步体现人的全面自由发展。

  现代化的发展要依靠人民。西方的现代化思想多是强调劳动、资本、技术等生产要素在现代化进程中的重要性,其中技术和资本是发展的根本动力。习近平以人民为中心的现代化发展思想更加注重人的能动性,他在庆祝中国共产党成立 95 周年大会上提出:"要坚信党的根基在人民、党的力量在人民,坚持一切为了人民、一切依靠人民,充分发挥广大人民群众积极性、主动性、创造性,才能不断把人民造福事业推向前进。"② 人民是历史的创造者,发挥人民的主观能动性,始终要相信人民,密切联系群众,坚持问政于民、

---

  ① 中共中央文献研究室编:《习近平关于社会主义经济建设论述摘编》,中央文献出版社 2017 年版,第 19 页。

  ② 《习近平论治国理政》第 2 卷,外文出版社 2017 年版,第 40 页。

问需于民、问计于民，在各个领域广泛听取人民意见，不仅让人民参与到经济建设、文化建设、社会建设中，同时还应该尊重人民的主体地位，通过基层自治、民族区域自治、社会主义协商民主等多种方式保证人民平等参与、平等发展的权利，共同推进现代化事业的共建共治共享。

三 分阶段实施现代化

现代化是一个动态概念，是一个连续不断的演变过程，既是一种过程也是发展目标。从过程上看，现代化只有进行时，没有完成时，每个阶段都有每个阶段的重点：工业化时代，现代化就是由工业化引发的全面变革。随着工业化向后工业化转变，现代化又被赋予了城市化、信息化、民主化、法治化等一系列新内涵。从发展目标上看，现代化又可以分为若干个发展阶段，每一个阶段都有每一个阶段的特点。

中国现代化的发展历来都是分阶段实施的。党的十三大报告就把中国现代化的战略部署分三步走：第一步，1981年到1990年实现国民生产总值比1980年翻一番，解决人民的温饱问题。第二步，1991年到20世纪末，国民生产总值再增长一倍，人民生活达到小康水平。第三步，到21世纪中叶，人均国民生产总值达到中等发达国家水平，人民生活比较富裕，基本实现现代化。根据这个发展战略，在20世纪中国已经实现了两个阶段目标。之后党的十五大报告、党的十六大报告提出了21世纪的新三步走战略，即第一个10年实现国民生产总值比2000年翻一番，使人民的小康生活更加宽裕。接下来再用10年的时间，即2020年，建党100周年左右，全面建设惠及十几亿人口的更高水平的小康社会，使经济更加发展、民主更加健全、科教更加进步、文化更加繁荣、社会更加和谐、人民生活更加殷实。第三个阶段是到21世纪中叶，再用30年的时间基本实现现代化。"两个一百年"目标的提出把中国的社会主义现代化事业推向了21世纪。

现代化的目标和发展战略随着时代变迁而发生变化，在党的十九大报告中，习近平做出了中国特色社会主义进入新时代的历史判断。新时代意味着虽然中国处在社会主义初级阶段的基本国情以及中国是世界上最大发展中国家的国际地位没有变,但中华民族迎来了从站起来、富起来到强起来的巨大飞跃;意味着中国社会主要矛盾已经转化为人民日益增长的美好生活需要和不平衡不充分的发展之间的矛盾;意味着中国探索出了发展中国家走向现代化的新道路,也将给那些既希望加快发展又希望保持自身独立性的国家和民族提供新的选择;意味着是决胜全面建成小康社会,走向共同富裕,进而全面建设社会主义现代化强国的时代;意味着中国经济进入新常态,由高速增长阶段转向高质量发展阶段;意味着中国逐步走向世界舞台,不断为人类的现代化建设事业做出贡献。

在第一个百年目标即将实现之时,针对新的时代和发展形势,以习近平为核心的党中央对第二个百年目标做出了新的两个阶段的战略部署:第一个阶段,从2020年到2035年,基本实现社会主义现代化,这意味着,将我们党原来提出的"三步走"的第三步,到2050年基本实现现代化提前了15年。考虑到中国改革开放40年来,经济的长期持续较快发展以及现代化建设的迅速推进,提前基本实现现代化是可以实现的。第二个阶段,从2035年到21世纪中叶,在实现基本现代化的基础上,要乘势而上开启全面建设社会主义现代化国家新征程,把中国建设成为富强民主文明和谐美丽的社会主义现代化强国。从全面建成小康社会,到基本实现现代化,再到社会主义现代化强国,是中国特色社会主义现代化的三个阶段,习近平对中国特色社会主义现代化建设进行了新的理论提升,这种理论提升不仅适应新时代的要求,而且对其他发展中国家的现代化进行提供有益借鉴。为了顺利推进社会主义现代化建设,为探索解决现代化发展过程中的各种问题,习近平还要求以深圳等为代表的城市先行示范,积累社会主义现代化建设的成功经验。

四 新发展理念引导下的现代化

习近平系统阐述了中国特色社会主义现代化是什么?为了什么?动力是什么?同时还对现代化应该如何做进行了系统安排。《中共中央关于制定国民经济和社会发展第十三个五年规划的建议》中首次提到了创新、协调、绿色、开放、共享的新发展理念。新发展理念是习近平对国内外现代化发展经验教训的深刻总结，集中体现了我们党对经济社会发展规律的新发现，深化了对中国特色社会主义现代化的新认识，也是针对中国经济发展进入新常态、世界经济陷入低迷开出的药方，解决了在信息化、全球化、网络化、科技化、绿色化盛行的今天，如何推进中国特色社会主义现代化，如何为发展中国家现代化提供中国智慧和中国方案的问题。创新、协调、绿色、开放、共享是一个有机整体，不仅是"十三五"经济社会发展的指导思想，同时也是社会主义现代化建设的指导思想。

创新发展注重的是现代化建设的发展动力。创新是一个国家的发展灵魂，是引领发展的第一动力，也是引领社会主义现代化建设的第一动力。历史上每一次科技革命和创新进步都带来了现代化水平的极大提升，甚至会带来国家格局的深刻调整。英国发起以蒸汽技术革命为代表的第一次产业革命，走向了世界霸主，成为"日不落帝国"；美国抓住第二次工业革命（电力技术革命）和第三次技术革命（计算机及信息技术革命）的机会，取代英国成为新的世界霸主，直到现在仍然凭借强大的科技和创新能力长期引领世界发展。可以说，三次科技革命推动了现代化各领域的发展，当今世界发展越来越依赖于创新推动。然而，对于社会主义现代化建设来说，创新是一个系统工程，不仅是科技领域的创新，还是理论、制度、文化、社会等各个领域的综合创新，中国特色社会主义制度同样是创新发展战略的重要组成部分。实现中国特色社会主义现代化，必须抓住新一轮科技革命的发展机遇，改变中国核心技术长期受制于人的局面，同时建立符合中国发展实际的先进社会制度。

协调发展注重的是现代化建设的不平衡问题。中国的现代化发展存在严重的不平衡问题，突出表现在几个方面：一是区域间的现代化发展不平衡。东部地区的现代化发展水平较高，长三角、珠三角部分城市的现代化发展水平甚至早已达到中等发展国家水平，但中西部现代化水平相对滞后。即使在区域内部也存在严重的发展不平衡问题，如苏南与苏北、广东的珠三角地区和粤东西北存在较大差距。二是城乡之间的发展不平稳。城乡之间在居民收入、基础设施、教育、医疗、消费、就业等方面存在较大差距。三是经济现代化与社会现代化、文化现代化、生态现代化等的发展不平衡问题。发展是解决一切问题的基础和关键，由于长期执行发展是第一要务理念，中国的经济现代化水平相对较高，而社会建设相对滞后，文化软实力与国力发展水平不相匹配，生态治理处在较低水平。正是基于此，中央做出中国社会主要矛盾转化的判断，而协调发展理念正是力图统筹经济现代化、治理现代化、文化现代化、社会现代化、生态文明现代化等各个领域发展，统筹区域、城乡发展，发挥区域比较优势，以先行带动后发，不断增强现代化建设的整体性。

绿色发展注重的是现代化建设的路径。以工业化为代表的现代化常常带来的是环境的急剧恶化，无论是英国的"羊吃人运动"、伦敦烟雾事件、日本的水俣病事件、美国的洛杉矶光化学烟雾事件，还是中国一些地区的沙漠蔓延、环境恶化、水土流失、酸雨普发等，都与人类的现代化建设密不可分。习近平指出，"保护环境就是保护生产力，改善生态环境就是发展生产力……要像保护眼睛一样保护生态环境，像对待生命一样对待生态环境"。绿色发展注重的就是解决人与自然和谐问题，习近平提出把生态文明建设融入到经济建设、社会建设、文化建设和政治建设的全过程中，走出一条生产发展、生活富裕、生态良好的文明发展道路。

开放发展注重的是现代化建设的内外联动问题。现代化是一个西方的概念，从英国的工业革命开始最终扩散到全世界，本身就体现了开放的发展理念，现代化理论中的经典理论、依附理论、世界体系论都对开放发展作出了相应论述。可以说，中国40年的改革开放和现代化建设成就就是在开放条件下实现的，通过大规模引进和输入外资、技术、人才和管理经验，缩短了中国与世界先进国家现代化水平的差距。中国的现代化开放水平还不够高，无论是经济领域、政治领域、社会领域还是文化领域，开放水平都有待提升。当今虽然全球化进入了新的发展阶段，世界多极化发展趋势不可逆转，世界经济仍未走出低迷状态，地方保护主义盛行，但是"现在的问题不是要不要对外开放，而是如何提高对外开放的质量和发展的内外联动性"。中国的改革开放永不止步，随着中国现代化水平的提升,当前开放发展不仅仅是"引进来",更重要的是"走出去",形成大进大出新格局。

共享发展注重现代化建设的公平性问题。习近平多次指出,现代化的本质是人的现代化,党的十九大报告中"人民"一词出现的频率达到 200 多次。让人民群众共享改革发展和现代化建设成果,是社会主义的本质要求。共享发展体现的是以人民为中心的发展思想,解决的是社会的公平正义问题,体现的是逐步实现共同富裕的要求。习近平提出共享发展共分为 4 个层次:一是从覆盖面来看是全面共享,不管是哪个区域、哪个民族、哪个地区、哪个阶层的人,都能享受到现代化建设成果。二是从共享的内容看是全面共享,就是要共享经济、政治、文化、社会、生态等各方面现代化建设的成果。三是从共享的实现途径看是共建共治共享。必须发挥人民的积极性、主动性和创造性,形成人人参与、人人享有的共享局面。四是从共享的推进进程看是渐进共享。要立足于中国国情,一步一步,从低水平到高水平、从不均衡到均衡地共享。[1]

创新、协调、开放、绿色、共享等现代化发展理念解决了西方资本主义国家现代化发展带来的不平衡问题、不公平问题、环境污染问题、贫富分化问题,以及对发展中国家的剥削问题。这五大发展理念是一个有机整体,相互嵌入、相互融合,缺一不可,共同推进中国特色社会主义现代化事业向着建设社会主义现代化强国和中华民族伟大复兴迈进。

第二节 现代化的主要理论

一 什么是现代化

现代化是一个舶来词,是从 Modern、Modernize、Modernization 延伸过来的。英文中 Modern 是个形容词,意思是现代的、时尚的,可以用来描述其他事物。Modernize 是现代的动词形态,是使现代化

---

[1] 《习近平论治国理政》第 2 卷,外文出版社 2017 年版,第 215—216 页。

的意思，使事物成为现代的。而 Modernization 是现代的名词形态，实现现代化的过程或实现现代化后的状态。可以说，现代化既是一种过程也是一种状态。一般认为，现代化是从 18 世纪伴随着欧洲，特别是西欧工业革命而兴起的一种经济社会形态变迁，是从传统社会向现代社会转变，传统经济向现代经济体系转变，传统文明向现代文明转变，传统文化向现代文化转变。

由于现代化既是一种过程也是一种状态，由于世界各国的情况千差万别，实现现代化的方法和路径各有不同，学术界并没有对现代化有一个明确的定义。较为一致的意见认为，现代化是从传统向现代社会演进的过程，以欧美的经典现代化理论为代表。经典现代化理论主要是指 20 世纪 50—60 年代，以欧美学者帕森斯、奥康内尔、罗斯托、亨廷顿、布莱克等为代表的研究发展中国家现代化问题的主流理论。经典现代化理论认为发展中国家之所以落后，并不是外部侵略和殖民导致的，而是内部的制度和观念比较落后，发展中国家如果要进行现代化，一定要以欧美发达国家的发展作为样板，推行工业化、私营经济、市场开放、自由竞争等改革，推进社会从传统社会向现代社会转变。正是在这个背景下，经典现代化理论对现代化的概念进行了一系列界定。

（1）将现代化看成是从传统社会向现代社会的一种转变。奥康内尔提出："传统的社会或前技术的社会逐渐消逝，转变成为另一种社会，其特征是具有机械技术以及理性的或世俗的态度，并具有高度差异的社会结构。"[①]

（2）将现代化看成一种过程。布莱克认为："如果有必要定义，那么，'现代化'或许可以被界定为一个过程，在这一过程中，历史上形成的制度发生着急速的功能变迁。"[②] 亨廷顿教授将现代化看成一个多方面的进程，涉及人类思想和活动领域的种种变化，他归纳了现代化的九个过程：革命的过程，从传统社会向现代社会的转变是一个革命性转变；复杂的过程，现代化包含人类社会的各个方

[①] ［美］布莱克：《比较现代化》，杨豫译，上海译文出版社 1996 年版，第 19 页。
[②] ［美］布莱克：《现代化的动力——一个比较史的研究》，景跃进、张静译，浙江人民出版社 1989 年版，第 6 页。

面变化；系统的过程，一个因素的变化势必会引起其他因素的连锁反应；全球的过程，影响到全世界；长期的过程，需要长时间加以解决；有阶段的过程，可以将现代化区分为不同的发展阶段；不可逆的过程；长期看是一个趋同的过程；进步的过程。[1]

（3）将现代化看成现代性的生成以及现代观念的形成。不少学者认为现代化虽然核心是工业化，但是更重要的是现代性的形成，是欧洲文艺复兴和启蒙运动形成的理性、自由、民主、平等、科学等理念促进了现代化的发展。早在100多年前，马克斯·韦伯在《新教伦理与资本主义精神》中就提出，现代化之所以诞生在西方国家，并不是因为西方的物质文明领先于东方世界，而是因为西方文化中的理性主义精神，特别是新教伦理中的劳动天职、职业成功、节俭致富等观念对现代化的推进有极大促进作用。[2] 吉登斯也认为现代化是指传统社会向现代社会或者工业社会的转变，其中起到比较重要作用的是现代性和现代文化，为现代化提供更加强劲的发展动力。英克尔斯认为，只有人们在心理和行为上发生了现代性的转变，形成现代人格，才能真正实现现代化。

但是第二次世界大战之后，很多拉丁美洲国家纷纷走向西方的现代化道路，甚至全盘西化，但并没有成功实现现代化，有些陷入中等收入陷阱，出现贫富差距拉大、环境恶化甚至社会动荡不安等问题，经济发展陷入停滞。一些发展经济学家开始对经典现代化理论进行反思，提出了"依附理论"和"世界体系理论"。前者主要是沿袭马克思主义学说，认为发展中国家的落后恰恰是因为"中心国家"（指的是西方发达国家）在资金、技术等方面占据主导地位，发展中国家处于依附地位，形成国际经济、社会等方面的不平等交换关系，进一步加剧了发展中国家的落后状态。而美国社会学家沃勒斯坦提出的世界体系理论则是将世界分为中心—半边缘—边缘等三个层次的国家。英、美、日等发达国家处于中心地位，中等发达国家处于半边缘地位，大量落后的发展中国家处于边缘地位。中心拥有生产和交换的双重优势，同时对半边缘和边缘国家进行剥削，

---

[1] ［美］布莱克：《比较现代化》，杨豫译，上海译文出版社1996年版，第44—47页。
[2] 丁学良：《"现代化理论"的渊源和概念构架》，《中国社会科学》1988年第1期。

维持自己的优越地位；而半边缘国家在受到中心国家剥削的同时，又反过来剥削边缘国家，期待能够跃升为中心国家。

依附理论和世界体系论其实并没有否认经典现代化理论所认可的工业化、城市化、理性化、市场化等现代化的核心要素，只是认为国际的不平等交易会进一步影响到发展中国家的现代化，特别是依附理论对发展中国家的现代化持悲观态度。但是亚洲"四小龙"的崛起，特别是日本一跃成为所谓的核心国家或中心国家，是对依附理论和世界体系理论的一大挑战，真正对经典现代化理论挑战最大的是后现代理论，因为后现代理论从根本上否定工业化、现代性这一现代化理论的核心概念。后现代理论认为，经典现代化理论把人的理性推向极端，崇尚科学至上，反而沦为理性、金钱的工具，丧失了个性。现代化的核心是工业化，然而20世纪后半期，人们逐步发现，工业经济并不是世界经济发展的顶点，工业社会也不是人类社会发展的终点，发达国家进入工业化后期后，工业经济比重反而逐步下降，服务业比重上升，城市化也出现了郊区化和逆城市化。后现代理论在此基础上否认现代化的中心化、连续性等思想，而主张多元化、不确定性和解构主义。

现代化理论是欧美学者研究发展中国家的现代化进程而提出的理论，中国作为世界上最大的发展中国家，无论是理论还是具体的实践，都对世界现代化理论做出了有益探索。国内研究现代化的学者众多，除了后文会详细阐述的中国特色社会主义现代化理论（将现代化理论同中国的社会主义制度以及具体的国情和实践结合起来而形成的一种理论形态）外，最有代表性的是罗荣渠教授和何传启研究员。

罗荣渠对西方的现代化进行系统总结，认为西方的现代化分为四类：一是现代化是指资本主义兴起后，经济落后国家通过技术革命，在经济和技术上赶上先进国家法治水平的历史过程。二是现代化本质上就是工业化，是从传统农业社会向现代工业社会转变的历史过程。三是现代化是自科学革命以来人类急剧变动的过程的统称。有共同特征：民主化、法制化、工业化、都市化、均富化、福利化、社会阶层流动化、宗教世俗化、教育普及化、知识科学化、信息传播化和人口控制化等。四是现代化主要是一种心理态度、价值观和生活方式的变化过程。① 在此基础上，罗荣渠从历史的角度看待现代化："从历史的角度来透视，广义而言，现代化作为一个世界性的历史过程，是指人类社会从工业革命以来所经历的一场急剧变革，这一变革以工业化为推动力，导致传统农业社会向现代工业社会的大转变过程，使工业主义渗透到经济、政治、文化、思想各个领域，引起深刻的相应变化。"② 可以看出，罗荣渠还是遵循经典现代化理论的研究方法和研究思路，只是从一个更加广阔的历史背景下看待现代化。

何传启基于知识经济的发展提出并阐述"第二次现代化理论"。他认为："第一次现代化是由农业时代向工业时代的转型，包括农业经济向工业经济、农业社会向工业社会的转变等，主要特点是工业化、城市化、理性化、市场化和福利化。第二次现代化是从工业时代向知识时代的变迁，其主要特点则变成知识化、信息化、绿色化、个性化、多元化、网络化和国际化。"③ 如果说第一次现代化的发展动力是科技和工业化，那么第二次现代化的发展动力就是创新和知识化。二次现代化理论是中国学者对现代化理论的一大贡献，可以为中国人找到一条符合中国国情的现代化发展进程和中国特色社会主义现代化道路提供理论支撑，也对其他国家和地区现代化建设有启示作用。不过从根本上看，二次现代化和一次现代化并没有本质区别，甚至可以说是一次现代化的延续，只是随着科技创新的突飞猛进，创新的速度和知识信息的爆发式增长前所未有，现代化可能并不是单线循序渐进的，而是多线性，甚至可以爆发式增长，实现弯道超车。

二 现代化的主要维度

如前所述，无论是经典现代化理论，还是依附理论、世界体系

---

① 罗荣渠：《现代化理论与历史研究》，《历史研究》1986 年第 8 期。

② 罗荣渠：《现代化新论——世界与中国的现代化进程》，北京大学出版社 1993 年版，第 16—17 页。

③ 何传启主编：《中国现代化报告 2011——现代化科学概论》，北京大学出版社 2011 年版，第 4 页。

理论,只是对于现代化的发展动力和发展方式有不同看法而已,比如经典现代化理论认为发展中国家的现代化道路应该遵循发达国家的发展路径,而依附理论和世界体系理论认为更应该打破国家间的不平等交易格局。但是各方对现代化的基本构成要素,比如工业化、理性主义、现代性等问题上并没有明显分歧。现代化主要包括以下内容。

(1) 经济现代化——传统经济向现代经济转型。经济现代化的核心是工业化和城市化,现代化甚至被一度等同于工业化,由18世纪工业革命引发的第一次工业革命以及19世纪中后期由电气革命引发的第二次工业革命使得工业化席卷全世界,欧洲国家、美国、日本等国家先后启动工业化进程和现代化进程,极大提高了社会生产力,推动了经济社会全面进步。工业化是现代化的原动力,首先带来经济层面的变化,之后逐步扩展到各个层面,包括政治、文化、社会、生态等各个方面。城市化是指随着国家或地区社会生产力的提高以及科学技术的普遍进步,是一个由农业人口转化为非农业人口、农业区域转化为非农业区域、农业活动转化为非农业活动的过程。虽然2000多年前,世界各地就已经诞生了城市,但大规模城市的诞生还是由工业化引发的。城市是现代化的主要载体和容器,是资源配置的有效途径,城市化在城市内部带来人口城市化、经济城市化、地理空间城市化以及生活方式和思想习惯城市化,同样是现代化过程中的重要组成部分。随着产业转型升级以及科技进步,现代化朝着新型工业化和新型城镇化转变,工业化、信息化、城镇化、科技化等要素交织在一起,共同推进现代化建设。

(2) 政治现代化——传统政治向现代政治转变。政治现代化较早也是指因工业化引起的具有功能专门化和高度差异的政府组织体制,普遍采用理性化、世俗化、权威合理化的原则,抛弃家族主义、宗教主义等观念,把国家当作最高权威。政治现代化主要是由于现代国家的产生,及其带动的民主化、法治化、官僚机构的专业化、人民群众的广泛参与化。政治现代化并不等同于西方化,民主化、政治参与、法治化在不同的现代国家体系中可以有不同的表现形式。

(3) 社会现代化——传统社会向现代社会转变。社会现代化最早指由经济现代化引发的社会协调发展的过程。社会现代化主要表现为：劳动专业化、劳动社会分工的形成，及其带来的社会阶层结构变化；社会流动速度的加快；家庭规模的小型化；社会组织的高度发达；人口大规模向城市集聚；社会福利的普遍供给、社会公平正义的维护等。

　　(4) 文化现代化——传统文化向现代文化转变。也可以说是思想观念的现代化，主要是指社会价值观念和生活方式的现代化。在经济现代化和社会现代化发展的同时，人口向城市聚集，人们的价值观念和生活方式势必会发生变化，更加强调理性主义、效率至上、个性自由等要素。

　　(5) 生态现代化——传统生态向现代生态转变。生态现代化源于20世纪60年代西方的环境运动和环境保护主义，工业化的发展模式给生态环境带来了灾难性的后果，必须建立一种国家现代化与生态环境的有机耦合，追求一种经济有效、社会公平和环境友好的现代化模式。生态现代化融合到经济（绿色经济）、社会（生态社会）和文化（绿色文化）的全过程中，达到环境保护与经济现代化的双赢。

三　现代化有什么标准

　　现代化有不同的模式，各个国家和地区的发展水平不同，为了衡量国家和地区的现代化水平，国际上一些专家学者先后制定了一系列现代化指标体系。

　　现代化标准最早可以追溯到20世纪60年代。1960年，欧美和日本学者在日本举行的"现代日本"国际研讨会中第一次系统讨论了现代化的标准问题，提出了八个方面的标准：人口相对高度集中于城市之中，城市日益成为社会生活的中心；较高程度地使用非生物能源，商品流通和服务设施的增长；社会成员大幅度地互相交流，以及这些成员对经济和政治事务的广泛参与；公社性和世袭性集团的普遍瓦解，通过这种瓦解在社会中造成更大的个人社会流动性和更加多样化的个人活动领域；通过个人对其环境的世俗性和日益科学化的选择，广泛普及文化知识；一个不断扩展并充满渗透性的大众传播系统；大规模的制度存在，如政府、商业和工业等；在一个单元（如国家）控制之下的大量人口不断趋向统一。[①] 这些标准主要是从人口、基础设施、社会关系、商业服务等领域考虑现代化，更多地偏向于定性描述。

为了更好地衡量现代化发展水平，美国社会学家英克尔斯提出了十方面的现代化指标体系（见表1-1），从经济发展水平、产业结构、城市化、教育、医疗、人口增长等角度衡量现代化发展水平，不仅全面系统，抓住现代化中的工业化、科技创新等核心要素，而且其定量化的设计也有利于国家之间的比较。

表1-1　　　　　　英克尔斯现代化指标体系

指标	指标值
人均国民生产总值	≥3000美元
农业产值占国民生产总值的比重	≤15%
服务业产值占国民生产总值的比重	≥45%
非农业就业人口占就业人口比重	≥70%
城市人口占总人口比重	≥50
大学生占20—24岁人口比重	≥10%—15%
平均预期寿命	≥70岁
成人识字率	≥80%
平均每名医生负担的人口	<1000人
人口自然增长率	<1%

国内不少学者沿袭了英克尔斯的指标体系。比如中国现代化报告课题组提出的第一次现代化指标体系。国家计委的宏观经济研究院课题组则是从经济发展、社会进步、人口素质和社会进步等3个一级指标、15个二级指标对现代化发展程度进行衡量。中国现代化报告课题组的一次现代化指标体系基本上是对英克尔斯现代化指标

---

① 陈嘉明：《"现代性"与"现代化"》，《厦门大学学报》（哲学社会科学版）2003年第5期。

体系的沿袭，只是根据发展水平变化，指标值上进行了不同程度的提升。宏观经济研究院课题组的指标体系加入了体现社会公平（基尼系数）和环境（环境治理综合系数）指标，更加全面。

何传启在一次现代化指标体系的基础上，又提出了二次现代化指标和综合现代化评价指标①。二次现代化指标体系主要从知识创新、知识传播、生活质量、经济质量等4个一级指标、16个二级指标进行衡量。综合现代化评价指标体系主要是用来衡量国家的现代化水平与世界先进水平的相对差距，是一次现代化和二次现代化的综合，主要由经济指标、社会指标、知识指标等3个二级指标和12个三级指标构成（见表1-2）。

表1-2　　　　　　　何传启综合现代化指标体系

二级指标	三级指标	指标解释
经济指标	人均国民收入	人均国民收入
	人均购买力	按购买力平价PPP计算的人均国民收入（人均PPP）
	服务业增加值比例	服务业增加值占国内生产总值比例
	服务业劳动力比例	服务业劳动力占总劳动力比例
社会指标	城镇人口比例	城市人口占总人口比例
	医生比例	每千人口中的医生数
	预期寿命	新生儿平均预期寿命
	生态效益	人均GDP/人均能源消费
知识指标	知识创新经费投入	研发经费占国内生产总值比例
	知识创新专利产出	居民申请国内发明专利数
	大学普及率	在校大学生人数占适龄人口比例
	互联网普及率	互联网用户/百人

2012年，宋林飞从经济现代化、社会现代化、生态现代化以及人的现代化等四个方面提出了中国基本实现现代化指标体系（见表

---

① 何传启主编：《中国现代化报告2011——现代化科学概论》，北京大学出版社2011年版，第280—284页。

1-3)。① 2019年，肖路遥构建的广州实现社会主义现代化指标体系主要是紧扣"富强民主文明和谐美丽"的现代化目标，由人的现代化、经济现代化、社会现代化、文化现代化、治理现代化等组成的社会主义现代化指标体系（见表1-4）。②

表1-3　　　宋林飞的中国基本实现现代化指标体系

一级指标	二级指标	单位	目标值
经济现代化	人均地区生产总值	美元	≥20000
	R&D经费支出占GDP比重	%	≥2.5
	百亿元GDP发明专利授权量	件	100
	科技进步综合水平指数	%	≥70
	服务业增加值占GDP比重	%	≥55
	农业机械化水平	万瓦/公顷	≥3
	进出口总额占GDP比重	%	≥60
	城镇居民人均收入	元	≥60000
	农村居民人均收入	元	≥25000
	城镇恩格尔系数	%	≤30
	农村恩格尔系数	%	≤35
社会现代化	城市化水平	%	≥70
	城乡基本社会保险覆盖率	%	100
	城乡居民收入比		≤2:1
	万人拥有社会组织数	个	12
	城市每万人拥有公共交通车辆	标台	≥15
	万人社区服务设施数	个	≥8
	城镇人均居住建筑面积	平方米	≥30
	农村人均居住建筑面积	平方米	≥40
	城镇登记失业率	%	≤4

---

① 宋林飞：《我国基本实现现代化指标体系与评估》，《南京社会科学》2012年第1期。
② 肖路遥：《广州实现社会主义现代化指标体系研究》，《决策咨询》2019年第2期。

续表

一级指标	二级指标	单位	目标值
生态现代化	空气质量良好以上天数比重	%	≥95
	工业废水达标排放率	%	100
	生活垃圾无害化处理率	%	100
	单位 GDP 能耗	吨标准煤/万元	≤0.5
	三废综合利用产品产值占 GDP 比重	%	≥2
	城镇绿化覆盖率	%	≥45
人的现代化	大专以上人口占总人口比重	%	≥16
	居民文教娱乐服务支出占家庭消费支出比重	%	≥20
	百户城镇家庭拥有电视机数	台	≥200
	城镇居民家庭拥有移动电话量	部/百户	≥200
	千人互联网宽带用户拥有量	户	400
	千人拥有医生数	人	≥2.6
	平均预期寿命	岁	≥78

表1-4　　广州迈向全球城市的现代化指标体系

类别	指标名称	单位	2030 目标	2050 目标
人的现代化	人类发展指数	—	0.9	0.95
	平均预期寿命	岁	85	90
	平均受教育年限	年	12	13
	居民社会参与能力	—	80	90
	居民幸福指数	—	7	8
经济现代化	人均 GDP	美元	50000	100000
	现代服务业增加值占服务业增加值比重	%	75	80
	金融业增加值占 GDP 比重	%	14	16
	规模以上高新技术产品产值占规模以上工业总产值比重	%	50	60
	每万人发明专利拥有量	件	40	50
	R&D 投入占 GDP 比重	%	4	6

续表

类别	指标名称	单位	2030 目标	2050 目标
社会现代化	基尼系数	—	0.25	0.2
	社会保险覆盖率	%	100	100
	万人医生数	人	55	60
	万人律师数	人	8	10
	食品抽检整体合格率	%	98	100
	社会包容度	—	0.7	0.8
城市现代化	港口集装箱吞吐量	万标准箱	3000	4000
	机场旅客吞吐量	万人	9000	12000
	中心城区公共交通出行占机动化出行比率	%	70	75
	城市人均公园绿地面积	平方米	15	20
	人均碳排放量	T/人·年	8	7.5
	可吸入颗粒物年均浓度	微克/立方米	25	15
	全年空气优良天数占比	%	90	95
	市容环境卫生状况社会公众满意度	%	90	95
文化现代化	教育文化娱乐消费支出比重	%	20	30
	万人拥有公共文化体育设施面积	平方米	22000	25000
	文化产业增加值占 GDP 比重	%	8	10
	全年举办国际、国内单向比赛数	次	150	200
	全年举办会展数	次	300	500
治理现代化	公民政治参与程度	%	75	80
	建议（提案）办复满意率	%	95	99
	政府公共服务上网率	%	90	99

从中国现代化指标体系的发展趋势看，呈现以下特点：一是现代化的领域逐步扩展，从早先重视经济现代化、社会现代化到经济、社会、生态、人的现代化全面发展，再到"五位一体"的经济、社会、城市（生态）、文化、治理领导的现代化，以及人的现代化。二是指标值稳步提升，随着经济社会的不断进步，关于基本实现现代化的要求也越来越高，标准逐步提升。

第三节　中国特色社会主义现代化的基本概念

一　现代化是一元的吗？

现代化理论是基于西方发达国家的发展理论提出的，主要是指落后国家通过工业化、城市化进程追赶世界发达国家水平的历史过程。毫无疑问，因为西方发达国家有着成熟的现代化发展经验，经典现代化理论一度将现代化的发展道路等同于西方资本主义国家的发展道路。

不可否认，现代化具有共性，无论是资本主义现代化，还是社会主义现代化；无论是欧美国家的现代化，东亚的现代化，还是拉丁美洲的现代化；无论是经典现代化理论，还是依附理论或世界体系理论，都没有否认现代化的一些核心要素。首先是工业化。工业化是现代化的核心，工业化不仅促进生产力发展和劳动效率的进步，带动经济快速发展，更重要的是工业化在城市集聚了人口、培养了大批的中产阶层，推动了劳动分工，带动政治、文化、社会等领域的协同发展。即使是否认现代性的后现代主义也是在完成工业化之后、进入后现代化阶段才提出的。亚洲"四小龙"①都是重点发展劳动密集型的加工贸易产业，推行出口导向型的发展战略，一跃实现现代化的提升。拉美国家进口替代型的现代化抑制了本国的工业发展，工业基础和中产阶层都没有在工业化的过程中培育出来，直接导致了陷入"中等收入陷阱"。其次是城市化。城市化是由工业化带动而成的，反过来，城市因为在一个地理空间中聚集了经济要素、人口要素、资金要素，极大提高了现代化的推进效率，同时城市化培养现代化的生产和生活方式，以及城市市民的理性主义，这些都是现代化不可缺少的要素。最后是知识化，重视知识和创新。如果说工业化是现代化的核心，那么科技创新就是第一生产力，是现代化的动力来源。无论是第一次工业革命、第二次工业革

---

① 指的是中国香港、中国台湾、新加坡和韩国。

命，还是正在进行的第三次工业革命，甚至第四次工业革命，都是由于科学和技术进步引发的，每一次科技创新的突破都会带来现代化的飞跃和世界格局的变化，英国、德国、美国、日本科学技术和知识经济的创新发展带来其世界地位的提升。韩国、新加坡和以色列等都是国土面积较小、资源匮乏的国家，在现代化的过程中高度重视科技创新和知识经济作用，先后打造有利于科研和创新的国家创新体系，经过多年发展，新加坡在水处理技术、清洁技术、先进服务业、金融业等方面的创新达到世界领先水平；韩国在国际电子产业中处于领先位置，三星电子长期占据全球500强企业前列；以色列在纳斯达克上市的科技创新企业数仅次于美国，居全世界第二。相反，拉丁美洲的现代化在创新方面主要依靠欧美国家输入，并没有发展出本国的创新体系，现代化进程受制于人。

然而，现代化的共性因素并不意味着现代化是单线进化，恰恰相反，现代化是一种多线进化进程，现代化路径可以有多种模式。从发展的动力来源上，现代化可以分为内生型现代化和外生型现代化。内生型现代化主要指的是发展动力来自国内的工业革命和科技创新，国家是一种分权式的政治形态，并不主动干预现代化发展，这种现代化模式以西欧国家和北美为代表。外生型现代化主要是指发展动力来自于外部压力，以及资金、技术和现代化的经验输入，由于有现成的发展模式可供借鉴，同时又面临落后就要挨打的压力，外生型现代化多采取政府适度干预、主动开启现代化的方式，以东亚现代化模式为主要代表。无论是明治维新时代的日本早期现代化或是"二战"之后美国干预下的日本现代化，还是韩国朴正熙时代用威权推动的现代化和工业化，威权主义和国家干预在现代化进程中都起到非常大的作用，政府在后发外生型现代化的初级阶段充当着现代化推进者的角色。[1] 从发展的道路和模式上看，可以分为资本主义现代化和社会主义现代化，前者主要是在资本主义制度下推进的现代化，后者主要是在社会主义制度下、在共产党的领导下推动的现代化。同样走的是资本主义现代化道路，但是现代化进

---

[1] 孙立平：《后发外生型现代化模式剖析》，《中国社会科学》1991年第2期。

程大相径庭，阿根廷、墨西哥、巴西等拉美国家模仿欧美的现代化发展模式，在经过短暂的快速现代化进程后，在20世纪70年代就已经达到中等偏上收入国家水平，但因为发展的公平性、过分依赖进口替代、创新不足等原因陷入"中等收入陷阱"，导致环境恶化、贫富差距过大，甚至社会动荡不安等问题，在此基础上一度提出了"依附理论"和"世界体系理论"等对于欧美现代化发展道路的反思。而位于东亚的亚洲"四小龙"却一举越过"中等收入陷阱"步入发达国家和地区行列，甚至有不少中外学者认为，儒家文化对于东亚的现代化有较大的促进作用。美国学者卡恩提出，儒家文化比西方文化更重视人与人之间的关系和互动，比西方文化更适应现代化的需要。[1] 社会主义现代化的主要代表是苏联和中国，苏联在十月革命之后，由国家通过计划经济进行资源配置，从而实现以重工业为主导的赶超型现代化发展。[2] 中国的社会主义现代化进程主要分为两个阶段，1949年新中国成立到改革开放之间，主要是对于苏联模式的学习和发展，同样进行"五年计划"、计划经济，同样发展工业特别是重工业。党的十一届三中全会以后，邓小平率先推动改革开放，创建"中国式现代化"道路，经过几代领导集体的努力，逐步形成较为完善的中国特色社会主义现代化发展道路，实现了对苏联模式的超越。

现代化的道路多种多样，每个国家可能都有自己的独特发展模式，本书对于现代化的比较主要基于西方资本主义经典现代化与中国的社会主义现代化开展研究。

二 中国特色社会主义现代化有哪些理论渊源？

不同的理论基础决定着不同的现代化道路，西方资本主义发达国家的现代化主要得益于文艺复兴、启蒙运动和宗教改革。14世纪发源于意大利的文艺复兴肯定人的价值和创造性，将人的思想从中世纪的宗教神学枷锁中解放出来，崇尚科学方法、科学实验、科学

---

[1] 陆象淦：《走向二十二世纪——卡恩的大过渡理论》，辽宁人民出版社1987年版，第283—289页。

[2] 刘博：《苏联的现代化发展模式及其启示》，《知识经济》2011年第2期。

精神、科学知识，为现代化打下思想基础。宗教改革，特别是以德国宗教领袖马丁·路德为代表的新教"打破了天主教对人民的精神控制，摧垮了教皇在人民精神世界的统治权威，孕育了自由平等的民主精神"[1]。发生于英国、法国的启蒙运动不仅是文艺复兴的继续，而且进一步高举自由、民主、平等和理性的旗帜，强调"天赋人权""社会契约"，在思想价值观念、政治架构、经济形态等各个方面推动从传统向现代的转型。价值观念是现代化的思想基础，文艺复兴、宗教改革、启蒙运动对于思想的解放也相应带来意大利、德国、英国、法国现代化进程的推进，特别是启蒙运动对思想的解放是全方位的，对现代化的影响也是最为深远的，在启蒙运动影响下，英国一举通过工业革命成为世界霸主。

与之相比，中国面临的国情不同。一方面，历史较为悠久，5000多年文化传统从未中断，不可能完全割裂传统文化进行全盘西化。另一方面，中国的现代化启动较晚，在清朝末年以及民国时期一直处于被动挨打状态，受西方现代化影响，不可避免地引进西方现代化道路的有益因素。另外，中国佛教、道教相对都是比较出世的宗教，关注来生，对世俗世界的影响力相对较弱，宗教对于现代化的影响也微乎其微。邓小平认为，任何发展"判断的标准，应该主要看是否有利于发展社会主义社会的生产力，是否有利于增强社会主义国家的综合国力，是否有利于提高人民的生活水平"[2]。中国特色社会主义现代化也吸收了一切有利于中国发展的因素，主要有以下理论来源。

第一个理论来源是现代化因素，主要来源于西方的经典现代化理论。虽然中国和西方国情不同，但是经典现代化理论强调的工业化、城市化、理性化、科学化等核心要素，甚至法治化、民主化等要素是被时间证明行之有效的。新中国成立之后，中国的现代化道路也是遵循了以上原则和发展思路，只是具体的表现形态根据当时的国情有所调整。比如西方的工业化是由技术创新带动的、漫长

---

[1] 程佩璇：《近代西欧国家现代化与文艺复兴之关系探析》，《江苏教育学院学报》（社会科学版）2006年第2期。

[2] 《邓小平文选》第3卷，人民出版社1993年版，第372页。

的、有着自身逻辑的过程；而中国的工业化则经历了早期的重工业带动，到改革开放前期的重工业、轻工业并举，再到现在的新型工业化。城市化也是如此，从发展小城镇，到大、中、小城市协调发展，再到新型城镇化以及城市群发展战略，都是根据具体国情适时调整，但是现代化的核心要素没有改变。

第二个理论来源是中国传统文化要素。中国传统文化历时5000多年从未中断，对经济社会和国民性的影响至深。虽然传统文化中的封建思想、君臣思想等文化糟粕被中外学者所唾弃，甚至被认为是阻碍中国现代化的重要因素。但传统文化中的大同观、天人合一、和谐、共治共享，以及儒家道德观念对于现代化都有不同程度的促进作用。中国传统文化中的节俭、勤劳、诚信等因素与现代化的理性主义精神有相通之处；天人合一思想崇尚自然，直接推动人与自然和谐共生观念的诞生；大同观的社会理想就是小康社会和共同富裕的实现。

第三个理论来源是马克思主义与社会主义因素。马克思同样认同工业化是现代化的基础，科学技术就是生产力，社会主义发展的必然过程是现代化，但认为获得民族独立是进行现代化的先决条件，资本主义势必会被社会主义和共产主义所代替，各个国家应该根据各个国家的实际情况发展适合本国国情的现代化。马克思对于社会主义和人类社会的看法影响直接影响到社会主义制度的诞生，推动中国现代化的进步。

第四个理论来源是中国国情和具体实践。理论来源于实践，又用于指导实践，实践是中国特色社会主义现代化的重要理论来源。实践是检验真理的唯一标准，中国特色社会主义现代化进程是一直坚持实践标准。在坚持最基本的社会主义原则的基础上，吸收国内外一切有利于现代化的经验。毛泽东一直以来反对本本主义、教条主义，强调调查研究在中国革命和中国现代化进程中的重要性。邓小平在推动改革开放和中国现代化进程中所强调的"不争论"，"看准了，就大胆地闯、大胆地试"，以及习近平用"大调研、大学习、大改进"的"良药"来解决发展中的一些问题，都是强调国情、具体调研和实践对于现代化建设的重要性。

三 中国特色社会主义现代化有什么特点？

中国特色社会主义现代化与西方资本主义国家现代化有相同点，也有自身特色，集中体现在以下几个方面。

第一，中国特色社会主义现代化不是资本主义的现代化，而是社会主义的现代化。邓小平提出，中国搞现代化，只能靠社会主义，不能靠资本主义。1979年，邓小平在回答日本首相大平正芳时指出："我们要实现的四个现代化，是中国式的四个现代化。我们的四个现代化的概念，不是像你们那样的现代化的概念，而是'小康之家'。"[①] 习近平还专门提出了《关于坚持和发展中国特色社会主义的几个问题》，他明确表示："中国特色社会主义是社会主义而不是其他什么主义，科学社会主义基本原则不能丢，丢了就不是社会主义。"[②] 中国特色社会主义现代化就是要坚持中国特色社会主义道路、理论体系和制度，坚持人民代表大会制度、中国共产党领导的多党合作和政治协商制度、民族区域自治制度、基层群众自治制度等。中国特色社会主义现代化就是建设社会主义市场经济，推动经济现代化；推动社会主义民主政治，推动政治现代化；发展社会主义先进文化，推动文化现代化；建设社会主义和谐社会，推动社会现代化；建设社会主义生态文明，推动生态现代化；促进人的全面发展，推动人的现代化。

第二，中国特色社会主义现代化是中国共产党领导下的现代化。西方资本主义国家现代化多是一个自发过程，政党之间是竞争关系，不同的政党有不同的政治主张。中国有共产党这一先进政治力量的领导，有强有力的政府统筹，这也是中国特色社会主义现代化道路的最大优势。中国共产党的领导保证了现代化建设的社会主义方向，为现代化建设事业创造了一个安定团结的政治局面和良好的国际环境。2015年，习近平在全国党校工作会议上指出："如果没有中国共产党领导，我们的国家、我们的民族不可能取得今天这样的成就，也不可能具有今天这样的国际地位。"

---

① 《邓小平文选》第2卷，人民出版社1994年版，第237页。
② 习近平：《关于坚持和发展中国特色社会主义的几个问题》，《求是》2019年第7期。

第三，中国特色社会主义现代化是以人民为中心的现代化。人是现代化的核心。习近平指出："我们党来自人民、扎根人民、造福人民，必须把最广大人民根本利益作为我们一切工作的根本出发点和落脚点。"不仅要让人民共享现代化成果，不断满足人民日益增长的美好生活需要，从中长期看更是要不断促进人的全面发展。以人民为中心的一个很重要的表现是全体人民共同富裕的现代化。西方资本主义现代化在带动经济爆发式增长和社会全面进步的同时也带来了贫富差距，特别是随着科技创新的发展，资本和技术相比于劳动力的优势愈加明显，带来贫富差距逐步扩大，贫富差距拉大的问题在欧美国家有日益加剧趋势，处于财富金字塔顶端的少数人群却拥有社会大部分财富。随着现代化向发展中国家的扩散以及国际贸易的不平等，国家间的贫富差距也有拉大的趋势。中国共产党始终代表最广大人民利益，中国特色社会主义现代化的目标就是实现全体人民共同富裕。邓小平特别指出，全国人民共同进入小康社会、共同富裕是社会主义的本质要求。习近平也把消除贫困、改善民生、实现共同富裕看作社会主义的本质要求。共同富裕是全体中国人民的富裕，不让一个少数民族、一个地区掉队，近年来，中国特色社会主义现代化的重点之一就是精准扶贫和全面脱贫，让贫困人口和贫困地区同全国一道进入全面小康社会，为下一步实现共同富裕打下基础。

第四，中国特色社会主义现代化是并联发展的现代化。西方资本主义现代化强调从传统向现代的全面转型，甚至经典现代化理论将发展中国家的落后看作对于传统的坚持和观念的落后。与之相比，中国特色社会主义现代化作为一种后发的现代化，是多阶段并联发展的现代化。并联发展的现代化体现在三个方面：一是从发展阶段看，是多个现代化发展阶段的并联发展。何传启提出了一次现代化（从农业社会向工业社会转型）和二次现代化（从工业社会向知识社会转型）的概念，中国的现代化不是等一次现代化完成后才开启二次现代化，而是一次和二次并联发展的现代化，这样才能实现现代化的弯道超车。二是从现代化的路径看，是新型工业化、信息化、新型城镇化、农业现代化的并联发展，这也是习近平提出的

"四化同步"。三是从传统和现代的关系看,是中国传统、现代化和后现代性的统一。习近平提出:"抛弃传统、丢掉根本,就等于割断了自己的精神命脉。博大精深的中华优秀传统文化是我们在世界文化激荡中站稳脚跟的根基。"[①] 与其他文明古国相比,中国传统文化中的优秀成分,传承了几千年从未中断,中国特色社会主义现代化不能与传统割裂。现代性本身就是现代化的重要组成部分。另外,由于中国地域辽阔,区情和区域间发展水平不一,有些地区已经完成工业化进程进入后工业化时期,有些区域还在推动工业化或者正准备启动工业化进程,后现代性中的非线性、重视知识经济、追求个性化等特点势必也会融入到我们的现代化进程中。

第五,中国特色社会主义现代化是"看得见的手"和"看不见的手"共同推进的现代化。西方资本主义现代化主要是一种内生动力的现代化,市场这只"看不见的手"在现代化过程中发挥着主导作用。作为后发的赶超型的现代化,无论是同为资本主义的日本、韩国、新加坡等国家,或是苏联开启的社会主义现代化,还是以中国为代表的中国特色社会主义现代化,政府这只"看得见的手"在现代化过程中,特别是现代化的早期阶段都发挥着有效作用。中国在坚持市场在资源配置中起决定性作用的同时,高度重视政府宏观调控对于现代化的促进作用。宏观调控不仅可以有效弥补市场失灵问题,而且可以推动现代化的重大基础性工程。中国之所以现代化进程速度比较快,办成了很多国家办不成的大事,一个很重要的原因就是中国的社会主义制度可以集中力量办大事,比如南水北调、三峡工程、高铁网、港珠澳大桥等重大项目的建成对中国的现代化发展有着巨大的促进作用。

第四节 社会主义现代化强国基本概念

一 社会主义现代化强国的内涵

1965年1月4日,在第三届全国人大第一次会议上,周恩来首

[①] 《习近平谈治国理政》,外文出版社2014年版,第164页。

次提出把中国建设成为一个具有现代农业、现代工业、现代国防和现代科学技术的社会主义强国,之后的多次党代会和人代会,或是沿袭"四个现代化"社会主义强国的概念,或是提出社会主义现代化国家的概念。党的十九大报告第一次把社会主义现代化和强国放在一起,在5个地方先后提到社会主义现代化强国。社会主义现代化强国的根本内容是富强民主文明和谐美丽,实现的时间节点是21世纪中叶,目标是物质文明、政治文明、精神文明、社会文明、生态文明全面提升,实现国家治理体系和治理能力现代化。

富强——高度发达的物质文明。马克思主义认为,经济基础决定上层建筑,生产力决定生产关系,物质文明是一切文明的基础。习近平指出:"中国梦的本质是国家富强、民族振兴、人民幸福",[①]国家富强也是中国梦的基础。富强的社会主义现代化国家意味着"我国将拥有高度的物质文明,社会生产力大幅提高,核心竞争力名列世界前茅,经济总量和市场规模超越其他国家"。[②] 富强的社会主义现代化国家意味着中国从经济大国向经济强国转变,不仅国民生产总值、人均国民生产总值等经济指标在世界上名列前茅,更重要的是,在深化经济体制改革,完善社会主义市场经济体制的基础上,通过新型工业化、信息化、城镇化、农业现代化的同步发展,以创新驱动型经济、更高层次的开放型经济、现代化经济体系为代表的经济发展质量处于较高水平。富强的社会主义现代化国家意味着中国在经济领域形成制造强国、科技强国、质量强国、航天强国、网络强国、贸易强国、海洋强国等目标。富强的社会主义现代化国家意味着已经基本解决中国经济社会发展中不平衡不充分的问题。

民主——高度发达的政治文明。如果说物质文明是现代化强国的基础,那么政治文明就是现代化强国的制度保障,这种政治文明是"形成又有集中又有民主、又有纪律又有自由、又有统一意志又有个人心情舒畅生动活泼的政治局面,依法治国和以德治国有机结

[①] 《习近平谈治国理政》,外文出版社2014年版,第56页。
[②] 张高丽:《开启全面建设社会主义现代化国家新征程》,载《党的十九大报告辅导读本》,人民出版社2017年版,第28页。

合，建成民主的社会主义现代化强国"①。民主的社会主义现代化国家是充分保障人民平等参与和平等发展权利，以及基本建成法治政府和法治社会的基础上，更高层次的政治文明，是国家治理体系和治理能力现代化全面形成的政治文明。民主的社会主义现代化国家是中国特色社会主义的政治文明，而非资本主义或其他类型的政治文明，体现为党的领导、人民当家做主和全面依法治国有机统一，是党内民主和社会主义协商民主的有机统一，是中国共产党领导的多党合作制度、政治协商制度、民族区域自治制度和基层自治制度的全面完善，是服务型政府、法治政府、阳光政府的全面实现。

文明——高度发达的精神文明。文化是一个国家、一个民族的灵魂，是民族得以生存和发展的重要力量，只有文明进步了，在世界文化之林中有话语权、影响力，才是真正实现社会主义现代化强国。中国拥有高度发达的精神文明意味着"践行社会主义核心价值观成为全社会自觉行动，国民素质显著提高，中国精神、中国价值、中国力量成为中国发展的重要影响力和推动力"②。从世界各国的现代化进程看，在物质现代化高度发展的同时，无不伴随着文化的输出，从第一次工业革命崛起的英国对于英语语言体系、绅士文化、西餐文化的输出，使英语成为世界的通用语言，英国的文化体系在很多殖民地、半殖民地，甚至非殖民地国家生根发芽，即使在经济发展和综合国力影响力大幅下降的今天，其文化的影响依然延续。而美国更是在输出科学技术的同时，将独立、自由、法治、崇尚个性等精神文化以及可口可乐、麦当劳等物质文化传输到世界每一个角落。建设文明的社会主义现代化强国要求在推进社会主义文化大发展大繁荣的同时，发展面向世界、面向现代化、面向未来、面向大众的社会主义文化，讲好中国故事，输出价值观念，提升国家文化软实力和中华文化的国际影响力。

和谐——高度发达的社会文明。和谐是社会主义现代化建设的重要目标之一，建成和谐的社会主义现代化强国要求"城乡居民将

---

① 张高丽：《开启全面建设社会主义现代化国家新征程》，载《党的十九大报告辅导读本》，人民出版社2017年版，第29页。

② 同上。

普遍拥有较高的收入、富裕的生活、健全的基本公共服务，享有更加幸福安康的生活，全体人民共同富裕基本实现，公平正义普遍彰显，社会充满活力而又规范有序"[1]。和谐的社会主义现代化强国有四个层面的内容：第一个层面是共同富裕，人民普遍拥有较高的收入。第二个层面是幸福，人民普遍享有高质量的公共服务，实现更高质量和更充分就业，教育水平、医疗水平、文化体育服务水平、社会保障水平达到世界发达国家水平。第三个层面是安定有序，公共安全水平极大提升，共建共治共享的社会治理格局全面形成。第四个层面是公平正义。社会各方面利益关系得到妥善解决，社会公平和正义得到有效维护。建成和谐的社会主义现代化强国意味着最终形成民主法治、公平正义、诚信友爱、充满活力、安定有序、人与自然和谐相处的国家。[2]

美丽——高度发达的生态文明。"生态兴则文明兴，生态衰则文明衰。生态环境是人类生存和发展的根基。"[3] 从现代化的发展看，保护环境就是保护生产力，改善环境就是发展生产力。同其他国家的现代化建设一样，中国的现代化建设也走了不少弯路，生态环境遭到破坏，雾霾、饮用水污染、土壤污染、水土流失等问题多发，甚至出现先发展、污染，再治理的怪圈。而建设美丽的社会主义现代化强国，不仅要大力加强环境治理，加大生态系统保护力度，实现天常蓝、山常青、水常绿，更重要的是加强制度建设，实施最严格的生态环境保护制度，在全社会形成绿色的生产方式和生活方式，最终实现人与自然和谐共生的现代化。

二 社会主义现代化强国的战略支撑

党的十九大报告中针对社会主义现代化强国概念提出了 12 个领域的强国，包括人才强国、制造强国、科技强国、质量强国、航天

---

[1] 张高丽：《开启全面建设社会主义现代化国家新征程》，载《党的十九大报告辅导读本》，人民出版社 2017 年版，第 29 页。
[2] 《中国共产党章程》，人民出版社 2017 年版，第 13—14 页。
[3] 中共中央宣传部编：《习近平新时代中国特色社会主义思想学习纲要》，学习出版社、人民出版社 2019 年版，第 167 页。

强国、网络强国、交通强国、海洋强国、贸易强国、社会主义文化强国、体育强国、教育强国，分布在发展战略、经济建设、文化建设、社会建设等各个领域，同时还提出了强国强军的概念。

（1）人才强国。人才强国既是社会主义现代化强国的发展战略，也是重要组成部分。党的十八大报告将人才战略与科教兴国战略、可持续发展战略放在一起，作为落实科学发展观的重要战略，同时将人才强国和教育现代化放在一起。党的十九大报告进一步将小康社会的发展战略从科教兴国战略、人才强国战略、创新驱动发展战略进一步扩展到乡村振兴战略、区域协调发展战略、可持续发展战略、军民融合发展战略。人才是第一资源，是第一生产力，习近平高度指出："人才是实现民族振兴、赢得国际竞争主动的战略资源。"中国建设人才强国战略，一方面要解决人才队伍虽然规模较大但是领军人才、顶尖人才稀缺的问题，特别是基础创新型科技人才的匮乏问题，解决人才队伍结构不合理问题，充分发挥人才的引领和支撑作用。另一方面也要树立人力资源强国概念，致力于提高全民族的素质，打造人力资源强国。

（2）制造强国。工业化是现代化的核心，现代化经济体系的着力点是实体经济，特别是制造业。从现代化发展进程看，制造业始终是一个国家经济持续健康发展、保持稳定就业、走向富强的基础。即使在已经从工业社会走向后工业社会、第三产业占据国民经济最大比例的美国也将制造业回流和再工业化作为国家发展战略。新时代建设制造强国不是重复传统的加工贸易，而是要坚持创新驱动发展战略和高质量发展战略，瞄准信息技术、生物技术、新材料、新能源等新一轮产业革命的前沿领域，将制造业与大数据、互联网、人工智能、新一代信息技术等深度融合，加快发展先进制造业，促进中国产业向全球价值链高端迈进，"推动中国制造向中国创造转变、中国速度向中国质量转变、中国产品向中国品牌转变"[①]。

（3）科技强国。科学技术是第一生产力，科技兴则民族兴，科

---

① 中共中央文献研究室编：《习近平关于社会主义经济建设论述摘编》，中央文献出版社2017年版，第183页。

技强则民族强。科技是现代化建设的强大动力，2016年5月30日，习近平在全国科技创新大会上指出，"历史经验表明，那些抓住科技革命走向现代化的国家，都是科学基础雄厚的国家；那些抓住科技革命机遇成为世界强国的国家，都是在重要科技领域处于领先行列的国家"①。2018年5月28日，习近平出席两院院士大会的讲话中强调，"我们比历史上任何时期都更接近中华民族伟大复兴的目标，我们比历史上任何时期都更需要建设世界科技强国！"建设科技强国，就是要解决中国关键领域核心技术受制于人的不利格局，建设高质量科技供给体系，推动科学技术与经济发展、社会治理、生态治理、国防和军队建设等深度融合，拥有一批世界一流的科研机构、一批影响全世界和人类文明的原创性科学成果，成为世界主要科学中心和创新高地。

（4）质量强国。党的十九大报告提出，"经济发展已由高速增长阶段转向高质量发展阶段……必须坚持质量第一、效益优先，以供给侧结构性改革为主线，推动经济发展质量变革、效率变革、动力变革，提高全要素生产率"②。中国经济进入新常态，发展的立足点要从速度转移到提高质量和效益上来。建设质量强国并不仅限于经济领域，提高产品质量、制造业质量、经济发展质量，而是涉及文化、社会、生态、政府治理、军事、党的建设等多个领域。

（5）航天强国。航天事业是人类最为复杂的系统工程之一，涉及计算机技术、空间技术、推进技术、自动控制技术、遥感技术、通信技术等多种技术以及物理学、天文学、地球科学、管理科学等多个学科，对精密制造的要求较高，是各国综合国力的直接体现。尽管世界上实现现代化的国家众多，但是能够系统发展航天事业的国家并不多。早在2013年，习近平在接见天宫一号与神舟十号载人飞行任务单位代表时就指出，"发展航天事业，建设航天强国，是我们不懈追求的航天梦"。建设航天强国，不仅是展现综合国力，增强国家和民族的自信，更重要的是，通过发展航天事业，让航天

---

① 《习近平论治国理政》第2卷，外文出版社2017年版，第215—216页。
② 习近平：《决胜全面建成小康社会　夺取新时代中国特色社会主义伟大胜利——在中国共产党第十九次全国代表大会上的报告》，人民出版社2017年版，第30页。

探索和航天科技成果为创造人类更加美好的未来贡献力量。

（6）网络强国。信息技术和互联网技术是新一轮工业革命的重要领域之一，信息化涉及经济、政治、文化、社会、军事等领域的信息化和网络安全问题，对经济社会发展具有重要的引领作用，是一个新的生产力发展方向。长期以来，中国信息技术和互联网技术受制于人，中美贸易摩擦使美国不断加强对中国信息技术的控制和制裁，严重影响中国的经济社会发展和网络安全，建设网络强国势在必行。关于如何建设网络强国，2014年，习近平在中央网络安全和信息化领导小组第一次会议上就明确提出，"建设网络强国，要有自己的技术，有过硬的技术；要有丰富全面的信息服务，繁荣发展的网络文化；要有良好的信息基础设施，形成实力雄厚的信息经济；要有高素质的网络安全和信息化人才队伍"[①]。系统全面阐述了网络强国的内涵，特别是提出信息领域核心技术最为关键，只有掌握了核心信息技术，并推动与经济社会的有机融合，才能更好地服务于现代化强国建设。

（7）交通强国。要想富，先修路，交通运输行业，是中国经济社会发展的基础性和先导性产业，不仅关系到人民出行需求，更是现代化经济体系和社会主义现代化强国建设的有力支撑。建设交通强国，不仅要求在大飞机制造、高铁技术突破、公路桥梁隧道施工等交通运输装备体系上世界领先，在铁路、公路、航空、水路、物流等基础设施网络建设上世界领先，而且还要在交通治理能力、现代化综合交通运输体系等软件上世界领先，形成海、路、空、网四位一体的互联互通。

（8）海洋强国。随着技术进步，人类逐步进入大规模开发海洋的时期，海洋在经济社会发展和国家安全体系建设中的作用愈加突出。中国是陆地大国，也是海洋大国，建设社会主义现代化强国必须有海洋强国作为重要支撑。党的十八大报告中就已经提出了建设海洋强国的目标。2013年，习近平在十八届中央政治局第八次集体学习时强调，"建设海洋强国是中国特色社会主义事业的重要组成

---

① 中共中央文献研究室编：《习近平关于社会主义经济建设论述摘编》，中央文献出版社2017年版，第182页。

部分……要进一步关心海洋、认识海洋、经略海洋，推动我国海洋强国建设不断取得新成就"。建设海洋强国，一方面要大力提高海洋资源开发能力，推动海洋经济向质量效益型转变，使海洋经济成为中国经济的重要支撑，使海洋资源成为中国资源供给的重要组成部分。另一方面要维护好国家海洋权益，建设现代化海军，统筹维稳和维权两个大局，维护海洋权益和提升综合国力相匹配。

（9）贸易强国。贸易是全球化时代的重要标志，是开放型经济的重要组成部分，甚至从某种意义上，中国改革开放的巨大成功得益于对外贸易的发展，从引进外资和技术、进口我国亟须的商品到对外输出资金、技术、质优价廉的中国商品，对外贸易已经将中国和世界紧紧联系在一起，互相收益。虽然中国已经是贸易大国，但是由于核心技术受制于人，产品附加价值低，处于国际贸易"微笑曲线"的低端，服务贸易发展相对滞后。建设贸易强国就是要立足创新驱动和开放引领，在更高层次和更高水平上利用好国内外两个市场和两种资源，推动贸易大国向贸易强国转变。

（10）社会主义文化强国。社会主义文化强国的概念由来已久，首先这种文化是中国特色社会主义先进文化，"源自于中华民族五千多年文明历史所孕育的中华优秀传统文化，熔铸于党领导人民在革命、建设、改革中创造的革命文化和社会主义先进文化"[①]。社会主义文化强国是一种先进文化，需要克服民主的局限性，不仅立足中华文化立场，而且面向世界、面向未来、面向现代化，吸收一切文化中的优良成分。文化强国的"强"就强在有很强引导作用的社会主义核心价值观，有着很坚定的思想道德素质和信仰，有以人民为中心的繁荣的社会主义文艺，有着满足人民美好精神文化生活需求的文化服务、文化事业和文化产业，文化影响力和文化软实力处于世界先进水平。

（11）体育强国。党的十九大报告指出："人民健康是民族昌盛和国家富强的重要标志。"体育是培育人的健康体魄、推动身心健康的有效途径，是各国人民相互了解和增进友谊的重要途径，也是

---

① 习近平：《决胜全面建成小康社会　夺取新时代中国特色社会主义伟大胜利——在中国共产党第十九次全国代表大会上的报告》，人民出版社2017年版，第41页。

综合国力的重要展现。习近平在党的十九大报告中提出了建设体育强国的目标，在2017年会见全国群众体育先进单位、先进个人代表时进一步指出："体育承载着国家强盛、民族振兴的梦想。体育强则中国强，国运兴则体育兴。"[1] 体育强国一方面是要通过广泛开展全民健身活动，提高全体中国人民的身体素质和健康发展水平，使身体强起来，实现人的全面发展；另一方面是要通过大力发展竞技体育，增进和世界各国人民的交流和友谊，为国争光；再一方面是发展体育产业，成为体育产业强国。

（12）教育强国。教育乃国之大计，是经济社会发展的基础，也是社会公平的重要基础。教育对一个国家的现代化起到极端重要的作用，第二次世界大战后一片废墟的日本能够在短短20多年的时间内实现现代化，除了美国支持等外部因素外，其对教育的高度重视起到了主要作用。中国的现代化事业同样离不开教育事业发展，党中央一直重视教育事业发展，党的十九大报告把教育事业上升到关乎民族复兴的大计。"建设教育强国是中华民族伟大复兴的基础工程，必须把教育事业放在优先位置，加快教育现代化，办好人民满意的教育。"[2] 教育强国是人民满意的教育强国，必须要解决现实中教育发展不平衡不充分问题，发展素质教育和质量教育，满足人民群众由"有学上"向"上好学"的需求转变；必须要推进教育公平，妥善解决教育中的城乡发展不平衡问题、区域之间的发展不平衡问题、民族之间的发展不平稳问题，以教育公平促进社会公平正义；必须要实现高等教育内涵式发展，打造中国特色、世界水平的高等教育；必须形成全社会尊师重教、热爱学习的氛围。

这12个"强国"是一个整体，与其他"强国"相比，人才强国、体育强国、教育强国处于更加基础地位，提升整个国家和民族的身体素质、文化素质和劳动技能，是建设其他"强国"的重要保障。科技强国、质量强国、网络强国、交通强国不仅是建设现代化经济体系的重要部分，同样融合到经济、社会、生态、政治发展的

---

[1] http://cpc.people.com.cn/xuexi/n1/2018/0819/c385474-30237186.html.
[2] 习近平：《决胜全面建成小康社会 夺取新时代中国特色社会主义伟大胜利——在中国共产党第十九次全国代表大会上的报告》，人民出版社2017年版，第45页。

各个方面和全过程。制造强国、贸易强国、海洋强国、航天强国主要体现为经济强国的各个方面、各个领域。社会主义文化强国主要从精神文明、国家软实力的角度为社会主义现代化强国提供支撑。

三 社会主义现代化强国的特征

从内容上看，社会主义现代化强国是一个"五位一体"的全面整体性建设。从党的十三大提出的富强、民主、文明的社会主义现代化国家，到党的十六大六中全会提出的富强民主文明和谐的社会主义现代化国家，再到党的十九大提出的富强民主文明和谐美丽的社会主义现代化强国，标志着中国现代化事业从经济现代化向全面现代化的转变。物质文明、政治文明、精神文明、社会文明、生态文明是一个整体，缺一不可，只有富强、民主、文明、和谐、美丽都实现了，才能说完成了社会主义现代化强国建设。

从逻辑关系上看，社会主义现代化强国是一个系统性、协调性建设。物质文明、政治文明、精神文明、社会文明、生态文明之间有内在联系，相互促进，其中物质文明是基础，只有物质文明提升了，才有条件去发展政治文明、精神文明、社会文明、生态文明。政治文明对其他文明既有促进作用，也有制约作用，良好的政治文明可以有效解放思想、解放生产力，更有条件发展物质文明、实现共同富裕。如果政治文明跟不上其他文明发展，反过来是一种制约。精神文明是人类文明的灵魂和高级阶段，社会文明不但是建设社会主义强国的目标，实现共同富裕，人民幸福安康，同时也影响着其他文明建设，不少拉美国家陷入"中等收入陷阱"就是典型的社会文明跟不上物质文明发展的表现。生态文明则融入经济建设、政治建设、社会建设、文化建设的各方面和全过程。

从发展阶段看，社会主义现代化强国是更高层次的发展阶段，注重质量发展和内涵发展。与社会主义现代化国家相比，强国具有更高的发展目标。经济发展和综合国力上，从经济实力、科技实力大幅提升，跻身创新型国家前列，到成为综合国力和国际影响力领先的国家。基本实现社会主义现代化意味着可能达到世界中等发达国家水平，在创新方面达到较高水平，而综合国力领先的国家则意味着在全世界处于前列。人民生活方面，从更为宽裕、中等收入群体比例明显提高、城市发展差距和居民生活水平显著缩小到实现共同富裕。共同富裕不仅意味着富裕，而且解决了区域之间、城乡之间、人群之间的发展不平衡问题。文化建设方面，从社会文明程度达到新的高度、国家文化软实力显著增强、中华文化影响更加广泛深入到中华民族以更加昂扬的姿态屹立于世界民族之林，则是精神文明上质的提升，意味着中国不仅经济发展和综合国力上达到领先水平，在对世界的文化贡献和影响力等软实力方面同等发展。

从发展过程看，社会主义现代化强国同样需要重点突破。中国仍处于并将长期处于社会主义初级阶段的基本国情并没有改变，在建设社会主义现代化强国的道路上，仍然要坚持重点突破，物质文明、政治文明、精神文明、社会文明、生态文明不可能齐头并进，当前仍将坚持以经济建设为中心，以物质文明发展带动其他文明进步。从五大文明建设的内容看，重点是解决好不平衡不充分的发展问题，在每个阶段找准每个阶段的薄弱点，比如经济领域的产业升级和区域发展不平衡问题、社会领域的阶层分化和收入不平衡问题、文化领域的文化软实力和国际影响力较弱问题、生态领域的污染治理问题等。从社会主义现代化强国的建设进程看，仍然需要发挥重点区域的带动作用，经济发达地区可以在实现全面小康的基础上，先行开启社会主义现代化进程，为中国的社会主义现代化探明道路、积累经验，使中国的现代化进程更加顺畅。

四　社会主义现代化强国的城市范例

2018年11月，习近平视察广东、深圳时，要求深圳"朝着建设中国特色社会主义先行示范区的方向前行，努力创建社会主义现代化强国的城市范例"。这也是继党的十九大报告提出建设社会主义现代化强国后，首次要求一个具体的城市做强国的城市范例。要正确理解什么是社会主义现代化强国的城市范例，必须首先厘清三个概念：社会主义现代化强国、城市现代化、范例。

第一个概念是社会主义现代化强国。社会主义现代化强国是中国社会主义现代化建设三阶段的最终阶段，是全面建成小康社会、基本实现社会主义现代化之后的高级阶段，是在社会主义制度保障下，经济现代化、政治现代化、文化现代化、社会现代化和生态现代化全面实现，拥有高度发达的物质文明、政治文明、精神文明、社会文明、生态文明的国家。党的十九大报告提出了人才强国、制造强国、科技强国、质量强国、航天强国、网络强国、交通强国、海洋强国、贸易强国、社会主义文化强国、体育强国、教育强国等12个强国概念，分布在经济、社会、文化、生态建设的各个领域。

第二个概念是城市现代化。目前各种现代化理论和概念主要是针对国家现代化而言，社会主义现代化强国的城市范例立足于城市现代化，致力于为国家和区域现代化提供范例。目前学术界对于城市现代化的概念主要有三种类型：第一种是在城市规划和建设上的狭义的城市现代化，朱铁臻指出："广义的城市现代化是指城市的经济、社会、文化及生活方式等由传统社会向现代社会发展的历史转变过程，这是一个全面发展的概念。狭义的城市现代化主要是指城市建设的现代化，着重是旧城更新和新城建设两方面。"[1] 第二种是指城市空间的现代化。杨重光教授指出："城市现代化不是地区现代化，也不是城市连绵区的现代化，而是特定的城市空间的现代化，是以设市城市的城区为地域范围，或者说是以城市的规划区为对象的。"[2] 第三种是综合的城市发展观，将城市现代化看作城市由传统社会向现代城市形态全面转型的综合过程。吴永保、黄乃文等人从经济领域的工业化与市场化、政治领域的民主化和法治化、社会生活领域的社区化和公平化、科技与知识的创新及社会信息化、城市建设的国际化与都市化、社会生活质量的优化、教育终身化等角度对城市现代化进行全面展现[3][4]。闫小培等则认为："城市现代化是指随着科技创新和体制改革，城市的就业和经济活动逐渐市场化、信息化，城市管理科学民主化，居民物质文化生活不断改善，

---

[1] 朱铁臻：《城市现代化研究》，红旗出版社2002年版，第286—287页。
[2] 杨重光：《中国城市现代化战略研究》，《理论与现代化》2004年第4期。
[3] 吴永保：《城市现代化及其指标体系的构建与应用》，《城市发展研究》2001年第1期。
[4] 黄乃文：《城市现代化：基本内涵与指标体系》，《暨南学报》（哲学社会科学版）2001年第4期。

城市居民素质不断提高，城市经济效益、社会效益和环境效益高度统一的过程。"① 城市现代化是现代化在特定空间上的一种特殊表现形式，对现代化概念的理解不同，决定着城市现代化的定义也有所不同。社会主义现代化强国是包括经济现代化、政治现代化、文化现代化、社会现代化和生态现代化的综合性概念，城市现代化也是如此。城市现代化是指在工业化和科技创新的带动下，城市的基础设施、经济发展、生活质量、城市文明、民主法治、生态建设以及人的现代化向现代转型的过程。

第三个概念是范例。范例是由两个字构成，其中，"范"是指模范、典范或榜样，"例"是指可以做依据的事物。范例在《现代汉语词典》中的解释是"可以当作典范的事例"。

综上所述，社会主义现代化强国的城市范例，是指城市现代化的高级阶段，指城市的基础设施、经济发展、生活质量、城市文明、民主法治、生态建设以及人的现代化等各方面有较高的发展水平、较好的发展经验和路径，可以为社会主义现代化强国建设提供典范。社会主义现代化强国的城市范例包括五个方面的内涵和要求。

（1）先行性。为中国其他地区现代化建设做典范的一个前提条件是速度要快，先行先试，全程领跑，才有可能为其他地区发展提供经验。2017年4月，习近平总书记就在对广东工作的重要批示中，希望广东努力在全面建成小康社会、加快建设社会主义现代化新征程上走在前列。也就是说，先行性本身就是中央对广东和深圳的要求。深圳作为广东省现代化水平最高的城市之一，更应该在现代化发展方面走在最前列，率先为中国特色社会主义现代化强国建设过程中遇到的问题提供解决方案和发展路径。

（2）全面性。社会主义现代化强国的城市范例，不是单一领域的典范，不能理解为，深圳的经济发展水平和科技创新能力强，社会民生、文化建设的优势不明显，就无视短板，只在经济领域提供典范；而是涉及经济社会发展的各领域和全过程，是经济现代化、政治现代化、文化现代化、社会现代化、生态现代化、城市基础设施

---

① 闫小培、翁计传：《现代化与城市现代化理论问题探讨》，《现代城市研究》2002年第1期。

现代化、人的现代化等全方位的典范，是满足人民日益增长的美好生活需要的典范，要求在多领域和全方位走在全国前列，作出典范。

（3）高质量。社会主义现代化强国是中国特色社会主义现代化建设三阶段的最终阶段，是一种高质量、全方位高度发达的现代化，届时，将实现中华民族伟大复兴，中华民族将以更加昂扬的姿态屹立于世界民族之林。城市范例是一种高质量的范例，在现代化各领域的发展模式、发展动力、发展路径等方面要坚持质量引领的发展战略，全面对标全球最高最好最优，提供最先进的、最适合中国社会主义现代化建设的，甚至可以为其他既希望加快现代化建设又希望保持自身独立性的国家和地区提供全新选择的发展经验。

（4）示范性。不同城市和区域的现状和资源禀赋不同，现代化发展的路径也有所不同。作为城市范例，应该能够提供有共性的、适合大部分地区发展的、有示范意义的发展经验，而不能仅仅是地区特色。以深圳为例，其创新驱动的经济现代化发展模式、公共服务均等化建设的方案、创新包容型城市文化的形成、现代化城市治理体系的构建等，具有一定的普适性和先进性，对于全国大部分地区的现代化建设有重要的示范作用。

（5）前瞻性。社会主义现代化强国的实现节点是21世纪中叶，还有30年时间。科技革命日新月异，第一次、第二次科技革命催发了英国、美国两个现代化强国及世界霸主，以电子计算机、信息技术、空间技术为代表的第三次科技革命方兴未艾，以人工智能、量子信息技术、虚拟现实、智能机器人、新能源为代表的第四次科技革命蓄势待发，激发新科技、新产业、新经济、新社会形态。创新是现代化的源泉和动力，科技创新会带来新的现代化发展模式和路径，现代化强国的城市范例不能仅仅立足于过去的发展经验和路径，更要着眼未来，紧跟甚至引领世界科技创新趋势，以高度的前瞻性探索一条新的、有更好示范作用的现代化发展道路。社会主义现代化强国的城市范例，将为中国社会主义现代化提供示范和经验支撑。

第二章 城市与中国现代化发展历程

城市化是现代化的重要表现和支撑。城市是产业、人口、科技和文化的容器。没有发达的城市化，就不可能有发达的现代化。从鸦片战争开始，中国现代化经历了一个艰难曲折的历程。改革开放开启了中国特色社会主义五位一体全面现代化的新征程。深圳社会主义现代化的实践，是改革开放以来中国特色社会主义现代化成就的一个典型案例和缩影。

城市在中国现代化发展过程中，起着引领和先导作用，每一次现代化的发展浪潮，都由城市作为引领者和先导者。古代中国虽然是典型的农业型社会，但社会的与文化活动的中心显然都是城市，虽然整体上的国家运行模式习惯上一般认为是农业形态的。中国城市，在古代是农业中国的政治、文化中心；在近代则是现代化进程的起点、焦点与核心力量。

城市以其密集的人口，承载着密集的思想、财富、信息和创造力；密集问题与密集矛盾，产生密集也就是强大的力量，这种力量是松散社会所无法具备的。从社会组织形式看，现代文明的许多法则是在古代城市生活法则上进化改善而成的。城市解决了人类高度社会化问题，而现代化是使高度社会化问题进一步优化的过程。"我们把现代化视作各社会在科学技术革命的冲击下，业已经历或正在进行的转变过程。业已实现现代化的社会，其经验表明，最好把现代化看作是涉及社会各个层面的一种过程。某些社会因素径直被改变，另外一些因素则可能发生意义更为深远的变化。"[1] 一个社

---

[1] [美]吉尔伯特·罗兹曼主编：《中国的现代化》，江苏人民出版社2010年版，第3页。

会的"现代化",即是科学技术革命冲击之下所波及社会各阶层的深刻变化,有些变化可能还包含着许多影响深远的未知因素。从中国现代化已有的经验来看,这个过程可能要更复杂一些。虽然古代中国在科技方面取得了很多影响深远的成就,但是,一般认为,徐光启对西方科学技术的关注有其特殊意义,即对科学技术的认识是全面的社会甚至涉及社会观念的转变而非孤立的技术问题,是一次可能促成古代社会转型的一次试探,但这一社会转型的丁点希望却因徐光启的去世而夭折了。

中国的现代化进程起源于何时,这个问题可以从许多层面来理解。有汉学家将中国现代化的端倪,追溯到魏晋时期的人格觉醒,以为这是宋代人文主义大繁荣的思想滥觞年代。在宋代,工商业、人文学科已经发展到相当的高度,在这些成就当中都不难找到一些富有现代意味的元素。但是,如果把现代化视为社会观念和科学技术对社会的全面革命,或者把现代化理解为落后国家追赶先进国家的历程,那么这个问题则狭义很多,只能聚焦到中国与西方的关系上来,比如那个著名的马戛尔尼与乾隆的故事。马戛尔尼(1792)之后的1816年,另一位英国使臣阿美士德时隔24年再度来到中国,遭遇另一个皇帝,但收获一样的结果。为了限制外国商人在华的商业活动,限制中外贸易,清廷先后出台一系列法规,如《防夷五事》《民夷交易章程》《防范夷人章程》等。中西的直接接触,中方一直是排斥和抵制的,这个局面直到鸦片战争之后才开始改变。

一般意义上,鸦片战争引起的系列社会变革,是中国现代化进程的起点。但是,这个"起点"的构成也是多元的。从科学技术的影响看,鸦片战争之后,虽然是遭受了前所未有的挫折与冲击,但技术给中国现代化进程带来的影响还是非常有限的,比如洋务运动,还停留在"师夷长技以制夷"的层面,未能引起全社会的变革和转型。引进西方科学技术不等于可以产生相应的科学观念,洋务运动只是给皇帝提供了可与洋人一决高下的坚船利炮,并没有带来观念和社会形态的深刻现代化。当然,客观上洋务运动成为中国现代工业的成规模的系统性的起点,后来兵器业、造船业等工业,系在洋务运动的基础上发展起来。即使如此，技术现代化在"师夷长技以制夷"观念主导之下，现代科学技术为落后的政治模式、保守的政治集团所掌控，成为反现代化的工具，成为利益集团的救命稻草，并未能催生全社会的科学观念和政治文明。洋务运动的失败，是在观念落后、政治文明欠缺的条件下，科学技术未能促成社会全面现代化的典型事例。

同样是鸦片战争的催生之物，被迫开放通商的五个城市，在中国现代化进程中担负着重要的角色。中英《南京条约》所规定的广州、福州、厦门、宁波、上海五个城市，前四者都是历史悠久的城市，唯独上海，系在一个不起眼的县城基础上蜕变而成一个国际化大都市，成为近代以来很长时间内中国现代化进程的引领者，给中国现代化进程带来实质性的影响。同样，在最新一轮的现代化进程中，深圳也是从一个县级基层单位，蜕变成一个国际化大都市，成为相应时代的现代化进程的引领者和模范城市。上海和深圳的蜕变，非常生动地阐释了城市与中国现代化进程的紧密关系。

第一节 上海开埠：中国城市现代化的历史起点

为什么说开埠城市尤其是上海给中国现代化进程带来的是实质性的影响？这应与城市社会结构的特点密切相关。城市作为一个系统的文化生态，与洋务运动这样的有组织、有明确目标的官方项目不同，城市所开启的是一个全息的社会形态，一个有机的社会组织形态。这种全息形态所具有的新范式、新文化的生产力，是单个项目所无法具备的。

鸦片战争的失败导致清廷被迫接受系列屈辱条件，很多要求与50年前马戛尔尼提出的通商请求大致接近，其中广州、厦门、福州、宁波、上海成为第一批通商口岸，这些城市也成为中国现代化转型的第一批城市。这一轮开放中，造就了一个超级大都市——上海。和后来的深圳一样，大上海起源于一个边陲县城。"上海"一名虽然也是渊源已久，但是在繁华的苏杭地区，上海一直都是一个不起眼的角色。元代的至元二十九年，即1292年，上海才开始设县，隶属于松江府。至1843年开埠的551年间，上海只是人间天堂富庶江南不足轻重的三流县城。但是，上海由于位居长江出海口，一直都是苏杭一带商品出口的集散中心，这也是英国人看中上海这个不起眼的小县城的原因。在重农抑商的传统社会里，上海的港口价值并不被重视；开埠之后，其得天独厚的地理位置，近乎一张白纸的城市建设，赋予了上海无限的发展空间。

《南京条约》签署26年之后的1868年，同样遭受西方强国强加不平等待遇的日本，保守的幕府势力遭到民权运动的驱逐，日本皇室放弃自身的权力，成立民权政府，换取国家进步的机遇和皇室自身的安全。清政府统治下的中国，虽然在战争失败之后被迫打开国门，有五口通商尤其如上海这样的大都市出现，但现代化的进程却步履维艰。直到辛亥革命爆发、袁世凯反水、清帝逊位之前，极权政治的阴霾迟迟未能烟消云散。尽管未能在健全的国家政治文明的大背景中发展，但上海所具备的多元的、国际的开放环境，是成就一个超级国际大都市的必要条件。租界的存在，打破了郡县制之下皇权一统天下的单一格局，多种权力并存客观上造就了上海相对宽松的外部环境。虽然这种格局的来源是悲剧的，格局也是畸形的，但是传统极权社会的格局却因此出现松动，这是现代化社会所需要的必要土壤，"现代化"以一种尴尬与"恶"的方式开启，告别皇权所乐意面对的大国小农的贫穷与安详。对一个政权而言，这是屈辱；对一个社会而言，在惨痛中获得生机。这是中国的真正意义上的现代化进程的开启，在清政府屈辱无奈的情况下开始，也付出了惨重代价。从1842年至1894年的52年，清政府与外国签订了171个条约，除了与朝鲜的几个条约没有破坏主权以外，其余条约都是破坏中国主权的不平等条约，西方国家从中国逐渐获得22项特权，且这些特权的获得，早在两次鸦片战争之后的前20年就已经基本全部获得。[①]

从这一史实看，中国的现代化进程即使从鸦片战争开始算起，

---

① 汪敬虞：《赫德与近代中西关系》，人民出版社1987年版，第95—104页。

也是早于日本的,但在后来的发展中,却相对滞后,被日本反超,主要原因是开放领域的区域性与全国性、开放意愿的主动性与被动性的差别。仅从上海看,在英租界设立之后,法租界、美租界也相继设立,租界的洋行增长极为迅速。1843年上海租界仅有怡和、宝顺等5家洋行,1847年即增长为24家,1852年发展到41家。但租界却人丁不旺,1843年的英租界仅有注册人口25人;到了1850年,所有租界的国外人口不过210人,法租界仅10人。租界繁荣却是1853年小刀会运动爆发客观导致的结果。小刀会运动让大量华人挤进租界躲避,这个局面既非租界当局愿意看到的,亦非清政府乐意看到的,却是租界内的洋商乐意见到的。大量华人的涌入让原本冷冷清清的租界充满商机,洋商们的生意火爆起来了,与日常生活相关的所有行业甚至房地产都逐渐形成。租界内外华洋分治的局面被打破,形成一种华洋混杂的社会结构。[1] 这是上海开埠后所形成的畸形的社会结构,然而,这种"畸形"的结构却与后来像纽约、伦敦、东京这样的超级大都市的流动性和社会结构的复杂性具有某些相似之处。

后来成为国际著名金融中心的上海,1847年开始由英国人设立第一家银行——丽如银行。7年之后的1854年1月,英国人的第二家银行——汇隆银行设立,这是上海开埠11年后的事情。同年10月,英国的另一家银行有利银行设立。其后的十余年间,上海相继又新增7家银行,金融业粗具规模。尤其是1865年,总部设于香港的英资汇丰银行,也开始在上海设立分行,抢夺上海金融业蛋糕,使这些外资银行的格局发生了改变。由于汇丰银行直接将在华业务作为主要业务,因此比其他老牌英资银行在上海的业务更有优势。而1866年的金融风暴,直接导致上海的利升银行、汇隆银行、汇川银行、阿加利银行倒闭,资本主义的新殖民地并没有受到系列不平等条约的佑护。此次金融风暴之后,上海汇丰银行的业务逐渐超过丽如银行,成为上海银行业的头牌。

从开埠的1843年到1865年的22年间,上海共设立洋商行78

---

[1] 熊月之:《开放与调适:上海开埠初期混杂型社会形成》,《学术月刊》2005年第7期。

家，除去11家银行，还有商店14家、批发商13家、经纪商13家、船坞3座、大铁厂3家，其他行业商户21家。洋商行带来的洋商品，冲击当地的自然经济，原有的农业结合手工业的自然经济模式解体，但也使本地的农产品成为商品，本土的富商逐渐诞生。在这个时期，中国商品从上海出口的数量也大幅增加。1844年上海出口茶叶1558453磅，1847年增加到15863482磅，1855年达到76711659磅之多。1844年上海出口丝绸5087包，到了1858年，发展到72729包。[①] 上海开埠对本地商品出口贸易的促进成果显著。

上海在很快成为中国工商业和金融中心城市之后，对周边的影响力逐步释放，充分展示出城市对现代化的影响力和推动力。周边城镇原来以小农棉纺织手工业为主的传统生产方式，逐渐转向直接与国际贸易及国内市场衔接的新型的产销方式，这种转型缓解了开埠通商对从事传统劳作的小农生计所带来的冲击。以往家中男丁耕种所得收入，除去输官还息以外，未到年末就已经亏空，其衣食全靠妇女纺织土布、结网、挑花等添补。1910年前后，上海四郊乡镇已有一些以发包加工为主的针织小厂或手工工场开设，它们垫资并发放原材料，委托农户从事刺绣和做花边等手工生产，以后又有发料编织网袋、绒线、手套、织毛巾、摇袜子等多种样式的家庭手工业，这些手工业生产，多数无须支付成本，工序简单，又可在自家从事，还能兼顾日常家务乃至农活，其收入又较原先的织土布稍多些，销路也无须费心，因此除上海远郊和一些农户中的老年人继续其熟悉的手工织布外，很多人陆续转向其他手工业。嘉定的黄草编织业，南汇的织袜业，嘉定、川沙的毛巾织造业，川沙、上海、宝山等县的花边编织业相继兴起，它们的发生、发展与上海的内外贸易渠道直接关联。1909年6月4日美国《纽约时报》以《1908年的上海：对美贸易出口1055万美元》为题，引述时任美国驻沪领事田夏礼发表的统计数字称："草编织物是中国最大的加工工业，尽管只有少量货船经营这项产品，但数据表明，去年仍有价值

[①] 李必樟译编：《上海近代贸易经济发展概况（1854—1989）》，上海社会科学院出版社1993年版，第51—94页。

407000美元的这类货物运往美国,这项货物也可整年交易。"[1] 上海开埠对本地与周边百姓收入增长和生活改善等带来的好处是非常明显的。

本地商品贸易日渐兴旺,成就更多的华人富商,华商也逐渐走进资本的行列。1881年,上海商人黄佐卿设立一家纺丝厂——公和永缫丝厂,六七年间从拥有丝车100部增至900部,雇员也大幅增长,而女工数量也大为增多。纺织业后来成为上海的重要产业之一,中国最好的棉纺织技师在上海,这一传统一直延续到1949年以后。茅盾《子夜》所描写的,正是华资丝厂与洋资丝厂之间的斗争。凭借着江南地区传统的丝绸和棉纺基础,中资或外资相继进入这个行业,纺织女工也成为上海最常见的职业之一,好似后来深圳的IT从业者,蔚然而成一时风气。一旦有张贴招雇女工榜,具有劳动能力的农村妇女,不论二八芳龄,还是半老徐娘,多愿意去报名尝试。越来越多周边的劳动力以招工的方式进入大上海。早期纱厂女工多来自浦东、常州、无锡,后期有苏北、安徽等地女工加入;相对高端一些的缫丝女工,则多半是湖州和杭州人,因当地是传统的丝绸产地,缫丝女工还有"湖丝阿姐"的美称。纺织女工的收入曾经有过黄金时代,一人工资可以养活全家,女工戴个金戒指不算罕见的事。20世纪30年代,受大环境影响,女工工价大为降低,几乎只够她们维持生存。当年的苏州河沿岸丝厂林立,缫丝女工不下八九万人,大势的改变,使她们的境遇与纱厂女工一样艰苦。在最苦的缫丝间,沸水加热汽使车间又热又闷,要不了一顿饭的工夫浑身就会湿透,"湖丝阿姐"穿着一件火热的"湿布衫"一干就是12个钟头,冬天下工,"湿布衫"被冷风一吹变成一件"铁衣",不少"湖丝阿姐"因而致病。生活虽说艰难,但这些从农村来的女孩很快接受了都市文明,她们爱唱越剧、沪剧,喜爱模仿明星,像这座城市中所有正值青春年华的女孩一样爱漂亮爱打扮。少女们宁可省吃俭用也要打扮得漂漂亮亮。极少数纺织姑娘摇身一变成为都市摩登女郎,下海做舞女。但对于大多数纺织女工而言,这座城市

---

[1] 戴鞍钢:《上海开埠与郊县手工业的转型》,《社会科学》2015年第1期。

的摩登与时尚离她们很远。① 但是，客观上这些乡村女子，也实现了向工人、向市民的转型，所有的这些转变，构成了现代化转型的细节。

从传统政治空间的瓦解，到外资商业的介入，到华资的崛起，到周边配套产业的兴起等系列自成系统的社会结构的形成，上海开埠不仅催生了商业、金融业和各种轻工业，也催生了现代城市文明，催生了市民阶层，这是洋务运动所无法产生的现代化效应。上海在这一轮现代化进程中，以其综合的社会元素，产生了一系列现代商业、现代工业和现代观念，真正造就了中国现代化氛围与积淀，这是洋务运动这样的"运动"所无法产生的现代化效应。这些都毫无疑问就是中国现代化进程中的重要基石。但是，由于国家整体观念的落后，少数城市开膛破肚式的开放并未能产生一个全国性的转变，国家整体社会结构、观念还非常落后，甚至如曾国藩、张之洞、魏源及李鸿章这样开明的大员，都没有形成对现代化的正确看法，拘泥于固有的价值体系，没有人怀疑过皇权的合法性，甚至认为皇权是天经地义不可或缺的。即使承认"西用"的必要性，也更突出"中体"的核心性。所谓"中体"并非儒学思想或者祖宗之法，有时候虽然以这些名义出现，但其根本则是郡县制之上的皇权利益。习惯上，不少学者认为这是"中国士大夫知识分子背着沉重的传统儒学包袱"②，而事实上，这样一种观念在学理上是不成立的，根本的原因还是在于对已有的政治模式存在过度的依赖感，这种依赖感来自当时，来自现实利益，而非什么传统儒学包袱。这一点从袁世凯身上可以得到验证：先出卖戊戌变法，让极权模式继续延续；后又逼清帝逊位，结束帝制。由这一前一后的矛盾可见，出卖变法并非对祖宗之法的认同，而是权衡自身利益与安危之后的取舍；在得到大总统职位的许诺之后，"祖宗之法"就无足轻重了，也不存在什么"传统包袱"了。

1843 年到 1949 年这百余年间，社会的动荡、观念的滞后，一

---

① 参见吴红婧《职场丽人》，上海文艺出版社 2006 年版。
② 罗荣渠：《现代化新论——世界与中国的现代化进程》（增订本），商务印书馆 2004 年版，第 283 页。

定程度上影响了上海现代化的深度和广度。现代化是涉及经济、社会、工业、文化乃至政治文明的系统工程，上海的崛起实现了经济、工业等方面的现代化，在文化、社会等方面的现代化上也做出了重大贡献，很好地体现了城市在社会发展中的先锋模范作用和辐射作用，上海的轻工业产品长时间内成为中国制造的典范，为国人所追逐。但是，这一轮现代化的主要成就，主要局限于以上海为代表的沿海几个开放城市，1949年以前，全国90%的人口还居住在农村，内陆地区基本上还是以农业社会为主，广大农村的小农经济模式没有得到根本性转变，生产模式落后，生产工具落后，农业基础设施落后，城乡二元结构仍然十分突出，农民穷困不堪。上海等城市的辐射作用，主要还是局限于周边地区，未能让更广泛的区域受惠，现代化运动所取得的成果还非常有限，更深刻、更广泛的现代化势在必行。

第二节 重工业优先：社会主义现代化的第一阶段

辛亥革命之后，上海迎来一次全面发展。1911年之后，西方发达国家加速在中国尤其是上海投资，上海高速发展，有东方巴黎之称。但是战争带来的动荡众所周知，直到抗战胜利、内战结束、中华人民共和国成立，国家迎来全面现代化的历史机遇。

1949年3月5—13日，在西柏坡召开的中国共产党七届二中全会上，毛泽东就在会议报告中指出："从现在起，党的工作重点由农村移到了城市，必须用极大的努力去学会管理城市和建设城市。""只有将城市的生产恢复起来发展起来了，将消费的城市变成生产的城市了，人民政权才能巩固起来。"不久之后的5月22日，中共中央决定成立北平市都市计划委员会，聂荣臻担任委员会主任。9月16日，由苏联专家阿布拉莫夫为组长的市政专家组成立，这个由17人组成的专家组，主要研究北京的市政建设，草拟城市规划建设方案。

这一系列步骤，拉开新现代化和城市建设的步伐。中国共产党成立于世界共产主义运动进一步深入并且非常活跃的大背景下，中国共产党的成立，是世界共产主义运动的重要成果。因为是一个马克思主义政党，因此建党之始，中国共产党就以实现共产主义理想为己任，并在中国的现实条件下逐步探索一条适合国情的道路，从根本上改变中国的落后状态，尽快实现国家的现代化，扫清中国实现现代化的社会制度障碍，建立人民民主专政政权，然后在新制度的基础上发展经济，革新社会面貌，繁荣文化，实现国家的现代化。

新中国成立前，中国共产党提出了新民主主义革命理论，探索出一条使中华民族政治独立，尽快实现现代化的道路。新中国成立后，中国共产党在马克思主义指导下，借鉴现代化的核心要素，结合中国国情，开始了中国工业化、现代化的历史进程，也就是中国特色社会主义现代化发展道路。中国特色社会主义现代化经历多次内涵的演变，从早期偏向经济和物质领域的"四个现代化"逐步发展到包含经济建设、政治建设、文化建设、社会建设和生态文明建设的"五位一体"的现代化道路，体现出党和国家对中国特色社会主义现代化的理论认识不断深化。

1954年，周恩来总理在政府工作报告中第一次宣布了"四个现代化"的宏伟目标，明确提出现代化的工业、现代化的农业、现代化的交通运输业和现代化的国防。1958年中共八大进一步丰富了富民强国的现代化战略，确立了四个现代化的奋斗目标，即工业现代化、农业现代化、国防现代化、科学技术现代化，并写入中国共产党章程。可以说，"四个现代化"偏向于经济和物质文明领域的现代化。这是国家政治纲领中第一次把"现代化"明确作为战略目标来提出，就这个目标的具体内容来看，这个"四个现代化"，偏向于物质文明领域的现代化，这是基于当时生产力水平的极端薄弱提出的，有相当明确的针对性。

新中国成立初期，农业、手工业、资本主义工商业的社会主义改造是首要的工作。区别于资本主义的现代化模式，新中国的现代化是以马克思主义政治经济理论为指导的社会主义现代化模式。从公私合营，到合作社改造，还有地方工业的建设，取得了一系列重大的成就。以宝安县为例，在水利方面，新中国成立之前的农田灌溉，基本上还靠天下雨和一些古老的水利工具如水车、水桶。在集体化改造之后，合理利用劳动力，合理利用各种资源投入水利建设，到1958年不到10年时间，宝安县超过70%的农田均已被新修的水利设施所覆盖，这恐怕就是农业现代化的最基本的要求了。不只是宝安县，这也是全国的基本状况。在同时间的报纸上，1949年至1958年之间的新闻水利建设占了比较重要的位置，与之相对应的是各种农业灾害的报道，从这些报道中可以看到，当时的农业还处于多么落后的一种状态。在生产方式改造方面，宝安县的资本主义工商业的社会主义改造，从1956年1月起，宝安县镇的私营工商业、手工业基本实现了公私合营和合作化。全县工商业、饮食业、服务业共1647户2691人，1956年改造1457户，占总户数的90.39%，从业人员2508人，占总人数的96%，其中公私合营46个191户；小商贩1294户，组成合作商店97个807户；合作小组42个819户，改造过来的占小商贩总户的90%。公私合营后，提拔私方人员为正副经理、副厂长的42人，充分发挥了他们对工商业工作的才能，有利于商业工作发展。公私合营和合作化后，不论工商业还是小商贩都积极经营，做到远购深销，组织货郎下乡，支援农业生产；改善服务态度，增加商品品种，尽量满足人民生活需要；基本消灭了抬价压价、短秤等现象，受到广大消费者欢迎。因此营业额普遍增加，如深圳18个合营企业，从过去亏本到有盈余，出现了商业上的新气象。①

1957年1月1日，宝安县委机关报《宝安报》在元旦报纸头版，除了"庆祝元旦"的通栏报花以外，还有几篇展示一年来宝安县工业、商业和教育方面所取得的成绩的文章，构成一个"一年来全县人民在社会主义建设中取得了伟大成就"的专栏。过去一年时间内，宝安县工业已从去年的1间电厂，发展到有地方国营工业三间：电厂、糖厂和砖厂；公私合营工业四间：印刷厂、饼厂、烟

---

① 《宝安报》1957年1月1日。

丝、酒厂。1956年宝安县工业基本建设国家投资达40万元，其中扩建电厂投资10万元，增加了100千瓦的发电设备和主要导线。而投资总额达30万元、日榨蔗量100吨的第一座半机械化的宝安糖厂已于1956年12月18日正式投入生产，生产的片糖主要供应本县需求。公私合营之后的宝安印刷厂，也从手工业式的生产转变为动力生产。7间工厂中，有5间工厂全面地超额完成国家计划，1956年度能为国家提供93000多元的利润。即使在现在来看，这些地方国营轻工业对民生质量的改进所起到的作用都是非同小可的，大多数都具有"从无到有"的质变色彩。1958年4月5日，中共中央成都会议通过《关于发展地方工业问题的意见》，提出发展中央工业和地方工业同时并举的方针，建设新企业一般以中小型为主，尤其是县以下的工业应以小型为主，积极发展规模小、投资少、建设快、收效大的农业机械、开采有色金属、小煤窑等企业。宝安县的工业发展，与中央精神吻合。教育方面，中小学教育的普及工作也有新进展。1956年宝安县高中由1955年的1个班发展到5个班，共有学生250名，增加4倍；初中共有34班1796人，比去年增加27%；小学方面也得到大大发展，总入学人数达到20179人，比去年增加21.2%；幼儿班的发展超过了原计划，比去年增加1091人。扫盲工作也取得进步，全县有13565名文盲、半文盲常年参加学习，占文盲、半文盲的20%，经过一年学习，有982人达到扫盲毕业标准。

  这些工业和教育的改造，现在看来显得层面不高，而且在当时而言，发展地方工业的目的主要是为当地农业服务，这对于改善地方民生，无疑意义重大。对势在必行的进一步的现代化，这些都是必要的起点。

  在国家层面看，在这一时期，工业的投入相当巨大，工业化的迫切性成为国家决策层的共识。此时强行推行的公私合营，使私营部门更多的收入转向国家，这些资源大部分流向工业化建设和改造。1952年至1957年，大量资源被配置于制造基础设备、机器、原材料以及中间产品。投入工业资本的国家预算收入从1950年的69.19亿元增加到1952年的175.6亿元，到了1957年，这一数字增长到 297.03 亿元，在短短七年中增加了 3 倍。这些新增的预算有一部分来源于农业税，因此一直有一种新中国成立初期是农业支持工业的观点。的确此时由于工业建设的迫切性，工业建设几乎是举全国之力来推动的。但是，事实上 1950 年农业税占国内预算高达 30%，但这一数字到 1954 年就降到 14%，最后降到不足 10%。这一数字的变化有工业产值急剧上升的影响，但是 50 年代农业税一直很低也是事实。1952 年至 1957 年，中国的机器制造工业总投入要素生产率提高了 7.3%，占总产出增加总额的 25%；这 5 年间，每年年均工业增长速度高达 16%，堪称中国基础工业的黄金时间。[①] 到了 1975 年以后，农业就没有给中国的工业再投入直接提供多少资本，新增工业投资大多来自工业自身产值，从这个侧面看，经过 26 年快马加鞭的建设，社会主义工业建设的成就非常显著，国家逐渐摆脱了纯粹农业建国的落后面貌，取得了一定程度的现代化成就。

但是，由于观念未能完全跟上等，事实上，从 1950 年起就开始出现一股城市化的倒退。工业化的成就与城市化的停滞，构成现阶段现代化的特殊性。在这个特殊时期，出现城市人口向农村流动的逆城市化潮流，从 50 年代初起，许多城市青年被安置到小城镇，既有响应号召式的派遣，也有因各种政治运动被下放至农村的人口。中国的城市人口仅从 10% 上升到 17%，作为现代化标志之一的城市发展极为缓慢。20 世纪 50 年代起，伴随着工业项目的大干快上，中国城市化随之展开，但是一直到 70 年代末，城市化的节奏起伏都很大，进展的速度总体偏低，在某些时期内，甚至因城市人口向农村地区逆向流动使城市化呈下降趋势，使我们错过了城市化的最佳时期。那些被安置在小城镇甚至农村的城市青年，经历了融入当地，又经历了返城。这些青年包括城市大中专毕业生及高初中毕业生，是当时城市素质高、富有活力的人口。1957 年的反右运动及后来的一系列运动中，城市有问题的人及其家属被下放到农村地区。60 年代初，城市又有大量人口被下放农村。自 50 年代到 70 年代

---

① [美]吉尔伯特·罗兹曼主编：《中国的现代化》，江苏人民出版社 2010 年版，第 297—301 页。

中期，城市迁往农村的人口数以千万计。据当时权威报刊《中国青年报》估计，1950年至1964年有4000万左右的青年人从城市迁移到农村。1966年以后，城市人口外迁进入高潮，知识青年"上山下乡"运动将更多城市青年迁移到农村地区。改革开放前，中国城市经历了长期的人口向外迁移，阻碍了城市化的进程。20世纪70年代末，中国城市化开始恢复并进入加速发展阶段。改革开放后，中国城市化政策出现相当大的调整，社会趋于开放，城市化步伐加快。"下乡知青""下放"人员及家属纷纷返回城市，大中专毕业生、退伍军人等涌入城市，城市聚集力量明显增强，城市人口迅速增长，城市化水平回升，90年代进入加速阶段。更为重要的是，农村及小城镇人口也开始大规模涌入城市打工、经商及开办企业，他们定居于城市，并逐渐实现城市化、市民化。2010年中国城市化率达49.68%，2011年后一半的人口生活与居住在城市或城镇。[①] 在大量城镇人口被下放到乡镇的同时，也有一些农村人口以招工的形式成为各个企业的职工。据国家统计局资料，1958年全国工业和建筑企业共增加新职工1900多万人，这个数字相当于原有职工人数的两倍，且在新增职工中，1000万人来自农村。为此，中央要求各企业、事业单位停止招收新职工，的确需要增加职工的，可以从本地区其他单位的富余职工中进行调剂。但在这个要求发出之后，各地增加职工的现象依然没有停止。1959年2月，中共中央发出《制止农村劳动力向外流动的指示》，明确制止劳动力流动，已经开始使用的劳动力，在完成对应的工作之后，一律遣返回乡。流入城市但未找到工作的，尽速遣返原籍。[②]

另外，还因当时特殊的地缘政治原因，中国工业尤其是军工业、重工业出现一种逆地理发展的潮流，即为了规避战争风险，许多重工业被迁移到中西部内陆城市，而不是选择交通更为便利的沿海城市，史称"三线建设"。因此在中国内地的沿江、沿河地带，重型

[①] 徐和平：《城市化历史演变与中国城市化未来发展研究》，人民出版社2016年版，第67页。
[②] 《新中国城市发展规划史研究——总报告及大事记》，中国建筑工业出版社2014年版，第131—132页。

工业项目星罗棋布,这些项目基本上全部建设于 20 世纪五六十年代,也就是中国基础工业的奠基时代。从第一个五年计划开始,到后来的各个五年计划中的"重工业优先发展战略"虽然奠定了中国工业的基础,但这些逆地理项目规划的隐忧却在日后陆续显现:一是产品在交通运输上极不便利;二是这些项目一般都建设在城市周边,与许多大城市密不可分,影响城市又依赖城市。这种现状直到改革开放之后才有所改变。

1958 年 6 月 21 日《人民日报》发表题为《力争高速度》的社论文章称:"在党的社会主义建设总路线的光辉照耀下,目前我国的工业、农业和整个建设事业都在以高速度前进,用最高的速度来发展我国的社会生产力,实现国家工业和农业现代化,是总路线的基本精神。"总之,在 1949 年到改革开放前这 30 年间,虽然国家现代化的步伐有些反复迟滞,也出现了一些逆流而动的现象,但还是完成了许多重要的工业项目建设,实现国家从农业社会到工农业并举的转型,许多事物从无到有,加速工业资本尤其是机械制造资本的积累。虽然政策失误不止一次带来挫折,但工业建设的增长率是非常高的。在物质条件非常匮乏的年代,完成这些卓有成效的工业建设,一般以为主要依靠中央政府对各省的赋税收入一直维持着较强的控制,使得这时期形成了工业资本积累的高比率,推动国家实现现代化发展。西方学者这样描述这段时间中国的运作模式:"国家预算和中央银行成为动员和分配收入以发展生产资料部门的两大相互关联的工具。共产党国家主要从社会主义企业利润中取得收入(虽然在早期其收入中的很大数量来自于商品经营业、农业税、出售政府债券所得和一些小额税)。收入从三个方面流向国库:商业、农业和家庭,反过来又将这些钱以预算方式支付给资本货物、国防、福利、教育和其他服务。中央银行帮助国库集中收入,并根据国家有关计划规划一切合法支出。公社和企业可在中央银行开户存款,家庭也可以开立储蓄户头。人民银行及其支行发放授权信贷,给企业作为营运资金。企业相互间是不允许存在信用关系的。国营企业、集体企业和政府部门将利税汇给国家,并从国家领取资金去获取资本货物。"①

怎么看待1978年以前的工业化？有学者认为，1978年前中国选择苏联模式是理性的，虽然计划经济的微观效益不高，但保证了社会主义国家安全和国家稳定的双重目标，前后是继承关系。当代中国的半工业化有其存在和发展的历史逻辑和经济逻辑，随着中国劳动力数量的逆转和劳动力价格的上升，以及新技术革命和产业转型升级的冲击，中国的半工业化正在快速走向完全工业化。②

回头看，1949年至1978年的工业发展，主要在两个方面：现代化军工产业和战略性基础重工业，二者相互形成一种迫切的战略需求。地方的小型工业，有其明确目标，即为当地农业服务，巩固农业大国最基本的生存能力。军工产业现代化可以迅速消弭战争能力与西方发达国家之间的巨大差距，为新中国政权的安全性、国内政治的稳定性提供保障；而战略性重工业则为运作整个国家提供急需的动力，也是盘活军工设备所必需的运转能力。重工业优先，固然有其政治上的客观原因和紧迫性，但客观上对民生需求的忽略也是事实。虽然火箭可以上天，但却生产不出圆珠笔笔珠，从大生产运动到"大跃进"等系列赶超战略的受挫，使国民收入仍然不高，人民的生活水准仍然较为落后。这种局面一方面预示着更深入、更全面、更理性的现代化势在必行，另一方面也预示着新一轮现代化存在着巨大的发展空间，存在着迫切的发展需求。

第三节　改革开放：中国特色社会主义理论与实践

依靠国家的计划和控制，虽然国家在整体生产力水平较低的情况下取得了工业化方面的重大成就，但这并非长久之计。从新中国

---

① ［美］吉尔伯特·罗兹曼主编：《中国的现代化》，江苏人民出版社2010年版，第305页。
② 陈俭、宋世云：《改革开放40年：经济发展路径、制度与经验——2018年中国现代经济史专业委员会年会综述》，《中国经济史研究》2018年第4期。

成立起到20世纪80年代，国民生活水平一直处于很低的状态，普通生活物资匮乏，日常生活用品需要计划供应，凭票证购买。在1976年，中国进口物资90%是生产资料、工业原料，只有10%是生活消费品，且几乎全部是食品。①"文革"之后的中国，国民经济的基础仍然比较脆弱。

邓小平在早期著作中即谈道："共产党就是为发展社会生产力的，否则就违背了马克思主义理论。"② 也就是说，"贫穷不是社会主义"，而改革开放是尽快摆脱贫困的唯一途径。但是，一个马克思主义政党，如何来完成自身的理论构建，以此作为指导纲领，统一思想、改革开放，首先需要面对的一个比迅速提高生产力还要更加尖锐的问题即思想解放，要解决姓"社"还是姓"资"的问题，这关系到国家的政治属性和全社会经济结构的重大问题。如何解决这个问题，需要更高超的政治智慧，这个问题处理得合理与否，关系到改革开放能否顺利进行。

1978年党的十一届三中全会，做出把党和国家的工作重心重新转移到社会主义现代化建设上来的重要决议。这是中共正式文献中首次使用"社会主义现代化建设"的概念。1982年党的十二大，邓小平首次提出"把马克思主义的普遍真理同我国的具体实际结合起来，走自己的道路，建设有中国特色的社会主义"的科学论断，并提出了物质文明和精神文明两手抓，两手都要硬。1987年，党的十三大在系统总结改革开放以来中国现代化建设实践经验的基础上，首次提出"建设有中国特色社会主义理论"这一理念，做出了中国处于并将长期处于社会主义初级阶段的这一国情的基本判断，并就基本实现社会主义现代化，提出了"三步走"战略，力争在21世纪中叶，中国能够基本实现现代化。1997年，党的十五大明确提出"邓小平理论"，这一理论的创立标志着中国共产党走出一条符合中国国情的社会主义现代化建设道路。至此，中国特色社会主义理论基本形成。

---

① [美]吉尔伯特·罗兹曼主编：《中国的现代化》，江苏人民出版社2010年版，第299页。

② 《邓小平文选》第1卷，人民出版社1994年版，第148页。

党的十三大报告提出建设"富强、民主、文明"的社会主义现代化国家。党的十三大还制定了现代化建设"三步走"战略，即第一步，1981—1990年实现国民生产总值比1980年翻一番，解决人民的温饱问题；第二步，1991年到20世纪末，使国民生产总值再增长一倍，人民生活达到小康水平；第三步，到21世纪中叶，人均国民生产总值达到中等发达国家水平，人民生活比较富裕，基本实现现代化。此后，社会主义现代化逐步取代了四个现代化的概念，成为人民的共识，而且正式把实现现代化的时间确定为21世纪中叶。2002年江泽民强调指出，"建设有中国特色社会主义，应是我国经济、政治、文化全面发展的进程，是我国物质文明、政治文明、精神文明全面建设的进程"，形成"三个文明"一起抓的思想。同年在党的十六大报告上，党中央确立了中国在政治、经济、文化全面建设小康社会的目标，彰显出中国共产党对中国社会主义现代化道路发展理念的进一步提升。

进入21世纪，党和国家领导人对于社会主义现代化建设的论述，有了新的发展与进步。2002年，党的十六大提出全面建设小康社会新目标。2006年，党的十六届六中全会将"富强、民主、文明、和谐"作为新的历史时期中国社会主义现代化建设的目标，把中国特色社会主义的总体布局从"三位一体"发展到"四位一体"，进一步丰富了社会主义现代化的具体内容。在党的十七大报告中，则首次提出了"经济建设、政治建设、文化建设、社会建设"四位一体的总体战略布局，建设富强、民主、文明、和谐的社会主义现代化国家，社会主义现代化建设的理论内涵更加丰富。

党的十八大以来，习近平带领党中央，开创了中国特色社会主义现代化道路全面拓展的崭新局面。习近平明确提出"实现中国梦必须走中国道路，即中国特色社会主义道路"的鲜明论断，并首次提出，中国特色社会主义现代化建设包含五位一体总体战略布局，即是包含了"经济建设、政治建设、文化建设、社会建设和生态文明建设"，在党章修正案中，党确立了建设富强民主文明和谐的社会主义现代化国家这一社会主义现代化建设目标。在中国共产党第十九次全国代表大会上，习近平总书记提出中国特色社会主义进入新时代，新时代要有新目标，根据新时代这一判断，确立了中国社会主义现代化建设的总目标，即是建设富强民主文明和谐美丽的社会主义现代化强国。同时针对社会主义现代化建设，中国确立了新的两步走战略，第一个阶段，从 2020 年到 2035 年，在全面建成小康社会的基础上，再奋斗 15 年，基本实现社会主义现代化；第二个阶段，从 2035 年到 21 世纪中叶，在基本实现现代化的基础上，再奋斗 15 年，把中国建成富强民主文明和谐美丽的社会主义现代化强国，社会主义现代化的蓝图更加清晰。同时，根据党情、国情、民情的变化做出了适时的战略性调整。

伴随着改革开放不断深入，一系列的理论也不断深入、细化，从富强、民主、文明的社会主义现代化，到富强、民主、文明、和谐的社会主义现代化，再到富强、民主、文明、和谐、美丽的社会主义现代化，逐步在不同阶段提出新的要求，新的梦想，把原有的战略理想更加细化、明确化。概括地说，中国特色社会主义现代化具有以下特征：一是鲜明的时代性，是中国共产党立足于中国社会主义初级阶段的现实，站在时代的前沿，充分吸取发达国家现代化建设的经验和教训，提出来的现代化理论。二是内涵的丰富性。"富强、民主、文明、和谐、美丽"的社会主义现代化建设目标，内涵丰富，除了注重广大人民群众的物质生活、政治生活、文化生活、社会生活外，还特别注重人民关切的生态环境问题。

从经济史的角度看，20 世纪 70 年代末到 80 年代初期，经济学界的拨乱反正和思想开放为转型奠定了基础，80 年代初期至中期，中国经济学家在向国外同行学习的过程中逐步形成了一些中国特色社会主义经济理论，是马克思主义中国化的重要组成部分，80 年代末期，转型遭遇波折，但最终在 90 年代初期确立社会主义市场经济作为转型目标。也有学者认为，在 1978 年前后，中国经济体制改革实现了对苏联模式、平均主义以及国内主要矛盾 3 个方面的超越。[1]

与理论建设同行的是实践，首先是个体经济的恢复。在社会主

---

[1] 陈俭、宋世云：《改革开放 40 年：经济发展路径、制度与经验——2018 年中国现代经济史专业委员会年会综述》，《中国经济史研究》2018 年第 4 期。

义改造时期，由于对"公有制"含义的极端理解，导致对私有经济的改造面过宽过严，致使社会主义改造基本完成之后的1957年，城镇个体工业劳动者仅剩64万人，比改造前1953年的375万人减少了311万人。1958年开始的"大跃进"，个体经济遭受进一步排挤。1960年，城镇个体手工业者减少到35万人。经过1961—1965年的经济调整，城镇个体劳动者数量有所恢复，但也仅达到39万人。"文化大革命"中，个体工业遭到进一步排挤，1976年城镇个体工业劳动者只剩下4万人。这一数字在未来两年内继续萎缩，1978年，城镇个体工业劳动者下降到3万人。[1] 而农村的情况还要更严重。

在党的十一届三中全会以后，中央出台系列政策法规，如1981年7月7日国务院发布的《关于城镇非农业个体经济若干政策性规定》，1984年2月27日国务院发布的《关于农村个体工商业的若干规定》等，紧急纠偏，纠正20世纪50年代以来愈演愈烈的共产风，纠正对公有制的极端的、狭隘的理解，承认城乡个体经济是社会主义公有制的有益补充。在农村是分田到户，在城镇是恢复个体工商经济体。最初的几年间，个体工商业由1981年的183万户增长到1984年的933万户，从业人员从227万人增长到1304万人，注册资金从5亿元增长到100亿元。[2] 在如何界定集体经济和私营经济的问题上，80年代曾经有一场争议，究竟雇多少工人是私营经济？有位经济学家出了一个主意，以《资本论》第一卷第九章为据，马克思说，雇工8个人及以上的即是资本家。这个提议得到应用，以8个人为界限，不到8个人叫个体经济，8个人及以上叫私营经济，私营经济从1988年起允许领取营业执照。邓小平南方谈话以后，私营经济的发展更加迅速，1993年至1995年3年间，每年私营经济户数的增长都超过了50%。个体、私营经济对国内生产总值的贡献率，从1979年不到1%，增加到2001年的20%以上。

---

[1] 国家统计局社会统计司编：《中国劳动工资统计资料1949—1985》，中国统计出版社1987年版，第78页。

[2] 汪海波：《对发展非公有制经济的历史考察——纪念改革开放40周年》，《中国经济史研究》2018年第3期。

而现在，改革开放40年之后，个体经济加上外资对国内生产总值的贡献率已经占到50%—60%。①

私有经济大量出现，打破保守理论的坚冰；而建立经济特区，是改革开放实践又一个大事件。更大规模的资金和先进技术，需要像经济特区这样一种模式，才能实现进一步的激发和引进。改革开放对外招商引资所产生的更多更复杂的经济形式，如外商独资、中外合资等形式，一方面丰富着社会主义所有制的含义，另一方面也提出新的理论挑战。但这是融入国际社会、进一步深化国家现代化进程的必由之路，这比什么都重要。不解放生产力，没有发展，没有富强，什么理论都无济于事。1979年7月，中共中央国务院同意在广东省的深圳、珠海、汕头三市和福建省的厦门市试办出口特区。1980年5月，中共中央和国务院决定将深圳、珠海、汕头和厦门这四个出口特区改称为经济特区，赋予经济特区较大的权力和空间，摸索改革开放之路。特区以对外招商引资为主，率先实行外向型经济，以市场调节为主，打破计划经济的樊篱。经济特区的设立初见成效，1984年4月，中央决定扩大开放的范围，天津、上海、大连、秦皇岛、烟台、青岛、连云港、南通、宁波、温州、福州、广州、湛江和北海14个沿海城市和海南行政区，在赋予这些地方对外开展经济活动更大的权利的同时，也以优惠的政策吸引外商投资。随着改革开放进一步深入，外资的投资逐步扩大，外商企业越来越多，外商企业慢慢成为社会主义市场经济重要的组成部分。2012年，全国外资企业达到了44万家，投资总额32610亿美元，总注册资本1.8万亿美元。60%的外资投到制造业，使得外商投资企业对工业增长的贡献相当突出。20世纪90年代后，中国出口大幅度增加，相当大程度上是因为外商投资企业出口快速增长。外商投资企业出口额1991年120亿美元，2014年达到10070亿美元，占全国出口总额的比重从1991年的16.7%上升到2014年的46%。②

① 张卓元、樊纲、汪同三、裴长洪、高培勇：《改革开放40年经济体制改革理论与实践》，《经济学动态》2018年第7期。
② 张卓元、樊纲、汪同三、裴长洪、高培勇：《改革开放40年经济体制改革理论与实践》，《经济学动态》2018年第7期。

在中国的改革开放取得举世瞩目的成就的同时，西方社会正经历一场新的革命。20世纪六七十年代以来，世界社会格局又发生重大变化，以信息技术、知识产业为主的经济模式迅猛发展，掀起一场影响更为深刻的革命，在世界大多数国家还没有完成现代化改造的时候，西方发达国家开始进入到一个新的时代，一般把这个新时代表述为后工业社会。以美国为例，在这一时期，美国以第三产业来推动城市功能向服务型转变，以文化、金融、信息技术等产业成为新的经济增长点，美国一线城市纷纷实现城市功能由生产型向服务型转变，文化、信息、商业和金融服务业为代表的第三第四产业相继建成，新型产业占比高达75%左右。西方社会的再次转型给开放的中国带来更多的挑战，也带来更多的机遇。简单的来料加工等制造业已经不能满足新形势下的现代化要求，现代化已经被赋予更复杂的含义。

同时，面对复杂的国际利益结构、国家间的利益博弈和战略遏制与反遏制，面对各种国际政治理念如文明冲突理论、修昔底德陷阱、中国威胁论乃至中等收入陷阱等，中国的现代化进程需要面对更复杂、更多元、更有纵深感的挑战，一方面要面对最新最前沿的问题，另一方面要面对历史尚未解决完善的问题，新老问题同时应对。另外，在日常运作上如何实现政府职能更高效与更合理的转型，如何使民生问题更趋合理化、社会资源再分配合理化，经济发展的高效化、可持续化等问题上，也给城市深化改革带来更多命题与挑战。向来作为改革先锋的深圳，被赋予"中国特色社会主义先行示范区"的新使命，这既是中央政府对深圳的信任，也是深圳40多年来在现代化实践前沿所积累的经验、财富以及良好的经济结构、社会观念所具备的相应能力，这样一种富于挑战性的新使命，给深圳注入新的动力，也为深圳的发展方向完成战略规划。

第四节　深圳：从改革开放试验田到现代化先行示范城市

上海开埠是被动地为世界洪流所裹挟，在被动挨打、失去许多自主权的情况下完成的现代化运动，而深圳市的诞生，则是新中国主动地以独有的方式融入现代化潮流，全面开启中国现代化征程。这期间完成的观念转变，一去130多年。

一部深圳发展史，即一部中国改革开放史。1978年6月，国务院同意在靠近香港和澳门的宝安和珠海建设生产加工和出口基地；1979年3月，中央和广东省委决定将宝安县改为深圳市；1980年5月，中央正式批准把"出口特区"改成"经济特区"；1980年8月26日，《广东省经济特区条例》在第五届全国人大第十五次会议上被批准通过，深圳经济特区正式诞生。在后来经济特区的实践中，作为改革开放试点城市的深圳，探索出一系列后来通行全国的改革开放的办法，为改革开放大业探索出一条可行之路。从开山第一炮开始，深圳造就出许许多多"深圳现象"，如深圳速度、深圳观念等，也成就了自身的工业建设，尤其是轻工产品的制造产业。作为"试验田"，深圳有太多个"第一"，如第一个引进港资的来料加工企业，第一次在建筑工程中采用招标制度，第一次以向社会公开发行股票的形势出售股权，第一个外汇交易中心，第一个劳动力市场等等，不胜枚举。深圳从实践到观念都给国人提供一系列经验，解放观念也就是解放生产力。

深圳的改革经验，在20世纪90年代普及全国，对全国的改革开放形成巨大影响。但是，作为改革试点城市的深圳，却因此失去政策优势。改革开放试验田的使命完成，失去政策优势、发展的地理空间受阻、遭遇发展瓶颈之后，深圳开始被唱衰、被抛弃。恰在此时，西方发达国家已经实现第三产业向信息产业转化，深圳面临更大的挑战。深圳的成长时期，正是西方发达国家由后工业社会向信息社会转型的时期，这也是深圳从以来料加工企业为主到以科技信息技术为主的产业转型的大背景。这个时期的全球经济，在美国，除了向服务业、文化产业转型，所保留的制造业则朝高端制造业和都市工业发展。后工业时代的纽约城区地价和商务成本不断上涨，许多原设于纽约市区的公司总部陆续撤离，迁往城郊或其他城市。1965年全球500家大公司中有128家总部设在纽约，至1988年仅剩48家。为了应对这种局面，纽约市对传统工业格局做出调整，保留部分有城市特色和优势的都市工业和高端制造业，主要包括期刊报纸印刷业、精密仪器生产、奢侈品生产等，一般生产企业被迁移出纽约，分流至发展中国家，纽约的工业职能主要在设计、推广、销售等上游环节。而硅谷的崛起，则是美国此番转型的最亮点。在这次转型中，老牌工业大国英国的传统制造业也因生产成本越来越高而逐步衰落。为了寻找新的增长点，伦敦也向主要包括文化创意产业和金融业的第三产业转型，并因此成为世界知名的创意之都。在德国，以重工业著称的鲁尔工业区，在这一波转型中也遭遇相同的难题，而大力发展LOFT文化创意产业和工业遗产旅游是他们的转型途径。鲁尔区是当今世界工业遗迹最多、最集中的地区，鲁尔区的老工业区建筑物既是德国的工业遗产，也是世界重工业发展史的重要见证物。转型之后的鲁尔区从一个污染严重的工业区变成集休闲、娱乐、购物、疗养于一身的文化旅游胜地，园区80%以上的就业岗位来自于服务业。

一边遭遇自身发展的瓶颈，一边遇到世界产业机构的再次升级，深圳面临更复杂的转型环境。但是，就在这种条件下，深圳用十余年时间，在产业向高科技转型升级方面形成新的突破，再度创造深圳奇迹，再度为改革开放大业奉献一个新深圳，让深圳再度成为国家现代化的热点区域。这个过程中，起关键作用的不是依靠获得新的特殊政策，而是深圳业已形成的开放社会、深圳惯有的开放意识、深圳人长久积累而成的开拓精神，成就了再生的深圳。

这个过程中，有一些起着关键作用的前期因素，如早在20世纪80年代，深圳就提出以科技促进工业的构想；90年代中期，深圳市便将高新技术产业作为经济转型的战略方向，开辟高新科技园区，举办中国国际高新技术成果交易会，这无疑是成就深圳重大转型的基础设计，这些举措为后来的科技企业提供土壤和温床。也就是说，深圳转型成功的基本格局，在深圳还处于发展的低阶时期就开始布局。此时的深圳并不是国家技术中心，缺乏雄厚的高新技术研究基础，但在高科技产业上却取得了科研实力较强的城市更大的成功。由于科研成果与市场需求的结合不够深入，或者由于科研成果自身的成熟性和前沿性方面的不足，一些传统的科学技术发达的城市，高科技产业没有得到预想的发展。

良好的市场机制为深圳高新技术产业发展提供了良好机遇。深圳中国国际高新技术成果交易会带来的技术项目，让深圳的资本和技术成果之间有了直接的对话，市场也形成对技术研究的引导作用。在后来技术和资本的对话中，深圳逐步形成一个民营科技企业群体，既有大科技企业集团，也有中小型科技企业，甚至创业型科技个体，形成一个完整的生态链条，相互依存，大企业带动中小企业成长，中小企业的存在也给大企业提供土壤。小企业以其机动性强而致力于技术创新，大型企业以其资金资源雄厚而并购最新的技术创新企业，形成更大的企业联合体。有实力的科技企业逐渐掌握技术研发的主动权，深圳的技术研发资金有90%来自企业，科研直接面对市场，为企业提供直接支持，形成良性循环。

除了建立高新科技园区、举办中国国际高新技术成果交易会，深圳发展高新科技工业的战略部署还包括建立科技创新的风险机制、人才机制等系列构建。深圳在1997年成立了科技风险投资领导小组及办公室，1999年8月成立深圳市创新投资集团有限公司，提供创业投资和风险投资类服务。深圳市创新投资集团注册资本54.2亿元，是国内规模最大、最成功的本土创投公司之一。中小企业板及创业板在深交所上市，促进风险投资、私募基金的聚集，为科技创新企业提供更广阔的资金来源，深圳的资本配置模式，为深圳的科技创新体系注入更强劲的支持。

如果说深圳发展高新科技产业正是顺应了潮流，是硅谷模式的东方版本，那么，深圳另一个战略设计——"文化立市"战略，发展文化创意产业，则是深圳寻求新增长点的新突破口，带动全市产业的深度转型。举办中国深圳国际文化产业博览会，扶持多个文化产业园区，培育文创企业，动漫、游戏音乐、演艺等文化产业已经颇具气象，展露出强劲的发展前景，成为全球创意城市。

同时，在市政府的引导之下，深圳经济也悄然转型，逐步实现良性发展，单位GDP能源消耗极大降低。从《2018年深圳市人民政府工作报告》的数据看，改革开放40年来深圳的GDP以年均近40%的速度增长，是全国GDP增速的3倍。2011—2016年，深圳

GDP 从 1.29 万亿元增长到 1.95 万亿元，2017 年增长到 2.24 万亿元，同比增长 8.8%；辖区公共财政收入 8624 亿元，增长 9.2%；地方一般公共预算收入 3332.1 亿元，同口径增长 10.1%；规模以上企业利润平均增长 22.7%；居民人均可支配收入增长 8.7%。万元 GDP 能耗、水耗、建设用地、二氧化碳排放量持续下降，实现了更有质量和效益、健康、绿色、可持续发展。2017 年全市 PM2.5 年均浓度 28 微克/立方米，是全国空气质量最好的十大城市之一；36 条 45 段黑臭水体经治理基本消除黑臭；预计万元 GDP 能耗下降 4.2%，水耗下降 10.3%。

有研究表明，2008—2016 年深圳市及各区的生态资源状况与经济发展实现了脱钩，整体变化趋势为弱脱钩到强脱钩，说明深圳在提高经济发展质量、实现生态资源与经济社会的协调可持续发展方面取得重大成绩。从空间上看，原特区内的生态资源状况与经济发展之间的脱钩状态优于原特区外的脱钩状态，主要归因于历史原因和全市产业结构布局。从时间上看，深圳市及各区经济发展对生态资源的压力逐步减小，2008—2016 年跨越了"十二五"规划和"十三五"规划，科学发展观和生态文明建设理念被应用于实践，深圳市的经济发展逐步呈现出与生态资源强脱钩的趋势。[①]

深圳独特经济结构的形成，是深圳此番转型成功的另一大要素，是深圳经济最具活力的因素。深圳的所有制结构中 90% 的企业为民营企业和个体企业，国企、央企和外资企业所占的比重很低，而且国企主要是在服务型、基础设施型的企业中，如能源、交通、通信等基础服务功能，负载着必要的社会职能。因此可以说，深圳市场化程度很好，营商环境竞争充分。与之相比，其他一线城市比如上海的央企、地方国企、外资企业、民营企业比重为 1∶1∶1∶1，最具活力和最具创新能力的民营企业占比仅为产业结构的 1/4。简单来看，尽管上海的经济总量依旧超深圳，但本地品牌几乎没有，而深圳却走出了华为、中兴、腾讯、大疆、比亚迪等一大批全球知名企业。[②] 深圳

[①] 陈龙、孙芳芳、黄涛：《深圳市生态资源消耗与经济增长的脱钩关系研究》，《生态经济》2019 年第 3 期。

[②] 张军主编：《深圳奇迹》，东方出版社 2019 年版，第 12 页。

CDP 在全国第三的位置，经济总量超越香港和广州，这个业绩主要是依靠私营企业和个体企业创造的。

20世纪90年代深圳的转型成功，是深圳社会与政府之间一次完美的合作，你给我土壤、给我发展的自由空间，我还你一派生机和繁荣、一个崭新的希望。市政府出台的各项民生政策、人才政策，也在不断地优化深圳的创业、营商和居住环境。中央正式将深圳定位为社会主义现代化先行示范区，正是基于深圳这样一种综合条件。深圳是国家在理论、理想、现实之间的一场大探索的成功产物，新的使命为深圳既是对近20年来深圳的新探索的肯定，也赋予深圳新的发展蓝图和动力。

回头看中国近180年的现代化历程不难发现，两次最重要的节点与两座城市的崛起密切相关，即上海的开埠和深圳特区的成立。现在看来，现代化是所有国家、所有族群发展的必由之路，除了那些现代化的先行国家，其他国家的现代化过程都经历过不同形式的阵痛。德国、日本等国现在看来显然是老牌发达资本主义国家现代化的楷模了，但是相对于英法等率先实现现代化的国家而言，它们的发展也是滞后的，在现代化过程中，这些国家也遭遇了各种磨砺和痛苦。如果说上海的开埠，是在被动挨打的情况下不情愿的现代化历程的开启，是局部的、有限度的现代化开端，那么深圳经济特区的成立，则是顺应历史潮流、顺应民心的生产力大解放，是更全面的、更深入的现代化发展过程。上海开埠之后，历经早期的缓慢发展、辛亥革命之后的小飞跃，又经历抗战、内战期间的停滞和破坏，再经历新中国成立之后的各种尝试和徘徊，但一直是中国技术最先进、经济最发达的城市。不论在什么样的环境下，上海都不失为中国经济和技术的标杆城市，站在经济发展的最前沿。而新一轮更全面的现代化，以改革开放为契机，由深圳负载着探索者的使命，在所有制结构、行政制度、经济模式、产业形态等现代化发展过程的方方面面细节，做出有益的探索，取得成功之后，普及全国，实现改革开放成果的普惠化。此后，在世界经济格局发生新的转型升级背景之下，深圳再次紧跟世界潮流，取得了新的突破，涌现出一些伟大企业，成就了一个"先行示范区"的城市范例。

第三章　全国经济现代化的排头兵

　　让投入者获得合理回报，是深圳经济持续快速增长的利益诱因和动力源泉。通过一系列产权制度安排和社会主义市场经济改革，深圳构建了国内最为市场化的经济运行体制；通过培育产业链和现代经济体系，使深圳成为产业发展的湿地和企业成长的温床；通过鼓励创新的一系列制度安排，使深圳成功地实现了产业的升级和高质量发展。现代经济运行机制和较高的发展水平，成就了深圳经济的现代化。

　　经济现代化是现代化的组成部分和重要基础，是一个国家或地区经济发展、经济转型、国际经济竞争和国际地位变化的交集，也是生产模式、核心技术、主导产业、经济行为、经济结构、经济制度和观念变化的过程。[1] 在中国波澜壮阔的现代化进程中，深圳的经济现代化成就尤为引人关注。40 年前，深圳只是一个人口不足 3 万的边陲农业县，人均地区生产总值（人均 GDP）仅 606 元；40 年后，深圳已崛起成为一座实际管理人口约 2000 万的现代化国际大都市，人均 GDP 突破 18 万元，居全国副省级以上城市首位，是全国平均水平的 3 倍多。从经济贡献看，深圳已成为全国经济中心、科技创新中心和区域金融中心，是中国改革开放和建设社会主义强国的一个鲜活样本；从制度建设看，深圳率先在全国探索建立社会主义市场经济体制，率先在全国探索构建面向世界的开放型经济体系；从资源配置和市场主体情况看，深圳注重发挥市场在资源配置中的基础作用，成为各类企业，尤其是高科技企业成长的"温床"，

---

[1]　中国现代化战略研究课题组等：《中国现代化报告 2005——经济现代化研究》，北京大学出版社 2005 年版。

是全国民营经济最发达的地区之一；从增长动力和增长模式看，深圳已从早期主要依靠廉价土地、劳动力等资源要素驱动经济增长转变为主要依靠创新驱动经济增长，实现了从速度型增长向质量型增长的转变；从经济体系看，深圳从"三来一补"和出口加工业起步，将高新技术产业打造成为支柱产业，进而培育壮大战略性新兴产业，形成了较为完善的梯次型现代产业体系，成为全国新经济发展的标杆城市。可以说，深圳用40年的生动实践，初步塑造了一个社会主义现代化强国的最佳示范。

第一节 "再造一个香港"成为现实

改革开放40年，深圳在迈向经济现代化的道路上进行了卓有成效的探索，创造了经济增长的奇迹。特别是党的十八大以来，深圳以习近平总书记治国理政新理念新思想新战略为指导，积极推进全面建成小康社会，开启社会主义现代化建设新征程，经济现代化建设取得新成就。英国《经济学人》杂志曾评价深圳是全世界超过4000个经济特区中最为成功的典范。[①]

一 经济总量超越香港

20世纪80年代，中国明确了社会主义现代化建设"三步走"的战略目标。"要实现这样一个战略目标，仅仅有现在的一个香港显然不够，需要多几个类似香港经济功能的城市，才能达到对外开放的相当规模，带动全国的经济起飞。"[②] 邓小平同志审时度势，提出了中国可以实行自由港的某些政策，在内地再造"几个香港"的伟大战略构思。

1979年1月，党中央国务院决定撤销宝安县设立深圳市。当时的宝安县是中国广东南部的一个边陲农业县，辖区面积不到2000平方公里，地区生产总值（GDP）仅1.96亿元。2018年深圳GDP

[①] "Special Economic Zones. Not so special", *The Economist*, April, 4th, 2015.

[②] 《历史选择了邓小平》，武汉出版社2012年版。

达 2.42 万亿元,经济规模仅次于上海、北京,居全国大中城市第三,首次超过同期香港的经济总量(见图 3-1)。① 这 40 年,深圳经济蓬勃发展,1979—2017 年深圳的地区生产总值平均增长 22.4%(按不变价计算),高于同期全国 9.6% 和广东省 12.7% 的平均水平,创造了举世瞩目的"深圳速度"(见表 3-1)。从经济发展密度来看,2018 年深圳每平方公里国土产出 GDP 达 12.1 亿元,远高于同期全国平均水平(每平方公里不到 0.1 亿元),且呈现出集约化发展和高质量发展的良好态势。从某种程度上讲,中国改革开放总设计师邓小平同志"再造香港"的愿望已经变成现实。

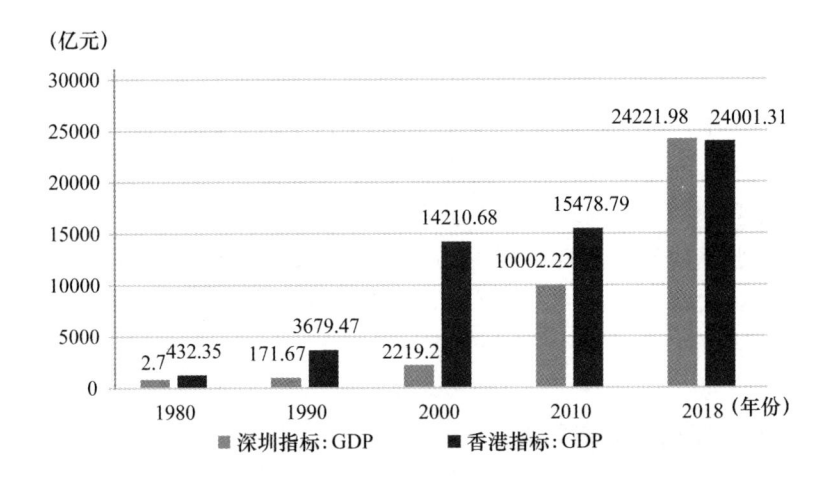

图 3-1 深圳与香港经济总量今昔对比

资料来源:深圳统计局。GDP 按当年汇率折算。

回顾过去 40 年经济现代化历程,深圳最突出的成就在于它的国际科技产业创新中心地位得到了世界广泛认可。2017 年英国《经济学人》杂志发表特别报道《深圳已成为创新温室》,就深圳为何成为世界创新和发明的"耀眼的镶嵌在皇冠上的明珠"、如何变更世界创新领域、怎样培育创新型企业集群进行了全面而深刻的阐述,

---

① 据香港政府统计,2018 年香港本地生产总值 28429 亿港元,按当年人民币兑港元平均汇率 1.1855 折算约为 2.398 万亿元人民币。

并将深圳称为"硅洲"（Silicon Delta）。①美国《连线》（Wired）则把深圳赞誉为"硬件硅谷"（The Silicon Valley of Hardware）。

表 3-1　　　　深圳经济增长情况（1979—2018 年）

年份	深圳地区生产总值（亿元）	增速（%）	年份	深圳地区生产总值（亿元）	增速（%）
1979	1.96		1999	1824.69	15.7
1980	2.70	62.7	2000	2219.20	16.3
1981	4.96	53.8	2001	2522.95	14.5
1982	8.26	58.4	2002	3017.24	15.8
1983	13.12	58.3	2003	3640.14	19.1
1984	23.42	59.9	2004	4350.29	17.4
1985	39.02	24.5	2005	5035.77	15.3
1986	41.65	2.7	2006	5920.67	16.7
1987	55.90	25.4	2007	6925.23	14.8
1988	86.98	35.9	2008	7941.43	12.3
1989	115.66	18.7	2009	8485.82	11.3
1990	171.67	32.5	2010	10002.21	12.2
1991	236.66	36.0	2011	11807.23	10.0
1992	317.32	33.2	2012	13319.68	10.2
1993	453.14	30.9	2013	14979.45	10.6
1994	634.67	30.9	2014	16449.48	8.8
1995	842.79	23.9	2015	18014.07	8.9
1996	1050.51	17.5	2016	20079.70	9.1
1997	1302.30	17.2	2017	22490.06	8.8
1998	1544.95	15.8	2018	24221.98	7.6

资料来源：深圳统计局。

这 40 年，深圳主动服务国家开放战略，开放发展取得丰硕的成果。深圳经济特区建立以来，坚决贯彻落实党的对外开放战略，发

---

① Shenzhen is a hothouse of innovation, *the Economist*, Apr 6th 2017 edition.

挥"四个窗口"作用，探索按国际规则办事，率先发展外向型经济，有力促进了全国全方位对外开放格局的形成。截至2018年，深圳出口总额连续26年居内地大中城市首位，来深圳投资的世界500强企业总数累计超过280家。华为、中兴、大疆、中集等一批本土跨国公司，加快拓展国际市场，成为中国推进"一带一路"倡议的重要力量。

深圳的经济现代化成就得到了党中央国务院的肯定。《珠江三角洲地区改革发展规划纲要（2008—2020年）》和国务院发布的《深圳市城市总体规划（2010—2020年）》较早明确了深圳的全国经济中心城市地位，2019年2月发布的《粤港澳大湾区发展规划纲要》也强调深圳要发挥全国性经济中心城市的引领作用。习近平总书记在党的十八大后，离京视察的第一站就选择深圳，并先后多次对深圳的工作做出重要批示，都充分彰显出中央对深圳的厚爱。

二 发挥经济中心辐射带动作用

2016年5月，一篇名为《别让华为跑了》的文章刷遍微信朋友圈。一时间人们纷纷猜测，华为未来的发展重心会不会从深圳坂田迁到东莞松山湖？2018年7月，华为将终端和部分研发业务搬迁至东莞的举动再一次成为媒体关注热点。华为公司官方否认了总部外迁的传闻，称"华为在中国乃至全球各地设立各类分支机构或研究所……在此过程中对部分业务所在地进行调整，属于正常的企业经营行为"。① 任正非在接受新华社记者采访时也说："我们从未想过外迁，我们总部基地永远在深圳。"②

东莞紧邻深圳北部，具有营商成本低、土地空间充裕的相对优势。十多年前华为已开始在东莞布局。2007年华为机器有限公司在东莞注册成立。2012年4月，东莞市城乡规划局对华为松山湖终端总部项目规划方案进行了公示，公示内容显示东莞拟统筹安排1900

---

① 《深圳对华为或失去吸引力　房地产过度发展将挤出工业》，第一财经日报（http：//finance. sina. com. cn/roll/2016-05-23/doc-ifxsktkr5891842. shtml）。

② 《华为，下一步如何作为？——对话任正非》，新华网（http：//www. xinhuanet. com/2018-04-05/c_1122642170. htm）。

亩建设用地指标。2016年1月，东莞市政府与华为签订《华为增资项目投资协议》，项目投资总额不低于300亿元。[①] 华为将终端总部搬迁到东莞的辐射带动效应是巨大的。2015年东莞市有73家企业纳税过亿元，其中华为终端公司居首。[②] 在华为的带动下，软通动力、易宝软件、迈威科技、汇川技术等华为供应商与合作伙伴也陆续在松山湖布局，形成了完善的产业链条，东莞松山湖高科技产业由此实现了质的飞跃。"公司2016年选择在松山湖发展，首先是看中这里的环境，距离深圳也很近。"汇川技术相关负责人在接受媒体采访时这样说道，"我们和华为在技术研发等方面也有合作，华为的到来也成为我们来到松山湖的重要原因"[③]。

华为在东莞松山湖的布局充分体现了深圳作为经济增长极对周边区域的辐射带动作用。经济增长极理论认为，由于规模经济和集聚经济效益的存在，经济增长不会同时出现在一个国家所有地方，经济增长通常是从一个或数个增长极逐渐向外扩散，从而带动周边地区的发展。邓小平同志1985年10月会见美国高级企业家代表团时曾提出："一部分地区、一部分人可以先富起来，带动和帮助其他地区、其他的人，逐步达到共同富裕。"中国改革开放以来实施的先富带动后富发展策略，事实上就遵循了增长极的发展规律。

作为全国率先富裕起来的沿海城市，深圳的经济中心地位具有三大特色。首先，深圳是一个科技创新中心而非一般中心城市。中共深圳市委六届九次会议明确提出，到21世纪中叶，深圳要建成代表社会主义现代化强国的国家经济特区，成为竞争力影响力卓著的创新引领型全球城市，从而拥有对国际创新资源的较大配置能力。其次，深圳是一个以民营经济为主体的中心城市，是全国市场化程度最高的地区之一。经济学理论和实践都已经证明，市场配置资源是最有效率的形式，深圳企业的对外辐射带动作用也是最有效率

[①] 《松山湖再划383亩地给华为建房》，东莞阳光网（http：//news.sun0769.com/dg/headnews/201607/t20160715_6732412.shtml）。

[②] 《东莞73家企业纳税过亿 20多项指标居全省地级市前列》，东莞阳光网（http：//news.sun0769.com/dg/headnews/201601/t20160108_6174305.shtml）。

[③] 《汇川技术研发运营中心开工建设》，东莞日报（http：//epaper.timedg.com/html/2019-06/05/content_1579549.htm）。

的。最后，深圳的经济国际化程度高，开放型经济特征明显，在"走出去""走进去"方面具有突出的能力。

概括起来，深圳对全国的辐射带动作用主要体现在五个方面。

一是产业投资辐射。伴随着要素成本的不断攀升，特别是土地空间资源的紧缺，深圳制造业产能持续对外转移。例如，深圳已同河源、汕尾共建产业园区。作为深圳最大的飞地，深汕特别合作区已经初步构建出"深圳总部＋深汕基地、研发＋生产"的发展模式，合作区已引进华为、腾讯、华润等大数据产业项目。此外，深圳与河源共建的深河产业城也在快速推进之中，特别是中兴通讯河源基地的建成投产，将有效吸引上下游项目向河源聚集，推动河源加速成为广东重要的电子信息产业集聚区。

二是总部经济辐射。一般认为，总部基地是因为某一单一产业价值的吸引力，而出现众多资源大规模聚合，形成一定的有特定功能的经济区域，以总部基地为依托的经济模式被称为总部经济。总部经济具有税收、产业聚集、产业关联、消费带动、就业拉动等明显的外溢效应。近年来，深圳总部经济强势崛起，对全国经济发展起到了良好的辐射带动作用。2018年发布的《财富》世界500强榜单显示，华为、万科、平安、腾讯、招商银行、正威国际、恒大集团等7家企业总部位于深圳。阿里巴巴、百度、高通等国内外科技巨头也将其区域总部或职能性总部设在深圳。截至2018年底，深圳实有境内外上市企业383家，其中境内上市公司285家，境外上市公司98家。[①]

三是金融辐射。深圳是现代金融业发育最早的内地城市，具有良好的金融产业基础，深圳还有着全国两大证券交易所之一的深交所，是证券公司、创投公司、私募基金最密集的城市。2018年深圳金融业增加值3067.21亿元，占全市GDP比重为12.8%。2019年3月英国智库Z/yen集团与中国（深圳）综合开发研究院联合发布的第25期"全球金融中心指数"排名中，深圳位列全球112个金融中心的第14名。可以说，强大的金融业为深圳发挥经济中心的辐

---

① 深圳市中小企业服务署：《2018深圳中小企业最佳雇主出炉》，《深圳特区报》2019年1月22日。

射带动作用提供了坚实的基础。

四是对口支援。根据中央和全省统一安排部署，深圳承担了对全国6省（市、区）34个县（市、区）的对口支援工作。例如，截至2018年底，深圳累计帮助河源10665户33520名贫困人口达到当年脱贫标准，预计脱贫率为90.03%；有劳动能力脱贫户人均可支配收入达11241元，比帮扶前增加7241元。3年累计帮助汕尾脱贫9700户37507人，2018年有劳动能力贫困户年人均可支配收入为11716元，比帮扶前增加7716元。[①] 在全国脱贫攻坚奖表彰活动中，深圳的对口支援工作多次荣获中央表彰。

五是技术和管理经验外溢。改革开放以来，一批又一批曾经在深圳务工经商的农民工，经过在深圳的工作历练和经验积累，带着资金、技术、渠道和项目返回内地欠发达地区创业。这些返乡创业的农民工被形象地称为"城归"群体。著名经济学家厉以宁甚至把"城归"现象的出现称为中国一场悄悄进行的人力资本革命。

正如习近平总书记在党的十九大报告中所指出，"不忘初心，牢记使命，高举中国特色社会主义伟大旗帜，决胜全面建成小康社会，夺取新时代中国特色社会主义伟大胜利，为实现中华民族伟大复兴的中国梦不懈奋斗"。这个初心就是"为中国人民谋幸福，为中华民族谋复兴"。近年来，党中央提出协调发展和共享发展的新理念，努力推动区域协调平衡发展，追根溯源都是因为这个初心。深圳的快速崛起是建立在对改革开放之初全国各地资源要素的聚集上的，时至今日，深圳经济已进入一个对外辐射扩散的新阶段，逐步反哺周边区域乃至全国。有理由相信，深圳在未来定有更大的发展格局，更高的发展境界，并在全国社会主义现代化新征程中发挥更强的引领示范作用。

专栏3-1　深圳国资在全国大规模投资布局产业园区

近年来，深圳市属国资国企高质量推进科技园区建设，已在全

[①] 《深圳对口帮扶河源汕尾成效显著》，《深圳特区报》2019年3月7日。

国累计布局 210 个各具特色的产业园区，总建筑面积达 6864.63 万平方米。其中，科技产业园区共有 49 个，建筑面积 3686.22 万平方米。目前，深圳进一步提升在全国、全球的科技资源获取能力和配置能力，让更多深圳企业走向全国，带领更多地区共同富裕。

深圳以及粤港澳大湾区的其他城市的科技产业园区，处处可见深圳国资国企的身影。深业集团开发管理运营各类型产业园区 43 座，总建筑面积 2442 万平方米。超过一半的产业园区位于粤港澳大湾区内，总面积 1875 万平方米。深业集团的科技产业园区发展，是深圳国资国企产业园区发展的缩影。科技产业园区运营也是深圳市投资控股有限公司（以下简称投控公司）工作的重中之重。该公司通过大力推动实施"一区多园"战略，按照"厚植深圳、深耕大湾区"的布局思路，科技产业园区项目中近 80% 布局于粤港澳大湾区内，截至目前实际已获取土地 108 万平方米，规划总建筑面积 650 万平方米。深圳市特区建设发展集团有限公司承担建设战略性新兴产业平台任务，先后建设并运营创智云城、云智科技园、海智云谷科技广场、平湖金融与现代服务业基地、国际低碳城等科技园区及配套物业项目，为深圳战略性新兴产业的发展提供肥沃土壤。

除粤港澳大湾区外，深圳国资国企科技产业园已在全国布局，带动各地经济发展。深圳市特区建设发展集团有限公司承担打造深圳产业延伸基地与区域合作样板园区的任务。广安（深圳）产业园是广安与深圳合作共建的特色产业园区。2010 年以来，深业集团按照深圳市委市政府的援疆工作部署，先后建设完成 3 个重点项目，如期实现了市委市政府要求的"一年内动工，三年内完成，五年内见成效"的目标。其中，喀什深圳城项目入驻单位有 305 家，主要涵盖行政单位、创新金融、总部经济、零售、餐饮等，深圳城招商有效带动解决 4000 余人就业。2017 年至 2018 年，招商入驻深圳城的企业向开发区纳税总额达 3 亿元。

资料来源：《深圳国资全国布局 210 个产业园》，《深圳特区报》2019 年 8 月 15 日第 A01 版。

第二节　构建面向世界的开放型经济体制

"我们的事业是向世界开放学习的事业，关起门来搞建设不可能成功。"习近平总书记在庆祝改革开放40周年大会上发表的重要讲话强调，"必须坚持扩大开放，不断推动共建人类命运共同体"，宣示了在新时代下将开放事业进行下去的决心。深圳经济特区建立以来，坚决贯彻落实党的对外开放战略，较好地发挥了对外开放窗口和试验田作用，成为全国开放型经济体发展的排头兵，有力促成了中国全方位对外开放格局的形成。

一　嵌入国际产业分工体系

1979年1月6日，香港招商局向国务院提交了一份《关于我驻香港招商局在广东宝安建立工业区的报告》。1979年1月31日，中央政府决定在深圳成立蛇口工业区，并由隶属中国交通部的香港招商局负责组织实施。就在蛇口开发"第一声炮响"的同时，中央正酝酿另一项更大的开放举措。1980年8月26日，第五届全国人民代表大会常务委员会第十五次会议正式批准施行《广东省经济特区条例》。经济特区的"特殊"政策可以概括为四条：一是特区的经济发展主要靠吸收和利用外资，产品主要供出口。二是特区内的经济活动，以市场调节为主，这不同于内地以计划指导为主。三是对于来特区投资的外商，在税收、出入境等方面给予特殊的优惠和方便。四是经济特区内实行不同于内地的管理体制，有更大的自主权。用当时的话说，叫作"跳出现行体制之外"。

深圳经济特区的开放很快得到了港商港资的响应。深圳与香港仅一河之隔，山水相连、语言相通、风俗习惯相融，交通便捷，港商来深投资具有天时、地利、人和的优势。经济特区创建初期，深港两地发展水平相差悬殊，"前店后厂"是主要的合作方式。1978年底，深圳引进第一家外资企业——香港怡高实业公司。港商的投资合作项目最初以电子、纺织服装、食品、电子、玩具、钟表、自行车、塑胶、五金、家具等"三来一补"项目居多。随着深圳对外开放的深入发展，港商在深圳的投资领域也不断拓展，由"三来一补"出口加工业发展到能源（深圳大亚湾核电站、沙角 B 电厂）、交通（盐田港、广深高速公路等）、房地产、旅游（锦绣中华、民俗村、世界之窗）、金融保险、电信（深圳与香港英国大东电报局公共有限公司合资组建"深大电话公司"）等领域。

出口加工业是深圳开放型经济发展的基点。正是由于发展出口加工业，深圳经济得以迅速嵌入国际产业分工体系，促成了各种国际资源要素在深圳快速聚合。改革开放初期，深圳吸引了大量"三来一补"企业投资，1979—1983 年深圳与外商签订各种协议合同约 2500 项，其中"三来一补"占总项目的 81%。20 世纪 80 年代中期，深圳经济特区制订了推动工业经济向外向型转变的"艰苦爬坡计划"。到 1989 年，深圳出口总值中工业产品的出口比重超过 70%，深圳自产产品出口占出口总值的 63%，初步建立起以工业为主的外向型经济体系。[①] 90 年代，跨国公司逐渐成为国际产业投资的主体，世界 500 强纷纷开始到深圳投资，深圳吸引的外资规模快速扩大、技术含量越来越高。进入 21 世纪初，特别是中国于 2001 年加入世界贸易组织（WTO）之后，深圳与世界经济的融合也达到前所未有的程度。截至 2018 年，在深圳投资的世界 500 强跨国公司总数累计超过 280 家。

外商投资企业和跨国公司在深圳的迅速发展，带动了深圳对外贸易的超常规发展。1979 年，深圳外贸进出口额为 0.17 亿美元，其中出口额仅 0.09 亿美元。2018 年，深圳外贸进出口额达 4531.32 亿美元。其中，出口额为 2459.38 亿美元，占中国 2018 年出口总额的 9.9%；高新技术产品出口额达 1247.54 亿美元，占中国高新技术出口总额的 16.7%。开放成就了深圳，外向型经济也成为深圳的最大优势和特色。自 1993 年深圳的出口总额（83.3 亿美元）跃居中国大中城市首位以来，截至 2018 年深圳已连续 26 年蝉联中国大中城市对外出口之冠，深圳已成为名副其实的中国对外开放的门户（见表 3-2）。

---

① 周溪舞：《深圳以工业为主发展外向型经济的轨迹》，《特区理论与实践》2008 年第 4 期。

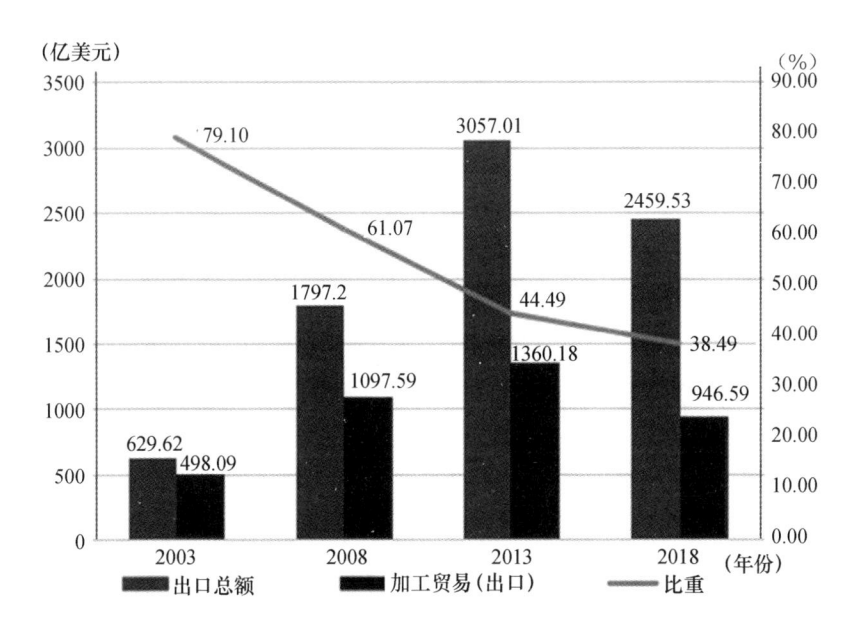

图 3-2　加工贸易在深圳外贸格局中的地位变迁

资料来源：作者根据深圳统计局数据计算。

表 3-2　　深圳外贸出口在全球的地位（2018 年）

排名	经济体	商品出口额（亿美元）
1	中国	24870.45
2	美国	16640.85
3	德国	15608.15
4	日本	7384.03
5	荷兰	7226.68
6	韩国	6048.6
7	法国	5818.16
8	中国香港	5692.41
9	意大利	5466.43
10	英国	4857.11
11	比利时	4667.24
12	墨西哥	4505.72
13	加拿大	4498.45

续表

排名	经济体	商品出口额（亿美元）
14	俄罗斯	4440.08
15	新加坡	4126.29
16	西班牙	3451.66
17	印度	3255.62
18	瑞士	3108.09
19	沙特阿拉伯	2991
20	波兰	2606.07
21	澳大利亚	2568.8
22	泰国	2521.06
23	马来西亚	2473.65
24	中国深圳	2459.53

资料来源：世界银行、深圳统计局。

二 本土跨国公司的崛起

2008年9月，美国次贷危机引发的金融危机席卷全球。股神巴菲特却在此时宣布斥资18亿港币，以每股8港元的价格认购了2.25亿股比亚迪股份（1211.HK）。巴菲特表示："能够作为比亚迪和中国人的合作伙伴，我们对此非常兴奋，王传福先生具备独特的管理运营能力和优良记录，我们盼望着和他的合作。"敢于在严峻形势下投资比亚迪，充分显示出巴菲特对比亚迪及其所在新能源行业的信心。在2018年巴菲特致股东的信中，比亚迪市值跻身持仓排名第十四位，这笔投资在10年时间里产生累计超过745%的回报。[①]

比亚迪成立于1995年2月，是一家融研究、开发、生产、销售为一体的高新技术企业，公司总部位于深圳坪山区。经过20多年的高速发展，比亚迪已在全球设立30多个工业园，实现全球六大洲的

---

① ［美］查理·芒格：《比亚迪电动车和单轨产业将大展宏图》，比亚迪官网（http://oip.byd.com/sites/Satellite?c=News&cid=1514432827972&d=Touch&pagename=BYD_DEVELOPER%2FPage%2FNews%2FNewsDetail&rendermode=preview）。

战略布局，业务范围涵盖电子、汽车、新能源和轨道交通等领域，营业额和总市值均超过千亿元。

这样一家千亿级的深圳民营企业，却是从模仿竞争对手、生产电池产品起步的。比亚迪的第一条电池生产线就是通过"拆解改装"和"逆向开发"建立起来的。20世纪90年代中期，日本是电池市场的主导者。当时一条最先进的三洋全自动镍镉电池生产线需数千万元，而比亚迪全部创业资金只有250万元。由于没有足够的资金购买设备，比亚迪决定自己动手做一些关键设备，然后把生产线分解成若干个人工完成的工序以尽可能地代替机器，最终建成了自己的第一条半自动生产线。由于使用了大量相对廉价的劳动力，比亚迪电池产品具有明显的成本优势，而且性能也相当过硬。

1997年，比亚迪开始研发蓄电池市场中核心技术产品镍氢电池和锂电池。为此，比亚迪投入了大量资金购买最先进的设备，并且聘请了一批业内最前沿的人才，建立了中央研究院，负责整个技术的攻关以及生产流程的改进。比亚迪在引进国外技术的同时，也完成了对国外技术的消化吸收和管理上的变革，通过不断的人力资本深化和持续的技术投入，比亚迪由此跨越了中国广大中小企业所面临的最难的核心技术关，逐渐地由制造迈向创造。美国 *Fast Company* 杂志评选的2010年度世界最具创新力公司50强中，比亚迪位列第16位。

2005年，比亚迪的第一款新车F3正式在中国西安的生产基地下线。F3由于酷似丰田的畅销车型"花冠"，被外界质疑是"抄袭之作"。比亚迪的创始人王传福先生并不回避复制、模仿等说法，他向媒体透露他的造车发展思路时表示："日韩汽车企业造车，都是一开始Copy（复制），接下来做局部的Change（改变），然后积累到一定的阶段，才开始做全面的Design（设计），最后都取得了成功。比亚迪也将吸取这些成功路径的经验。"

然而，"比亚迪式模仿"在给这家企业带来迅速成功的同时，也带来一些烦恼。台湾富士康公司曾两次将比亚迪告上法庭，理由均是"涉嫌在IT方面抄袭自己的专利"。日本索尼公司也曾经起诉比亚迪其两项锂离子充电电池专利，但最终被日本法院判定败诉，这也是中国企业首次在境外申请外国企业专利权无效案件中胜出。因此，在企业迅猛发展的过程中，比亚迪的决策者越来越意识到原始创新和知识产权保护对于自身参与全球化竞争的重要性。

2016年11月，比亚迪聘请全球顶级设计大师、前奥迪设计总监沃尔夫冈·艾格（Wolfgang Egger）负责其设计开发业务。新的设计总监带来新气象，比亚迪汽车的外观也变得更具辨识度，彻底摆脱了拙劣抄袭的设计手法，并提升了比亚迪汽车品牌从平庸变得个性鲜明的可能性。例如，2017年比亚迪推出的"宋"系列新款SUV车型获得了口碑与销量的双丰收。2019年央视春晚深圳分会场亮相的比亚迪"云巴"，也同样由艾格领衔设计。Build Your Dream——建造你的梦想，不仅是比亚迪汽车的产品标志，也成为这家深圳企业宣誓的重要使命。

比亚迪的成功得益于开放。可以说，比亚迪很好地诠释了深圳民营企业在模仿中学习成长的成功路径。依据跨国投资理论，外商直接投资具有溢出效应，这种效应是一个组织所拥有的资本、技术、知识、企业家精神等要素对另一个组织产生积极影响的过程。外商直接投资可以给东道国带来先进的管理经验、知识和技术，也可能对东道国国内投资产生挤出效应。因此，外商投资溢出效应的利用，主要取决于东道国的自身吸收能力。而影响溢出效应吸收能力的因素通常包括经济发展阶段、人力资本积累、竞争政策、制度环境等。

在与外商投资企业和跨国公司的竞争中，深圳本土民营企业开始迅速崛起，这是深圳外向型经济的新亮点。20世纪80年代，深圳率先放开外贸经营权，为一大批民营企业突出重围、抢滩国际市场创造了得天独厚的条件。深圳越来越多的民营企业，通过深加工结转方式，为跨国公司进行配套生产，加入到国际产业分工的链条中参与国际竞争，有效促进了深圳开放型经济的发展。

深圳海关的统计显示，2008年上半年深圳外贸出口出现历史性拐点，即民营企业出口首次超过国企，成为拉动深圳出口持续、高速和效益性增长的重要力量。2016年，民营企业超越外商投资企业成为深圳最大外贸主体，占全市外贸总值的比重约为47%；2018

年这一数字提高至53.8%，进入全国外贸百强的深圳民营企业有12家。华为、大疆、创维等深圳本土品牌已成为"深圳质量""深圳制造"的标杆，国际市场占有率不断提升。

深圳本土企业在与外资企业竞争中站稳脚跟的同时，较早地开始探索从"引进来"到"走出去"的跨越。把发展空间瞄准国际市场，在海外投资与跨国经营，参与国际分工与竞争。相比较而言，"走出去"显然是一种更积极、更主动、深层次、高水平的对外开放，这也是深圳对外开放进入新阶段的一条必由之路。20世纪90年代中后期以来，深圳一批本土企业大胆"走出去"，积极以对外投资、境外资源开发、承包工程与劳务合作、境外上市融资等方式，开展跨国经营。2016年，深圳实际对外直接投资首次超越了实际利用外资，并在2016年、2017年连续两年对外直接投资存量位列全国内地城市第一。截至2018年底，深企已遍布全球141个国家及地区，累计直接投资设立企业和机构6572家。①

在国际市场的打拼过程中，深圳涌现出以华为公司为代表的世界级企业，深圳无可争辩地成为"中国本土跨国公司的摇篮"。华为公司作为全球领先的电信解决方案供应商，拥有18.8万名员工，业务遍及170多个国家和地区，服务30多亿人口。根据华为公布的业绩报告：2018年实现销售收入超过1052亿美元，其中海外收入的比例占48.4%。② 作为深圳最知名的民营企业之一，华为的成长也同样得益于在开放中学习。早在1998年，华为就推动全面学习IBM的管理变革运动，主动对接和融入全球商业规则和秩序，成为一家最为国际化的中国公司。

三　推动更高水平更高层次的开放发展

兴办经济特区的目的之一就是让经济特区成为改革开放的试验场，为全国的改革开放探索道路，积累经验。深圳的成功本身是在借鉴国外出口加工区、自由港和工业园区成功经验的基础上建立并发展起来的，是实施中国对外开放战略的重要内容。而深圳也用自

---

① 《中企海外经营需规避多种风险》，《深圳特区报》2019年3月29日第A17版。
② 《华为投资控股有限公司2018年年度报告》。

己的实践证明，深圳经济特区是世界开放型经济的一个鲜活范本。2008年，在柏林召开的第25届德国物流业大会上，全球知名的物流业地产商普洛斯（ProLogis）发布了一份研究报告，向业界同行全面推介中国的经济特区和经济技术开发区。报告阐述了经济特区和经济技术开发区在中国经济发展中扮演的重要角色，并形象地将它们形容为中国改革与现代化的"绿洲"。中国的经济特区和经济技术开发区的成功经验表明，它可以成为其他发展中国家学习的样板。[1]

事实正是这样。过去40年，深圳经济特区的功能是按照改革开放、先行先试的模式设置的。"人无我有、人后我先"的政策优势和由此产生的体制优势曾是经济特区最基本的优势，所谓"窗口""试验场""排头兵"的提法，都是这种优势的产物。因此，深圳经济特区从一开始就体现出以开放促改革和发展的基本特征。当然在不同的阶段和时期，所体现出来的方面与侧重点是非常不同的。深圳经济特区始终坚持扩大对外开放和外向型经济发展战略，发挥毗邻香港的区位优势，积极利用国内国际两个市场、两种资源，率先通过中外合资、中外合作、外商独资等形式，积极吸收和利用外商投资，引进先进的技术和管理经验，扩大出口，开展国际交流与合作，逐步建立起适应外向型经济发展的经济运行机制，为确立中国对外开放的格局和实施沿海地区发展外向型经济的战略，进行了有益的探索，成为中国对外开放、走向世界的重要窗口。

进入新时代，以习近平同志为核心的党中央提出了构建开放型经济新体制的宏大命题。习近平总书记在参加十三届全国人大一次会议广东代表团审议时，对广东提出了"四个走在前列"的要求，希望广东在形成全面开放新格局上走在全国前列。从承接北上港资开展"前店后厂"合作，到培育和发展前海深港现代服务业合作区，乃至发挥"一带一路"枢纽城市地位，深圳对外开放的深度和广度已不同以往。

前海蛇口自贸片区作为深圳开放发展的最前沿，自成立伊始就

---

[1] ProLogis, *China's Special Economic Zones and National Industrial Parks—Door Openers to Economic Reform*, ProLogis Research Bulletin, Spring 2008.

肩负着打造开放型经济体制先行区的使命和任务。前海蛇口自贸片区于2015年4月27日挂牌成立，是中国（广东）自由贸易试验区的一部分。片区总面积28.2平方公里，分为前海区块（15平方公里，含前海湾保税港区3.71平方公里）和蛇口区块（13.2平方公里）。前海蛇口自贸片区着重在投资便利化、贸易便利化、金融开放创新、事中事后监管、法治创新、人才管理改革、体制机制创新等七个方面开展制度创新。

例如，在投资便利化方面，前海蛇口自贸片区以"降门槛、提效率、便企业"为目标，努力构建高标准接轨国际的投资管理体系。2018年前海蛇口自贸片区发布《着力打造最佳营商环境改革行动方案（2018—2020）》，方案对照世界银行标准推出了32条举措，致力于打造稳定、公平、透明、可预期的全国最佳营商环境。前海蛇口自贸片区还在全国率先推出商事登记制度改革，实施"多证合一"和"一照一码"；打造外商投资"一口受理"升级版，企业办理营业执照和外商投资备案回执时限从自贸片区成立前的20个工作日减少到2个工作日；等等。

又如，在贸易便利化方面，前海蛇口自贸片区以"促合作、简手续、降成本"为导向，努力构建高效集约的贸易监管模式。近年来推动建设"离港空运服务中心"，打造"全球揽货—前海集聚—机场直飞"进出口贸易生态圈，推行进口商品"1+4全球溯源核放"、深港陆空联运、全球中心仓、原产地证智慧审签等试点改革，大大提高了自贸片区通关效率。

事实上，早在全国自贸区试点政策启动之前，前海就已经挂牌深港现代服务业合作区和中国特色社会主义法治建设示范区，可以说深圳的制度创新是早于自贸区探索本身的。前海蛇口自贸片区有自身的制度特色，可以概括为两大亮点：第一个亮点，加深深港的深度融合。背靠香港是深圳改革开放以来取得长足发展的重要基础，从最早的"前店后厂"合作，到CEPA机制下深港合作，再到深港在贸易投资规则上的深度融合等，是前海蛇口自贸片区制度创新的重要前提。第二个亮点，法治是前海蛇口自贸片区最亮的名片。前海本身就是社会主义法治在一个片区的集大成者。例如，前海管理局本身是一个法定机构，它借鉴了香港的制度，按照市场化企业化规则运行，政府效能得到很大提升。再如，深圳国际仲裁院落户前海，最高人民法院巡回庭落户前海，前海自身有法院，还在前海挂牌成立了知识产权和金融两个法庭。这就给涉外法律纠纷提供了完善和多元化的争端解决机制，对于涉外企业有较大的吸引力。

前海在开放型经济体制方面开展创新的效果是显著的。据统计，2018年自贸片区注册企业增加值增长25.6%，实现税收收入增长30.3%，固定资产投资增长8%，自贸片区实际利用外资45.08亿美元。截至2018年，前海蛇口自贸片区累计制度创新成果数达到442项，其中43项在全国复制推广。① 中山大学自贸区综合研究院发布的"2017—2018年度中国自由贸易试验区制度创新指数"报告中，前海蛇口自贸片区制度创新综合水平在全国自贸片区中位列第一。可以说，前海蛇口自贸片区已经成为中国发展最快、质量最高、效益最好的区域之一。

深圳推动高水平开放发展的亮点表现不只前海，也体现在深圳在"一带一路"倡议中的使命担当上。习近平总书记提出的"一带一路"倡议旨在为世界经济注入活力和动能，是形成全面开放新格局中必不可少的重要环节。近年来，深圳不断完善"一带一路"服务体系，推进国际产能合作，本土企业对外投资、承包工程各主要指标平稳提升，"一带一路"重大投资项目接连落地，华为、中集、比亚迪、大疆等大批深圳本土龙头企业在"一带一路"沿线国家和地区拓展市场，开放发展能级不断提升。2013—2017年，深圳企业经核准备案在"一带一路"沿线36个国家和地区共设立217家企业和机构；同期，深圳在"一带一路"沿线国家和地区中的43个国家开展承包工程项目，新签合同1566份，合同额406.29亿美元，在全国大中城市中位居前列。②

---

① 《前海蛇口自贸片区累计制度创新成果442项》，《南方日报》2019年5月24日第A05版。

② 《"一带一路"助深圳提升开放发展能级》，《深圳特区报》2018年9月6日第A06版。

第三节　内地市场化程度最高的地区

党的十八届三中全会在深刻分析了主客观条件后，把市场在资源配置中的"基础性作用"修改为"决定性作用"，强调了"市场化"导向的坚决态度。深圳是全国市场化程度最高的地区之一，市场化是深圳改革开放最具有代表性的特征，如政府不干预企业具体经营，生产要素比较自由流动，现代市场体系完善，政府服务意识较强等。市场化改革是深圳对中国改革与发展做出的最突出贡献，也是未来值得深圳持续探索并发扬光大的一条重要经验。

一　率先培育建立起商品和要素市场

改革开放前，中国一直实行计划经济。政府按事先制订的计划，提出国民经济和社会发展的总体目标，制定合理的政策和措施，有计划地安排重大经济活动，引导和调节经济运行方向。资源的分配，包括生产什么、生产多少，都由政府计划决定。以商品市场为例，在当时计划经济体制下，全国所有的商品分为三类：一类商品如粮、棉、油等由国家统一收购、统一销售，国家制定价格，销售是按常住人口凭证定量供应；二类商品如猪、禽、蛋等，国家按计划收购、按计划销售，价格由国家制定，国家完成收购任务后，生产单位可以上市销售，价格由买卖双方议定，由国家实行监控；三类商品如农民自留地的农产品和农民完成收购任务后的农产品等，可以自由上市，价钱可以随行就市，但必须由国家监控。

计划经济体制曾经在新中国成立的特定时期发挥过积极作用，但它的弊端也是非常明显，主要表现为：政府对企业统得过多过死，企业既不能自主经营，又不能自负盈亏；排斥商品生产、价值规律和市场的作用，在分配上搞平均主义，缺乏激励；等等。

市场配置资源是最有效率的手段。中国兴办经济特区的目的之一就是要打破僵化的计划经济体制框框，让经济特区成为中国经济体制改革的试验场，开拓出一条社会主义市场经济的发展新路。这条发展新路就是要让市场起作用,就是要用"看不见的手",即市场供给和市场需求决定的价格来引导资源配置。深圳经济特区从成立伊始就走以市场调节为主的路子,坚持对各种资源要素进行市场导向的改革。

在任期间一直致力于深化深圳市场经济体制改革的中共深圳市委原书记厉有为同志有一个重要的判断:"深圳之所以在全国经济特区中一枝独秀,其中的一股重要力量就是深圳吸引了千百万乃至上亿的劳动就业大军,是他们成就了深圳的城市化、现代化、国际化、工业化。"[1] 改革开放40多年来,深圳能够源源不断地吸引全国劳动就业大军,与当时推行的劳动力市场改革密不可分。

深圳的劳动力市场改革缘起于竹园宾馆的修建。1980年10月开业的竹园宾馆,由深圳市饮食服务公司与香港妙丽集团合资经营,是当时深圳设施最好的酒店。开业之初,由于沿袭内地旧有的企业经营管理制度,员工都"吃大锅饭",严重地影响了工作积极性和酒店正常经营,以致香港妙丽集团的董事长刘天就先生向深圳市政府提出撤资的请求。1982年初,竹园宾馆董事会遵照《广东省经济特区企业劳动工资管理暂行规定》的精神,推行了劳动工资管理制度和一系列经营管理制度改革。[2] 改革的主要内容包括:一是破除固定用工制,从总经理到普通员工都要签订任职合同,制定员工违纪处罚规定,最为严重的将解雇。二是实行新的工资制度,把固定工资改为职务、技术工资加浮动工资,其中浮动工资与员工所在部门完成利润挂钩。经此一番改革,竹园宾馆的员工面貌焕然一新,服务水平大幅提高,竹园宾馆也走上快速发展轨道,连续多年被评为广东省和全国的先进企业。

深圳劳动用工制度的改革并非出于偶然,两个原因决定了深圳市用工制度改革必然发生。一个原因是内部原因,也是根本原因。改革开放前,深圳与全国各地一样实行的也是以固定工为主体的用工制度,就是平常所说的"铁饭碗""大锅饭"。这种制度实质上是

---

[1] 厉有为在2018世界经济特区发展(深圳)论坛上的发言。
[2] 马松林、段亚兵:《深圳市竹园宾馆改革劳动工资制度的经验》,《经济管理》1984年7月。

一种无条件的"终身制"与"平均主义",客观上打击了先进、保护了落后,造成了职工不求上进、作风散漫,严重地束缚了生产力的发展。这样的用工制度非常不利于经济的发展,改革势在必行。另一个原因是外部原因,也是直接原因。随着改革开放的启动,招商引资力度的加大,越来越多的外商来到深圳投资办厂,尤其是深圳河对岸的港商不断地跨过罗湖桥来到深圳开工设厂。这些含有外资成分的企业迫切希望能够按照国际惯例使用合同用工制,拥有灵活的用工自主权。在内外因素共同作用下,终于爆发了竹园宾馆的"炒鱿鱼"事件。

竹园宾馆劳动用工制度改革的成功,取得了良好的示范效果,由此也揭开了在三资企业中进行劳动合同制试点的序幕。此后各试点单位相继根据各自的生产特点和企业的管理条件,开展了多种多样的工资制度改革。1983年8月26日,在总结用工制度改革经验的基础上,深圳市颁布了《深圳市实行劳动合同制暂行办法》,率先以政府规章的形式突破了固定工的传统体制,这也标志着深圳从此建立了以市场为导向的劳动用工制度。1986年8月,国家以深圳市劳动用工制度改革为经验,由国务院发布改革劳动制度四项规定,在全国范围内推行劳动合同制。劳动力市场改革克服了固定用工制度的弊端,赋予了企业用工的自主权,也调动了职工的积极性,大大提高了劳动生产效率。

除了劳动力市场改革之外,深圳还推行了商品市场、土地市场、资本市场等一系列市场化改革。

1982年,深圳提出了"以调为主,调放结合,分步理顺价格体系与价格体制"的改革方针。1984年,深圳率先将副食品全部敞开供应,价格放开,取消一切票证和国家对粮、油、肉、布等商品的补贴。到20世纪80年代末,深圳绝大多数商品价格已由市场调节,形成了以市场调节为主的价格体系。

1987年,深圳在全国首次以公开拍卖方式拍卖国有土地使用权,被誉为新中国土地买卖的"第一槌"。由于此项土地管理体制改革涉及《宪法》相关内容的修改,1988年10月,全国人大通过了宪法修正案,规定"土地使用权可以依照法律的规定转让"。"深圳卖地"成为当时很多报刊的头条新闻,媒体皆将此举称为"中国经济体制改革的里程碑",在海内外引起了极大的关注。

1989年11月,深圳市政府下达了《关于同意成立深圳证券交易所的批复》,并成立了深圳证券交易所筹备小组。1990年末,深圳证券交易所的准备工作就绪,12月1日试营业,比上海证券交易所正式开业早了半个月。深圳证券交易所的建立为培育健康、有序的股票交易市场迈出了关键的一步,极大地扩展了企业融资渠道,大大便利了资本流动,同时也为深圳现代金融产业崛起、金融中心形成奠定了坚实基础。

经过一系列改革,深圳在全国率先建立起劳动力市场、商品市场、土地市场、资本市场等,由政府有形之手调配和控制的资源大大减少,要素资源快速实现了市场化。到20世纪90年代中后期,深圳以商品市场为主体的各种资源要素市场已相对完备,统一开放、有序竞争的市场体系初步形成,市场在资源配置中的基础性作用明显增强。

二 从"摸着石头过河"到目标明确的改革顶层设计

改革开放40多年后的今天,如果要提一个最能体现改革开放的标志性语言,很多人会说是"摸着石头过河"。"摸着石头过河"曾经是改革开放取得成功的重要方法,因为很多改革举措并非是按照既有施工设计图推出来的。

从深圳的改革实践来看,深圳作为中国社会主义市场经济体制改革试验田的作用是在实践中逐步形成的,甚至是被实践"逼"出来的,是历史自身的选择。在深圳经济特区设立之初,中国尚未明确要走市场化道路,特区也没有明确要发展市场经济。当时党中央对特区的基本要求是计划与市场相结合,发挥好市场调节的作用。但在特区的建设与发展过程中,传统计划经济体制与特区建设以及对外开放之间出现尖锐矛盾,迫使深圳不断打破传统计划经济体制束缚,探索建立新的体制、机制以保障特区开发与对外开放,进而使深圳成为中国社会主义市场经济体制、机制的创新源泉和试验场。

在"摸着石头过河"的过程中，深圳积累了大量宝贵经验。例如，注重激发企业的市场主体活力。只有在市场竞争中成长起来的企业才是最有活力、最有生命力的。企业在市场中公平竞争、优胜劣汰，政府对企业有求必应、无事不扰，是深圳创造经济奇迹的决定性因素。再如，推行激励干事创业的制度安排。深圳过去40年的高速增长，得益于改革开放打破了制约发展的制度障碍。比如特区享受15%的企业所得税，这有利于吸引国内外投资；又如，在劳动用工制度方面率先实行超产奖励制度，劳动者的收入比内地大幅提高，这就吸引了大批内地劳动者源源不断地流入。实践证明，制度创新能够有效降低交易成本（体制成本），让资本、劳动、技术等要素获得较高报酬，进而调动各类创新主体的积极性。

改革创新是深圳经济特区的永恒主题，也是深圳实现新跨越的必由之路。党的十八大以来，中央对全面深化改革做出了全面系统的战略部署。党的十八届三中全会公布的《中共中央关于全面深化改革若干重大问题的决定》强调以经济体制改革为重点，以不断深化协同推进经济体制、政治体制、文化体制、社会体制、生态文明体制和党的建设制度改革为主要内容的整体性系统性的改革，并要求充分发挥市场在资源配置中的决定性作用，这就为深圳全面深化改革提供了顶层设计。

近年来，深圳市委市政府积极贯彻落实中央、省委全面深化改革工作各项部署，以供给侧结构性改革为主线稳步推进各项改革工作，在重点领域和关键环节改革上推出了一系列新举措。

以王荣、许勤为班长的深圳市委市政府全面贯彻落实党的十八大、十八届二中、三中全会和习近平总书记一系列重要讲话精神，牢牢把握市场化、法治化、国际化改革发展方向，以前海开发开放为突破口，把改革创新贯穿于经济社会发展各领域全过程，以改革促发展、促创新、促转型、促开放、惠民生，努力实现有质量的稳定增长、可持续的全面发展。

以马兴瑞、许勤为班长的深圳市委市政府积极落实中央关于转变政府职能的新要求，加大简政放权、放管结合改革力度，开展市场准入负面清单改革试点，全面推行部门权责清单制度；实施"强区放权"改革计划，全面下放审批管理权、驻区机构管理权、人财物配置权等"三种权力"；深入推进以商事登记制度改革为核心的行政审批制度改革，建立健全完善权责明晰、行为规范、监督有效、保障有力的配套监管制度。

以王伟中、陈如桂为班长的深圳市委市政府深入贯彻落实习近平总书记对广东和深圳的指示批示精神，出台加大营商环境改革力度的20条措施，持续深化营商环境改革；以机构改革为契机，最大限度减少审批事项、办事环节和证明材料，推进网上审批全覆盖，着力提高政府服务效率；持续深化科技管理体制改革，在全国率先实施重大科技项目评审专家主审制。深入贯彻落实习近平总书记指示批示精神，新时代走在前列，新征程勇当尖兵，带领深圳人民开启建设中国特色社会主义先行示范区新征程。

据不完全统计，党的十八大以来深圳通过各个领域持续的改革探索，在多个方面取得突出成就，众多改革成果实现全国第一。比如，自2013年启动商事登记制度改革以来，深圳新登记商事主体数量增量迅速，商事主体总量连续多年位居全国第一；《2018年中国城市营商环境评价报告》显示，深圳在全国35个主要城市中营商环境指数第一；2019年中国社会科学院（财经院）与联合国人居署共同发布的《全球城市竞争力报告（2019—2020）》显示，深圳位列全球城市竞争力第四名，仅次于纽约、新加坡、伦敦，排名国内第一。而"先行示范区"意见的出台，则为顶层设计和基层创新相结合的制度创新路径提供了最佳案例。

第四节　产权制度改革铺就企业成长的温床

人类社会的任何生产活动都离不开劳动力、资本、土地和技术等生产要素。通过实施包括产权制度改革在内的一系列制度创新和制度安排，让各类生产要素持有者获得合理回报，把激励搞对，是中国改革开放后实现经济腾飞的重要原因之一。深圳经济特区成立以来，率先在全国创设了一套让资本、劳动、技术等要素投入合理获取报酬并得到保护的制度，有效降低了交易成本和体制成本，调动了企业和各类市场主体的积极性，为深圳企业成长创造了良好条件。

一　产权制度改革激发企业成长活力

在市场经济条件下，企业是最基本、最重要的市场活动主体，是市场机制运行的微观基础。离开企业以及企业之间、企业与其他经济组织之间的经营活动，市场就成了无源之水、无本之木。在市场经济体制建立的过程中必然伴随着企业自身的改革。根据新制度经济学的理论，制度创新对于一个国家或地区经济增长和社会发展具有决定性的作用。中国改革开放的40多年是中国迈向成熟市场经济体制的40多年，其本质就是制度变迁的40多年。而制度变迁最关键的是基础性制度变革，特别是产权制度的变革。这种产权制度的变革主要得益于股份制改革和非公有制经济的发展。可以说，产权制度改革铺就了深圳企业成长的温床。

改革开放之初，当中国内地其他地区还在围绕着"放权让利"进行国有企业改革的时候，深圳经济特区就开始了股份制改革的探索。1986年10月15日，深圳颁布了国内第一份国营企业股份化改革的政府规范文件和地方性法规《深圳经济特区国营企业股份化试点暂行规定》，赛格集团、建设集团、物资集团等六家市属国营企业被列为股份制改革试点，市政府直接向六家企业派出董事长，公司实行董事会领导下的总经理负责制。不仅大企业搞股份制试点，小企业也搞。据中共深圳市委原书记李灏先生回忆，"当时王石还在特发集团下面很小的公司——现代科教仪器展销中心当总经理，他对股份制改革很积极，我们也大力支持。1988年股份制改造发行股票才更名深圳万科"[①]。经过大规模的股份制改造，深圳市多数国有企业建立了产权主体多元化的新型企业组织形式，确立了企业法人财产权，完善了公司法人治理结构。深圳的股份制改革直接催生了现代企业制度的建立，为企业建立科学的公司治理结构找到了正

---

① 李灏：《关于深圳几项重大改革的回忆》，《特区实践与理论》2008年第3期。

确的突破口，也为国家《公司法》的制定积累了宝贵的经验。

华为也是这个时期成立的。任正非先生曾在多个场合透露，他创立华为公司就是得益于《深圳经济特区国营企业股份化试点暂行规定》和《关于鼓励科技人员兴办民间科技企业的暂行规定》这两份"红头文件"。据李灏先生回忆："红头文件出来以后引起了很大反响，规定科技人员可以出来创业，别人不行，而且必须是办科技性企业，同时还允许技术人员以资金、实物、个人专利、专有技术商标权作为投资入股，并可取得相应的股息和红利。我认为除了思想解放，不断推出优惠政策，关键就是体制机制能不能适应科学技术的发展，这个是最重要的一个方面，我们没有什么学校、没有研究机构就走到今天，就是靠这个。"[1] 在20世纪80年代的政策环境下，民营企业特别是私营企业尚未取得合法的地位，所有制改革和发展非公有制经济仍属敏感问题，这两份"红头文件"的出台在当时可谓是非常有魄力的重大制度创新。

据统计，自1987年2月颁布《关于鼓励科技人员兴办民间科技企业的暂行规定》起，到当年5月初已经有48家民间科技企业申报注册。这些申报注册的民间科技企业有这样一些特点：一是来自四面八方，面广点多。从48家企业负责人原工作单位来看，分别来自北京、上海、广州、西安、武汉、成都、昆明等十几个省市。二是中高层科技人员多。48个申报企业负责人中，有教授、高级工程师等高级职称的8人，有讲师、工程师等中级职称的31人，许多科技人员都是带着自己的最新科技成果来办企业的。到1989年，深圳共批准成立民间科技企业162家，其中已登记注册152家。到1990年，深圳民营科技企业产值超1000万元的有3家，超百万元的有17家。其中，华为公司产值、销售额均超过3500万元。[2]

深圳推行的股份制改革创造出了新中国新的经济体制，完善了"自主经营、自负盈亏、自我发展、自我完善"的企业法人治理结构，建立了"产权清晰、权责明确、政企分开、管理科学"的现代

---

[1] 深圳市政协文化史和学习委员会主编：《深圳四大支柱产业的崛起：高新技术分册》，中国文史出版社2010年版。

[2] 《深圳特区经济动态》，《特区经济》1987年6月25日。

企业制度。进入 20 世纪 90 年代，为了促进企业转换经营机制，深圳大力推进企业内部改革。1992 年制定了《深圳市贯彻〈全民所有制工业企业转换经营机制条例〉实施办法》，并在全国率先颁发了《深圳市股份有限公司暂行规定》，为落实企业经营自主权奠定了基础。1994 年，深圳市先后选择 28 家企业进行建立现代企业制度试点。现代企业制度的建立使企业成了名副其实的独立法人实体，成了真正的市场主体。

如今，深圳已经成为企业成长的温床。据深圳市市场监督管理局发布的《2018 年深圳商事主体登记统计分析报告》，截至 2018 年 12 月底，深圳商事主体总量（企业及个体户）合计 311.91 万户，占广东省商事主体的 27.21%，占全国商事主体的 2.83%。其中，全市累计共有企业 197.47 万户，占商事主体总量的 63.3%。其中，有 43 家深圳企业入围《2019 年中国 500 强排行榜》（见表 3-3），平安保险、华为、正威、恒大、招商银行、腾讯和万科则进入《2019 年财富世界 500 强排行榜》（见表 3-4），越来越多深圳企业成长为具有全国乃至全球竞争力的行业巨擘。

表 3-3　　　　入围 2019 年中国 500 强的深圳企业

序号	公司名称	排名	营业收入（百万元）
1	中国平安保险（集团）股份有限公司	4	976832.0
2	腾讯控股有限公司	27	312694.0
3	万科企业股份有限公司	30	297679.33
4	招商银行股份有限公司	38	248555.0
5	长城科技股份有限公司	27	92816.2
6	平安银行股份有限公司	61	96163.0
7	比亚迪股份有限公司	70	130054.71
8	中国长城科技集团股份有限公司	94	69128.16
9	中国国际海运集装箱（集团）股份有限公司	97	93497.62
10	顺丰控股股份有限公司	102	90942.69
11	招商局蛇口工业区控股股份有限公司	105	88277.85
12	中兴通讯股份有限公司	107	85513.15

续表

序号	公司名称	排名	营业收入（百万元）
13	深圳市怡亚通供应链股份有限公司	130	70072.07
14	招商局地产控股股份有限公司	133	43385.06
15	深圳市爱施德股份有限公司	158	56983.79
16	中航国际控股股份有限公司	174	54290.37
17	中国广核电力股份有限公司	180	50827.92
18	金地（集团）股份有限公司	181	50699.36
19	深圳华侨城股份有限公司	188	48142.34
20	康佳集团股份有限公司	196	46126.8
21	龙光地产控股有限公司	202	44136.91
22	欧菲光集团股份有限公司	207	43042.81
23	深圳市飞马国际供应链股份有限公司	219	41048.73
24	国药集团一致药业股份有限公司	234	21199.47
25	佳兆业集团控股有限公司	236	38704.97
26	深圳市海王生物工程股份有限公司	237	38380.91
27	中信证券股份有限公司	245	37220.71
28	中国南玻集团股份有限公司	404	8271.0
29	欣旺达电子股份有限公司	410	20338.3
30	深圳市中金岭南有色金属股份有限公司	420	20008.16
31	广深铁路股份有限公司	421	19828.02
32	康美药业股份有限公司	426	19356.23
33	天虹商场股份有限公司	435	19137.95
34	人人乐连锁商业集团股份有限公司	436	11218.05
35	深圳能源集团股份有限公司	443	18527.4
36	深圳广田装饰集团股份有限公司	446	9787.97
37	深圳市燃气集团股份有限公司	458	9530.87
38	国信证券股份有限公司	460	12748.9
39	深圳市德赛电池科技股份有限公司	475	17249.23
40	深圳长城开发科技股份有限公司	487	14209.78
41	招商证券股份有限公司	490	11695.45
42	中粮地产（集团）股份有限公司	493	14042.36
43	华孚色纺股份有限公司	494	4783.0

资料来源：《2019 年中国 500 强排行榜》，财富中文网（http://www.fortunechina.com fortune 500/node_4302.htm）。

表3-4　入围2019年世界500强的深圳企业

序号	公司名称	排名	营业收入（百万美元）
1	中国平安保险（集团）股份有限公司	29	163597.4
2	华为投资控股有限公司	61	109030.4
3	正威国际集团	119	76363.1
4	中国恒大集团	138	70478.9
5	招商银行	188	55063.5
6	腾讯控股有限公司	237	47272.7
7	万科企业股份有限公司	254	44912.6

资料来源：《2019年财富世界500强排行榜》和《2019年中国500强排行榜》，财富中文网（http://www.fortunechina.com/fortune 500/c/2019 - 07/22/contert _ 3395htm? irk _ sa = 1023197a 和 http://www.fortunechina.com/fortune 500/node_4302.htm）。

二 "靓女先嫁"推动国企完善治理结构

深圳一直以来都很重视国企产权制度改革，较早推动了国有资本战略布局优化及结构战略性调整，积极探索多种方式推进市属国有企业产权制度改革和发展混合所有制经济，完善国有企业治理结构，做强做优做大国有企业，积累了丰富的改革经验。

不过，深圳建立现代企业制度、完善国有企业治理结构的改革并非一帆风顺。刚刚进入21世纪初之时，深圳国有企业建立现代企业制度的改革已进行多年，但却始终未能解决"改制不转制"的问题，未能建立起规范的法人治理结构，也没有形成有效的激励和监督约束机制。上述问题的症结就在于产权主体多元化的进程缓慢，当时约有38%的国有企业尚未进行公司制改造，已经改制的企业中也普遍存在国有股权比例过大的问题，多数企业的国有股权在70%以上。①

---

① 陈洪博：《深化改革的又一重大部署——深圳加快国企改革与发展方案出台》，《特区理论与实践》2001年第4期。

在这种情况下，深圳市政府于 2001 年 1 月出台了《关于进一步加快国有企业改革和发展的实施意见》及 11 个配套文件，明确把国有企业战略性改组即产权主体多元化作为突破口，并强调了建立现代企业制度的最终目标。2002 年 8 月 28 日，深圳市政府正式宣布通过国际招标的形式公开转让深圳能源集团、水务集团、燃气集团、公交集团、食品总公司等五家国有企业的部分股权，在国内外各界引起了强烈反响。这五家参与国际招标的企业都很有投资价值，深圳市国企改革的策略也被媒体称为"靓女先嫁"。2003 年 12 月 22 日，深圳水务集团国有股权交易的签约仪式在五洲宾馆举行，标志着深圳市首批试点的五家大型国企的国际招标改革工作均顺利完成。当时，国务院体改办、国家经贸委、国家财政部等有关部委领导以及国内主流经济学家均对深圳的国际招标改革工作予以充分肯定，认为这种大胆探索为国有企业改革开辟出了一条新路。[1] 到 2006 年底，深圳基本上实现了各类企业的股份制改造目标，进一步明晰了产权，进一步完善了现代企业制度，进一步优化了公司治理结构，在市场经济竞争中体现出了强大的生命力。

改革的成效是明显的，在深圳民营企业大放异彩的同时，深圳国有企业也在不断做大做强。根据深圳市国资委发布的《2017 年度深圳市属国资国企社会责任报告》，深圳市属全资及控股企业有 1461 家，直管企业有 25 家，控股上市企业有 24 家。市属国有企业混合所有制经济比例超过 75%，资产证券化率超过 50%，均保持全国领先。2017 年，深圳市属国有企业累计实现营业收入 4005.2 亿元，利润总额 861.6 亿元，企业累计已交税金总额 705.4 亿元，相关指标均实现同比大幅增长。根据国务院国资委 2016 年度排名，在全国 37 个省级监管系统中，深圳市属国资国企的销售利润率和成本费用利润率分别为 22.9% 和 26.2%，两项指标均显著高于广东省及全国平均水平。[2]

值得注意的是，深圳国有企业不仅自身在做大做强，在全市经

---

[1] 杨进军：《深圳国企国际招标改革的八个突破》，《中国改革》2002 年第 12 期。
[2] 《深圳市属国资国企 2017 社会责任报告》，http://www.sz.gov.cn/cn/hdjl/zjdc/201804/t20180413_11759233.htm。

济社会发展和保障民生中也发挥了主力军作用,在提升城市质量中发挥了先锋引领作用。2018 年,深圳市国有资本经营预算调入财政公共预算比例为 25%,2020 年这一指标将提高到 30%,国有资本越来越多地用于支持和保障社会民生。例如,2018 年深圳地铁集团地铁网络运营达 265 公里,城市轨道交通已覆盖全市绝大多数行政区域,地铁线网日均客流量超过 510 万人次,公交分担率达 48%,已成为深圳城市公共交通的主力军。预计到 2023 年,深圳将拥有 15 条线路,总长 570 公里,深圳地铁集团的服务能力将进一步提升。① 为推动市属国资国企更好地"服务城市、服务产业、服务市民",自 2017 年起深圳市投控公司、地铁集团、机场集团、深圳能源、水务集团、深圳燃气、巴士集团、深粮控股、深农集团、特区建发、安全研究院、人才安居、联交所、东部公交等与社会民生关联度高的市国资委直管企业开始发布年度社会责任报告,较好地展现了国有企业服务深圳城市发展和社会民生的责任担当。

第五节 迈向国际科技创新中心

党的十八大以来,创新发展成为以习近平同志为核心的党中央治国理政的新理念。习近平总书记多次强调,实施创新驱动发展战略,最根本的是要增强自主创新能力,最紧迫的是要破除体制机制障碍,最大限度解放和激发科技作为第一生产力所蕴藏的巨大潜能。深圳作为中国改革开放前沿阵地和排头兵,最早把创新发展作为城市的主战略,在工业化的过程中成功探索出一条以产业创新牵引科技创新,以科技创新推动产业创新的科技产业化发展道路,成为全国高新技术产业发展的一面旗帜,也形成了一些可复制、可推广的经验做法。

---

① 《2018 年,深圳地铁给这座城市带来了什么?》,《深圳特区报》2018 年 12 月 26 日第 A18 版。

一 "无中生有"的高科技城市

1979年，深圳市的前身宝安县是一个贫困的农业县，经济基础十分薄弱，高新技术产业更是无从谈起。当时，全市仅有2名工程师，跟科技两个字沾边的仅有中国水产科学院南海水产研究所盐田试验站等几个科研机构，且主要为农业生产服务，工业和其他领域科研则是空白。

凭借毗邻香港的区位优势和特区的政策优势引进先进技术成为深圳自然的选择。1980年，全市有三资企业33家，"三来一补"企业270家，其中电子企业有7家，为深圳工业和高新技术产业的萌生打下了基础。1982年，光明华侨电子厂首开深圳引进境外先进技术的先河，率先引进了日本的自动波峰焊锡剪脚机和立体声信号发生器。到1982年底，深圳全市共引进机器设备2.1万余台（套），近30%达到国内先进技术水平。为有效促进科学技术与生产部门相结合，1984年5月深圳市成立了先科技术开发公司，同年9月深圳市政府颁布《深圳经济特区引进先进技术鉴定暂行办法》，旨在引进外资和发展高新技术产业。1985年4月，先科公司与荷兰飞利浦公司签订了引进全套激光、唱盘生产线和技术的合同，先科公司成为中国当时唯一开发这类激光产品的企业。

1985年7月，经过中国国务院认定，由深圳市政府和中国科学院联合创办了"深圳科技工业园"，是当时第一个国家级科技工业园。深圳科技工业园占地3.2平方公里，是一个以企业形式建设、开发和管理，集生产、科研、教育于一身的工业园，是将现代科技与生产紧密结合的一个新尝试。同年，一家中国内地的国有企业——中国航天系统的691厂派出技术科长侯为贵等人到深圳经济特区，并成立了深圳中兴半导体有限公司。1987年2月，深圳市政府颁布的《关于鼓励科技人员兴办民间科技企业的暂行规定》在全国引起强烈反响，由此拉开了深圳特区科技人员以"自筹资金、自愿组合、自主经营、自负盈亏"的方式组建民营科技企业的序幕。1987年，华为公司成立，初期总资产仅几万元，全部股份由员工持有，主要从事程控交换机生产。谁也预料不到，华为和中兴这两家名不见经传的科技企业，在接下来的 20 年会成为世界电信产业界的领军企业。

按照《关于鼓励科技人员兴办民间科技企业的暂行规定》，深圳特区科技人员可以以现金、实物、个人专利、专有技术、商标权等投资入股创办民营企业。由于当时深圳的体制灵活多样，在发展高新技术产业中鼓励搞股份制，动员社会力量，厂房入股、资金入股、技术入股，高新技术企业还可以利用外资或请外国专家的"头脑"来入股。这就大大调动了科技人员从事开发及其有关的生产、销售、咨询服务的积极性，吸引了内地大批有知识、有成果和有冒险精神的企业家来深圳创办科技企业。实践证明，此项规定的出台对后来深圳发展高新技术产业具有里程碑意义，促成了华为、中兴通讯等一批高科技民营企业的诞生，也因此促成了深圳研发机构、研发人员、研发投入、专利成果等"4 个 90%"以上企业的基本格局。

20 世纪 90 年代初，出现了欧美发达国家将劳动密集型产业和一般技术密集型产业向东亚等地转移的新趋势。深圳适时调整了产业发展重点，果断叫停了"三来一补"，把发展高新技术产业作为经济发展的新增长点。1991 年全市高新技术产品产值仅 22.9 亿元，占工业总产值的比重为 8.1%；1998 年全市高新技术产品产值达 655.18 亿元，占工业总产值的比重提高到 35.44%，深圳高新技术产业迎来了第一次发展热潮。[1] 这一时期，深圳初步形成了计算机及其软件、通信、微电子及基础元器件、新材料、生物工程、机电一体化、激光七大领域的高新技术产业群。其中，计算机和通信产业的产值占高新技术产值的比重超过 75%，代表性的企业有长城计算机集团、联想集团等。1996 年 5 月，深圳市高新技术产业园区正式成立，同年 9 月被国家科委确认为国家级高新技术产业园区，为深圳高新技术产业的崛起打下了坚实基础。

2000 年，深圳高新技术产品产值迈上第一个千亿台阶，为 1064.45 亿元，占全市工业总产值的比重达到 42.28%。2003 年，

---

[1] 《深圳高新技术产业发展概况》，1999 年 1 月 28 日，国务院新闻办公室网站（http://www.scio.gov.cn/xwbfbh/xwqfbh/wqfbh/1999/0128/Document/328082/328082.htm）。

深圳高新技术产品产值迈上第二个千亿台阶，达到2482.79亿元，占全市工业总产值达到48.93%。2008年，深圳实现高新技术产品产值8710亿元，突破了第八个千亿级跨越，当年，获批成为首个国家创新型城市试点。十年后的2018年，深圳分别实现高新技术产品产值和增加值23871.71亿元（见表3-5）和8296.63亿元。深圳高新区在全国147个国家高新区评价中综合排名居第二位，成为国家建设世界一流高科技园区的6家试点之一。

表3-5　　　　深圳高新技术产业发展情况（1991—2018年）

年份	高新技术产品产值（亿元）
1991	22.9
1998	655.18
2004	3266.52
2010	10176.19
2018	23871.71

资料来源：深圳市统计局。

研发投入和发明专利是两项最能反映深圳创新能力的重要指标。2018年，深圳的全社会研发投入占GDP的比重达到4.2%，与以色列的4.25%、韩国的4.24%相近、超过瑞士的3.37%、日本的3.14%、美国的2.74%等发达国家水平。[①] 2018年，深圳PCT国际专利申请达18081件，占全国申请总量（51893件）的34.8%，连续15年居全国主要城市第一。[②] 值得说明的是，深圳不仅专利数量多，而且专利质量也越来越高。2018年华为公司PCT国际专利申请量达5405件，居全球企业第一位。2019年，华为公司宣布面向全球收取知识产权使用费，其中美国Verizon需向华为支付逾10亿美元的专利使用费，后者使用了华为约230项专利。改革开放40年，

[①]《科技创新成就中国硅谷》，2018年12月16日，深圳统计局（http://www.sz.gov.cn/sztjj2015/xxgk/zfxxgkml/qt/gzdt/sjdt/201812/t20181217_14915926.htm）。

[②]《深圳市2018年知识产权发展状况白皮书》。

人们见证了深圳从科技基础为零的农业县蜕变成为一座名副其实的高科技城市,并开始在全球创新网络中占据一席之地。

一般认为,国际科技创新中心是以创新为经济社会发展的核心驱动力,拥有丰富的创新资源、充满活力的创新主体、高效的创新服务和政府治理、良好的创新创业环境,在全球创新网络中占据重要地位的城市或地区。根据不同城市或地区所处的发展阶段,国际知名智库麦肯锡将科技创新中心划分为五种类型:一是"初生的溪流",此类城市大多分布在非洲和拉丁美洲,如埃及的开罗和墨西哥的墨西哥城;二是"涌动的热泉",比较典型的城市代表如以色列的海法、澳大利亚的布里斯班、印度的班加罗尔、中国的上海和深圳等;三是"汹涌的海洋",比较典型的代表是美国的硅谷地区;四是"平静的湖泊",比较典型的城市有美国西雅图、洛杉矶、芝加哥和日本东京等;五是"萎缩的池塘",比如英国的利物浦等。按照这种划分标准,深圳已经是一座正在崛起的国际科技创新中心。

二 形成强大的综合创新生态

著名经济学家、清华大学经管学院原院长钱颖一教授在《硅谷百年史》三部曲的推荐序中将硅谷誉为创业公司的"栖息地"(Habitat)。[①] 他认为,这一栖息地至少包括 7 个因素:硅谷公司的生产结构是开放型的;硅谷人才流动频繁;加州法律环境较为宽松,使跳槽变得容易;硅谷人容许失败;硅谷人的生活和工作观是"活着为了工作";在硅谷工作的外国移民特别多;美国的纳斯达克(Nasdaq)股票市场为硅谷公司上市创造了有利条件。

与北京、上海等城市相比,深圳在大学和科研机构方面的短板非常明显。但是,深圳敏锐抓住世界产业转移的历史机遇,利用特区政策大胆先行先试,在全国率先通过体制和机制创新,充分发挥市场配置资源的作用,同时注重产业政策的导向作用,率先营造了

---

① [美]阿伦·拉奥(Arun Rao)、皮埃罗·斯加鲁菲(Piero Scaruffi):《硅谷百年史(创业时代、互联网时代、创新时代)》,闫景立、侯爱华、闫勇译,人民邮电出版社 2016 年版。

一个适于科技企业和人才聚集的"栖息地"。一大批极富创新和冒险精神的企业家，以及无数怀抱追求财富幸福、具有个人奋斗精神的"新深圳人"，从内地其他地区移民来到深圳，推动深圳迅速从"三来一补"加工业赛道切换到高新技术产业赛道，并由此形成强大的综合创新生态优势。

创新生态系统的概念源于2004年美国总统科技顾问委员会（PCAST）。一个创新生态系统由4个"P"构成：一是Private（私营部门），包括大型创新企业、中小企业和初创企业等，它们是提升创新能力的引擎；二是Public（公共部门），包括高校、科研院所、政府部门等，它们是保障创新的基石；三是People（创新民众），包括科研人员、专业人员、社会公众等，它们是持续创新的源泉；四是Place（创新环境），包括制度环境（比如知识产权制度、市场准入制度）、经济社会发展阶段乃至文化和生态环境等，它们是滋生创新的土壤。其中，企业、高校、科研院所及其他创新主体自身功能的不断演进是创新生态系统演化的内部动力，而制度与政策环境、经济与社会条件、文化与生态环境等则是创新生态系统演化的外部动力。

科技企业是创新的主力军，国际科技创新中心普遍拥有一批世界级科技企业和强大的创新企业集群。深圳拥有以华为、腾讯、大疆、比亚迪等为代表的世界级科技企业，也有数量众多的"独角兽"企业、细分行业的隐形"冠军"企业和数百家上市公司。但是，世界级科技企业绝不是孤零零的少数几棵大树，而是需要在特定的"创新生态系统"中运行。统计显示，2018年深圳累计商事主体311.9万户，深圳每千人拥有商事主体约240户、企业150家，创业密度连续多年居全国第一，深圳成为不折不扣的"企业温床"。其中有超过3万家科技型企业、1.4万家国家级高新技术企业[①]，加上大量初创科技企业，与各类公共平台、创新要素、创新环境形成相互联系、相互依赖的创新生态链和生态圈，共同支撑着深圳崛起成为新兴的国际科技创新中心。

---

① 《深圳中小企业达196.7万家》，《深圳特区报》2019年6月26日第A03版。

高等院校和科研机构等是创新产生的重要来源，也是创新生态系统中的重要力量。针对缺乏科研院所的实际，近年来深圳超常规加大科技基础设施投入，先后建成了国家超级计算深圳中心、大亚湾中微子实验室和国家基因库等重大科技基础设施，创新载体和新型研发机构呈现出爆发式增长态势。其中国家基因库已于2016年9月正式运行，是中国第一个、全球第四个国家级基因库。经国家发改委批准，深圳联合江苏、教育部、中科院共同建设国家未来网络科技基础实验设施。根据深圳市科创委的统计，截至2018年深圳拥有市级以上创新载体1439家，其中国家级创新载体94家、省级创新载体135家、市级创新载体1210家，成为强化原始创新、实现重点跨越的重要支撑。特别值得指出的是，深圳涌现出深圳清华大学研究院、中科院先进技术研究院、光启高等研究院、华大基因研究院等一批新型研发机构，新组建了智能机器人、基因免疫治疗、神经科学、大数据、石墨烯等一批新型研发机构，累计拥有76家新型研发机构，其中省级新型研发机构30家。

人才是创新生态系统保持活力和竞争力的源泉，人才高度聚集是国际科技创新中心的基本特征。深圳通过实施"人才强市"战略，先后实施了以"鹏城孔雀计划""人才安居工程""产业发展与创新人才奖"和"鹏城英才计划"等为代表的深圳人才政策和人才引进工程，成效显著，为实现创新驱动发展提供了重要支撑。据统计，近5年深圳累计引进广东省珠江人才计划31个，孔雀计划创新团队76个；累计引进"千人计划"人才208名，孔雀人才1820人，"海归"人才7万多人。同时，南方科技大学、香港中文大学（深圳）等正加快打造高水平大学，深圳北理莫斯科大学、哈尔滨工业大学（深圳）、中山大学深圳校区、北京大学深圳校区等筹建发展加速，深圳北理莫斯科大学、清华伯克利深圳学院等一批专业化、开放式、国际化特色学院建设正加速推进，深圳正加速补齐高端人才培育的短板。

宜居宜业的环境是创新创业的土壤，完备的城市功能是构建国际科技创新中心的重要保障。针对深圳优质公共服务短缺的问题，近几年深圳坚持每年拿出近七成的财政收入用于教育、医疗卫生和就业等九大类民生投入，为创新人才提供一流的教育、医疗、交通等配套服务和环境保障。深圳市财政委员会公布的数据显示，2018年深圳九大类民生领域支出达到2772.4亿元，占财政支出的比重达64.7%。为更好地满足市民休闲需求，深圳加大了绿道、公园等公共文体设施的投入，香蜜公园、深圳湾滨海休闲带西段、人才公园和西湾公园等一批精心打造的特色精品市政公园陆续建成开放。根据规划，到2020年深圳公园将达到1000个以上。特别是规划建设总面积70万平方米的标志性、永久性人才激励阵地——深圳人才公园，成为全国首个以人才为主题的高品质市政公园，营造了全社会识才爱才用才容才聚才的浓厚氛围。城市功能的不断完善和城市规划建设质量的提升，为深圳加快建设国际科技创新中心提供了重要保障。

专栏3-2 大疆创新的成功得益于深圳的综合创新生态

深圳市大疆创新科技有限公司（以下简称"大疆创新"）成立于2006年，公司以"The Future of Possible"（未来无所不能）为主旨理念，现已成为全球领先的无人飞行器控制系统及无人机解决方案的研发和生产商，客户遍布全球100多个国家，被《麻省理工科技评论》评为2017年度全球50大"最聪明公司"。

大疆创新的成功主要归功于三方面因素。

一是深圳完整的产业链优势。深圳是全国电子信息制造业重镇，拥有全球最好的无人机产业配套，无人机所需要的碳纤维材料、特种塑料、锂电池、磁性材料等关键材料，深圳早已经形成了全球优势。一架无人机通常需要2000—3000个配件，这些配件均可从深圳市及周边区域采购，这在提升研发速度方面具有很大优势，深圳强大的产业配套能力有助于大疆创新在产量上满足企业未来的愿景，为规模经济效应助力。

二是深圳为初创企业提供了良好的综合创新生态。无论是创业投资、产学研结合，还是创业孵化，深圳都走在了全国乃至世界的前列。在芯片方案及分销方面，深圳拥有北高智等国内排名前十名的重要芯片方案提供及代理商；在硬件领域，华为、中兴、富士康都是世界级的巨头，还有成千上万家电子领域的生产商，而深圳华强北则是重要的市场交易平台，是创客与市场对接的最佳场所。

三是深港两地日益密切的产学研合作。香港拥有良好的高等教育和科技研发基础，深圳是内地最具自主创新活力和科研成果转化能力的城市。优势互补、合作共赢早已是深港两地各界的共识。在成长过程中，大疆创新通过与香港科技大学、哈尔滨工业大学深圳研究院及香港创新科技部门长期合作，通过各种产学研合作项目，不断提升自己的技术实力，研发出更具有市场潜力的新产品。可以说，深圳和香港优势的充分融合，也促成了大疆创新的成功。

资料来源：唐杰在《深圳奇迹》新书首发式上的演讲，2019年4月20日。

三　铸就科技创新中心的政府因素

高新技术产业为什么会在深圳这样一个工业基础十分薄弱、科技资源高度缺乏的年轻城市取得如此巨大的成功呢？原因有很多方面，包括深圳市场化的环境和市场化的运作方式，强大的加工制造能力和产业配套环境，中国一流的高素质人才队伍和廉价的蓝领劳务工群体等。其中，还有一个不容忽视的因素就是离不开有为政府。

1998年4月，深圳市主要领导带队赴厦门、上海、大连等地学习考察。受大连市"国际服装节"的启发，时任中共深圳市委书记张高丽同志提出办一个"科技节"的设想，"深圳已举办了十届荔枝节，随着全省各地各种各样的物产节越办越多……荔枝节已无法体现深圳独有的特色和应有的水平及影响。当今世界的经济竞争根本是高技术的竞争，而高新技术产业已经成为深圳鲜明的特色经济，并走在全国的前列，能不能把深圳的荔枝节改为科技节？"这一设想很快得到了广东省的大力支持，时任中共广东省委书记李长春同志建议把"科技节"名称改为"高新技术成果交易会"，希望办出"广交会"一样的水平、一样的规模、一样的影响。①

1999年10月,时任国务院总理朱镕基同志宣布首届中国国际高新技术成果交易会开幕(以下简称"高交会")。来自美国、加拿大、德国、澳大利亚、日本、英国等27个国家的402家高科技企业、大学、研究所、金融机构参加了这一科技盛会,130多家国际著名公司和国内著名企业参加了展览和交易,采访的境内外记者就达1100多名。高交会一开始就把"讲实效"放在重中之重的地位,注重充分发挥好"科技红娘"和"二传手"的作用,实行"高新技术成果交易与高新技术产品展示相结合,高新技术交易与风险投资相结合,落幕的交易会与不落幕的交易会相结合"的运作思路,为高交会的成功奠定了坚实基础。时任国务院总理温家宝同志为2008年第十届高交会作出重要批示:"办好高交会,推进高新技术产业化,对于自主创新、调整经济结构、转变发展方式具有重要意义。"

2001年7月,深圳市在高新区经验之上,开始规划建设"深圳市高新技术产业带"。这条高新技术产业带全长100公里、规划总面积达152.62平方公里,其中高新技术产业用地面积约50.9平方公里。当年9月,国家科技部正式复函深圳,同意支持建设深圳国家高新技术产业区(带)。规划建设高新技术产业带是深圳市委市政府的一项重大决策,也是深圳市继举办高交会之后的又一重大举措。面对全国主要城市创新竞争和人才竞争加剧的趋势,近几年深圳进一步加大了科技体制改革和财政科技投入力度。例如,实施财政科技投入结构改革,将财政科技资金50%以上投入基础研究、技术攻关和创新载体建设;推进财政科技资金投入方式改革,实施无偿与有偿并行、事前与事后结合的多元投入方式;落实国家企业研发费用税前加计扣除政策,仅2016年就有2785家企业享受了356.32亿元研发费用加计扣除额,共减税83.52亿元。

深圳支持高新技术产业发展可谓不遗余力,政府始终致力于构建有利于高新技术产业发展的综合制度环境。深圳充分利用特区立法权,为高科技企业的发展进行了多项专门立法,这对深圳高科技

---

① 深圳市政协文化史和学习委员会主编:《深圳四大支柱产业的崛起:高新技术分册》,中国文史出版社2010年版。

企业的发展是非常有利的一个条件。例如，对支持高科技企业的发展，企业内部的职工持股、技术及产权交易等，深圳都进行了立法，以法律形式来保护。其中，"无形资产评估管理办法""企业技术秘密保护条例""计算机软件著作权保护条例"等，均是在全国率先推出的。关于高科技方面的立法，深圳先后以政府规章和人大法律两种形式，先后立下一批条例。例如，1998年出台的《关于进一步扶持高新技术产业发展的若干规定》（以下简称"22条"），在优惠政策、税收、土地使用、户口入籍等方面为高新技术企业打开方便之门，其扶持力度之大为全国所罕见。最近几年，深圳密集出台了一系列法律法规，如《深圳经济特区人才工作条例》《深圳经济特区国家自主创新示范区条例》《深圳市人民政府关于印发市级财政专项资金管理办法的通知》《深圳市关于加强基础科学研究的实施办法》等，积极为科研机构和科研人员松绑，以最大力度调动科研积极性。历经多年努力，深圳已经形成包括政策环境、法制环境、人才环境、金融环境、产业配套环境、城市功能环境等在内的良好的综合环境，这种环境使科技人才和高新技术企业得以尽情发挥其能量。

值得一提的是，政府在支持科技产业的过程中始终遵循市场规律，注重营造公平开放透明、利于创新创业的市场环境，发挥市场在技术研发方向、路线选择、要素价格、各类创新要素配置方面的决定性作用。例如，为促进科技与经济的紧密结合，近年来深圳在基因组学、超材料、大数据、石墨烯等前沿领域，组建了深圳清华大学研究院、中科院先进技术研究院以及光启高等研究院等一批集科学发现、技术发明、产业发展于一身的新型研发机构。这些新型研发机构成功突破传统科技体制机制障碍，探索出一种"四不像"的创新管理模式，既是大学又不完全像大学，既是科研机构又不像科研院所，既是企业又不完全像企业，既是事业单位又不完全像事业单位，为科技创新注入一股新的活力。中国科学院深圳先进技术研究院（以下简称"先进院"）院长樊建平先生在总结先进院发展经验时指出："科学家接触产业前沿，在先进院，从基础研究到产业化，是完全融合的'一锅端'，不存在体制与政策上的'堤坝'。"例如，先进院通过加大产业化合作项目的绩效权重，对国家项目、地方项目、产业项目按照1∶1.2∶1.5的权重进行绩效统计，并将企业合作项目经费10%奖励给团队。又如，先进院通过实施"企业特派员"机制，在与企业共建实验室、企业委托开发、合作申报项目、牵头地方产业联盟建设等工作中派出企业特派员，实现了与企业的无缝对接。[①]

第六节　走高质量发展道路

推动高质量发展是全面建设社会主义现代化的本质要求。习近平总书记在党的十九大报告中指出，中国经济已由高速增长阶段转向高质量发展阶段，正处在转变发展方式、优化经济结构、转换增长动力的攻关期，建设现代化经济体系是跨越关口的迫切要求和中国发展的战略目标。快速崛起的深圳较早面临"四个难以为继"的问题，也最先探索如何加快转变经济发展方式。从"拼速度、拼规模"，到"拼质量效益、拼可持续"，深圳在全国率先走出了一条经济高质量发展道路。

一　"四个难以为继"倒逼质量型发展

2019年7月，深圳市规划和自然资源局发布了全市工业区调查结果，深圳符合界定条件的工业区约7200个，约90%分布在原特区外，总用地规模超过200平方公里，约占全市建设用地总量的1/4。这些工业区平均规模3.6公顷，平均毛容积率1.4，平均建筑层数4层，土地集约化利用水平较低。[②]

工业区土地利用率低是深圳早期粗放式发展模式的产物。改革开放初期，深圳城市建设，特别是原特区外的城市建设缺乏统一规划。当时为调动原村民参与建设的积极性，深圳采用放权让利的方式，出现"村村点火、户户冒烟"争上工业项目的奇观。但每户村

[①] 《十年磨一剑——中科院深圳先进院探索科研机构体制机制创新纪实》，《深圳特区报》2016年11月15日第A6版。

[②] 《打造具有全球竞争力产业发展新引擎》，《深圳商报》2019年7月26日第A02版。

民拥有的土地和资金有限，建成的旧工业区星罗棋布，这些工业区规模小、分布散、设施落后，只能吸引规模较小的"三来一补"和加工贸易企业。

粗放式的发展模式成就了深圳的"世界工厂"地位和高速增长的奇迹，很快也带来了资源空间的困境。刚刚进入21世纪，深圳经济发展就开始出现"土地、空间有限，难以为继；能源、水资源短缺，难以为继；人口不堪重负，难以为继；环境承载力严重透支，难以为继"的问题。面对"四个难以为继"问题，深圳认识到只有转变发展模式才能突破发展瓶颈。2003年，深圳市成立了以市委书记黄丽满、市长李鸿忠为正副组长的深圳城市化工作领导小组，启动了深圳特区外城市化，推进特区外土地的节约集约利用。2004年，深圳主动提出将原定2005年基本实现现代化的时间表推迟到2010年，并提出今后将不再以GDP论英雄，不简单地拼规模、拼速度、拼GDP增长，而要更多重视经济发展中资源消耗、社会公平及人的发展等问题，以实现经济社会的全面、协调、可持续发展。2005年，时任市委书记李鸿忠在中共深圳市委三届十一次全会上提出从"速度深圳"向"效益深圳"的升级转型，实现深圳经济特区发展思路的一次重要转变。

新的发展阶段需要新的发展思路。时任深圳市委书记王荣同志在2010年深圳第五次党代会报告中指出："尽管深圳30年发展打下了雄厚物质基础，保持了良好发展势头，但土地、资源、人口、环境等的承载力在传统发展模式下已经难以为继……在全国新一轮改革发展的进程中，各地竞争日趋激烈，特区要继续保持领先优势，正承受着越来越大的压力。"时任深圳市长许勤同志在市委五届四次全会上指出，"未来30年，深圳经济特区要为全国的发展继续率先探索……我们要在过去创造'深圳速度'的基础上，创造'深圳质量'，再创科学发展的新辉煌"[1]。2010年10月，《深圳市委市政府关于加快转变经济发展方式的决定》发布，深圳正式提出从深圳速度向深圳质量转变。

---

[1] 张惠屏等：《在深圳速度基础上再创深圳质量》，《深圳商报》2010年9月9日。

深圳提出质量型发展战略具有丰富内容。具体来看：其一，深圳质量蕴含全面、协调和可持续发展的要求。深圳质量是经济、政治、文化、社会、生态"五位一体"全面协调的发展。同时，深圳质量还包含着发展的可持续性，当代的发展要能够成为未来发展的良好基础。其二，深圳质量是一种更有效益、更具包容性、更少负外部性的发展。其三，深圳质量是一种更加注重质量的内涵式发展模式。它不再片面地追求 GDP 增长的高速度，而是一种质量优先、速度适中的发展。其四，深圳质量不仅追求高质量的发展结果，也强调高质量的发展过程。具体说来，深圳质量意味着产品与服务品质卓越、经济增长较快、结构更优、效率更高、创新能力更强、分配更公平、民生更幸福、社会更和谐、政治更民主、法治更完善、文化更繁荣、城市更宜居、环境更优美。[①]

世界先进国家和地区迈向发达经济体的过程，通常都伴随发展方式的深刻转变和发展质量的同步提升。这种转变和提升，包括了发展理念和发展路径的创新、经济发展质量效益的提升、资源消耗和环境影响的降低、民生福利和居民生活的改善等。就经济发展质量而言，它通常是指一个国家或地区经济活动在资源配置、满足社会需要以及经济社会协调发展方面的优劣程度，包括经济发展是否有效率，经济发展是否可持续，经济发展是否具有创新性，以及经济结构是否合理等。

党的十八大以来，深圳经济发展呈现结构不断优化、效率效益持续提升、增长动力顺利切换、能耗水耗稳步下降的良好态势，经济发展质量水平稳居全国大中城市前列。从经济结构优化情况看，第三产业占 GDP 比重从 2012 年的 54.5% 提升为 2018 年的 58.5%，战略性新兴产业增加值占 GDP 比重从 2012 年的 30% 提升至 2018 年的 37.8%，先进制造业占规模以上工业增加值的比重从 2012 年的 70.4% 提升至 2018 年的 83%。从经济效率和经济密度情况看，人均 GDP 从 2012 年的 12.68 万元/人提高到 2018 年的 18.96 万元/人，地均 GDP 从 2012 年的 6.5 亿元/平方公里提高到 2018 年的

---

① 张骁儒等：《以质取胜：全方位提升"深圳质量"研究》，海天出版社 2015 年版。

12.1亿元/平方公里，两项指标均在全国主要城市中居首位。从经济增长动力看，全社会研发投入占GDP的比重从2012年的3.67%提升至2018年的4.2%，万人有效发明专利拥有量从2012年的50件提升至2018年的107.63件，创新成为经济增长的动力源泉。从经济增长的可持续性看，深圳万元GDP水耗由2012年的15立方米降至2018年的8.4立方米，约为全国平均水平的1/9；万元GDP综合能耗由2012年的0.45吨标准煤降至2016年的0.24吨标准煤，是首批国家可持续发展议程创新示范区（见表3-6）。面对"四个难以为继"，深圳用亮丽的成绩单证明，走质量型发展道路是正确的。

表3-6　　　　　　　　深圳经济发展质量持续提升

	指标	2012年	2018年
经济结构优化	第三产业占GDP比重（%）	54.5	58.5
	战略性新兴产业增加值占GDP比重（%）	30	37.8
	先进制造业占规模以上工业增加值比重（%）	70.4	83
经济效率和密度	人均GDP（万元/人）	12.68	18.96
	地均GDP（亿元/平方公里）	6.5	12.1
经济增长动力	全社会研发投入占GDP的比重（%）	3.67	4.2
	万人有效发明专利拥有量（件）	50	107.63
经济可持续性	万元GDP水耗（立方米）	15	8.4
	万元GDP综合能耗（吨标准煤）	0.45	0.24

资料来源：深圳市统计局。

二　经济高质量发展的理性观察

深圳是全国经济中心城市，也是全国较早聚焦经济高质量发展的地区。2010年以来，深圳将落实中央要求与自身发展实际相结合，率先提出并始终坚持走质量型发展道路，紧扣创新发展、协调发展、绿色发展、开放发展、共享发展五大理念，出台实施了供给侧结构性改革等一系列针对性强的政策举措，经济发展质量居全国城市前列。那么如何评价高质量发展，特别是经济高质量发展呢？

从广义角度看，经济发展质量是指一个国家或地区经济活动在资源配置、满足社会需要以及经济社会协调发展方面的优劣程度，包括经济发展是否有效率，经济发展是否可持续，经济发展是否具有创新性，以及经济结构是否合理等。金碚、任保平认为经济高质量发展是创新、协调、绿色、开放、共享的新发展，是经济发展方式、结构和动力的高水平状态。周振华则认为经济高质量发展是与一定高技术条件相适应的高质量要素投入、高质量要素配置、高质量产出供给，以及高质量流通、分配和消费的配套，是基于大道转换的能级跃升、基于培育新增长点的结构性变革、基于经济系统的根本性改造。

党的十九大报告指出，中国经济已由高速增长阶段转向高质量发展阶段，正处在转变发展方式、优化经济结构、转换增长动力的攻关期，必须坚持质量第一、效益优先，以供给侧结构性改革为主线，推动经济发展质量变革、效率变革、动力变革，提高全要素生产率。世界先进国家和地区迈向发达经济体的过程，通常都伴随发展方式的深刻转变和发展质量的同步提升。这种转变和提升，包括发展理念和发展路径的创新、经济效益和经济结构的提升、资源消耗和环境影响的降低、民生福利和居民生活的改善等。

经济发展质量的内容是动态的、多维的和丰富的，高质量发展的评估需要一套综合评价体系，任何单一指标都无法对经济发展质量作出科学的评判。深圳市社会科学院课题组在借鉴中国转变经济发展方式评价指数、"效益深圳"统计指标体系等评价体系的基础上，尝试构建了一套经济高质量发展的评价指标体系，力求把握高质量发展的核心内涵和内在要求，突出时代特性，具体涵盖经济发展有效性、协调性、创新性、共享性和可持续性等五个维度，分别反映经济增长的效率、经济结构的优化、创新驱动的水平、经济发展的社会结果和生态结果等五大方面（施洁，2019）。

其中，有效性反映经济资源利用的效率。包括人均GDP、地均GDP、固定资产投资效果系数。该分项指数值高低反映了一个地区的整体发展水平和经济资源利用效率的高低。协调性反映经济结构优化的效果。包括总需求结构、消费结构、外贸结构、投资结构、产业结构，该分项指标值高低反映了经济结构朝着更加平衡和合理方向优化的程度。创新性，反映创新驱动发展的水平。包括创新投入、创新产出和创新效率的多维指标，该分项指数值高低反映了创新的质量和水平，它是高质量发展的动力和根本保障。共享性，反映经济发展的社会结果。包括分配状况、收入增长状况、住房教育医疗卫生等民生保障多维指标，该分项指数值高低反映了经济成果为社会所共享的水平。可持续性，反映经济发展的生态结果。包括表征资源能源绿色高效利用，生态环保、环境友好的发展结果等多维指标，该分项指数值高低反映了高质量发展的绿色成果（见表3-7）。

表3-7　　　　深圳经济高质量发展评价指标体系

一级评价指标	二级评价指标	编号	三级评价指标	单位	性质
经济高质量发展总指数	有效性	1	人均GDP	万元	+
		2	地均GDP	亿元/平方公里	+
		3	固定资产投资效果系数	—	+
	协调性	4	居民消费支出占GDP比重	%	*（+）
		5	居民教育文化娱乐消费支出占比	%	*（+）
		6	服务业增加值占GDP比重	%	*（+）
		7	高技术制造业产值占规上工业总产值比重	%	+
		8	一般贸易出口额占出口总额比重	%	+
		9	民间固定资产投资占固定资产投资的比重	%	*（+）
	创新性	10	全社会研发经费投入强度	%	+
		11	每万就业人员R&D人员全时当量	人年/万人	+
		12	PCT国际专利申请量	件	+
		13	技术合同成交额/国内生产总值	%	+
		14	研发经费专利产出效率	件/亿元	+
		15	研发人员专利产出效率	件/千人年	+

一级评价指标	二级评价指标	编号	三级评价指标	单位	性质
经济高质量发展总指数	共享性	16	劳动者报酬占地区 GDP 比重	%	*（+）
		17	平均预期寿命	年	+
		18	（财政性）教育投入占财政一般预算支出比重	%	*（+）
		19	医疗卫生投入占财政一般预算支出比重	%	*（+）
		20	房价收入比	—	*（-）
	可持续性	21	万元 GDP 能耗	吨标准煤/万元	-
		22	万元 GDP 水耗**	立方米/万元	-
		23	单位产出工业固体废物产生量	吨/亿元	-
		24	单位产出工业二氧化硫排放量	吨/亿元	-
		25	可吸入颗粒物年平均值	毫克/立方米	-

注：指标性质，"+"为正向指标；"-"为逆向指标；"*"为适度指标，因其最新估值不好确定，目前暂按正（逆）向指标处理。带**指标，受限于数据可得，没有包括在城市比较指标体系中。

从纵向发展情况看，实证结果显示深圳经济高质量发展总指数从 2006 年的 48.9 提升到 2017 年的 87.0，年均增长达 5%；且总指数在 2010 年发生了转折式上升，整体高质量发展水平进步明显（见表 3-8）。从主要城市横向比较来看，2016 年北京的经济高质量发展指数得分 81.1，在六个城市中居为首，其后依次为深圳、上海、广州、天津、重庆（见表 3-9）。

表 3-8　深圳经济高质量发展总指数和各分项指数变化

年份 指数	2006	2007	2008	2009	2010	2011	2012	2013	2014	2015	2016	2017
高质量发展总指数	48.9	53.2	57.8	59.9	67.2	72.6	77.8	79.6	81.0	81.4	85.4	87.0
有效性指数	53.9	58.4	58.6	45.6	66.6	74.5	71.9	76.8	75.2	76.0	81.0	90.1

续表

年份\指数	2006	2007	2008	2009	2010	2011	2012	2013	2014	2015	2016	2017
协调性指数	50.8	56.7	59.3	62.3	71.5	71.2	75.7	77.1	83.7	85.5	84.6	80.0
创新性指数	40.8	43.3	55.8	60.4	66.3	71.0	75.6	75.0	74.1	82.6	91.3	91.9
共享性指数	55.6	61.8	61.3	70.2	66.6	70.5	84.6	87.3	83.7	70.0	72.1	74.5
可持续性指数	43.2	45.6	54.1	61.0	65.0	75.6	81.3	81.8	88.3	92.8	98.1	98.2

表3-9　深圳等六个城市经济高质量发展总指数变化情况

年份\城市	2006	2007	2008	2009	2010	2011	2012	2013	2014	2015	2016
北京	68.2	69.9	71.2	70.5	72.8	75.3	76.7	77.1	77.8	79.9	81.1
天津	57.3	59.5	61.9	60.9	62.9	64.9	65.9	65.5	66.9	67.9	69.2
上海	62.5	64.3	64.9	65.3	68.3	70.9	71.6	72.5	74.1	73.6	76.5
广州	62.2	65.5	65.9	67.1	67.4	71.2	71.4	74.3	73.5	75.1	76.4
深圳	65.1	67.6	69.1	69.6	72.9	75.8	78.1	78.9	78.7	77.1	79.8
重庆	54.4	55.8	57.6	57.5	57.9	58.8	60.7	59.9	61.2	63.2	65.3

注：由于经济高质量发展指数是一个相对指标，深圳的指数在横向比较时与纵向比较时数值并不相同。

第七节　构建完善的现代化经济体系

建设现代化经济体系是习近平新时代中国特色社会主义思想的重要内容，是党中央基于中国特色社会主义进入新时代，中国经济已由高速增长阶段转向高质量发展阶段，处于跨越转变发展方式、优化经济结构、转换增长动力关口的关键期，作出的建设社会主义现代化强国的战略部署。深圳作为改革开放的排头兵，全面贯彻落实习近平总书记要求广东"四个走在全国前列"的重要批示精神，在建设现代化经济体系上大胆实践、先行一步，奋力走在全国最前列。

一　克服困难全力发展实体经济

2019年2月21日，深圳市南山区15家重点企业组成联合体，以 9.86 亿元人民币的成交价成功竞得位于南山区留仙洞战略性新兴产业基地的一块 1.1 万平方米的地块，成为深圳首个正式落地的企业总部"联合上楼"项目。此次组成联合体的 15 家企业中，上市公司 12 家。按照计划，这里将矗立起一座总建筑面积达 18.4 万平方米、高约 300 米的超高建筑，在建成后 5 年内有望带来百亿元税收贡献。空间不足是摆在南山区面前的最大挑战。针对辖区上市企业数量众多、成长性好且大多没有自有物业的特点，南山区明确把企业"联合建楼"作为重点改革任务，着重解决一批上市公司和优质重点企业的总部和研发用地问题。根据计划，2019 年南山区将推进 3—5 个企业联合总部大厦项目。

2019 年 7 月 18 日，深圳市在光明科学城召开"加快国土空间提质增效、实现高质量可持续发展"十大专项行动工作会议暨土地整备攻坚现场会，光明区就科学城的土地整备拆迁做了典型发言。光明科学城启动区土地整备项目是深圳市近年来体量最大的土地整备项目，整备面积达 182 万平方米。自 2019 年 3 月 1 日启动签约，光明科学城仅用 22 天就完成了全部 527 户的签约任务，28 天就完成了腾空交房任务，创造了土地整备的新"深圳速度"。在光明科学城项目指挥部，有一幅醒目的标语——"不为困难找理由，只为成功找方法。"这个建在铁皮房里的指挥部，2000 多平方米密密麻麻地摆着数百张桌椅，高峰时期有近 500 人集中办公，常常是凌晨时分灯光通明。条件简陋的指挥部，俨然是一个磨炼干部、淬炼作风的"练兵场"，特区建设初期的闯劲和热情跃然纸上。

这两则看似没有直接关联的新闻报道，实则指向同一个问题，即深圳实体经济发展所需的土地空间。论城市面积，深圳远不如北京、上海、广州等城市，关键是要不断提高人均产出、地均产出，实现经济高质量发展。在有限的城市空间紧约束下，深圳企业联合上楼、土地整备攻坚的举措也由此被逼出来了。根据深圳市规划和自然资源局发布的信息，深圳全市拥有国有储备土地约 204 平方公里，其中可建设用地约 31 平方公里，同时梳理出有潜力的低效用地约 300 平方公里，深圳国土空间挖潜的空间还很大。

习近平总书记强调："实体经济是一国经济的立身之本，是财富创造的根本源泉，是国家强盛的重要支柱。"只有大力发展实体经济，加快发展先进制造业，推动互联网、大数据、人工智能同实体经济深度融合，推动资源要素向实体经济集聚、政策措施向实体经济倾斜、工作力量向实体经济加强，不断筑牢现代化经济体系的坚实基础。当前，深圳实体经济正面临营商成本高企的新难题，处在"高位过坎"的关键阶段。深圳市主要领导在多种场合反复提到实体经济的重要性，强调要"扭住实体经济不放松""切实筑牢实体经济发展根基""积极服务实体经济发展"。

为避免产业空心化，深圳近年来提出坚定不移发展制造业，合理规划工业尤其是制造业在国民经济中的份额，坚决守住"30%"国际警戒线。针对企业用地难的问题，深圳出台了《深圳市工业区块线管理办法》（2018年），力图通过法律法规的形式规范工业区块线，以长效机制引导土地空间资源向实体经济集聚。工业区块线是指经深圳市政府批准公布的工业区块范围界线，全市区块线总规模原则上不少于270平方公里。根据管理办法，深圳各区区块线内的工业用地面积不得低于辖区区块线总用地面积的60%；单个区块线内的工业用地面积，原则上不低于该区块总用地面积的60%。除了保障企业用地，深圳还推出了《深圳市关于进一步降低实体经济企业成本的若干措施》（2017年）、《关于更大力度支持民营经济发展的若干措施》（2018年）等一系列举措，着力降低制度性交易成本，切实降低用地用工用能物流通信等要素成本，合理减轻税费负担，千方百计帮助实体经济企业降本减负。

二 构建有国际竞争力的现代产业体系

2008年，受国际金融危机影响，中国经济运行中的困难增加，经济下行压力加大，企业经营困难增多。时任国务院总理温家宝同志在深圳视察时指出："面对当前这场金融危机的冲击，在整个珠江三角洲企业生产经营普遍比较困难的时候，深圳为什么相对要好一些？就是因为产业升级抓得早，自主创新抓得早。"同样是在2008年，中国国家发改委正式批复同意深圳创建国家创新型城市的总体设想，要求深圳创建创新体系健全、创新要素集聚、创新效率高、经济社会效益好、辐射引领作用强的国家创新型城市。

经济特区建立以来，深圳始终坚持"产业第一"的发展战略，紧紧抓住世界产业转移的历史机遇，在短短的40年中，跨越了三大台阶：从1980年经济特区建立到1992年邓小平同志发表南方谈话，深圳基本完成了从传统的农业经济和特区建立初期的商贸经济向工业化的转变，建立起粗具规模的工业体系；从1992年提出大力发展高新技术产业战略到2008年深圳逐步构建起高新技术、现代金融、现代物流、文化创意四大支柱产业，开始取得与国内一流城市在产业发展上同台竞演的话语权；从2008年国际金融危机后，深圳全力推进产业结构的升级和优化，率先布局发展新一代信息技术、高端装备制造、绿色低碳、生物医药、数字经济、新材料、海洋经济等战略性新兴产业，形成了以战略性新兴产业为主引擎的梯次型现代产业体系。

从2009年开始，深圳出台了一系列支持战略性新兴产业发展的规划和配套政策。六年间（2009—2015年）先后编制《深圳生物产业振兴发展规划（2009—2015年）》《深圳新一代信息技术产业振兴发展规划（2011—2015年）》《深圳市机器人、可穿戴设备和智能装备产业发展规划（2014—2020年）》等11个战略性新兴产业发展规划，划定了南山高新区、龙岗坂雪岗科技城、大鹏坝光国际生物谷、宝安空港新城等17个重点发展片区。在制定全国首部创新型城市总体规划（2009年）、出台国家自主创新示范区规划（2015年）等系列规划政策的基础上，2016年深圳又结合供给侧结构性改革，聚焦创新驱动关键环节，出台促进科技创新（62条）、提升企业竞争力（37条）、人才优先发展（81条）、完善人才住房制度（25条）和加快高等教育发展（30条）等一揽子政策，形成了一整套比较完善的创新政策体系，推出了一系列含金量高的政策措施，2013—2016年国家高新技术企业培育计划入库企业累计享受减税159.93亿元。[1]

随着新一代信息技术、高端装备制造、绿色低碳、生物医药、

---

[1] 《深圳市科技计划管理改革方案》，2019年7月。

数字经济、新材料、海洋经济等战略性新兴产业的集聚发展，深圳的经济发展方式也经历了深刻变化。从发展规模来看，战略性新兴产业增加值从2009年的2265.64亿元，提高到2015年的7205.40亿元和2018年的9155.18亿元，增加值规模实现高位攀升。从对经济增长的贡献来看，战略性新兴产业增加值占全市GDP的比重则从2009年的26.7%，提升至2015年的40.0%和2018年的37.8%[①]，成为深圳经济发展的主引擎。从内部结构来看，新一代信息技术占全市战略性新兴产业半壁江山（52.1%），之后依次为数字经济占13.6%、高端装备制造占11.6%、绿色低碳占10.8%、海洋经济占4.6%、新材料占4.0%、生物医药占3.3%（见表3-10）。

表3-10 深圳战略性新兴产业增加值的结构（2018年）

指标名称	增加值（亿元）	比重（%）
新一代信息技术	4772.02	52.1
数字经济	1240.73	13.6
高端装备制造	1065.82	11.6
绿色低碳	990.73	10.8
海洋经济	421.69	4.6
新材料	365.61	4.0
生物医药	298.58	3.3
合计	9155.18	100

资料来源：深圳市统计局。

战略性新兴产业蓬勃发展的背后是一批具有国际竞争力的创新型企业。新一代信息技术产业的典型代表有华为、中兴；数字经济产业的典型代表有腾讯；新能源产业和新材料产业的典型代表有比

---

① 2018年起，深圳战略性新兴产业的分类参照《战略性新兴产业分类（2018）》（国家统计局令第23号）做了重新调整，相关数据与2017年不可比。

亚迪等。此外，还有一批"瞪羚型"企业逐步成长为行业冠军、独角兽，如成立于2006年的大疆创新，依靠自主创新技术，成为全球领先的无人机研发和制造商，消费级无人机占据全球70%以上的市场份额；成立于2012年的柔宇科技，自主研发出0.01毫米全球最薄彩色柔性显示屏，被誉为21世纪最具颠覆性和代表性的电子信息革命者之一；成立于2012年的优必选，与清华大学联合建立智能服务机器人实验室，致力于打造"硬件+软件+服务+内容"机器人生态圈，成为全球首家跻身人形机器人高成长性的企业。毫不夸张地说，深圳战略性新兴产业在推动产业转型升级、科技创新等方面已经取得显著成就，相关细分领域正从"跟跑""并跑"向"领跑"转变，国际竞争力不断扩升。①

三　金融中心为经济现代化提供强力支撑

经济特区成立之前，深圳金融业基础十分薄弱，仅有人民银行、农业银行、建设深圳支行等少数银行网点，证券保险业更是一片空白。经过40年的发展，深圳金融业从小到大、从弱到强，取得了举世瞩目的成就，已成为中国内地三大金融中心之一。截至2018年，深圳金融业实现增加值3067.21亿元，占GDP比重达17.2%（见表3-11），金融机构（含外资）本外币存款余额7.26万亿元，金融机构（含外资）本外币贷款余额5.25万亿元，均居内地城市第三位，全市持牌金融机构总数达465家，是全国创业投资最发达的地区。金融业实现税收（不含海关代征和证券交易印花税）1314.8亿元，占全市总税收的22.37%，超过制造业成为全市纳税第一的产业。在2019年3月英国智库Z/yen集团与中国（深圳）综合开发研究院联合发布的新一期"全球金融中心指数"排名中，深圳排在第14位，在内地城市中仅次于上海和北京。全国金融中心地位的形成，为深圳加快建设现代化经济体、进一步向创新引领型全球城市迈进提供了强有力的金融支撑。

---

① 周岚：《从战略性新兴产业看深圳改革创新之路》，载《深圳经济发展报告（2019）》，社会科学文献出版社2019年版。

表 3-11　　深圳金融业增加值占 GDP 比重（1979—2018 年）

年份	金融业增加值（亿元）	金融业增加值占 GDP 比重（%）	年份	金融业增加值（亿元）	金融业增加值占 GDP 比重（%）
1979	0.19	8.1	1999	196.5	10.9
1980	0.23	8.6	2000	221.54	10.1
1981	0.39	7.8	2001	239.32	9.6
1982	0.63	7.6	2002	248.72	8.4
1983	1.12	8.5	2003	262.08	7.3
1984	2.29	9.8	2004	273.08	6.3
1985	4.65	11.9	2005	305.68	6.1
1986	5.06	12.1	2006	462.67	7.8
1987	6.3	11.3	2007	765.7	11.1
1988	11.95	13.7	2008	969.36	12.2
1989	15.09	13	2009	1110.62	13
1990	24.02	14	2010	1300.58	13.2
1991	26.69	11.3	2011	1563.63	13.3
1992	33.25	10.5	2012	1721.12	12.9
1993	40.59	8.9	2013	1951	13
1994	59.63	9.4	2014	2194.93	13.3
1995	88.79	10.5	2015	2501.57	13.9
1996	111.84	10.7	2016	2810.73	14
1997	156.25	12	2017	3059.98	13.6
1998	180.97	11.8	2018	3067.21	17.2

资料来源：深圳市统计局。

说到金融对科技的助推作用，绕不开"创业投资"（英文"venture capital"，也译为"风险投资"）。创业投资是一种向创业企业进行股权投资，以期获得资本增值收益的投资方式，在创新生态系统中扮演着资金提供者和资源连接者的角色。国外高新技术产业发展历程，无一不是在初创期利用创业投资实现技术与资本融合，推动技术创新，实现高新技术企业快速发展。20 世纪 90 年代，创业投资在中国社会还只是一个时尚的舶来词。1999 年，深圳市政府出资并引导社会资本出资设立深圳市创新投资集团有限公司（以下简称"深圳创新投"）。成立创新投源于时任深圳市长李子彬同志的设想。当时，深圳提出要把发展高新技术产业作为战略性支柱产业。李子彬认为，高技术产业与创业投资的关系可以比喻为"鱼儿离不开水"。高新技术产业与风险投资是相互依赖、相互促进和相互制约的辩证统一的关系，只有两者相互结合才能带来经济效益，相互分开会成为孤立的个体，难以长久地良性循环发展。因此，深圳市有了成立创新投的考虑。[①]

创业投资在90年代的中国是一种全新投融资模式，深圳创新投由此扛起了探索中国本土创业投资发展规律的大旗。创新投在成立之初的三年间，就投资了77个高新技术项目，总投资金额达8.7亿元人民币。公司的注册资本也从成立之初的7亿元增至16亿元，可投资能力超过30亿元。受2000年深交所停发新股等因素的影响，2001—2004年深圳创新投曾陷入发展困境。随着中国证监会于2005年宣布启动股权分置改革试点，特别是2009年深交所创业板开通后，深圳创新投的发展可谓一日千里。截至2019年7月底，深圳创新投资企业数量、投资企业上市数量均居国内创投行业第一位：已投资项目1016个，累计投资金额约452亿元，其中150家投资企业分别在全球16个资本市场上市，252个项目已退出（含IPO），助推了潍柴动力、酷狗音乐（腾讯音乐）、欧菲光、迈瑞医疗、信维通信、中新赛克、宁德时代、网宿科技、环球易购（跨境通）、多氟多、御家汇、柔宇科技、康方生物等众多明星企业的成长。[②]

金融和科技的共振在创新实力最强的深圳南山区得到了充分的展现。近年来，南山区推出了一系列创新金融政策安排，建立了"南山科技金融在线平台"，在全市率先推出孵化贷、成长贷、集合发债、集合担保信贷、知识产权质押贷、研发贷、科技保理贷、上

---

① 靳海涛：《深创投支持深圳高新技术企业发展回顾》，载深圳市政协文化史和学习委员会主编《深圳四大支柱产业的崛起：高新技术分册》，中国文史出版社2010年版。

② 参见深圳创新投的官网简介（http://www.szvc.com.cn/main/aboutUs/companyIntroduce/index.shtml）。

市促进贷等丰富的科技金融产品，推动形成"政企联动、银保联动、投贷联动"的科技金融生态圈，促进金融与科技创新精准对接，全方位保障科技企业融资需求。根据《2018年度深圳市南山区科技金融发展白皮书》，2017年各金融机构合计在南山区发放科技金融贷款713笔，放款金额42.51亿元。截至2018年9月，南山科技金融平台已为区内2290家科技企业争取到133亿元的银行贷款。又如，南山区专门成立了区属产业引导基金，注册资本160亿元，以"双创天使+PE"基金为抓手，专注于种子期、初创期的优质创新创业项目，帮助创业企业解决融资难题。截至2017年底，已投资基金29只，出资金额65亿元，撬动了918亿元社会基金规模，撬动比例达到14.1倍，初步形成贯穿企业全生命周期的股权投资基金体系。通过完善科技金融生态，深圳让创新成为有源之水，不断孵化新的成果，为经济现代化发展提供了充沛动力。

第四章　营造和谐活力的现代城市社会

　　来了就是深圳人。超大城市中最宽松的入户政策和最包容的公共服务，造就了城市化历史上最大规模的城市新移民群体，相当多的草根劳动者在深圳实现了职业发展和阶层提升，奠定了社会现代化的人口基础。通过积分制和居住证梯度赋权等制度安排，深圳构建了较为灵活的身份和社会待遇市民化的机制。共建共治共享社会治理格局的构建，保障了深圳城市社会的和谐与活力。

　　40年前，深圳作为首个经济特区成立，经济现代化是深圳现代化的起点和突破口。40年来深圳经历了翻天覆地的变化，从边陲小镇崛起为超大型都市，创造了一个又一个经济奇迹。然而，深圳社会领域的发展远远滞后于经济的发展，经济与社会"一条腿长、一条腿短"的问题在特区发展早期尤为突出。从医疗到教育，从公共安全到社会服务，深圳社会建设的短板非常明显。倘若社会建设一直落后，那必将制约深圳的经济发展，会限制人才引进，会削弱创新能力。因此，在特区成立30年时，有人说，特区前30年重视经济建设，后30年要加快社会建设。

　　社会现代化是从经济现代化引发的社会协调发展的过程。社会阶层和社会结构变化，社会流动速度加快，社会组织高度发达，社会福利普遍供给，是社会现代化的普遍特征。进入21世纪，在大力发展经济的同时，深圳直面社会领域的短板和问题，快马直追，在社会现代化的多个层面积极探索，提供范例。深圳通过入户制度和梯度赋权，形成了包容性发展的社会形态，初步构建了橄榄型社会结构；通过加大民生领域的财政投入，多方面引入外部资源，增加有效供给，不断满足人民群众日益增长的公共服务需求；通过发展社会组织，发挥社会力量的作用，形成多元参与的共建共治共享的社会治理格局。

深圳经济的腾飞，让这座城市先富起来；深圳社会建设的行动，让这座城市的每一位市民，都可以成为城市的主人，可以共享经济增长的成果，拥有平等的社会权利，接受均衡的公共服务。以民为本、共同富裕、公平正义，这都是中国特色社会主义的基本特征。"幼有善育、学有优教、劳有厚得、病有良医、老有颐养、住有宜居、弱有众扶"，这些是中国特色社会主义先行示范区民生幸福标杆的核心要义，也是深圳社会建设的目标。构建优质均衡的公共服务体系，建成全覆盖可持续的社会保障体系，深圳一直在努力。

第一节 构建橄榄型社会结构

党的十九大报告中，在对2035年基本实现社会主义现代化的目标进行描述时，明确提出"中等收入群体比例明显提高"的目标要求。扩大中等收入群体比例，体现了党中央对中国社会结构理论认识的深化。清华大学的李强教授指出，橄榄型社会又叫纺锤型社会，"两头小，中间大"，是指社会分层结构中极高收入和极低收入群体的比例都很小，是以中等收入群体为主体的社会，橄榄型社会因其更为稳定的优点，成为中国社会转型的考虑。一般来说，教育程度、经济收入和政治态度是界定中产阶层的主要指标。[1] 根据吴贵峰对1988年到2009年深圳家庭情况的统计分析，深圳中产阶级家庭规模的比重在这22年间快速增长，从1988年中产阶级占比6%上升到2009年的76.34%，中产阶层家庭规模比重增加了70.34%[2]。

---

[1] 何祎金、朱迪：《当代"新中产阶层"研究：概念、发展及趋势》，《青年探索》2019年第2期。

[2] 吴贵峰：《深圳市中产阶层家庭规模与中产阶层家庭户主人口结构特征分析》，《南方人口》2013年第5期。

一 最大规模的移民群体

伴随深圳的快速发展，深圳人口规模迅速扩大。1979年，深圳市常住人口总量仅有31万人；到2017年，深圳常住人口已经发展到1253万人，增长了40倍（见图4-1）。城市人口的增长包括人口自然增长和人口机械增长两种类型，深圳的人口增长是典型的机械增长，即依赖城市化过程的人口增长。据统计，2017年，深圳人口增加61.99万人，位居全国各大城市之首。[①] 在某种程度上，这可以看出深圳对老百姓的吸引力。

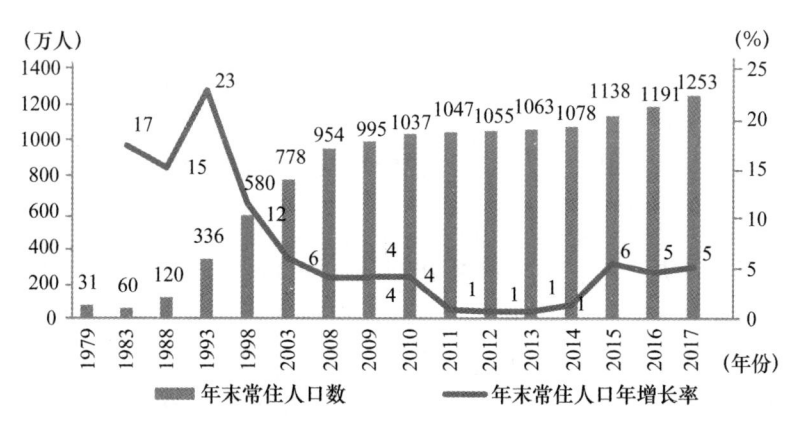

图4-1 1979—2017年深圳常住人口总量及其增长率

资料来源：根据历年《深圳统计年鉴》整理。

从30多年间深圳市户籍人口发展变化情况来看，伴随户籍迁移政策的持续放松，户籍人口规模在迅速扩大，且以机械增长为主。30多年间人口总量增加近10倍，从1979年末的31万人增至2013年末的435万人，净增长404万人。受相关户籍政策和入户指标的限制，来深圳户籍人口规模增长幅度一直比较平稳，基本保持在6%—9%的增长幅度。从增长幅度来看，2013后，每年户籍人口增长20万人以上，特别是2017年比2016年增长了50万人以上。这

---

① 《2017年中国常住人口流入量最多的十个城市，人口是重要的资源》，https://baijiahao.baidu.com/s?id=1597231677624058501&wfr=spider&for=pc。

表明，深圳户籍人口已经进入高速增长期（见图4-2）。

同时，根据图4-2—图4-4对比，可以明显看出，在改革开放初期，深圳的非户籍人口快速增长。到1998年时，深圳户籍与非户籍的人口比例大致相当，但非户籍人口增长率高于户籍人口，使非户籍人口的比重不断提高，逐渐呈现户籍与非户籍"人口倒挂"的现象。在2003年之后非户籍人口的增长率低于户籍人口，即非户籍人口的增速放缓，甚至在2011年到2014年，非户籍人口数量呈现负增长。2005年，深圳市政府出台了人口管理"1+5"文件，进一步降低了入户门槛，拓宽了入户渠道，带动了户籍人口加快增长。由此，一方面户籍人口持续快速增长，另一方面非户籍人口增速放缓，这使得户籍人口在常住人口中的比例逐渐加大，到2017年，户籍人口占常住人口比例升至34.7%，每三个深圳人中就有一名户籍人口，深圳"人口倒挂"的现象得以缓解。按照户籍人口每年50万的增长量，再过十年，户籍人口数量有望超过非户籍人口，这一过程就是深圳老百姓身份市民化的过程。

图4-2 1979—2017年深圳常住户籍人口总量及其增长率

资料来源：根据历年《深圳统计年鉴》整理。

户籍人口比例的上升与深圳放宽入户条件、扩大户籍人口规模的规定息息相关。2016年，深圳颁布了《深圳市户籍迁入若干规定》（深府〔2016〕59号，以下简称《户籍规定》），优化了人才引进迁户政策：达到一定学历或技术技能条件的人才，可以直接入户。放宽了投靠类迁户政策，配偶投靠入户政策分居时间要求由满

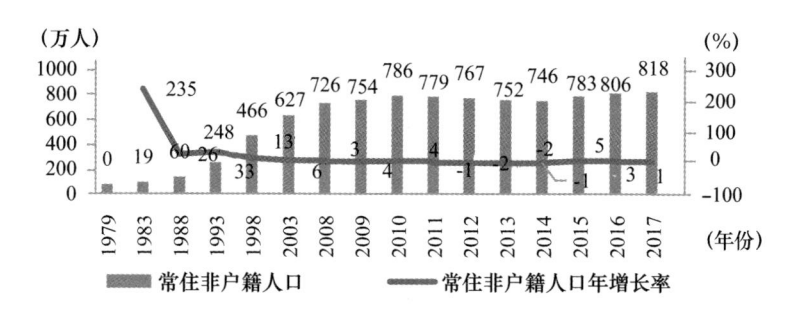

150 深圳密码：迈向社会主义现代化强国的城市范例

图 4-3　1979—2017 年深圳常住非户籍人口总量及其增长率

资料来源：根据历年《深圳统计年鉴》整理。

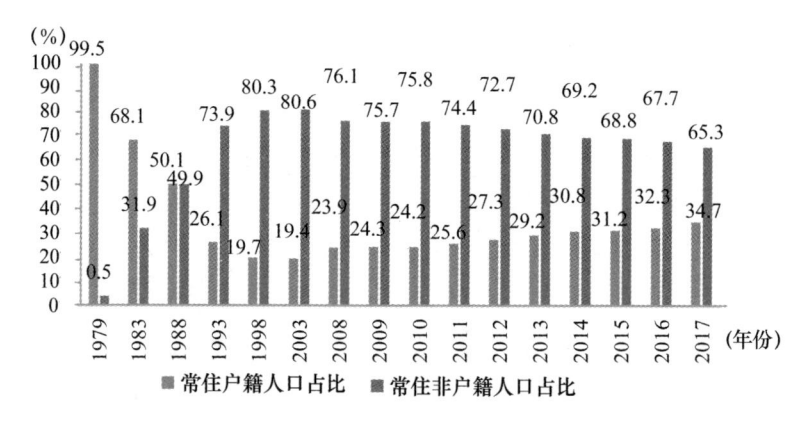

图 4-4　1979—2017 年深圳常住户籍与非户籍人口比例变化

资料来源：根据历年《深圳统计年鉴》整理。

三年放宽至满两年；取消老人投靠入户政策中多子女投靠人入户"就小不就大、就近不就远"的条件限制，被投靠人入深户时间满 8 年可申请随迁。开辟了新的积分制入户通道，解决了有居住证且有合法稳定就业和住所的存量人口的入户问题。

来深几年的刘家双胞胎兄弟，经过自己的努力，充分享受到了深圳入户政策的利好。刘家兄弟初中毕业，在深圳开了一家文具店，已经缴纳社保多年。2016 年，他们在业余时间考取了高级助理物流师，达到了人才引进的入户条件，递交了入户申请。资料交期后，一周左右就收到了原户口所在地的注销信息，办理了新的入户手续和身份证。让两兄弟惊喜的是，他们报考高级助理物流师交了几千元的培训辅导费，等考试通过并拿到证书后，政府将所有学费返还给个人，相当于自己免费学习，免费考证，免费入户。

二 高学历人口规模扩大

李培林和张翼研究认为，教育水平方面，中专及大学本科以上的群体被定义为"教育中层"。[①] 从深圳人口普查的情况中可以看到，深圳人口的受教育程度逐步提升。从2010年到2015年，深圳市初中教育程度的人口比例从46.63%下降到35.90%，而大学（指大专及以上）教育程度占人口的比例从18.66%上升到24.46%（见图4-5）。[②] 也就是说，平均每四个深圳人中，就有一个拥有大学学历。如果把高中学历视为李培林和张翼所说的中专，那么2015年，深圳有超过一半的人口达到"教育中层"。这也表明，深圳人口实现了有质量的稳定增长，达到了规模和结构双优化。

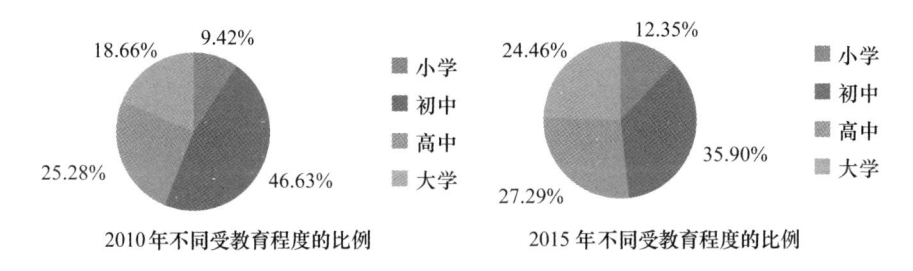

图4-5 2010年与2015年深圳人口受教育程度对比

资料来源：2010年全国人口普查数据与2015年人口抽样调查数据

深圳人口教育程度的提高与深圳的户籍政策、产业升级等均密不可分。2016年颁布的《深圳市户籍迁入若干规定》优化了人才

[①] 李培林、张翼：《中国中产阶级的规模、认同和社会态度》，《社会》2008年第2期。

[②] 2015年的数据来源于深圳市2015年全国1%人口抽样调查主要数据公报；2010年数据来源于第六次全国人口普查数据。该人口比例是调查6岁以上的人口受教育程度。其中小学教育程度的增加，与在读学生的数量增加有关。

引进迁户政策，人才引进迁户实行核准制，达到以下学历或技术技能条件的人才（1. 全日制统招本科及以上学历，且年龄在45周岁以下；2. 全日制统招大专学历，且年龄在35周岁以下；3. 具有高级技师职业资格，且年龄在45周岁以下；4. 具有技师职业资格，且年龄在40周岁以下；5. 具有高级职业资格，且在深圳市参加社会保险满3年以上、年龄在35周岁以下的人员）即可直接向有关部门申请入户，且不设指标数量限制，体现了人才优先的原则。同时，深圳的产业腾笼换鸟，转型升级，吸引了越来越多的高技术高学历人才流入深圳。

三　高收入群体占比上升

深圳人口结构的另一个变化是高收入群体的比例在总人口中的比例上升。根据《2018年深圳市人力资源市场工资指导价位》，行业工资指导价位中综合平均值为6413元/月，而13个职业里，平均值高于综合值的有7个行业，分别是建筑业（6564元/月），批发零售业（6579元/月），交通运输、仓储和邮政业（6909元/月），信息传输、软件和信息技术服务业（10532元/月），金融业（7900元/月），科学研究、技术服务业（7464元/月），卫生和社会工作行业（10751元/月）。由于建筑业、批发零售业、交通运输仓储业3个行业是劳动密集型行业，且是7个行业中收入较低者，故暂不计入高收入人群中。

将2013—2017年的信息传输、软件和信息技术服务业，金融业，科学研究、技术服务业，卫生和社会工作行业的从业人数与当年在岗职工数对比，计算这四个行业占在岗职工人员的比例，可以发现，四个行业的总人数占在岗职工人员的比例从7.8%上升至10.0%，其中，特别是信息传输、软件和信息技术服务业的人员比例上升明显，从2.8%上升至4.1%，上升了1.3个百分点（见表4-1）。

表 4-1　2013—2017 年深圳市在岗职工中高收入行业从业人员情况

年份	在岗职工（万人）	在岗职工中高收入人群情况								
		金融业		信息传输、软件和信息技术服务业		科学研究、技术服务业		卫生和社会工作业		高收入人群合计	
		人数（人）	占在岗职工人员比例（后同）	人数（人）	比例	人数（人）	比例	人数（人）	比例	人数（人）	占在岗职工人员比例
2013	445.84	89399	2.0%	124536	2.8%	77713	1.7%	58004	1.3%	349652	7.8%
2014	448.93	90039	2.0%	127530	2.8%	76949	1.7%	60797	1.4%	355815	7.9%
2015	447.41	95899	2.1%	129742	2.9%	85535	1.9%	59370	1.3%	370546	8.3%
2016	442.55	98271	2.2%	179277	4.1%	92391	2.1%	59874	1.4%	429813	9.7%
2017	447.32	95201	2.1%	185320	4.1%	100916	2.3%	66014	1.5%	447451	10.0%

高收入群体占在岗职工人员的比例逐步上升，是从就业角度反映了深圳人口结构的变化。就业人口结构的变化背后又是产业结构的变化，可以看到深圳的高新技术产业、金融业等逐步扩大，吸纳了越来越多的就业人口，逐步进行产业转型和升级。

第二节　维护和实现公民的社会权利

工作权、受教育权、健康权、社会保障权等权利，都是联合国《国际人权公约》中所赋予公民的基本权利。深圳开放包容的胸襟，让全市居民都可以平等地享有各种基本权利。深圳在扩大户籍人口规模，实现外来人口身份上的市民化的同时，通过居住证梯度赋权等机制，努力实现非户籍人口社会权利上的市民化。深圳是全中国最让非户籍人口感觉自己不是外地人的城市，因为非户籍与户籍的差异并没有其他特大城市那样明显，在这里，老百姓实现了权利的市民化。

2008年，深圳出台《深圳市居住证暂行办法》，在全国率先实行了流动人口居住证管理制度，暂住证制度正式退出历史舞台。深圳居住证制度的实施，为全国通过居住证梯度赋权制度推进外来人口市民化过程，提供了重要的经验。2014年，中共中央国务院印发的《国家新型城镇化规划（2014—2020年）》（中发〔2014〕4号）、国务院《关于进一步推进户籍制度改革的意见》（国发〔2014〕25号），均明确了居住证梯度赋权的政策。深圳市在贯彻落实党中央相关政策的基础上，结合过去的实施经验，于2015年6月颁布新版《深圳经济特区居住证条例》，明确区分了适用于资格（身份）赋权和积分（年限）赋权的两类不同性质的公共服务内容，在居住证梯度赋权制度方面先行先试，为全国贡献了深圳经验。居住证制度的实施，增强了外来人口对深圳的归属感和认同感，赋予居住证持有者在就业服务、医疗卫生、职业培训等基本公共服务事项上更多的市民待遇。

总体而言，深圳市居住证与户籍的权利差异，在国内各大城市中相对较小，深圳市居住证赋权相对比较充分。一方面，居住证持有人可直接享有与户籍居民同等的公共服务的权利。如居住证持有者可以享受子女就近入学政策，可申请公立学校学位；可办普通护照、港澳台通行证及签注；可办理车辆入户、驾照办理和年审；可办理老年优待证；可以个人购买"五险一金"；可享受与深户同样的保险赔付比例；可申请公共租赁住房；等等。另一方面，规定了积分（年限）与享受的公共服务相挂钩，持有人必须符合规定的居住年限，就业年限和社会保障参保年限，才可以享受相应的权益，同时达到规定年限的入户条件可以申请深圳户籍。积分制入户通道，为"居住+社保迁户"类型的居民提供了明确的入户积分标准，强化了居住证与深圳市户籍的关系，增加了居住证的含金量。

深圳居住证制度通过资格赋权和积分赋权，建立了居住证的梯度赋权制度，居住证持有者可以享受基本公共服务，积分的分值提高，逐步扩大居住证持有者所享受的公共服务的范围，符合责权对等的原则。推进居住证梯度赋权是一项系统工程，统筹考虑外来人口所需要的公共服务，优先解决义务教育、公共医疗、社会保障等涉及面广、关注度高的公共服务领域，保障来深工作人员的基本需求。同时，与户籍密切相关的最低生活保障、常规性社会救助、残疾人救助等福利，暂不面向居住证持有者，防止出现福利洼地。

深圳居住证的申领和签注条件中，关于"合法稳定职业"的证明，都是参加社会保险。可以说，社会保险是非户籍人口得到居住证的重要依据。也正因此，各类社会保险在深圳基本实现全覆盖，不同户籍人口基本实现无差异。养老保险政策向均等化目标迈进。从20世纪90年代起，深圳市养老保险的保障范围，从城镇居民向农村居民和外来务工人员拓展。2000年深圳市修订了《深圳经济特区企业员工基本养老保险条例》，除了户籍居民额外享受1%的地方补充养老保险外，取消了户籍非户籍职工缴费的差异，基本实现了养老保险的均等化。2006年，又对该条例进行了修订，放宽了外来务工人员的退休养老政策，维护了非户籍人口的养老保险权益。

再以与每个市民息息相关的医疗保险为例，深圳一直致力于构建全民医保体系。目前，深圳已经构建了基本医疗保险、地方补充医疗保险、重疾补充保险三层医疗保障体系，无论是单位职工，还是户籍或非户籍居民，抑或是在校在园的儿童，都已纳入医保体系。据统计，2016年8月，深圳基本医疗保险和地方补充医保参保人数达到1263.2万，同比增长5.9%。多层次的医保体系，缓解了因病致贫社会问题，提高了医疗保险保障水平。目前在深圳打工的小李，身体健康，原来一直没怎么在意社保卡的用处，直到去年在深圳生二胎，才深深感受到了社保卡的巨大好处。十年前，当她在县城老家的医院生大宝，孕产期的检查条件简陋，剖腹产花费12000元以上。而这次，在深圳，同样是剖腹产生二宝，却因为有了社保，十个月的孕产过程总共自费不到3000元。除此之外，因为有了社保，她还申请到了生育补助，领到了由社保局补助的100天左右的基本工资！

少儿医保是深圳全民医保体系的重要组成部分。无论户籍与否，在深圳的在园在校生都可以享受少儿医保，由学校统一参保代缴费，保障每位孩子都能按时、按期投保；取消计划生育证明，让只要符合参保条件的学生，都可享受财政的缴费补贴。2017—2018年度财政补贴标准为 450 元/年，本年度参保人实际只需缴费 268.08 元。

  深圳的医保不仅全覆盖，还不断从制度设计上实现人性化。深圳医保一档参保人个人账户可以绑定"家庭通道"，当个人账户积累额达到一定门槛，即超过本市上年度在岗职工年平均工资 5% 的，在门槛以上的部分，可以用于家庭共济。也就是说，职工医保个人账户历年结余资金可用于支付职工医保参保人员配偶、子女、父母的门诊医疗保障费用。这让身强力壮、极少生病的年轻人充分把社保卡的余钱灵活运用起来，解决了全家人的问题。

  在保障基本的医保已经实现全覆盖之后，深圳政府再考虑如何更大程度地减轻老百姓患病的后顾之忧。单靠政府的力量是不足的，医疗保险制度需要创新，需要与商业机构合作，实现多层次全方位的保障。2015 年，深圳市政府的民生实事之一就是推出特重大疾病补充医疗保险。这一制度覆盖到全市社会医疗保险参保人，户籍与非户籍无差异，采取自愿参保原则。在国内首创采用医保个账、商业机构、个人自费、福彩金、残保金支付的多渠道筹资模式。老百姓每人每年缴费 20 元，一旦遭遇重大疾病，参保人除去正常的医保报销后，还可以获得重疾险的赔偿，治疗负担大大减轻。2015 医保年度，重疾补充保险自愿参保人数 486 万，2016 医保年度重疾补充保险自愿参保人数 504 万。截至 2016 年 9 月，重疾补充保险已累计理赔 3.45 万人次，涉及参保人 1.26 万人，赔付总金额 1.47 亿元，其中对个人赔付的最高金额为 73.5 万元。

  除了社会保险领域的全覆盖，义务教育阶段的梯度赋权，可能是绝大部分居住证持有者所享受到的最大实惠。与全国其他特大城市相比，深圳义务教育的门槛无疑是全国一线城市中最低的，目前全市义务教育阶段学位的 72%、公办学位的 55% 提供给了非本市户籍学生，比例全国最高。[①] 降低入学门槛，让外来人员子女可以享受平等的教育权利，无疑是深圳在推进居住证梯度赋权和教育均衡化方面做出的最重要的贡献。

---

① 《改革点燃深圳教育发展引擎，实现教育跨越式发展的时代新篇章》，《羊城晚报》2018 年 12 月 26 日。

只有初中文化的老张在笋岗文具批发市场开了一个文具小店铺，孩子从小就在店铺里长大。虽然老张户籍还在老家，但他在办理营业执照时，工作人员就提醒他缴纳社保。转眼间，孩子要读小学了。他原本已经做好了要把孩子送回老家上学的准备，没想到按照学位申请要求一一准备资料后，孩子的积分竟然达到了周边公立小学的分数，顺利地入读了免费的公立学校，还是一所省一级重点小学。老张回老家逢人便说，真没想到，孩子能在深圳上免费的优质的公立小学。

深圳的教育政策，集中体现了深圳包容开放的城市品格，蕴含了政策制定者宽广的胸襟。深圳无差异化的入学政策要追溯到2005年，经过十几年的发展，已趋于完善。2005年，深圳出台《深圳市暂住人口子女接受义务教育管理办法》，从此，将非深户籍子女纳入深圳市义务教育范围，非深子女可以入读公立学校，如片区公立学校学位不足，则以购买服务的方式购买临近优质民办学校学位予以安排。入读民办学校的学生，可以获得财政的民办义务教育学位补贴，2017年，补贴标准由小学每生每年5000元提高至7000元，初中每生每年7000元提高至9000元。

从2013年开始，深圳在全市试行积分入学制度，各区统一规定积分标准计算，按照积分高低和志愿次序依次录取学生。积分中考虑了父母的房产情况、户籍情况、社保情况等。积分入学政策将学位申请变得公平化、透明化，从根本上打破了户籍与学位之间的障碍。2018年深圳市政府又出台《非深户籍人员子女接受义务教育管理办法》，进一步精简申请材料，降低非深户籍人员子女在深圳接受教育的门槛。符合条件的随迁子女考生可以入读包括公办普高在内的所有高中阶段学校。2018年，全市中考报名考生6.78万人，其中非深户籍考生占55%。[1] 同时，港澳籍子女也在2017年平等地获得了在深圳享受义务教育的权利。2017年有2963名港澳籍学童被安排到公办学校就读，就读人数全国第一，妥善解决了港澳籍儿

---

[1] 《改革点燃深圳教育发展引擎，实现教育跨越式发展的时代新篇章》，《羊城晚报》2018年12月26日。

童在深圳接受义务教育问题,①获得各方赞誉。

除了义务教育阶段的一视同仁,学前教育的补贴也无差别地发放给非户籍儿童。从 2012 年秋季学期开始,深圳实施"深圳儿童健康成长计划",对符合条件的 3—6 岁在园儿童提供"在园儿童健康成长补贴",补贴标准为每生每年 1500 元,其中 1300 元用于抵减在园儿童家长缴纳的部分保教费,200 元用于幼儿园统一组织的在园儿童免费体检、购买儿童读物及玩教具。无论户籍与否,所有在深入园的儿童均可享受这一补贴。2018 年,有超过 50 万的在园儿童顺利领到了补贴。

公共卫生服务也是基本无差异地面向所有常住人口。只要在深圳,就能享受 14 项免费的公共卫生服务!包括居民健康档案管理,0—6 岁儿童、孕产妇、老年人、慢性病、结核病患者健康管理,等等。特别值得一提的是,从 2019 年起,深圳市政府又将学生近视和脊柱侧弯筛查纳入民生实事,进校园免费筛查。近视筛查将面向全市幼儿园大班、学前班的儿童和中小学的学龄青少年,脊柱侧弯筛查则惠及全市 10—17 岁的在校中小学生。

甚至连人才房这样的住房保障,非户籍的人才都可以平等申请。曾经的"网红"县委书记、湖北省恩施州巴东县委书记陈行甲,辞职后到深圳开创公益事业。当笔者访谈他,问及会不会觉得深圳的生活成本高时,他说:"深圳的生活成本其实不高,刚开始我自己掏钱租房子,租了一年零一个月。后来我发现,我符合深圳的人才房的申请条件,我也没有找任何人,就在网上申请的人才房。我年龄大了,户口没有迁过来,但是因为我在这儿创办了公益组织,我的各种条件,学历、过去经历、做的事情等,就符合(人才房的申请)条件,所以我就在网上申报了人才房。大概只过了四个月就通知我去验房。验房当天有 600 多人,中间多数是企业的,其中也有少数社会组织的。我随手一抽,正南,32 楼,虽然只有 50 平方米,但是我两口子住,够了!把阳台门一打开,面朝大海。我说这就是深圳,这种房子怎么能拿来做人才房?在前海的海边,这有多值

---

① 《2017 年深圳教育工作总结》,深圳市教育局,2018 年 5 月 2 日。

钱!你看这就是深圳。这些事不可思议!没找人,不需要找人。"

社会救助这一类通常只针对户籍居民的政策,在深圳也向非户籍人口开先河。2010年,深圳市颁布了《深圳市低收入居民社会救助暂行办法》,规定了对非深户籍居民的临时救助措施,这也是深圳社会救助政策的一个突破。规定非深圳户籍居民申请临时救助应同时具备以下条件:(1)持有居住证;(2)申请前在深圳市连续工作生活一年以上;(3)申请前连续在深圳市缴纳社会保险费超过一年;(4)因重大疾病、突发意外造成困难。

上述多个公共服务领域的政策都表明了深圳户籍与非户籍的微小差异(见表4-2),彰显出深圳居住证的含金量。概括地说,按照《国家基本公共服务体系"十二五"规划》确定的基本公共服务范围,涉及深圳地方事权的服务共9个大项、65个小项。除了实施国家规定的公共服务项目外,深圳还自行实施了10项基本公共服务。比较深圳居住证与深圳户籍在享受这些公共服务方面的异同点,可以看出深圳如何通过居住证政策实现了梯度赋权。

表4-2 居住证与户籍在享受公共服务项目方面的差异

公共服务项目	居住证与户籍差异	仅户籍人口可享有的
义务教育入学	二者积分不同,各区具体政策略有差异	
基本医疗卫生服务(如预防接种、孕产妇保健、慢性病保健等)	无差异	
医疗保险	基本一致,缴纳档位略有差异	
人口和计划生育基本服务	基本一致	独生子女父母奖励、计划生育特殊家庭扶助和计划生育家庭奖励扶助
劳动就业公共服务	基本一致 且各区有针对外来务工人员的就业服务工作。政府用于外来务工人员的职业劳动技能培训奖金达到1亿元	

续表

公共服务项目	居住证与户籍差异	仅户籍人口可享有的
社会保障	职工基本养老保险、职工基本医疗保险、城镇居民基本医疗保险、失业保险、工伤保险和生育保险等6项一致	高龄老人津贴、城镇居民社会养老保险（针对非从业居民）
公共文化体育服务	无差别	
特定基本社会服务权益	有显著户籍差异	最低生活保障、居家养老服务补助、优待抚恤、重点优抚对象集中供养和退役军人安置
基本住房保障	符合条件的均可申请公共租赁住房轮候 符合条件的均可申请人才房	申请廉租住房
儿童青少年服务	基本一致 优惠乘车和免费接种疫苗全覆盖	非在校在园儿童的户籍儿童可办理少儿医保
老年人权利	有显著户籍差异 无论户籍，均可办理免费乘车证	敬老优待证（及相关服务）和社区居家养老服务
残疾人服务	有显著户籍差异	社会保险费补贴、基本医疗保障医疗康复项目、残疾人教育资助、残疾儿童抢救性康复、残疾人就业服务、残疾人特殊困难救济补助、肢体残疾人居家无障碍改造服务、残疾人住房保障优惠、残疾人辅助器具补贴、残疾人托养服务

第三节　践行民生财政

民生财政，并非严格的学术用语，而是随着政府越来越重视民生领域的支出而发展出来的一个概念。民生财政是指一国的全部财政支出中用于教育就业、医疗卫生、社保环保等领域的支出,占据较高比例的财政,在一定意义上民生财政是民生支出占财政支出的主体地位的财政。① 民生财政具有公益性、与人们生活的密切相关性、公平性、发展性等特点。

从世界范围看,先经济快速增长,积累一定的财政基础,再将财政支出更多地用于公共服务,是普遍现象。目前,各成熟发达国家基本形成了政府财政支出中以民生类公共支出占据主体的基本格局。以美国为例,1968年以前,在政府支出中,用于教育、就业、医疗卫生、社会保障、收入保障等社会性公共支出的比重基本处于35%以下,1971年超过40%,1974年超过50%,1995年超过60%,2002年已经超过了65%(见图4-6)。②

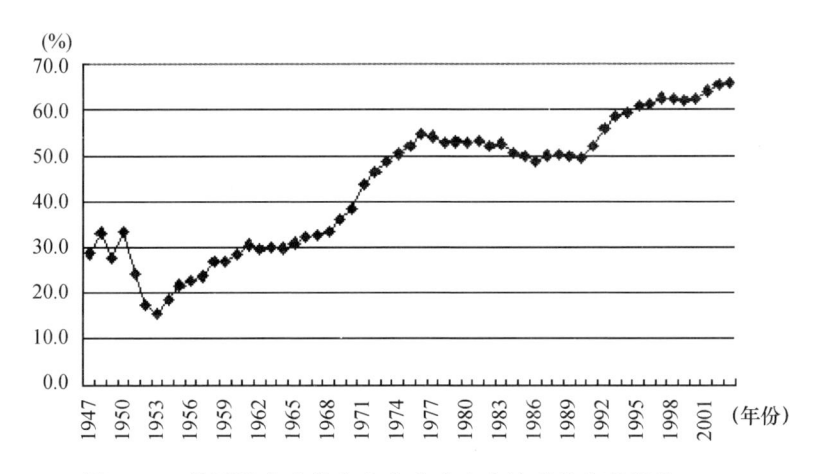

图4-6 美国社会公共支出占政府支出比重的变化趋势

深圳前30年经济的增长实现了物质财富的快速积累,为近十年在民生领域支出的持续增加奠定了财政基础。深圳正在用财政支出说明,深圳加快社会建设的决心之大、力度之强,所有深圳市民都

---

① 肖宇亮:《中国民生问题的财政投入研究》,博士学位论文,吉林大学,2013年。
② 林宝、隆学文:《发达国家政府公共服务支出的变化趋势及启示》,http://blog.sina.com.cn/s/blog_5f2cfc110100ehgk.html。

在共享改革开放的成果，城市的繁荣让所有居民生活得更加美好。

2018年，深圳教育、医疗卫生和就业等九大类民生领域支出达到2772亿元，占财政支出的比重达65%。

2018年，深圳全市实现教育支出584.4亿元，增长14.8%，全年新增幼儿园学位2.3万个，新增公办中小学学位6.3万个。

2018年，深圳全市实现医疗卫生支出281.5亿元，增长15.3%。新增三甲和三级医院7家、床位2555张，新引进高层次医学团队57个，新增社康机构39家。

2018年，深圳全市实现科学技术支出555亿元，增长57.7%。

2018年，深圳全市新建污水管网2855公里，新改扩建、提标拓能水质净化厂16座。

2018年，深圳市政府向人才安居集团注资100亿元，推动新开工建设及筹集人才住房和保障性住房8.9万套，供应4.6万套。

2018年，最低工资标准提高至2200元/月，最低生活保障标准提高至1070元/月。

以上这组数据的背后，就是深圳市从2008年开始在民生领域投入持续增长的具体表现。

计算近十年深圳九大民生领域——教育、科学技术、文化教育与传媒、社会保障与就业、医疗卫生、节能环保、城乡社区事务、农林水事务、交通运输——的支出占一般预算支出的比例，可以看到，从2009年开始，每年九大民生领域的支出均超过50%，其中有五个年份超过60%（见图4-7）。这是深圳市政府在民生领域真金白银的投入，真正将纳税人的钱用于纳税人。

九大民生领域中，教育、城乡社区事务与交通运输三个领域的支出金额最高（见图4-8）。近十年民生支出的1/5以上投入了教育领域，深圳市政府加大投入，补齐教育短板的重大举措，各个阶段的教育发展均有突破。在城乡社区事务上的投入也是占1/5以上，千余个社区党群服务中心活跃在深圳的各个角落，为社区、园区、商圈的居民提供社会管理和公共服务；每个社区每年200万元的"民生微实事"资金，对社区群众关注度高、受益面广、贴近民生、贴近生活、群众热切希望解决的惠民小项目予以资助，引导资金快

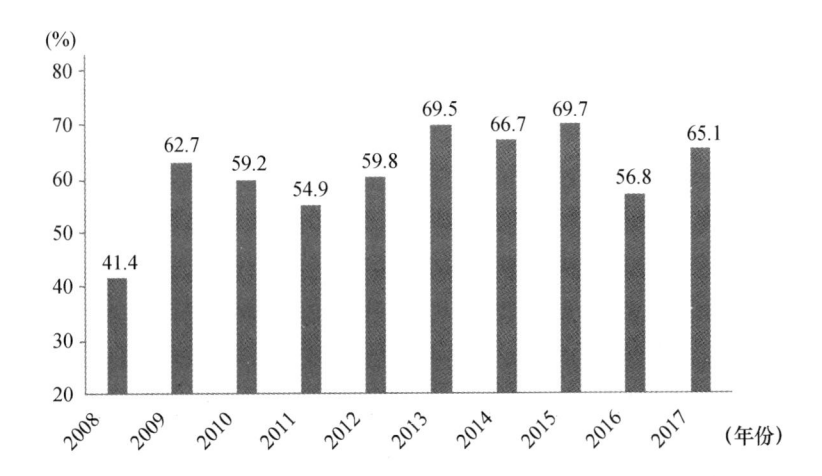

图4-7 2008—2017年深圳市民生支出总额占一般公共预算支出总额比例

资料来源：根据历年《深圳统计年鉴》整理。

速解决老百姓身边的小事、急事、难事。交通运输领域的民生投入，最直观的感受就是地铁的加速建设，目前，深圳地铁已开通运营线路共有8条，全市地铁运营线路总长285公里，地铁运营总里程居中国第五位，另有15条地铁线正在建设之中，403个地铁工地正在紧张施工之中，在建里程约284公里，居全国第一。

根据"2017年中国政府民生支出信息公开金秤砣奖"，深圳在教育、文化体育与传媒、医疗卫生与计划生育、社会保障及就业、住房保障、节能环保等六大基础民生领域的人均财政支出在各市中位列最高。人均支出环比变化率一项也位居第一，高出全国平均水平47.44个百分点。深圳在教育、文化体育与传媒、医疗卫生与计划生育、节能环保等领域人均支出高于全国水平。深圳住房保障人均支出达3578.08元，位居各市首位，环比增幅达196.83%。[1]

---

[1] 《2016年中国政府民生支出绩效排名公布》，http://www.sznews.com/news/content/2018-02/26/content_18523434.htm。

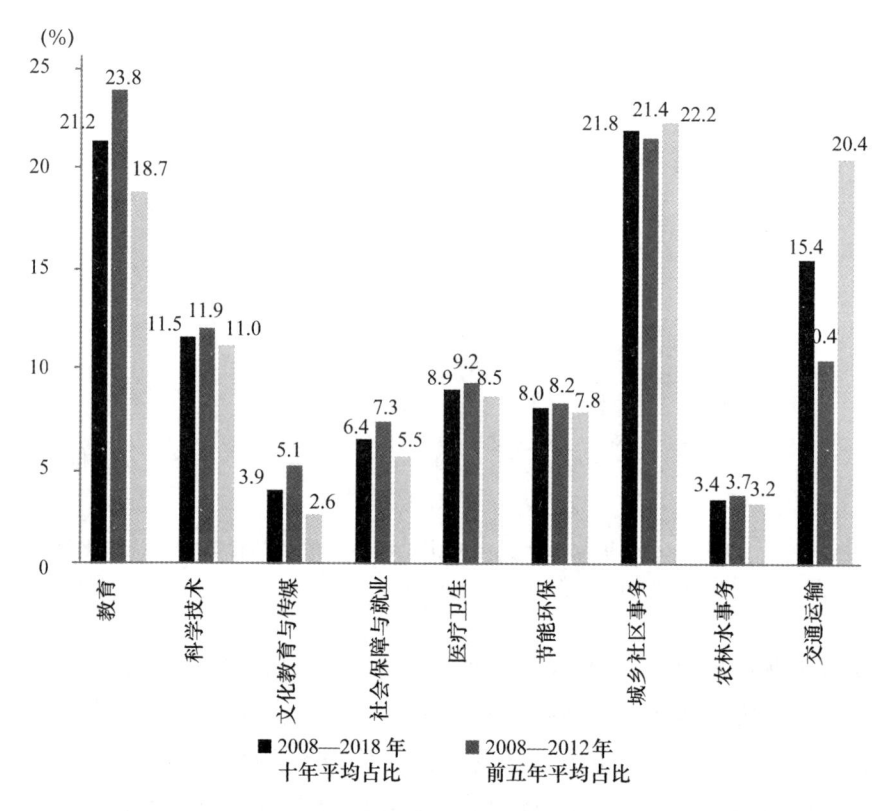

图 4-8　2008—2017 年深圳市民生各项支出占民生支出比例
资料来源：根据历年《深圳统计年鉴》整理。

第四节　满足市民对公共服务的需求

民生财政的投入，反映在具体的服务中，就是深圳在教育、医疗、住房保障、交通运输等各领域公共服务的供给质量不断提高和供给范围逐步扩大。教育、医疗、住房一直是制约深圳发展的短板，也是吸引人才的障碍。深圳市正在从资金投入、规划保障、人才引进等各个方面入手，尽可能地改善这些直接关系每一个市民生活的民生问题。

一 各类教育奋起直追

由一个边陲小渔村发展起来的深圳,从来就不是一个教育强市。在改革开放之初,深圳只有幼儿园和中小学校315所,在校生6.5万人,没有一所高等院校。据一位1983年随父亲南下建设的"深二代"说:"那时,我小学毕业,来深圳读初中。当时的初中高中都是为我们而建的,每一所初中高中,我们都是第一批毕业生。我们来之前深圳没那么多中学,突然来了这么多人,都带着孩子来,没有学上怎么办,马上去建,马上找老师,桌椅板凳都是我们从家里搬过去的,所以整个班没有椅子是重复的。到了高中,学校赶不及我们的成长,来不及建了,就借用了旁边小学的教室。"

几十年来深建设者们深深知道,孩子的教育等不得,教育关乎城市的未来。邓小平同志曾指出,抓科技必须同时抓教育,教育是现代化建设的战略基础,必须把教育摆在优先发展的战略地位。党的十八大以来,以习近平同志为核心的党中央坚持"教育第一",党的十九大再次强调必须把教育事业放在优先位置。在2018年全国教育大会上,习近平总书记深刻指出,坚持把优先发展教育事业作为推动党和国家各项事业发展的重要先手棋,不断使教育同党和国家事业发展要求相适应、同人民群众期待相契合、同中国综合国力和国际地位相匹配。

发达的城市必须有发达的教育。如今,尽管深圳依然算不上教育强市,但确实可以称得上是教育大市。在北上广深四个一线城市中,深圳的在园儿童数量第一,中小学在校生数量第二。40年来,深圳历任领导都高度重视发展教育,不断加大投入,2013—2017年,全市国家财政性教育经费投入累计1972亿元,年均增长20%,超过1979年建市以来到2012年34年间投入的总和。[①]

这些数字背后,是深圳历任领导想尽办法应对"超限度的就学压力"。深圳降低入学门槛,保障非户籍子女的教育权益,并非因为深圳的教育资源丰富。恰恰相反,深圳年轻人多,学龄人口多,

---

[①] 《改革点燃深圳教育发展引擎,实现教育跨越式发展的时代新篇章》,《羊城晚报》2018年12月26日。

学位逐年紧张恰恰是深圳教育中的最大压力。深圳的面积仅不到北京的 1/8，不到上海的 1/3，但深圳的小学在校生人数却大大超过了北京和上海，且以每年 5 万人以上的速度增长（见图 4-9），深圳学位供给一直存在巨大压力。面对稀缺的土地资源，面对供需矛盾，深圳并没有以排斥外来人口、减少需方的做法取得平衡，而是想方设法地增加有效供给。

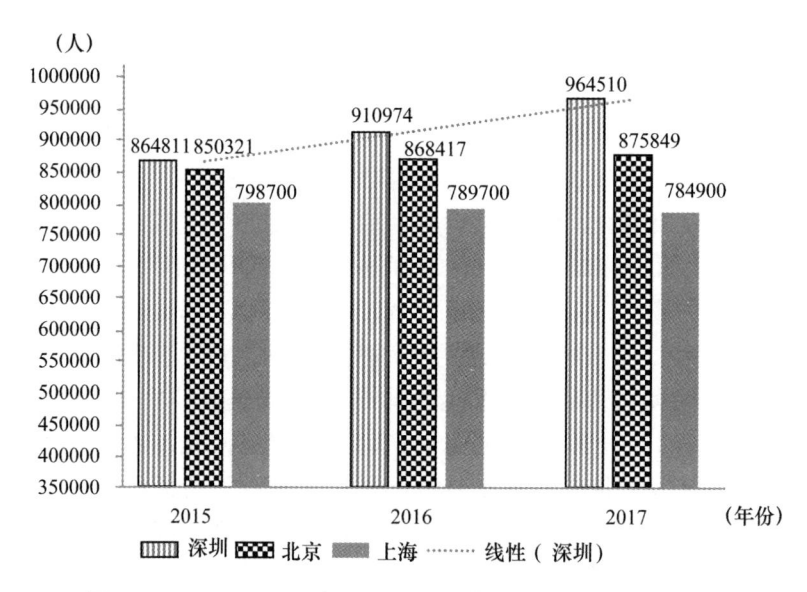

图 4-9　2015—2017 年北上深三地普通小学在校学生数量对比

资料来源：根据三地统计年鉴整理。

近些年，从幼儿园到小学、普通中学，学位建设增速，各种学位持续增长，教育部门一直未雨绸缪地做好城市学位规划，编制实施《深圳市中小学学位建设实施方案（2018—2022 年）》，规划至 2022 年新增公办中小学学位 30.46 万个，较"十三五"规划数增加 27.8%。2018 年，全市新改扩建公办中小学校 42 所，新增公办中小学学位 6.29 万个，超额完成年度计划任务的 26%，新增学位数量再创历史新高。其中，新改扩建公办义务教育学校 37 所，新增公办义务教育学位 5.61 万个；新改扩建普通公办高中学校 5 所，新增公办普通高中学位0.68万个。[①] 2018年,深圳在教育方面的投入超过600亿元,未来每年还会高速增长。根据《深圳市中小学学位建设实施方案(2018—2022年)》,五年全市计划投入约360亿元,新改扩建公办中小学校206所,新增公办中小学位30.5万人,比"十三五"计划目标高出30%。[②]

研究表明,小学生数量的变化可以准确反映一个城市的吸引力。从2008—2015年的统计数据显示,深圳7年间小学生数量增加了27.89万人(见图4-10),小学在校生增长率达到了47.6%,是增速最快的一线城市。而同期全国小学生在校人数7年间减少了639万人,下降了6.19%。[③] 中小学学位的紧张是不争的事实,但数量增长背后也反映出深圳的强大吸引力,对流动人口入学政策的宽松度。小学生是城市的未来,他们伴随深圳成长,将成为深圳未来的主人。

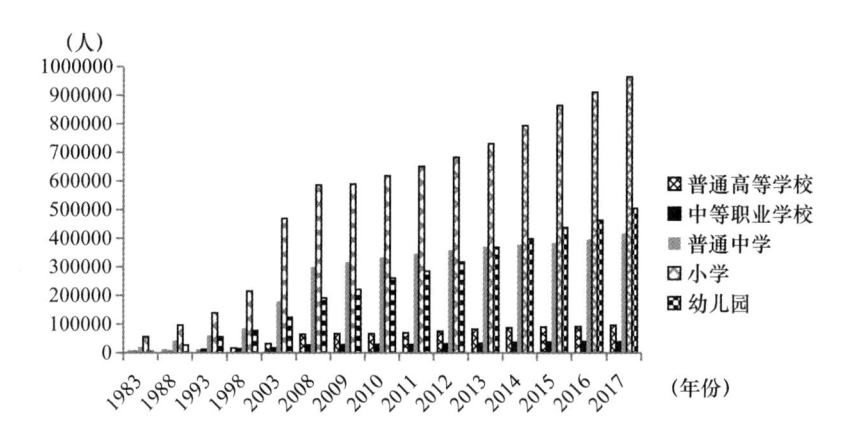

图4-10 1983—2017年深圳各类教育在校学生数

资料来源:根据历年《深圳统计年鉴》整理。

数据是枯燥的,但数据又是有力的。老百姓可能并不会记得这一个个数据,但他们能切实感受到的是,凭着居住证,我的孩子顺

[①] 《市民教育获得感幸福感不断增强》,《深圳特区报》2019年1月17日。
[②] 同上。
[③] 《从小学生数量看城市未来》,《统计与管理》2016年第7期。

利入读公立学校了,孩子领到幼儿园的补贴了,孩子们的课堂上有外教了,孩子们可以在学校吃午餐了……今天,在深圳的教育者心中,每个孩子都有权利享受教育,每个孩子都是平等的,同时,又都是独一无二的。无论是本地户籍子女,还是内地非深户子女,抑或是港澳台子女;无论是头脑四肢健全的孩子,还是有残障的孩子,都可以享受公平而有质量的教育。办让每一位老百姓满意的教育,成为深圳教育者最真实的心愿。

习近平总书记在党的十九大报告中指出,中国特色社会主义进入新时代,中国社会主要矛盾已经转化为人民日益增长的美好生活需要和不平衡不充分的发展之间的矛盾。在深圳的教育领域,解决孩子基本的入学需求之后,人民对教育有着更高的要求和期待,希望享受到更高水准的、全方位的教育服务。

教学质量更有保障——全方位提升教育质量。不仅要有学位,还要有好的学位;不仅要让孩子们学到基本知识,还要让孩子们学得开心!人人都想进名校,可名校数量毕竟有限。怎么办?集团化办学,依托名校孵化新学校,扩大优质教育资源。近几年,深圳相继成立红岭教育集团、宝安中学(集团)、深圳高级中学(集团)等7个公办基础教育集团。名校的核心在于教师!深圳一直把提升教师队伍建设作为提高教育质量的核心环节,出台《关于进一步加强教师队伍建设 提高教育核心竞争力的意见》,大力实施教师队伍质量提升工程。深圳各区纷纷出台政策,"百万年薪"招聘精英校长,据不完全统计,全市已引进近20名百万校长。他们均是拥有高学历、高职称、高荣誉、高素质的"四高人才"。目前,深圳的教师队伍整体呈年轻化、学历高、职称高等特点,高中学校教师硕士研究生比例为26.07%;小学本科以上学历教师比例为78.61%,正高级教师和特级教师数量居全省第一。[①] 积极开展国际交流合作,扩大外籍教师队伍,到2020年,全市聘请外籍教师的中小学比例

[①] 《新时代新要求:深圳教育谱写幸福深圳的教育诗篇》,《深圳商报》2018年10月9日。

达到50%以上。①

上学更安全更便利——校车管理服务。2010年前后几年，全国各地校车事故频发。深圳未雨绸缪，加强校车安全管理，近几年未发生校车伤亡安全事故。经过反复调研，2017年深圳市出台《〈校车安全管理条例〉若干规定》，加强对校车安全的监督管理，全市在用校车2318辆全部符合专用校车标准。②

中午时间更安心——午餐午休服务。在广大人大代表、政协委员的呼吁下，在千万教职员工和家长义工的努力下，深圳中小学生的午餐午休问题正在逐步予以解决。2018年，深圳市教育局出台的《中小学生午餐午休管理办法》，通过加大财政支持、改造食堂场馆、优选社会配送等方式，积极增加提供午餐午休的公办学校数量，基本实现全覆盖。2018年，深圳基础教育阶段校内午餐午休数量增速明显。截至2018年9月底，提供校内午餐午休的学校有523所，占义务教育阶段学校数的75%，共接纳学生39.2万人，占义务教育阶段学生数的31%。③

高等教育发展更快——合作办学。深圳作为一所新兴移民城市，高等教育发展时间短，底子薄，一直是深圳人心中的痛。近年来，深圳大手笔发展高等教育，使深圳的高等教育实现跨越式发展。2016年，深圳市委市政府出台《关于加快高等教育发展的若干意见》，力争"通过10年左右的努力，建立国际化开放式创新型高等教育体系，建设成为南方重要的高等教育中心"。经过几年发展，深圳高水平大学建设成效初显。南方科技大学、香港中文大学（深圳）、中山大学（深圳）、深圳北理莫斯科大学、哈尔滨工业大学（深圳）等5所高校获教育部批准正式设立招生。同时，深圳与清华大学、北京大学、中国科学院等国内名校和科研机构签署合作文件，共建深圳校区。深圳，已成为中国高等教育版图上的重要增长点。

---

① 陈少兵、谢志岿等：《深圳社会建设之路》，中国社会科学出版社2018年版，第64页。
② 《2017年深圳教育工作总结》，深圳市教育局，2018年5月2日。
③ 《市民教育获得感幸福感不断增强》，《深圳特区报》2019年1月17日。

教育视野更广阔——推进教育国际化。深圳作为一所国际化城市，也在积极推进教育的国际化。深圳发布实施《深圳市推进教育国际化行动计划（2013—2020年）》，全面推进深圳教育国际化水平。"十二五"期间，深圳高校与百余所国外大学签订校级交流协议，引进国际先进课程和原版教材。深圳拥有全球知名的民办国际高中，率先引进A-level国际高中课程，每年都有不少优秀的高中毕业生直接被国际名校录取。

尽管深圳的教育依然有诸多不尽如人意的地方，尽管深圳的教育尚未能全面满足市民日益增长的对优质教育的需求，但我们看到深圳各级领导一直把发展教育摆在优先位置，"幼有善育、学有优教"，深圳政府一直在努力。

二 医疗卫生领域发挥后发优势

医疗卫生一直是深圳公共服务领域的一块短板。老百姓稍有些疑难杂症，就要跑到广州去，深圳的医院解决不了。然而，这一情况逐渐成为历史。老百姓越来越感觉到，深圳的医生医术精湛，深圳的医院值得信赖，深圳的就医环境优于其他城市，深圳的居民会选择留在本地就医，甚至有周边城市的居民，也会驱车前来深圳就医，"病有良医"的理想离深圳市民越来越近了。这一切，都与深圳近些年在医疗卫生领域加大投入、勇于创新的一系列举措紧密相关。

为解决深圳医疗优质资源的匮乏问题，深圳于2014年推出以"名医（名科）、名院、名诊所"为重点的深圳医疗卫生"三名工程"，引进一批在国际、国内有影响力的高层次医学团队，加大学科带头人、学科骨干和临床型人才的培养力度，优化医疗卫生人才结构，加强医学学术交流，为市民提供更高水平医疗服务。到2018年10月，深圳已引入高层次医学团队228个，这些团队的专家在深圳各医院依托科室开展医学教研和人才培养等工作，使得深圳市民可以在本市享受到来自全国乃至全球的高水平医疗服务。

为优化就医环境，深圳充分发挥科技之城的优势，将互联网+运用在医疗卫生领域的各个环节，市民的就医体验大为改善。"十二五"期间，深圳开始启动医院预约挂号系统。今日，全市公立和民办医院，均可以通过手机 APP 或微信公众号实现预约、取号。打开个人页面，过去的预约就诊记录一目了然。

"看病 2 分钟，排队 2 小时"，曾经是中国老百姓到医院看病的真实感受。看一次病，需要在挂号、缴费、取单、拿药等不同环节排几次队，在排队中耗费大量时间。这种情形，在互联网+的今天，在深圳的医院，各种队伍已逐渐缩短甚至消失。以前，每次孩子生病去医院，张女士都非常焦虑，通常是夫妻两人一起上阵，一人抱娃一人排队。现在，张女士觉得一个人带娃去医院也可以轻松搞定了。预约之后，出家门前即可在手机上取号。到医院时，差不多正好赶上叫号。医生开药后，等电梯的工夫，张女士就在手机上完成了缴费，只需排个小队拿完药，即可打道回府啦！

张女士感受的前后变化，源于深圳在医保领域移动支付的不断摸索和创新。在深圳，移动支付应用在医保领域分为两个阶段：第一阶段是本人医保卡与移动支付账号的绑定。2016 年 5 月，深圳率先实现在医院看病可以不用带医保卡；2017 年 6 月，实现药店买药可以不用带医保卡。截至 2018 年 8 月，市民可以在深圳 45 家医院通过微信、支付宝、平安一账通享受免排队医保在线缴费支付的服务，还能通过"深圳人社"微信公众号随时随地享受一键查询社保的服务。第二阶段是儿童的医保卡可以绑定父母的支付宝。2018 年 11 月，深圳率先实现儿童就医不需带医保卡！张女士的孩子就是受益于第二阶段的儿童医保移动支付，这也是国内首次移动支付绑定他人医保卡，此举大大解决了就医排队的痛点，节省了患者的时间。

就医环境优化的另一个体现就是小病不出社区。2015 年，国务院办公厅颁布《关于推进分级诊疗诊疗制度建设的指导意见》，深圳加大推动医疗卫生工作重心下移、资源下沉，医疗卫生服务从"以医院为重点"转向"以基层为重点"，"以治病为中心"转向"以健康为中心"，加快建立"基层首诊、双向转诊、急慢分治、上下联动"的分级诊疗秩序，实现"小病在社区，大病进医院"。用医保的价格杠杆引导居民在基层首诊，有需要再转到大医院。仅就诊查费的医保报销情况就可以发现，无论是哪一档的医保患者，优先到基层医疗机构就诊都最实惠。例如，一个三档医保的患者，感冒去二级医院的普通门诊，诊查费为22元，若未经社康中心转诊，医保不能报销，22元要自费；如果先去了社康看诊，社康的医生认为他病情较重，将其转诊到可与该社康中心结算的二级医院看普通门诊，诊查费同样是22元，但其中20.9元都可以刷社保卡，只需自己再掏1.1元。此外，在社康中心开药，医保目录范围内的药品还可以打七折。

　　社康中心的全科医生也让社区居民特别是社区老年人就近享受到便捷的基础医疗服务。"深漂老人"王阿姨，这几年来深圳给子女看孩子，她在社区公告栏中看到了社康中心免费给65岁以上老人体检的通知，抱着试试看的想法来到了社康中心。没想到，自己这个非深圳户籍的外地老人，竟然在社康中心得到了家庭医生的签约服务，享受到了全套的免费体检。从验血、验尿到心电图、B超检查，检查项目很齐全。社康的医生针对检查结果，非常耐心细致地给王阿姨提出了有针对性的饮食和运动建议，还建了一个微信群，让居民们通过微信咨询问诊。王阿姨连连感叹，真没想到，在深圳的社康比老家的大医院服务还好！

　　深圳充分利用特区立法优势，用法治为医疗卫生改革保驾护航。2017年1月1日，《深圳经济特区医疗条例》（以下简称《条例》）开始实施。《条例》被称为"深圳医疗基本法"，该条例将巩固已有的医改成果，并为医改继续提供法律依据。《条例》充分体现了"放管结合"的立法思路。《条例》给医疗服务的供给方若干自由。《条例》给予医院自由，规定二三级医院可适当限制接诊，推进分级诊疗制度建设。《条例》给予医师自由，从法律层面允许医师多点执业合法化。已在深圳注册的医师，只需要在市医师协会备案，就可以在多个医疗机构执业；市外医师来深圳执业也无须变更执业注册，只要办理备案手续便可在深圳医疗机构执业。《条例》给予社会资本办机构的自由，鼓励社会办医，取消医疗机构筹建审批，由举办方自行筹建，社会办医不再受医疗机构数量、等级和选址距离的限制。明确提出了医疗机构不分所有制形式、经营性质，在医疗服务准入、医保定点、职称评定、等级评审、科研立项及专科评审等方面享受平等对待的基本原则。

与此同时,《条例》也对医疗服务的供给方有若干明确的监管举措,确保医疗中的需方——患者的合法利益。《条例》要求医疗机构要向患者公开全部病历,保障患者知情权;《条例》规定推行医师"业必归会",医疗机构和医师应当加入市医师协会,加强行业自律管理;《条例》还要求建立医疗机构和医师累积记分制度,并与行政处罚挂钩,完善医疗行业诚信管理机制。

三 就业是最大的民生

党的十九大报告指出,就业是最大的民生,破除妨碍劳动力、人才社会性流动的体制机制弊端,使人人都有通过辛勤劳动实现自身发展的机会。深圳一直把稳定和扩大就业作为最大的民生,努力实现"劳有厚得"。据统计,2018年深圳市就业人口规模达到1127.36万人,城镇新增就业人数10.9万人,城镇登记失业率在2.5%以内。[①] 深圳为了实现更充分更高质量的就业,实施了一系列的举措,如支持企业稳定发展、鼓励创业、就业培训、下岗失业人员帮扶,等等。

鼓励支持就业创业。扩大自主创业人员的对象范围,取消毕业5年内普通高校、职业学校、技工院校毕业生以及毕业5年内留学回国人员的户籍要求;将本市普通高校、职业学校、技工院校毕业学年学生扩大至全部在校学生;将法定劳动年龄内的港澳居民纳入本市自主创业人员范围。将初创企业创业带动就业补贴范围从户籍人员扩大至所有就业人员。将一次性初创企业补贴标准从5000元提高至1万元。将求职创业补贴标准从每人1500元提高到2000元。本市离校未就业高校毕业生灵活就业的,按全市社会保险最低缴交标准的2/3给予补贴。

扩大就业补贴范围。将市外应届高校毕业生纳入全市小微企业(含社会组织)招用高校毕业生社保补贴范围,期限从1年延长至2

[①] 《深圳市2019年政府工作报告》。

年。本市应届高校毕业生到中小微企业、社会组织或社区社会管理和公共服务岗位工作的，一次性就业补贴标准从每人2000元提高到3000元。

鼓励开展培训。困难企业组织开展职工在岗培训，所需经费按规定从企业职工教育经费中列支，培训计划及成果经评估合格后，由各区按困难职工每人1000元的标准给予企业一次性特别培训补助。制定发布《深圳市重点产业技能人才紧缺工种目录》，对获得紧缺工种目录内职业（工种）高级工以上职业资格或专项职业能力证书的人员，劳动力技能晋升培训补贴和失业保险技能提升补贴均可在规定标准基础上提高30%。困难职工失业后参加3—6个月技能培训（含创业培训）并取得职业资格证书（创业培训合格证）的，可申领技能提升补贴或创业培训补贴。参加培训劳动力属就业困难人员、建档立卡贫困户家庭成员、低保对象或残疾人的，培训期间由就业补助资金按每月500元标准给予生活费补贴。

下岗失业人员帮扶。鼓励用人单位吸纳困难职工就业，按每人每月300元标准给予用人单位一般性岗位补贴。人力资源服务机构介绍困难职工稳定就业并参加社会保险6个月以上，由就业补助资金按每人400元标准给予人力资源服务机构职业介绍补贴。对生活困难又不符合失业保险金领取条件的困难职工，由就业补助资金按每人5000元给予临时生活补助。每年评选一批市级就业扶贫基地，从就业补助资金给予每个基地一次性20万元奖补。企业吸纳建档立卡贫困劳动力就业，由就业补助资金按每人3000元标准给予企业一次性补贴。失业保险积极发挥失业保险的作用。从2016年开始，对在本市依法参加失业保险并足额缴纳失业保险费，且上年度未裁员或裁员率低于该年度本市城镇登记失业率，财务制度健全、管理运行规范的企业，按该企业及其职工上年度实际缴纳失业保险费总额的50%给予稳岗补贴。另外，将失业保险技能提升补贴申领条件由企业在职职工参加失业保险3年以上放宽至参保1年以上。2017年，深圳落实发放失业保险稳岗补贴款项15亿元，主要用于职工生活补助、缴纳社会保险费、转岗培训、技能提升培训等相关支出，对于降低企业负担、稳定就业有着积极的意义。

四 努力实现"广厦千万间"

近十几年来，深圳的房价高速增长，十年间房价整体上涨7倍左右。高房价吓退了很多想来深圳发展的年轻人，住房支出成为深圳居民的最大开支。

为引导社会投资关注实体经济发展，减少原来过多依赖商品房解决住房问题的弊端，减少高房价对吸引人才和发展产业的影响，提高深圳对人才的吸引力和创新力，2018年8月1日，深圳市人民政府正式发布《关于深化住房制度改革 加快建立多主体供给多渠道保障租购并举的住房供应与保障体系的意见》（深府规〔2018〕13号），着力构建面向2035年的住房供应与保障体系。此次住房改革构建了符合深圳市情的"多主体供给、多渠道保障、租购并举"的住房制度，提出了"八大供给主体、六类保障渠道、三类住房、四类补贴"的总体设计，建立健全住房供应和保障体系。

实质性调整供给结构，公共住房成为未来增量房源的主要组成部分。深圳新增供应的住房中，包括人才住房、安居型商品房和公租房在内的公共住房将占六成比例（各占20%），具有高度居住属性的公共住房将成为新增房源的主要构成对象，用于租赁的住房约占50%，这是对自20世纪90年代后期以来住房制度改革的重大调整，突出了住房的居住属性和民生属性。

创新性挖掘供给主体，公共住房不再以政府作为单一供给来源。新住房制度改革调动了全社会资源，动员各种社会力量参与住房供给，由安居集团、社区股份合作公司、金融机构、企事业单位等八大主体作为住房供应主体。其中，城中村一方面作为无数来深年轻人的第一个落脚点，另一方面常年面临着消防、治安隐患和居住环境问题。城中村在为深圳快速发展做出极大贡献的同时，逐渐成为城市下一阶段发展的桎梏。而新的住房制度则提出通过综合整治和改造，将城中村纳入最新的住房供给方，为落实"租购并举"迈出实质性的一步。

实质性扩大覆盖范围，保障更多群体的住房需求。除了户籍居民之外，为社会提供基本公共服务的相关行业人员、先进制造业职工等群体也纳入了保障范围。同时，残疾、退役军人等特殊群体优先保障对象、劳动模范等也全部纳入。深圳，不会忘了任何一个对这座城市有贡献的人，不会忘了任何一个有特殊需要优先保障的人。

习近平总书记2018年在深圳考察时到访的"深圳北站社区党群服务中心"就位于深圳最大的保障性住房项目"龙悦居"内。龙悦居是深圳2010年开工建设的十大民生工程之一，总建筑面积约81.6万平方米，共有保障性住房11111套。其中，专门有几百套住房配给给残疾人和退伍老兵。在龙悦居，居民不出小区，就可以办理港澳通行证、借阅全市图书；老年人不出小区，就可以享受低价优质的午餐；孩子们不出小区，就可以接受优质教育，参加社区夏令营……与很多商品房小区的"原子化"、一盘散沙的"陌生人"的状态不同，在龙悦居，大家是有温度的"黏糊糊""湿漉漉"的社区人。居民们对政府所提供的一切硬件服务心存感激，但绝没有"等、靠、要"，他们自发组织起来，用自己的能力为这个社区贡献力量。退伍老兵们发挥专业能力，做志愿者，免费为居民提供上门维修服务；中老年文艺爱好者们唱歌跳舞自娱自乐的同时，把艺术带给社区居民；社区各种培训，根本不需要花钱邀请外面的老师，只要在社区群里一招呼，立即有来自各行各业的志愿者报名。有位居民说，在社区里，大家都是熟人，有时候她从小区门口走到家，要半个小时，因为一路走一路跟朋友们打招呼、聊天。

多主体供给，多渠道保障，政府努力创造"广厦千万间"，希望每个老百姓都能够"住有宜居"。

第五节　不断丰富和完善社会福利

《礼记》中的《大道之行也》是中国人非常熟悉的经典篇章。"大道之行也，天下为公，选贤与能，讲信修睦。故人不独亲其亲，不独子其子，使老有所终，壮有所用，幼有所长，矜、寡、孤、独、废疾者皆有所养，男有分，女有归。货恶其弃于地也，不必藏于己；力恶其不出于身也，不必为己。是故谋闭而不兴，盗窃乱贼而不作，故外户而不闭，是谓大同。"它给我们描绘了一幅"大同"社会的面貌。

每一个人都是这座城市的细胞。每一个人，无论长幼，无论家庭和身体状况，都可以有尊严地生活；每一个人，都可以共享这座城市改革开放的成果。虽然这很难，但深圳一直在努力中。

深圳不仅在经济领域是全国的试验田、排头兵，在民政事业方面也发挥着先行先试的重要作用。2009年，深圳市与民政部签订了《推进民政事业综合配套改革合作协议》，提出率先实现普惠福利等重点领域的体制创新工作。2011年，深圳市的"十二五"规划纲要和《关于社会建设的决定》，提出把普惠型社会福利制度建设作为民生工作的重点任务。2013年，民政部在深圳开展适度普惠儿童福利制度建设试点工作。

虽然深圳2018年的GDP已经跃居亚洲第五，但在这个城市中，依然有困难群众。他们的生活是这个城市社会公平的重要标志，提高困难群众的生活质量，是促进社会和谐的内在要求。深圳城市内部也要精准扶贫，要构建一张完善强大的社会福利兜底网络，真正做到"矜、寡、孤、独、废疾者皆有所养"。近些年，深圳市的老年人、儿童、残疾人等弱势群体的保障程度不断提高，幸福感不断增强，"老有颐养、弱有众扶"的理想不再遥远。

一 社会救助高标准

由于深圳的低保人数占总人口的比重低，社会救助标准一直处于全国领先水平，建立了低保标准与经济社会发展水平和居民消费价格水平相适应的自然增长机制，最低生活保障与项目救助、临时救助有效衔接，实现了低保对象和低收入困难群体救助的全覆盖。从2017年3月1日起，深圳低保标准调至每人每月900元。凡是具有深圳市户籍的居民，其家庭成员月人均收入低于本市当年居民最低生活保障标准的，均可申请享受居民最低生活保障待遇。

2010年，深圳市颁布了《深圳市低收入居民社会救助暂行办法》（以下简称《暂行办法》），将社会救助的群体从低保扩展到低保边缘群体，进一步扩大了社会救助的覆盖人群范围。低保边缘人员是指家庭每月人均收入高于最低生活保障标准，但低于最低生活保障标准1.5倍的居民。根据《暂行办法》，低保边缘群体可享受医疗救助、教育救助、住房救助、法律援助、就业援助、养育扶助等救助，有效解决了最低生活保障对象与低保边缘人员的救助落差问题，有助于实现社会救助的公平性和公正性。同时，为解决低收入居民的特殊性困难，《暂行办法》还提出了临时救助：因自然灾害、疾病、突发意外，造成人员死亡、家庭劳动人口完全或者部分丧失劳动能力或者家庭财产损失较大等严重后果的；诉讼费、医疗费等支出较大，依靠低保救助、项目救助仍无法解决困难的；因受刑事、民事案件受害致贫，无法从相关渠道获得补偿，依靠低保救助、项目救助仍无法解决困难的，可以申请临时救助。特别值得一提的是，符合条件的非深圳户籍居民，也可以享受临时救助，这也是深圳社会救助政策的一大突破，体现了深圳普惠型的福利政策以及对居住证的梯度赋权制度。

在困境儿童救助方面，深圳市作为国家首批适度普惠型儿童福利制度建设的试点城市，逐步建立完善孤儿、困境儿童等特殊儿童在生活、医疗、康复、教育、住房、就业等方面的分类保障制度，将儿童福利服务的内容由补缺型向适度普惠型拓展。2016年，《深圳市困境儿童基本生活费补贴发放办法》出台，具有深圳户籍的事实无人抚养儿童，低保和低保边缘家庭中的重残重病儿童和父母一方重残重病的儿童可享受基本生活费补贴，每月补贴金额从460元至1900元不等。从2017年1月开始，集中供养孤儿的最低养育标准平均每人每月2090元，社会分散居住孤儿的最低养育标准每人每月1265元。

二 养老服务未雨绸缪

在养老服务方面，深圳尽管是一座年轻的城市，但随着早期来深创业的"拓荒牛"陆续退休，随迁老人不断增加，人口老龄化问题也渐渐凸显出来。据统计，截至2018年11月，深圳实际居住的60岁以上长者超过120万人，其中户籍人口32万人。依据现有人口结构和户籍制度改革趋势，深圳的健康养老服务需求日益凸显。①

深圳市未雨绸缪，高度重视养老事业发展，从顶层设计入手，整体规划全市养老服务。2018年，深圳市密集出台《深圳市公办养老机构入住评估轮候管理办法（试行）》《关于全面放开养老服务市场提升养老服务质量的若干措施》《深圳市关于加快商业养老保险发展的实施意见》等一批政策性规范性文件。《深圳经济特区养老服务条例（草案送审稿）》也已进入立法程序。

深圳养老服务实施"1336"工程，即搭建智慧养老服务网，用好政府、市场、社会公益3种力量，做实政府基本保障、居家社区联动、机构养老3种服务，构建"市—区—街道—社区—站点—家庭"6个养老服务层级，预计到2020年基本形成"居家为基础、社区为依托、机构为补充，医养相结合"的适度普惠型社会养老服务体系。

深圳加强养老服务设施建设，出台了《深圳市养老设施专项规划（2011—2020）》，从规划和土地管理方面，为深圳未来养老设施建设提供规划引导和政策保障。深圳从2015年启动养老民生工程，总投资超过100亿元。

智慧养老成为深圳特色。深圳的养老服务也搭上了科技之城的东风。不论是机构养老，还是居家养老，利用现代科技手段，实现智慧养老，已越来越普及。例如，在机构养老中，仁达爱心护理院配备了的"C-Life智慧养老服务平台"。每个床位都配置智能睡眠监测器和智慧盒子，可实时采集老人的心率、呼吸、体动及房间内温度、湿度等数据。此外，还提供智能腕表、智能轮椅、智能拐杖、智能一体机、智能尿不湿等多款智能设备供老人选择性使用。在居家养老领域，政府以购买服务的方式，向老人们配备"呼援通"手机、"李秘书"智能盒子等，为老人提供定位、紧急救助等方面的服务。政府与高科技企业联手，守护老人的平安！

三 "折翼"的鸟儿也可以一起飞翔

童书《故障鸟》，讲述了一只一出生就只有一只翅膀的小鸟，

---

① 《深圳更新养老模式，开启智慧养老探索》。

在哥哥们的嘲笑中孤零零地待在原地。但它想"没关系，我还有一双脚！"于是，它勇敢地穿过森林，来到城市，找到了自己的爱和希望，并最终实现了飞翔的愿望。

一只折翅的小鸟，渴望飞翔，渴望有友谊，渴望爱。一个孩子，无论身体健全与否，同样渴望爱与希望。对于身体上有残缺的孩子来说，更是如此。他们和他们的家长，都渴望他们可以得到平等的对待，可以与其他健全儿童一样，享受深圳的阳光雨露。不仅仅是孩子，任何一个残障人士，都需要一个平等、接纳的环境。深圳的包容和开放，恰恰给了这些折翼的鸟儿飞翔的舞台。

目前，深圳的残疾人服务已实现全覆盖。人群全覆盖，涵盖了多种残疾类别及其亲友服务；年龄全覆盖，从残疾发生、学龄前、学龄、中老年等各个阶段，都有服务；服务内容全覆盖，提供康复、教育、生活照料、心理等全方位的服务；服务流程全覆盖，包括早期介入、康复治疗、个案跟踪回访等全流程的服务。

参与是贯穿深圳残疾人服务的一个关键词。参与，意味着残疾人不是被动的服务接受者，而是主动的权利主体；参与，意味着不仅仅残联为残疾人提供服务，残疾人自身及其家属乃至社会大众，都是服务的提供者。"残友集团""深圳市自闭症研究会""深圳市守望心智障碍者家庭关爱协会""喜憨儿洗车中心""深圳市精神残疾人及亲友协会"，等等，都是残疾人及其家属主动康复、主动就业、主动交流的生动体现。这些就是深圳精神中自强自立的典型体现。深圳残联系统也通过政府购买服务等方式，支持这些民间机构的发展。残联将民办残疾人康复服务机构纳入残疾人评估转介服务资源系统。

孤残儿童不仅得到基本生活补贴和基本康复服务，更得到来自社会和政府各方面的爱。在福利中心长大的患有先天言语障碍的孩子罗小纯，在福利中心和元平特校老师的慧眼和指导下，刻苦训练游泳，在2011年雅典特奥会上夺得一枚金牌。政府和福利中心积极链接各种社会力量，为孤残孩子的成长提供更专业更丰富的资源，孩子们从几个月到成年都有不同的服务项目，可实现无缝对接。例如，春晖博爱基金会在市社会福利中心开展了"小姐妹计划"，为孤儿们提供学前教育。逢年过节，爱心企业、社工机构等，都会自发地为福利中心的孩子送去祝福与温暖，会开展形式多样的慰问活动。

深圳一直非常重视特殊教育，先后于 2015 年和 2018 年颁布《深圳市特殊教育提升计划（2015—2016 年）》和《深圳市第二期特殊教育提升计划（2018—2020 年）》，提出到 2020 年，残疾儿童少年义务教育入学率将达到 95% 以上。深圳一方面在加大特殊教育基础设施建设，要求凡是常住人口达到 30 万的区应建有一所独立设置的符合国家标准的义务教育阶段综合性特殊教育学校；另一方面积极探索融合教育，正在推动从"特教为主"到"普教结合"，从"隔离"到"融合"的服务理念转变。在深圳各级人大代表和政协委员的呼吁下，特殊儿童的随班就读计划正在有序展开。2016 年，《深圳市教育局关于进一步加强残疾儿童少年随班就读工作的指导意见（试行）》颁布。目前深圳已经初步建立了"市—区—定点资源校"三级随班就读支持保障体系。市、区教育部门或特殊教育学校提供特殊教育指导和支持服务。依托定点资源校的特殊教育资源教室，为就近的普通学校提供特殊教育指导和支持服务。随班就读，是让残障儿童在普通学校就读。残障孩子加入以班级学习为主，尽可能地平等参与班级各项事务，同时，坚持因人施教，随班就读学校协助资源教室为每个随班就读的残疾学生制订个别化教育方案，每个残疾学生每天享有不少于 30 分钟的个别训练。尊重学生的个体差异，建立随班就读残疾学生个别化的多元评价体系。

特普结合、尊重差异、多元发展，是深圳特殊教育推进中的重要原则。其实，每一个孩子都是"特殊"的，都是唯一的自己，随班就读、融合教育，让不同的孩子看见彼此，让不同学校的老师理解对方。融合教育，让每一个特殊孩子身边，都有许多普通朋友。让每一个普通孩子，都有些特殊朋友。融合教育有教无类。

第六节 让人民感到安全安心

进入千禧年，伴随着深圳巨大经济成就的是极其严峻的治安环境。摩托车上的"飞车党"实施路面"两抢",人们走在街头心惊胆战,生怕背后突然冒出来的飞车抢劫。几位来自清华大学暑期社会实践的博士研究生,刚到深圳的用人单位就被告知,切忌出门单肩挎包,切忌佩戴金银首饰,尽量不要晚上出门……一位北京某高校的毕业生第一份工作,地点选择了深圳,然后一个季度内,两度遭遇夜间入户盗窃,使其患上严重的失眠症,再也不敢待在深圳,返回北方……遭遇了抢劫,却见不到警察,遭遇了盗窃,报警后也无济于事。"见警难""报警慢"成为居民投诉的热点问题,也是两会代表们特别关注的社会议题。

这样的例子还有很多。2003年前后,深圳的治安问题已经成为制约这座城市发展的头号杀手。今天,再也没有哪个深圳居民会提醒来深的朋友注意路面安全,没有谁不敢夜晚出门,没有谁不敢佩戴珠宝首饰,甚至大家会有点自豪地说,深圳天网恢恢,小偷一进来几分钟就会被抓!2018年与2009年相比,与人民安全相关的两项犯罪率抢劫和抢夺,分别下降了89.86%和95.02%。[①]

这一切,都与从2003年至今深圳公安干警全方位的变革密不可分。基层警务人员从派出所室内走向社区和路面,从"被动反应"向"主动反应"转变,从"事后处置"向"先发制人"变化,建立了深圳路面治安巡逻防控体系和治安管理责任机制。

实施"人防",警力全面上路巡逻!自2004年起,深圳警方全面启动"网格化"布警工程,以派出所、巡警、交警为主体,以群防群治力量为补充,划定巡逻路线,坚持公开巡逻。所有固定执勤卡点位置和巡段由"网控办"确认后统一编号,绘制地图,统一指挥,联勤联动,全市确定了432条巡段、47个岗亭、388个卡点、59个交警巡区的布局模式。[②]一张全方位、全天候、全时空的动态打击防控网络在深圳正式确立。网格化巡逻防控机制的推行,标志着深圳公安机关勤务机制改革迈出了重要一步。如今,无论白天黑夜,当你走在深圳的街头、公园,你总可以随处看到正在值班的巡警,看到那一闪一闪的红蓝色警灯,无论在多么偏僻的地方,你都

[①] http://www.sznews.com/news/content/2019-06/27/content_22215125.htm.
[②] 《深圳治安之变》,《深圳特区报》,2007年5月29日。

敢夜间出行。

实施"屋防",强化出租屋管理。针对流动人口多、出租屋内发案多的情况,深圳加强出租屋业主的治安管理责任。据统计,十年前,深圳市20%以上的刑事案件直接发生在出租屋内,50%以上的刑事案件与出租屋有关联,95%以上的案件为外来流动人口所为。[1]"以房管人",成为通过出租屋管理流动人口、提高治安水平的有效手段。深圳从2003年开始,在全国率先成立了出租屋综合管理机构,组建了近2万人的出租屋综合管理员队伍,建立了全市统一的流动人口和出租屋综合管理信息系统,对流动人口和出租屋进行网络化、动态化和精细化的管理。2008年深圳又在全国率先建立了房屋编码制度,所有房屋包括城中村的建筑都有了一张唯一编码的"身份证",对所有房屋设定了唯一的房屋编码,将房和人紧密连接起来,通过对房屋定期普查、及时更新信息,从而有效实现了对出租屋和流动人口的跟踪检查、动态管理。同时还积极发掘社会力量,组建了楼栋长队伍,形成出租屋管理人人参与的局面。

依托"技防",实现治安管理智能化。大数据、云计算、人工智能等技术充分运用在深圳公安系统,为百姓保驾护航。深圳警方自2006年开始建设视频监控系统,已进行了三期工程,装设一类摄像头达60000余个,社会面的二类、三类摄像头达130余万个。据统计,目前深圳利用摄像头破案已占刑事案件破案总数的60%。[2]目前,深圳已经建成了"统一存储、统一采集、统一识别、统一运算"的智能视频体系,形成了"一张视频专网",全市各公安分局、派出所均作为节点,纳入统一的视频网中,形成了全市视频一张网;"一朵视频云",利用视频云存储技术,建成统一的视频资源池;"一个视频联网共享与应用平台",可接入全市一类摄像头,并整合人像识别、车牌识别、模糊图像处理、人群聚集等各种智能化应用。监控的安装和技术的实施,大大弥补了深圳警力严重不足的

---

[1]《"以房管人"增强管理合力》,《深圳特区报》2016年4月27日。
[2]《深圳公安:大数据+视频打造高安全感城市》,https://e.huawei.com/cn/publications/cn/ict_insights/201711071509/public/201711101101。

空缺，真正实现了"天网恢恢，疏而不漏"。犯罪嫌疑人一旦踏入深圳，被任何一个摄像头捕捉到头像，通常就难以逃脱深圳警方这只"如来佛"的手掌心了！

开展"群防"，依靠群众全方位监控。深圳市公安局立足社区，动员和鼓励社区群众以多种形式参与治安防控工作，形成了以社会为主体的预防控制网络。2004年，设置"社区警务室"，重点是干警下基层，缩短民警出警时间，增强社区的防控能力。时至今日，社区警务室已经成为警民互动的平台，民警立足社区，走进群众，联络感情。深圳龙华公安分局依托自主研发的"群防通"APP，广泛发动群防群治力量，利用业余时间自愿参与巡逻。社会力量由民警巡防员带领，在治安重点区域参与巡逻值守，公安机关按照勤务效果支付一定酬劳。"共享联巡"的勤务服务理念是：利用网络、发动参与、划定区域、治安巡逻、发放补助。截至2018年4月，该项目在深圳北站、景乐南北社区进行试点，共发动6000余人参与采集车辆信息1315条，上报隐患634条，服务群众439人，采集人员2087人，协助抓获嫌疑人7名。[①]

管好了路面，管好了社区，管好了出租屋，警力让社会各区域没有空白点；安装了摄像头，有了人脸识别，技术让社会各角落没有盲点。警力+科技，共同为深圳百姓撑起安全体系，为基本的生存权利保驾护航。

第七节　发达的社会组织

社会组织，作为独立于政府与企业的第三部门，是现代化社会的重要组成部分。萨拉蒙教授在比较了全球各国第三部门的发展之后发现，在世界上几乎所有的国家，都存在着一个由非营利组织组

[①]《龙华区2017年十大社会治理创新项目分享集》，中共深圳市龙华区委政法委员会，2018年4月。

成的庞大的部门，这个部门的平均规模大约占各国 GDP 的 5.4%。[①]他预测，非营利组织在 21 世纪所具有的意义，也许如同民族国家的兴起对 20 世纪所具有的意义一样重大。

党的十九大报告提出，打造共建共治共享的社会治理格局，强调发挥社会组织的作用，实现政府治理和社会调节、居民自治良性互动。过去的五年间，中央对社会组织改革发展作出一系列重大决策部署，围绕构建中国特色社会主义管理体制，提出加快建立"政社分开、权责明确、依法自治"的现代社会组织体制，激发社会组织活力。民政部、广东省委省政府也提出相关部署要求。深圳市认真贯彻落实中央、部、省有关决策部署，积极发挥经济特区先行先试作用，坚持培育发展与规范管理并重，不断深化社会组织改革发展，有序引导社会组织参与社会治理和公共服务。

深圳的社会组织发展一直走在全国前列，从行业协会管理体制改革到社会组织直接登记，从互联网公益到社会组织党建，都为全国探索出很多经验。2004 年，深圳开始行业协会管理体制改革，通过几个"半步走"，建立了行业协会直接登记的管理体制，领先全国十年实现了行业协会的民间化改革。2009 年深圳与民政部签订《推进民政事业综合配套改革合作协议》，根据授权积极探索并不断深化社会组织登记管理体制改革。2012 年，中共深圳市委、深圳市人民政府颁布的《关于进一步推进社会组织改革发展的意见》为未来几年全市社会组织的发展指明了方向。2013 年，利用特区立法权的优势，通过《深圳经济特区行业协会条例》，将深圳过去行业协会的改革以法律法规的形式固定下来。

近些年来，深圳全面清理社会组织登记前置审批程序，简化内部审批流程，积极落实工商经济类、社会福利类、慈善公益类等 8 类社会组织直接登记，社会组织的数量快速增长，发展空间广阔。截至 2018 年 9 月 30 日，全市共有社会组织 13054 家，其中登记 10190 家，备案 2864 家；市级社会组织 3839 家（含社团 1859 家、

[①] ［美］萨拉蒙：《全球公民社会：非营利部门视界》，社会科学文献出版社 2007 年版。英文原著中用的是 nonprofit organization，翻译为非营利组织，与国内使用的社会组织的内涵外延基本一致。

民非1645家、基金会335家），区级社会组织9215家（含社团4229家、民非4986家）；直接登记的社会组织3633家，占全市社会组织总数的27.83%；每万人拥有社会组织数高于北京、上海和广州。

深圳的社会组织之所以发展速度快，发展势头好，与深圳的政治经济社会文化环境密不可分。经济的腾飞为社会组织兴盛奠定了物质基础，"仓廪实而知礼节"，先富裕起来的企业家积极投身公益，热心捐赠，履行企业社会责任。王石、马蔚华等优秀企业家转型为公益掌门人，亲自带领深圳多家社会组织从优秀走向卓越。同时，他们的身体力行带动了一批伴随改革开放成长起来的企业家加入公益的行列，深圳市红树林基金会、深圳爱阅公益基金会……一大批基金会如雨后春笋般成立，企业家不仅为社会组织带来资金资源，更带来了企业的现代管理经验。

移民文化为社会组织发展提供了精神土壤，陌生人社会中，大家更注重契约精神，在志愿服务中人与人之间建立联系，达成信任，构建社会资本。深圳是全国志愿服务的发源地之一，自1989年在全国率先推进志愿服务工作以来，开全国之先河，创新多项举措，一直保持全国志愿服务工作的领先地位。深圳义工联1990年成立，是中国内地第一个义工法人社团，到2019年，已有165万注册义工，活跃在交通疏导、医疗救护、护河治水、垃圾分类、海洋保护、法律援助、科普教育等多个领域。"送人玫瑰，手留余香"，已成为深圳一张亮丽的名片，成为深入人心的"深圳十大观念"。很多来深圳的新移民，刚到深圳接触的就是各种志愿者，他们用微笑和服务温暖了每一个新深圳人。移民城市深圳，大家来自五湖四海，彼此缺少熟悉的地缘、血缘，在某种程度上，志愿服务成了人与人之间联系的桥梁。一位山东籍在北京求学的新深圳人说，刚来深圳时，她认识的人不超过五个，现在在深圳有一半以上的朋友源于自己的各类志愿服务！

宽松的制度政策为社会组织成长营造了良好空间，政府"放权"与"赋权"，培育扶持社会组织发展。市区政府坚持培育服务与管理监督并重，通过简政放权、放管结合、优化服务等"放管服"各方面的政策工具，为社会组织整体性长远发展营造良好的制度环境。采用"政府支持、社会运作、多元互动、合作共赢"的运作模式，在全市各级建立各类孵化基地、创新空间，打造社会组织生态系统，建立社会组织的支持体系；通过对社会组织的资金支持，加强政府与社会组织之间的合作力度，构建新型政社关系。政府对社会组织的资金支持，主要包括两种类型：一种是政府购买服务，即政府为了更好地履行自身职能或更好地提供公共服务，基于市场等价原则向社会组织等购买相关服务，近些年购买服务呈现出从点到面的形态，从民政一个部门到多个部门，逐步建立起政府购买社会组织服务的机制。另一种是政府资助项目，是指政府基于公共利益目的，以资金或其他方式支持社会组织，由社会组织自主开展相关公益项目。目前深圳各区均设立了专项资金，以项目资助、公益创投等方式支持社会组织的优秀公益项目，各区每年投入的资金从100万元至2000多万元不等。政府购买服务及项目资助，为社会组织的发展提供了宝贵的资源，惠及多数公益慈善和社会服务类的社会组织。在培育发展社会组织的同时，深圳市各部门也非常重视对社会组织的监督管理，并根据时代发展不断创新监管方式，探索建立由行政司法监管、社会公众监管、社会组织自律、党组织保障的"四位一体"的综合监管体系，推动社会组织更加健康规范有序发展。2015年成立市社会组织党委，制订社会组织党建"燎原计划"。市委将加强社会组织党建作为2016年的"市委书记项目"。在社会组织登记过程中推行"三同步""五嵌入"，将党建工作全流程嵌入社会组织登记管理。按照同一类型、同一地区、同一行业联合组建模式组建社会组织党组织。

在如此丰沃的土壤下，深圳社会组织蓬勃发展，在社会经济各个领域均发挥了重要作用。在经济发展方面，社会组织通过研发推广新技术、承办行业展览、制定行业标准等有力地促进了产业升级；通过制定行规行约，加强行业自律，倡导诚信准则，有力地规范了市场秩序；通过健全完善社会组织专职工作人员人事、社保、薪酬等管理制度，吸纳了大量就业；不少社会组织通过深化国际经贸合作、参与国际规则制定、协调解决贸易纠纷、拓展海内外市场等方式，积极"走出去"，服务"一带一路"倡议，成为深圳对外交往的窗口和桥梁。

在社会治理方面，社会组织是重要的公共服务供给方，有效弥补了市场和政府失灵，提高了公共服务的供给效率，扩大了服务供给种类。社会组织通过平等对话、沟通协商等方式积极参与社会治理，起到了缓解社会矛盾、增强社会弹性、促进社会融合的作用。特别是在心理健康、矫治安帮、法律援助、纠纷调处等社会治理领域，以及关爱特色群体上发挥了不可替代的功能和作用。社会组织通过宣传倡导、公众筹款等活动，大力弘扬和传播现代慈善意识，提高市民和企业的慈善参与率。社会组织通过广泛开展志愿服务活动，提升了市民志愿服务意识，为建设"志愿者之城"做出了突出贡献。

第八节　共建共治共享的社会治理格局

习近平总书记在 2018 年全国"两会"期间参加人大广东团审议时，要求广东在营造共建共治共享社会治理格局上走在全国前列，并对如何营造共建共治共享社会治理格局提出了明确要求。习近平总书记在 2018 年视察深圳市龙华区民治街道北站社区时，提出"人人参与、人人尽力、人人共享"的要求，这也是对共建共治共享社会治理格局的最具体最鲜明的要求。社会现代化离不开各方主体的参与，共同富裕的民生发展格局需要共建共治共享的社会治理。

营造共建共治共享的社会治理格局意味着社会治理结构要从单中心向多元共治格局转变。清华大学王名教授提出：共建、共治、共享分别从资源整合、治理过程和成果分配三个方面建构起三位一体的社会治理格局，共建强调合力合资，共治强调合智合作，共享强调共益共赢。[①] 具体来说，共建是指社会治理主体多元，即党委、

[①] 王名、李朔严：《十九大报告关于社会治理现代化的系统观点与美好生活价值观》，《中国行政管理》2018 年第 3 期。

政府、企业、社会组织、个体五位一体,其核心是参与,在发挥党的领导作用的同时,激发社会力量参与社会治理的能力和活力,形成多元治理主体共同打造社会事业的平台。共治是共同参与社会治理,多元治理主体协调采取联合行动,共同管理公共事务,形成政府与社会治理力量相结合的社会治理体系。共享是共同享有治理成果,既是共治共建的目标,也是共治共建的保障。共建共治共享的社会治理是党委、政府和社会共同推进的治理过程,也是国家治理体系和治理能力现代化的过程。

目前,党委领导、政府负责、社会协同、公众参与、法制保障的社会治理格局在深圳已经基本形成。党建引领是共建共治共享社会治理格局的政治保障,无论在社会治理的顶层设计还是在具体实践中,党在社会治理中的领导地位不断加强。深圳各级党委牢牢把握各种主体参与社会治理的方向,始终指明正确的道路。因为多元主体在参与社会治理的过程中,具有多样性和分散性的特点,仅靠社会力量的自发参与,有可能会导致无序化,必须把加强党的建设、巩固党的执政基础作为社会治理格局中始终坚持的一条红线,在具体落实中,深圳市通过大力加强基层党组织建设和社会组织党组织建设,构建"1(市)+10(区)+N(社区园区)"党群服务中心体系,在全市建立了"上下全贯通、横向全覆盖"的遍布各个社区、园区的千余个社区党群服务中心。深圳市委副书记郑轲指出,"如果说基层党组织是组织形态的战斗堡垒,党群服务中心就是物质形态的战斗堡垒,把两者结合起来,党组织就有了看得见、摸得着的物化依托,基层的党建、治理、服务工作就有了实体性节点,可以大大增强党组织的战斗力、凝聚力、吸引力。"[1] 遍布全市各个社区、园区的千余个社区党群服务中心,让党的建设覆盖到各个参与社会治理的企事业单位、社会组织、社区,使群团组织更有效地发挥党和政府联系人民群众的桥梁和纽带作用,对全面加强党对社会治理的领导起到重要作用。

在深圳政府的顶层设计中,直接将共建共治纳入改革的框架之

---

[1] 《这家"连锁店"人气为啥旺——解码党群服务中心建设的深圳方案》,《中国组织人事报》2019年3月4日。

中，让企业、园区、社会组织、专业人才等可以直接参与到改革的具体项目之中，成为改革的参与者和亲历者。翻阅近几年深圳出台的政策法规，基本上都可以看到明确的公众参与、社会参与的表述。要么是专门出台有关社会力量参与治理的文件，如2017年，深圳市委市政府办公厅联合下发了《关于鼓励社会组织积极有序参与社会治理的意见》，直接对社会组织参与社会治理提出具体要求。要么在出台的政策中，对多元参与给予明显阐述或专门章节。又如《深圳市人民政府办公厅关于进一步加强义务教育阶段学生午餐午休管理的意见》中，将"政府引导、多元参与"作为基本原则之一，要求整合学校、家庭和社会资源，统筹协调各方力量，实现队员参与的午餐午休管理机制。再如《深圳经济特区环境噪声污染防治条例（2018年修订）》对"公众参与"给予专门一章论述。

在强有力的党委领导及高瞻远瞩的顶层设计下，深圳各社会治理领域均涌现出一些主体多元、参与共治、共享成果的典型案例，成为社会创新的示范。深圳市政法委为发现和表彰优秀社会治理项目，连续两年评选共建共治共享创新项目，发掘出各领域的好做法好经验。

专栏 4-1　　筑梦·红色家园项目

目前，深圳市光明区正处在开发建设高峰期，有大量建筑工人在光明挥洒汗水，但是，过去建筑工人长期居住在工地，与工地外"隔绝"，难以享受到城市的公共服务，同时也成为城市管理中的盲区。光明区玉塘街道瞄准了建筑工人服务这一空白点，整合政府、企业、社区、社会组织等各方力量，打造了全省首家建筑工地党群服务中心——筑梦·红色家园。"筑梦·红色家园"的场馆建筑体现了建筑工地的特点，采用23个集装箱搭建而成，具有可移动、可循环使用的特点。筑梦·红色家园为建筑工人营造了一个休闲娱乐、学习培训、社交联谊的自主空间和提供员工关怀、党群服务、文化活动的温馨家园。

筑梦·红色家园，体现了共建共治共享的精髓。在共建方面，由建筑工地所属的地产企业勤诚达提供场地，由所在社区长圳社区提供资金支持，由中建二局、四局进行场地建设，由社会组织壹家亲提供专业社工服务，进行场馆运营。在共治方面，由专业社工＋党员义工＋建设者义工进行"三工"联动，成立红色家园志愿服务队，建立爱心超市，实施志愿者会员及积分制度，采用"服务兑积分、积分购商品"模式，让建筑工人将服务时长兑换成"爱心积分"，在"爱心超市"购买卫生纸、洗发液等日用品，引导和鼓励建筑工人积极参与到活动组织及场馆值班、绿植维护、图书整理等工作中，形成建筑工人自主管理和自我服务的模式。共享方面，筑梦·红色家园面向所有人实现所有参与者、建筑工地的所有人都可以享受场馆的各种服务。红色家园结合建筑工人的特点，推行"菜单式"服务模式，在对建筑工人进行服务需求调研的基础上设计菜单，并考虑到"菜品"的共性与个性化需求，针对个别化的需要，实行会员制，采取定制化套餐服务。红色家园的品牌服务项目"建设者夜校"在晚间为建筑工人开设技能培训，多名工人考取了电工等职业资格证书；"'小候鸟'驿站"在暑期为建筑工人的子女开展夏令营活动，深得小朋友的喜爱。

"筑梦·红色家园"作为一个街道党工委开发的项目，深刻地体现了深圳各级党委政府对共建共治共享社会治理精神的领悟，党委领导、政府负责、社会协同、公众参与、法制保障的理念已经深入人心。

筑梦·红色家园项目是在城市开发建设领域的典型案例，是用社会治理的思路解决传统外来务工人员的管理和服务，突破了传统企业工会的做法，通过调动各方积极性，为建筑工人提供优质服务和自我成长的机会。筑梦·红色家园项目只是深圳社会治理领域的一个小缩影，类似的案例在各个领域均有呈现。

作为深圳港口经济的重要支撑，集装箱拖车运输行业是社会治理的重点领域。因为这一行业中小企业居多，运作模式以司机携车挂靠企业为主，十多辆车就能成立一家运输公司，存在松散的劳动关系，加之道路运输的风险，行业内因劳动合同、工伤、丧葬等问题产生的纠纷频频出现。在 2013 年以前，每年仅通过法院、仲裁院处理的纠纷案件达2000起左右。而深圳市集装箱拖车运输行业协会充分引导行业自治、自律，提升企业内部治理水平，2015年后，每年的纠纷案件下降到之前的10%左右。集装箱拖车协会在内部设立了"盐田区劳动争议移动仲裁庭"，定期举办仲裁公开庭审，以现场庭审的方式，增进企业和职工对纠纷的认识。之后，盐田区把这一模式在全区推广，把移动仲裁庭放到街道、工业区，现场开庭，以案说法。移动仲裁庭就是将政府服务下沉到基层，依靠社会力量具体协办和承办，由行业协会等社会力量组织企业参与、协调安排场地，既确保了政府执法的权威性和严肃性，又发挥了社会力量的专业性、灵活性和能动性。

传统的工会变身为社工提供服务的红色家园，传统要告到法院、仲裁院的纠纷化解于行业协会，不仅如此，传统的市政公园管理竟然引入民间公益组织——深圳红树林生态公园引入深圳市红树林基金会参与管理，成为全国首家由专业公益组织受托管理市政公园的试点。传统的医院竟然开设了儿童手工、故事活动——深圳市儿童医院·Vcare关爱空间由深圳市关爱办发起，由医院提供场地，由企业或基金会捐赠运营资金，由社工和义工提供服务，为住院儿童提供互动体验的公益活动和服务，并开展儿童救助项目。

这一切，首先要求政府有开放包容的心态，接纳、重视社会力量，并愿意尝试与社会主体平等协商，共同合作。深圳政府高度认同共建共治共享的理念，一方面积极转移职能，将本部门一些适于社会力量发挥作用的工作转移委托出去，发挥社会力量的作用；另一方面将行政职能与社会主体有机结合，优势互补，初步探索出了二者有机衔接的机制，推进"政社合作伙伴关系"落到实处。

共建共治共享的社会治理是符合国际发展潮流的、符合党的十九大报告精神的、符合人民利益的治理模式。深圳坚持推进政社分开，放开市场准入，释放改革红利，凡社会能办好的尽量交给社会承担，多途径拓展社会各种主体参与社会治理的空间。未来，随着不同社会力量的成熟，深圳将构建跨区域、跨领域、跨部门的社会治理合作共同体，凝聚多元力量和优势资源，打造交流合作平台，形成社会治理生态链。

第五章　文明之城与人的现代化

就产品形态的文化而言，深圳仍然属于稀树草原。但是，就观念形态的文化而言，深圳则是国内最为现代化的热带雨林。深圳移民社会熔炉熔铸了以创新、开放、包容、平等、契约（法治）、科学、务实和公共精神等为核心的先进文化观念。这是一种与马克斯·韦伯所论的资本主义文化精神相对应的"社会主义市场经济的文化精神"。这种文化精神在观念上支撑了深圳现代化发展。深圳不遗余力发展文化产业和公共文化服务，则丰富了生活世界的文化。先进的观念、巨量的人口迁移以及不断提升的文化供给能力和服务水平，也使得深圳成为中国实现人的城市化和现代化的巨大推动力量。

党的十九大报告指出："文化是一个国家、一个民族的灵魂。文化兴国运兴，文化强民族强。没有文化的高度自信，没有文化的繁荣兴盛，就没有中华民族伟大复兴。"2019年全国两会期间，习近平总书记在看望参加全国政协十三届二次会议的文化艺术界、社会科学界委员时强调："一个国家、一个民族不能没有灵魂。文化文艺工作、哲学社会科学工作就属于培根铸魂的工作，在党和国家全局工作中居于十分重要的地位，在新时代坚持和发展中国特色社会主义中具有十分重要的作用。"正所谓"文运与国运相牵，文脉同国脉相连"，古往今来，文化既是一个国家、一个民族的立足根基，同样也是一个城市的内在灵魂——这不仅适用于一些历史悠久的城市，也适用于对深圳这样的年轻城市的观察和分析，也即深圳成功的内在动力机制是如何由"文化"浇灌、构筑而成的。按照习近平总书记的重要批示精神，深圳要朝着建设中国特色社会主义先行示范区的方向前行，努力创建社会主义现代化强国的城市范例，必然要求在经济、社会之外，在城市文化和人的现代化上同样走出一条新型的发展道路，形塑"社会主义市场经济的文化精神"，将深圳打造成为中国现代文明之城的范例和样本。

在过去，深圳一度被称为文化沙漠，在一些学者看来，深圳是一个没有文化但实现了经济成功的案例[1]，经济学家张五常甚至说，"人类历史上我们很少见到一个经济发达而文化尘下的地方"[2]。就产品形态的文化而言，深圳仍然存在很多不足，过去是"沙漠"，现在也只是稀树草原。但是，就观念形态的文化而言，深圳则是国内最为现代化的城市之一，是适应社会主义市场经济的文化观念的一片热带雨林。这种现代文化观念，支撑了深圳现代化的发展。

第一节　梦想之城：深圳的"创世纪"故事

城市的出现本身是人类文明创新的产物。著名史前考古学家柴尔德认为，城市的出现是人类文明发展中一场意义深远的"城市革命"：大型居住区、财富集中、大规模公共建筑、出版物、表演艺术、科学知识、对外贸易、从事非生产劳动的专业人员、阶级社会、以居住区而不是以亲属关系为基础的政治组织，成为表明城市文明到来的正式鉴别标准。[3]

大致说来，城市的出现，是自然演化的产物，如出于物品交易等客观需要，导致人口在某一空间自然集中，久而久之就会形成相对大型的生产、交换和生活居住区，也即区别于乡村散居形态的城市（镇）。但在城市形成和发展过程中，人为的主观能动因素也起着至关重要的作用，美国学者乔尔·科特金就此指出："城市的演进展现了人类从草莽未辟的蒙昧状态到繁衍扩展到全世界的历程。

---

[1] 张军：《深圳奇迹》，东方出版社2019年版。
[2] 张五常：《深圳是个现象吗？》，"爱思想"（http://www.aisixiang.com/data/116239.html）。
[3] ［澳］戈登·柴尔德：《城市革命》，载《考古学导论》，安志敏、安永瑗译，上海三联书店2008年版。

正如法国神学家雅克·埃吕尔曾经注意到的,城市也代表着人类不再依赖自然界的恩赐,而是另起炉灶,试图构建一个新的、可操控的秩序。"[1] 在科特金所建构的城市发展模型中,神圣、安全、繁荣是世界城市发展的三个主要变量和普遍特征,也是城市取得成功的关键所在。换句话说,地点的神圣、提供安全和规划的能力、商业的激励作用是决定城市全面健康发展的关键因素,在这些因素共同存在的地方,城市就兴盛,反之,城市就会淡出,最后被历史所抛弃。

而能对此判断做出最好说明的城市,既有西方的罗马、伦敦和巴黎等历史悠久的欧洲中心城市,也有中国的长安、洛阳等历史辉煌的东方都会。在此我们不妨以介于东西方的伊斯坦布尔为例,来看看神圣、安全和繁荣是如何造就一座城市的辉煌并铸就其内在的灵魂的。

众所周知,伊斯坦布尔位于博斯普鲁斯海峡南口西岸,扼黑海之咽喉,居欧亚交通之要冲,战略地位极为重要,此之谓"神圣"。伊斯坦布尔的建城史可追溯到公元前658年,称拜占庭。公元330年,罗马帝国的君士坦丁大帝迁都至此,初称新罗马,随后改称君士坦丁堡,成为欧洲新兴基督教势力抵御东方(宗教)力量的桥头堡,而它大兴土木所提供的"安全和规划的能力",为君士坦丁堡此后的繁荣奠定了基础。公元395年,罗马帝国分裂,君士坦丁堡成为东罗马帝国首都,公元12世纪成为欧洲规模最大、最为繁华的城市。奥斯曼土耳其13世纪崛起后,于1453年攻陷君士坦丁堡,东罗马帝国灭亡,该城同年成为奥斯曼帝国首都,改名伊斯坦布尔,并随奥斯曼帝国的强大而走向持续繁荣。19世纪奥斯曼帝国盛极而衰,在"一战"后被肢解,伊斯坦布尔也随之走向衰落。

作为两大帝国的首都,伊斯坦布尔的辉煌历史我们大致可从其创造的光辉灿烂、无与伦比的城市文明中得到印证,尤其是它的帝国建筑,如圣索菲亚大教堂、君士坦丁堡大皇宫、竞技场和黄金城门、大道与广场在其间星罗棋布,加上为数众多的艺术和文学作

---

[1] [美]乔尔·科特金:《全球城市史·序言》,王旭等译,社会科学文献出版社2006年版,第1页。

品，无不见证着这座城市的光荣与伟大，以至于有学者说"伟大的文艺复兴起源于对君士坦丁堡的文化劫掠"——欧洲第四次十字军东征对君士坦丁堡的大劫掠，使得文艺复兴运动在相当程度上是意大利威尼斯、佛罗伦萨等城邦雇用学者解读、篡改和吸纳君士坦丁堡所继承的小亚细亚历史文化的过程。①时至今日，即便相比于帝国时光，伊斯坦布尔已失却其往昔地位，但随处可见的帝国废墟和历史遗迹，正如其土耳其语义"城就在那里"一样，依然清晰地标记着这是一座由历史文化记忆堆砌起来的城市，文化构成了这座城市的内在灵魂。用土耳其诺贝尔文学奖获得者帕慕克的话说就是，这里的每一颗土壤、每一滴海水都被"呼愁"所充斥，以至于这种弥漫在空气中的"呼愁"已深深地注入城市里每个人的内心深处，也见出这座曾经高度辉煌而又衰落了百年之久的伟大城市的灵魂所在。伊斯坦布尔的败落是不幸的，但"呼愁"所暗含的帝国斜阳之下的阴影，恰恰映照出伊斯坦布尔曾经光芒四射的无上荣光。②

　　由伊斯坦布尔到深圳，我们可以说它们是完全不同的两种城市类型。与伊斯坦布尔这样区位神圣、历史悠久、文化深厚的城市相比，尽管所在地区有1700多年的郡县史，600多年的南头城、大鹏城史和300多年的移民史，深圳却显然是一座没有多少城市历史文化可供记忆的新城。众所周知，由于长期位于国家边缘地带，深圳进入世人视线并为人所熟知，始于1980年经济特区的成立，至今不过40年。而且相比于自发形成的城市，深圳在相当意义上完全是一座人为设计之城，是中国改革开放国策的直接产儿，也即前面雅克·埃吕尔所说的"另起炉灶，试图构建一个新的、可操控的秩序"。为了说明这一点，我们不妨从一首深圳出品的著名歌曲《春天的故事》及其颇具象征意味的画面说起。

　　在这首创作于1994年、随后响彻大江南北的主旋律歌曲中，词作者写道："一九七九年那是一个春天/有一位老人在中国的南海边画了一个圈/神话般地崛起座座城/奇迹般地聚起座座金山。"这首

---

① 参见何新《哲学思考》（第3版），万卷出版公司2013年版，序言。
② ［土耳其］奥尔罕·帕慕克：《伊斯坦布尔：一座城市的记忆》，何佩桦译，上海人民出版社2018年版。

颇具政治抒情色彩的歌曲，讲述的是深圳作为一座新城"神话般地崛起"的"创世纪"故事，而"奇迹般地聚起座座金山"则预示着这座城市与"商业""财富"的显在关联。深圳的成功，显然不是基于其地点的神圣，甚至也不是它所提供的安全和规划的能力，而在于科特金所言的"商业的激励作用"，它在现实中所对应的，正是中央对深圳经济特区的最初政策定位：出口加工区。

回顾经济特区的决策过程，可以看到，直接促使广东省改变对外经济观念并开始酝酿出口加工区，当时主要基于两个问题，一是地方经济的破败和人民生活的贫穷，二是宝安县境内的"逃港"风潮（根源也在贫穷）。由于地缘格局的原因，广东干部尤其是来自基层的干部最早感受到这带来的压力和危机。如曾长期担任宝安县领导的方苞，在问基层干部陈天乐如何解决逃港问题时，陈天乐回答：要开放，恢复边境贸易政策，借鉴香港新界农民发展经济的某些做法。[①] 而 70 年代末担任广东省委领导的吴南生，1979 年初回故乡汕头调研时，城市的破败和居民的贫困给他很大的刺激，他同时也从一位境外朋友关于举办出口加工区的建议中得到启发，当即向广东省委提出了通过下放权力在汕头试办出口加工区的设想。这一设想不仅得到广东省委第一书记习仲勋的大力支持，而且也受到了邓小平等中央高层的肯定。1979 年 7 月，中央决定对广东和福建两省的对外经济活动实行特殊的优惠政策和灵活的措施，筹建深圳、珠海、汕头和厦门经济特区。1980 年 8 月 26 日，第五届全国人大常委会通过了国务院关于设置经济特区的议案，并批准了《广东省经济特区条例》，标志着经济特区在中国正式诞生。

也就是说，在中央当初的政策设计中，被"画了一个圈"的深圳经济特区是作为经济性的出口加工区进入邓小平等中央决策者的视野的，这从一开始就成为深圳的"支配因子"并奠定了深圳作为经济型城市的底色。事实上，从经济特区成立之初对外贸易的勃兴和随后"三来一补"企业的涌现，以及大量城市基础设施的兴建，到处是工地、脚手架成为深圳早期最让人印象深刻的城市景观。一

[①] 方苞：《见证历史性的变革》，载深圳市政协文史和学习委员会编《一个城市的奇迹》，中国文史出版社 2008 年版。

方面，"深圳"所代表的改革开放符号，在计划经济依然占据主导地位的整个80年代极具社会感召力，吸引了大量怀着冒险和理想主义精神的人前来寻找新机会，导致全国各地人口的聚集；但另一方面，深圳又被人仅当作一个淘金的地方，投机心理的繁盛使得城市认同薄弱，每当春节来临人群一走而光的奇特景观一直延续到20世纪90年代。正如尹昌龙2005年在接受《中国青年报》采访时所描述的："在1995年过春节的时候，深圳满大街没几个人，连最爱做生意的潮州人都回了家，冷清得我直想哭。"①

作为典型的移民城市，深圳早期家园意识的缺乏，固然是造成春节期间人去楼空的原因，但也与深圳城市功能的单一性即单一的经济性格有着直接的关联：早期深圳是以"一夜暴富之城"而不是生活型城市的面目出现在世人面前的，在经济功能之外，包括文化生活在内的城市综合功能，在深圳经济特区发展规划中并没有预留出足够的位置与空间。

但即便如此，深圳几乎带有野性的发展很快就突破了当初特区设计者的预期。其突出表现，一是经济的增长，二是人口的膨胀。

在经济增长方面，深圳1979年GDP仅为1.96亿元，但成为特区后经济发展迅猛，如1980—1984年GDP增速都保持在50%以上，尤其是在吸引外资上，到1984年底深圳特区实际利用外资5.8亿美元，占全国总额的1/7，外资企业的产值占特区工业产值的50%，计10.8亿元人民币。② 从1980年到2001年，深圳平均每年GDP增速达29.5%，工业总产值递增46.4%，财政收入递增39.6%，外贸出口递增39.4%，远超联邦德国、日本、亚洲"四小龙"鼎盛时期的发展速度，"创造了世界奇迹"。③ 在人口增长方面，随着经济与城市建设的全面展开，深圳的人口也一直呈现高速增长的势头。据统计，1980年深圳市总人口仅为33.29万人，1990

---

① 转引自张军主编《深圳奇迹》，东方出版社2019年版，第10页。
② ［俄］波尔佳科夫、斯捷帕诺夫：《中国的经济特区》，载俞可平等主编《海外学者论中国经济特区》，中央编译出版社2000年版。
③ 《20年间年均GDP增长29.5% 深圳经济创造世界奇迹》，2002年9月26日，新华网（http：//news.sohu.com/36/71/news203387136.shtml）。

年第四次人口普查时,全市人口为166.74万人,是十年前的5倍;到1995年全市人口总数是345万人,比五年前增长了一倍;而2000年第五次人口普查结果显示,深圳市人口总量已超过700万[①],不仅比1995年翻了一番,而且超过了一河之隔的香港(678万)。

这种基于新型工业化、城市化的经济增长与人口膨胀的速度和规模,即使放眼全球,都是史无前例的,可谓"深圳奇迹"。

时至今日,深圳经济总量在2018年的生产总值不仅突破2.4万亿元,超过同一区域的香港和广州而位居全国城市第三,亚洲城市前五,而且成为全球瞩目的科技创新之城,涌现了华为、腾讯、大疆科技等一大批具有全球竞争力的企业;与此同时,在不到2000平方公里的土地上,深圳实际容纳的城市人口超过2000万,真正实现了《春天的故事》所唱的"神话般地崛起",成为一座"奇迹般地聚起座座金山"的财富之城和梦想之城。因此,在全球城市发展史的脉络里,深圳显然是科特金城市模型中的"商业的激励作用"的结果,相应地,它所对位的则是欧洲文艺复兴时期崛起的威尼斯、热那亚等地中海沿岸商业城市和伦敦、阿姆斯特丹等北海沿岸现代商业中心以及19世纪工业化时代崛起的纽约等北美移民城市,"威尼斯同时也预示了一个现代城市的终极形式,其伟大之处主要源于城市的经济力量。威尼斯的富足不是通过帝国征服或凭借其神圣中心的位置取得的。它的财富就像腓尼基的财富一样,几乎都是凭借精明的经商之道获得的"[②]。

而问题就在于,深圳奇迹何以可能?假如说,改革开放40多年的中国崛起故事构成了一个谜一样的存在,那么同样地,深圳奇迹的发生也有着一层迷蒙的梦幻色彩,对之的解释多年来可谓汗牛充栋。在此我们愿意提供一个文化的解释,也即从文化的层面分析深圳得以成功的成因。

---

① 数据来自历年的《深圳统计年鉴》。
② [美]乔尔·科特金:《全球城市史》,王旭等译,社会科学文献出版社2005年版,第104页。

第二节　社会主义市场经济的文化精神

近代工业革命以来，西方文明创造了高度发达的物质和精神成就，并开创了一个史无前例的持续创新和经济增长过程。究其原因，学界曾进行了广泛而持久的分析，其中就有学者给出了"制度"上的解释："欧洲人能创造出现代技术文明的原因就在于他们开发并贯彻了一套人类交往的规则，它抑制了机会主义和权力的滥用。这些规则被称为'制度'。它们的不断演化完全是由于欧洲各国开放了贸易、旅行、移民和思想交流。这种开放性对掌权者施加了系统的约束。并且，在统治者想要保持和吸引创造财富的商人、资本家、企业家和熟练劳动者的政区里，逐渐地演化出了私人产权、对政府垄断和私人垄断的抑制、法治，以及民主的、受限制的政府"，"私人产权和法治等制度构成了软件，它们使个人、民间厂商、公共机构有可能创造和运用现代经济文明的各种硬件，如工厂、大楼和运输设施。制度大都不很直观，但是，要想确保所有公民从物质资本和劳动者的艰苦努力中受益，要想使增长过程历久不衰并伴有社会的和谐、公正和安定，制度必不可少"。[1]

当我们将制度视为一种（制度性）文化，那么在比拟"制度必不可少"的意义上同样可以说，深圳的快速崛起和持续繁荣，"文化必不可少"。正如德国著名学者马克斯·韦伯在其经典著作《新教伦理与资本主义精神》中，在肯定精神与文化因素对经济社会发展具有巨大推动力的前提下，论述了宗教观念（新教伦理）与隐藏在资本主义发展背后的某种心理驱力（资本主义精神）之间的生成关系。[2] 在解释深圳之谜时，假如要从文化着手，则有必要回到何谓文化及其功能的经典话题中来。

---

[1] ［德］柯武刚、史漫飞：《中文版序言》，载《制度经济学：社会秩序与公共政策》，商务印书馆2004年版。

[2] ［德］马克斯·韦伯：《新教伦理与资本主义精神》，生活·读书·新知三联书店1987年版。

在此不妨先插讲个故事：在中国社会科学院倪鹏飞主持的历年中国城市竞争力评比中，深圳不仅在综合经济竞争力指数排名中位居前列，而且多次以文化竞争力名列全国第一。基于多年来蓬勃的发展活力和创新能力，深圳经济极具竞争力较好理解，那么文化竞争力名列全国第一则与普通人的理解相去甚远。显然，看法的分歧首先缘于人们对何为文化的理解及其分析角度的不同。假如着眼于"大文化"而非"小文化"角度，那么这一结果就不是不好理解的。

这里所说的"大文化"，主要指文化人类学意义上的文化。2001年，联合国教科文组织在《世界文化多样性宣言》中对"文化"作出了一个权威定义，即"应当把文化看作某一社会或社会群体所具有的一套独特的精神、物质、智力和情感特征，除了艺术和文学之外，它还包括生活方式、聚居方式、价值体系、传统和信仰"。由此定义出发，我们可以进一步将文化的内涵分为四个维度：一是日用的、带有福利性质的维度——指满足日常基本精神心理娱乐需求的文化产品与服务，它可由一些文化服务指标加以衡量，如人均公共图书馆藏书等。二是经济或产业性质（文化经济）的维度——文化与经济的结合，对文化的实用功能进行开发利用、创造经济价值、进行产业化发展的维度，它可由文化产业产值占GDP比重等量化指标加以衡量。三是精英（精致）文化维度——包括专业人士的科学研究以及文学、音乐、美术等高雅艺术的创作、欣赏与传播。四是文化的价值或意义系统的维度，即通常说的世界观、价值观等，它是文化的核心和灵魂。[1] 从文化现代化的角度来看，这四个维度也可浓缩为"产品形态的文化"和"观念形态的文化"这两大方面，并涵括了文化生活、文化内容、文化制度、文化观念等四个文化现代化要点，以及提高文化创造力、文化竞争力的时代要求。[2]

由此我们回到深圳文化竞争力名列全国第一的话题。在倪鹏飞看来，深圳综合竞争力优异，其最核心竞争力表现在制度和文化方

---

[1] 毛少莹：《公共文化政策的理论与实践》，海天出版社2008年版，第3页。
[2] 中国现代化战略研究课题组、中国科学院中国现代化研究中心：《中国现代化报告2009——文化现代化研究》，北京大学出版社2009年版，第224页。

面。作为改革开放的试验区,深圳敢作敢为、敢于先行先试,几乎在所有的制度方面都处于一种领先位置,这使得它的交易成本和创新成本都变得很低,因此吸引了大量高端要素的聚集。同时,由于深圳是移民社会,是一个多元文化,有着不同文化背景的移民都心怀梦想、抱负,他们在一起平等交往、多样化参与,这样就能够产生技术、管理、制度等创新实践。深圳成为全国创新的高地,就是与深圳的文化分不开的。① 显然,倪鹏飞在此主要是从文化作为"一套独特的精神、物质、智力和情感特征"等深层次的"观念形态的文化"来理解深圳的竞争优势的。

在此意义上,我们可将深圳的成功,看作是深圳文化的历史衍生物。相应地,假如参照马克斯·韦伯关于"新教伦理与资本主义精神"的著名命题,结合深圳自身的实际和特点,则可以说,深圳奇迹正是源于一种"社会主义市场经济的文化精神"的形成与驱动。

——移民开拓精神。费孝通在论述"乡土中国"时,分析了中国古代农耕文明的基本形态和社会特征:首先是"乡土本色",由于直接靠农业谋生的人是粘在土地上的,因此世代定居是常态,迁移是变态,所谓"安土重迁"是也;其次是"聚村而居",这使得乡土社会极具地方性和孤立性,然而乡土村落社区对外虽是相对隔绝的,但在内部却是个生于斯、长于斯的"熟悉社会"或基于血缘和地缘的"礼俗社会",有着早熟、严整、稳定、有效的"礼治秩序",并由此形成了极具伸缩能力的、讲究社会关系与伦理人情的"差序格局"。② 与之不同,现代社会从形态上说是个流动性的"生人社会"或"法理社会":以十五六世纪新航路的开辟和美洲新大陆的发现为标志,前所未有的持续了数个世纪的全球人口流动开始出现,形成了一个个全新的移民社会,也催生了纽约这样的由世界移民构筑的"山巅之城"。由于脱离了原有的熟悉生活空间而身处全新的有待开发之地,来自不同文化背景的新移民为了生存和发

---

① 倪鹏飞:《深圳最核心的竞争力在于它的制度和文化》,2010年8月17日,人民网(http://politics.people.com.cn/GB/99014/12462337.htm)。

② 费孝通:《乡土社会》,上海世纪出版集团2007年版。

展，普遍具有极强的开拓进取性，这也是美国走向持续繁荣的重要原因。相比于美国的国际性移民社会，深圳移民虽以国内各省份移民为主，其文化充满多样性的同时仍然统一于中华文化的内涵之中，与美国移民文化呈现出不同特点，但同样极具移民社会共同存有的开拓进取精神：改革开放后，随着中国人口流动的制度性约束和板结化的社会结构开始松动，怀着各种动机和理想的以年轻人为主的国内移民首先向深圳这样的改革开放试验区流动汇集，这既是深圳实现快速工业化、城市化最大的人口红利，也是深圳乃至全国改革开放获得崭新动能和取得成功的关键。可以看到，在深圳经济特区成立之初，吴南生等高级干部从广州过来了，袁庚从北京、香港过来了，两万基建工程兵集体转业开赴深圳。更重要的是，以年轻人为主体的成千上万的普通人，出于各种原因都来深圳了——深圳成了"梦开始的地方"。[1] 所谓梦，既代表了一种新的希望，也表征了敢于背井离乡、挑战陌生的未知世界的百折不挠、开拓进取精神。如1984年胡经之离开北京大学南下创办深圳大学中文系，年过半百还求一搏即可作如是观："一所新大学没有中文系，就缺乏浓厚的人文气息，一座新兴城市，没有一批以大学教师为代表的人文学者，就缺乏城市文化建设的基本队伍。对此，当时的深圳市领导和深圳大学的校领导，都有清醒的共识。这也是当年我们所以来深圳的原因之一。"[2] 今天读来，这话所流露出的文化使命感和理想激情依然让人动容，同时作为其中的一个表征，这种移民社会的开拓进取精神事实上正是深圳得以"杀开一条血路"、开创社会主义全新发展空间的关键所在。

——社会契约精神。移民社会是以陌生人为主体的社会，天然具有契约精神，如历史上著名的"五月花号"上的天路客和冒险者抵达北美大陆前签订的《五月花号公约》，不仅是美国历史上第一份政治性文件，而且也形塑了美利坚民族的契约、自治等现代社会精神。对于深圳而言，更重要的是，作为经济特区从一开始就肩负

---

[1] 王穗明主编：《深圳口述史（1980—1992）》（上下），海天出版社2015年版。
[2] 吴俊忠：《胡经之：深圳学术文化建设的先行者》，2018年9月28日，深圳之窗（https://city.shenchuang.com/city/20180928/1433780.shtml）。

着探索社会主义市场经济体制的历史使命,市场经济造就了深圳的市场基因和契约文化。40年来,深圳的社会主义市场经济发展,不仅推动了中国新型工业化和现代服务业的快速起步,而且催生了华为、腾讯、平安等最具市场竞争力的创新型企业,也涌现了袁庚、任正非、王石、马化腾、马明哲等著名企业家群体——"深商"。深商与徽商、晋商等传统商帮不同,"深圳有一个本质的特点,它是一个市场经济、以商立市的城市,这个城市的主体,最活跃的人群,最值得研究的人群,就是商人群体,如今形成了深商。对于深商,第一,我们恰恰从五湖四海汇到这个地方,我们不是从一个地方来,而我们是来到一个地方,这是一大不同。第二,我们不是靠血缘关系,那靠什么?……靠一种实用主义的深商精神:以创意为瑰宝、以实利为衡准、事事敢为天下先"[①]。如前所述,现代社会是"法理社会",讲究的是社会契约精神。契约即制度,也即规则,在"制度必不可少"的意义上,社会主义市场经济条件下的契约精神也就是尊重正式和非正式规则的法治精神,而契约(法治)精神的相对发达,显然是深圳市场经济发展较为完善的主要原因和营商环境较好的重要体现。如深商代表人物王石就曾这样指出,我们深圳商人没有了地域限制,维系我们的不是血缘关系,不是地缘关系,而是契约关系,"什么叫契约关系?第一讲的是平等的。第二讲的是自由的,比如说合同,强迫你签,你签吗?不签。一定是自愿的。第三签了合同要遵守的。第四个你不遵守也可以,那你要补偿的。你不补偿,你违法进监狱","这恰好是现代商业文明最本质的东西,如果说深圳的商业精神是什么?我觉得第一条,就是这种契约精神"[②]。

——开放创新精神。现代世界是一个开放的世界。深圳作为国内最为开放的城市之一,一方面是中国对外开放的产物,另一方面又引领着中国的对外开放潮流。尤其是作为一个毗邻港澳的经济特区,深圳本身就具有其他城市所不可比拟的开放区位优势;作为移

[①] 老亨:《深商的精神》(2016年11月15日),2020年3月7日,优酷网(https://v.youku.com/v_show/id_XMTc4MjKINDYxNg%3D%3D.htm)。

[②] 王石:《深商与契约精神》,《万科周刊》2014年1月3日。

民城市，深圳因没有传统文化的包袱和惯性思维的束缚，而有较大的开放性和开拓性，同时由于外来移民人口以年轻人居多，容易接受新生事物，容易进行新的探索和试验。特别是作为文化载体的人的迁移和流动促进了文化的流动和传播，为移民文化的发展带来了动力和活力，使流入地不同文化群体在交流和互动过程中，各种文化相互碰撞、融合乃至创新，产生出一种具有开放创新特质的移民文化。开放，既解释了深圳获得巨大成功的根本原因，也是深圳保持蓬勃发展活力的关键所在。同时，现代经济是创新驱动的，没有足够的创新，城市不仅裹足不前，而且会在激烈的国际竞争中败北。正所谓"创新是深圳的根，深圳的魂"，作为中国最具有创新精神的城市，深圳因制度、科技、文化上的创新，实现了经济的快速崛起和转型升级，最终实现了城市竞争力的锻造，培育出华为这样的具有高度创新性和国际竞争力的"狼性"企业，这也使得华为成为深圳精神的一个典型代表。深圳近年来在国内、国际的各种城市竞争力榜单中之所以获得让人印象深刻的靠前排名，并被称为中国的硅谷和创新之都，就在于其创新的城市基因及其潜能在不断地获得新的激发和阐扬，这不能不成为深圳未来最可珍视的城市精神传统之一。

——平等包容精神。正如王石所说，契约精神是以平等、权利为内核的。这不仅在经济或商业领域适用，同时适用于对深圳社会的分析。深圳作为新兴城市，本身缺乏牢固的历史根基和传统文化积淀，又没有一种文化占据绝对优势，各种亚文化可以平等交流、竞争，进而促成文化的创新。也就是说，与其他城市相比，由于是典型的移民城市，深圳并不存在本土力量过于强大导致压抑、排斥外来人口的弊端，因此也就较少基于血缘和地缘的圈子文化，每个人都来自五湖四海，都会被城市相对平等地予以对待和接纳，每个人的努力故事和"凭本事"的成功都会得到应有的尊重和激励。平等即宽容，而社会宽容度的提高，又必然极大有利于城市的创新。正如佛罗里达所指出的，在创意经济的时代，基本的生产资料是人头脑中的创意，创意既可以表现为一种全新的技术产品，也可以是一种新颖的商业模式或方法；创意经济即创意活动成为主流，并围绕创意活动开展创建整体的基础经济；而创意阶层得以形成和崛起，根本原因之一就是"宽容"：创意阶级依靠创意来创造经济价值，他们将个性、自我表达、容纳差异置于融入、服从和适应这些组织规则之上，因此其价值观就主要体现为个性化、精英化、多样性和包容性。① 在 GEM（全球创业观察）设计的城市创业环境指数指标体系中，文化基础被列为一个重要指标，包括价值取向、创业精神、创新氛围、交往操守等。价值取向影响城市或地区的资源配置，创业精神是创业活动的原动力，标新立异、开放宽容、无拘无束的创新氛围，有助于创新思想的形成和创新产业的发展。② 在深圳，之所以会出现各种创意社区和形成一个创意阶层，成为"设计之都""创客之都"和"大众创业、万众创新"的热土③，其根本原因就在于形成了有利于创意创新创业的文化，在于深圳平等宽容的社会精神。

——科学务实精神。在老亨对深商的概括性描述中，深商的崛起不靠地缘、血缘，靠的是一种实用主义的深商精神：以创意为瑰宝、以实利为衡准、事事敢为天下先。可以看到，无论是创意、实利，还是事事敢为天下先，都可追溯到科学务实的实用主义精神。在这方面，深圳由于是在广东这块土地上成长起来的从而与务实的岭南文化有着内在的契合性。本土文化虽只是深圳亚文化的一种，不存在主流的文化群体和地域文化，但毕竟处于两大岭南重镇广州和香港之间，务实文化的影响是潜移默化的，这种"以实利为衡准"的实用精神在市场经济环境下尤其突出，其中的典型例子就是深圳的手机产业。中国手机行业自 20 世纪 90 年代以来经历了快速的发展和显著的产业升级历程，这在"手机之都"深圳身上体现得最为明显：从 2004 年前后的制造代工和贴牌生产起步，深圳的手机厂商着眼于全球手机制造业迅猛发展以及手机生产技术门槛降低

---

① ［美］理查德·佛罗里达：《创意阶层的崛起》，司徒爱勤译，中信出版社 2010 年版。
② 王京生：《什么驱动创新——国家创新战略的文化支撑研究》，中国社会科学出版社 2017 年版，第 168—169 页。
③ 《双创蓝皮书：深圳"双创"指数排名全国第一》，《21 世纪经济报道》2018 年 6 月 21 日。

带来的巨大商机，开始大量生产各种未经监管部门认证的"山寨手机"，并迅速形成以中小企业为主的完整配套产业链，不仅以更快的时机先人一步抢占国内外市场（如 2013 年全球手机出货量 18.22 亿部，出自深圳的就有 7.58 亿部，占比达到 42%），而且在市场力量驱动下形成了高度专业化分工的产业集群，不断推动深圳手机制造产业升级和参与国际竞争，最终实现了以华为为代表的国内终端手机巨头的崛起。假如说深圳手机业的发展是"一部纯市场化的成功演变史"[①]，那么在笔者看来，这其实也是深圳这座城市立足于"市场"的科学务实精神得以集中展现并取得辉煌成果的历史。

——社会公益精神。社会主义市场经济体制较早在深圳发育和发展，不仅推动了深圳经济（尤其是民营经济）的迅速崛起，也催生了蓬勃的社会力量。作为一个典型的工商业城市，深圳拥有足够规模的具有自我管理能力的商事主体，如截至 2018 年 4 月，深圳的商事主体总量约 318.8 万户，继续居于全国大中城市首位。[②] 与此同时，在政府、企业之外，第三部门（社会组织）在深圳也取得了长足发展：2018 年社会组织的登记总量达到 10230 家，每万名常住人口拥有社会组织的数量为 8.03 个，万人社会组织拥有量居全国城市之首。[③] 作为城市治理体系和治理能力现代化的有机组成部分，社会组织和公民个体成为深圳改革发展一支不可或缺的重要力量：一方面，深圳市民有着相对浓厚的权利意识，这根源于制度上对经济（财产）、社会和文化权利的尊重和保障；另一方面，以财产权利为基础，公民的社会文化和公共生活参与意识也逐渐增强，它们与政府和企业一起，加强、密切了城市主体之间的交往，涵养了一种互助互利的公益文化，培育了市民的公共精神。如 1993 年深圳在全国率先倡导宣传无偿献血模式，1995 年颁布实施了《深圳经济特区无偿献血及血液管理条例》，是深圳实践社会公益精神的积极

[①] 参见张军主编《深圳奇迹》，东方出版社 2019 年版，第八章。
[②] 《深圳商事主体总量 318.8 万户 居全国大中城市首位》，《深圳商报》2018 年 5 月 29 日。
[③] 李庆：《〈深圳社会组织发展报告（2018）〉发布 深圳每万名常住人口拥有社会组织 8 个》，《公益时报》2019 年 3 月 19 日。

尝试；王石担任深圳市红树林湿地保护基金会联席会长等社会职务，则代表了深圳探索社会组织和个人参与公共管理、提供公共服务、推动政府职能转变的方向；而自2011年底深圳在全国首次系统性提出建设"志愿者之城"以来，截至2018年3月，深圳全市注册志愿者达到158万人，注册志愿者占常住人口的比例达到13%，位居全国前列。[1] 这些成就不仅成为深圳社会共同体建设的里程碑，也是深圳现代城市精神的一大表征。

综上，深圳的成功，实基于深圳的移民社会和市场经济所熔铸的上述先进文化观念，所形塑的一种与马克斯·韦伯所论述的资本主义文化精神相对应的"社会主义市场经济的文化精神"。正如谢志岿等所指出的："深圳经济特区成立以来，正是由于各种资源、不同人群迅速集聚于此，不同文化相互碰撞交流、吸收借鉴，形成了具有深圳特色的多元文化交融创新的格局。由此形成的移民文化精神，脱胎于传统文化，又融合了现代市场文明和外来文化，形成了具有深圳特色、与深圳社会主义市场经济实践相互适应的新型文化。新兴城市发展，必须自觉构建和熔铸与社会主义市场经济相适应的文化精神。"[2]

第三节 "市场社会"与新型文化的生成场域

从广东省改变对外经济观念并开始酝酿出口加工区，到中央1980年决策设立经济特区，再到后来一系列的改革创新实践，在相当意义上是当时情势倒逼的结果，如地方经济的破败和人民生活的贫穷以及宝安境内的"逃港"风潮，是中央决策层解放思想进而决定在边缘区域"实行特殊的经济政策和特殊的经济管理体制"以改变这一局面的积极尝试，也是邓小平后来作出"贫穷不是社会主义"这一著名论断的重要经验来源。而由于深圳经济特区几乎是从

---

[1] 《全力打造"志愿者之城"3.0版》，《深圳晚报》2018年3月19日。
[2] 谢志岿、李卓：《移民文化精神与新兴城市发展：基于深圳经验》，《深圳大学学报》（人文社会科学版）2017年第5期。

一穷二白的基础上起步的，要建设新特区、新城市，发展外向型新经济，首先要有大量人口的集中，这也就逼迫要求松绑人口流动的制度性约束和板结化的社会结构，同时赋权深圳地方党政部门在人口（人事）管理体制机制上加以改革创新，以适应新型工业化、城市化时代的发展要求，让人口（人才）流动起来并实现人力资源的有效配置。这是深圳成为新型移民城市和得以形成极具开创性的移民文化的前提和基础。同时，深圳经济特区从一开始就肩负着探索社会主义市场经济体制的历史重任，而这又是传统计划经济体制逐渐僵化、不可持续必须实现转型发展的结果：在存量改革难以全面突破之时，深圳以其地方性的试验区的改革先锋角色，成为践行社会主义市场经济体制的弄潮儿，从而通过渐进性的增量改革方式减少阻力，在旧体制改不动时积极发展新体制，从而为深化改革创造条件，为经济改革创造竞争的市场环境，为旧体制的改革提供示范，降低改革成本，最终使本来无解的问题得到解决。[1]

但深圳经济特区的成功及其"社会主义市场经济的文化精神"的形成，更多是主动作为的产物。这有两个观察角度，一是中央，二是地方。当我们说深圳经济特区"敢闯敢试""杀出一条血路"并将之作为深圳（文化）精神的内核时，我们不应忘记这种改革权利和自主权的获得是中央解放思想、对深圳实行"行政跨级赋权"的结果。"行政跨级赋权"是分权的另外一种形式，其基本含义是在现行政治制度框架内，给予特定层级政府以更高一级的权限，以突破制度同构性带来的制度僵化。[2] 另外，从地方政府和地方社会来说，深圳所开创出来的改革发展成就和文化精神成果，的确是深圳政府和社会各界积极作为"敢闯敢试""杀出一条血路"所取得的，特别是深圳的早期领导人吴南生、梁湘、袁庚、李灏等一大批改革闯将，在探索社会主义市场经济时前无经验可言的情况下，以极强的历史使命感和大胆开拓性，在财政金融管理体制、土地使用制度、公共事务管理体制、人事制度管理体制、出入境管理制度等领域推动了一系列的改革创新，确立起一种改革体制，为深圳乃至

---

[1] 樊纲：《渐进之路》，中国社会科学出版社1993年版。
[2] 朱德米：《经济特区与中国政治发展》，重庆出版社2005年版，第165页。

全国的社会主义市场经济发展开辟出一条新路。

更进一步，从根本上说，深圳的新型文化精神是在"市场社会"的土壤和场域中内发生成的。

深圳是国内经济最发达、市场经济最成熟的城市之一。尤其是深圳从一开始就以发展外向型经济为目标定位，这就在客观上决定了深圳必须迅速学习国际通行的市场规则和知识，通过内部的调适以"接轨"国际市场。在这方面，当然首先是向一河之隔的香港学习。

1984年国庆的天安门广场，在庞大的游行队伍中，出现了两条引发世人瞩目的标语，一条是"小平，你好"，另一条是"时间就是金钱，效率就是生命"。后者是由深圳招商局蛇口工业区提出的口号。

这个口号得到肯定并随后作为最著名的"深圳观念"在全国广为传播，归因于1984年邓小平的第一次南方谈话。据时任蛇口工业区管委会副主任王今贵回忆，1984年1月25日下午，香港招商局副董事长兼蛇口工业区负责人袁庚突然交给他一个任务，"通知工程公司连夜加班，埋水泥柱，用五六米的铁皮和三脚架，做一个'时间就是金钱，效率就是生命'的牌子，放在从深圳进入蛇口的分界线上"，"我要让首长路过时看到那个标语牌。"王今贵并不清楚是哪位首长要来，旁边的副总指挥许智明提醒袁庚，对金钱和效率的公开崇拜，与当时的主流意识形态并不合拍。袁庚的回答是，"我就是想让小平同志鉴定一下，这个口号到底行不行"。邓小平视察蛇口结束后，袁庚问："小平同志，我们提出了一个口号，叫作：时间就是金钱，效率就是生命，不知道这提法对不对？"当时在场的熊秉权、王今贵等人回忆，邓小平只回答了一个字："对！"[①]

今天回过头来看，所谓"口号"，其实蕴含着极强的现代价值观念，而"时间就是金钱，效率就是生命"这样的"公开崇拜金钱和效率"的市场观念当时只能出现在深圳，出现在蛇口，出现在袁庚这样的改革闯将手中。事实上，深圳经济特区的"出口加工区"

---

① 卢波：《失踪的蛇口：25年前民意测验推选管委会班子》，《瞭望东方周刊》2008年6月10日。

定位在当时的蛇口工业区身上体现得最为明显，也最具成效，而"时间就是金钱"这样极具时代特色的"效率意识"其实来自于袁庚在香港的亲身体验。招商局曾在20世纪70年代末的香港购得一座写字楼供办公用，签字仪式结束后，卖方只留下一人与袁庚商谈善后事宜，其他人拿着支票迅速钻进未熄火的轿车，迅速冲往银行。当时香港实行双休日，他们签合同那天正是周五下午，如果不赶在银行下班前将支票放进自己账户，这张2000万港元支票三天的利息就要受到损失。这让袁庚深刻体会到，在市场经济条件下无论是资本还是劳动，一切生产要素都是有价值的，不能白白浪费。这也是他后来常常说起的"香港第一课"。①

正如"深圳这个地方首先生长观念，其次才生长高楼大厦"这一度流行的掷地有声的说法，文化观念与市场经济的相辅相成，既推动了深圳经济体制的改革创新，也造就了"深圳观念"这一整套现代文化价值及其广泛的社会影响力。在价值观念是"文化"的核心和灵魂的深层意义上，"时间就是金钱，效率就是生命""空谈误国，实干兴邦""敢为天下先""改革创新是深圳的根，深圳的魂""鼓励创新，宽容失败""深圳，与世界没有距离"等深圳观念从一出现就以市场、效率、实干、创新精神成为新型的现代文化的代表，并在价值层面铸就了深圳社会主义市场经济的文化精神。

也正是要在"市场"的汪洋大海中游泳，就作为市场核心主体的企业来说，深圳是最早打破计划经济的地方，其早期经济活动在计划经济之外，主要是受市场的需求所决定的。在激烈的市场竞争中，企业要生存、要发展，必须生产市场需要的产品，做到"人无我有，人有我新"，这都需要创新。这也是深圳企业自带创新基因的市场根源。而多种经济成分并存、私人经济能够得到承认的市场环境，以及来深人口较高的冒险精神，使那些怀揣技术和创业想法的人，可以脱离计划经济体制在市场经济的大海里一试身手。这又是深圳极具创业激情的原因。同时，由于市场竞争的激烈，唯有靠市场和顾客才能生存下去。这种认知或共识影响了企业经营者，也

---

① 涂俏：《袁庚传：改革现场1978—1984》，作家出版社2008年版，第30页。

影响了每一个企业员工，成为深圳"服务文化"的根基，正如《华为基本法》所述："顾客的利益所在，就是我们生存与发展的最根本的利益所在……要以服务来定队伍建设的宗旨，以顾客满意度作为衡量一切工作的准绳。"这样的市场意识和服务文化在餐饮行业同样体现得很突出——深圳是全国服务业最发达、服务最出色的城市之一。而企业/行业的这种市场特质，也通过个体反映出来。由于所在公司/行业就是一个个的场域，企业文化观念不断渗透和影响着员工的观念及行为，使员工不断形成新的习惯：市场环境压力迫使每一个外来者必须具备开放、包容的心态，必须讲究市场意识、契约精神，必须强调服务行为，只有这样公司和个人才能生存发展。这是市场对深圳企业的规约，也是对个体的影响。总之，在市场经济条件下，深圳文化流动与创新的社会机制存在于外来移民到深圳后的日常生活、交往实践中，不同文化群体间的相互学习，不同文化的相互融合、浸染、改造，最终产生文化创新。而深圳由于人口的多元性和流动性，生活场域的互动和社会资本也可能更多元，更容易形成文化的溢出和交换。社会交往给予了深圳不同文化群体间取长补短的机会，为促进城市文化发展带来了积极的影响，为新观念、新想法在深圳的生根发芽以及成长创造了条件。①

由此可见，深圳的新型文化是与社会主义市场经济彼此适应以及在社会场域中相互学习的产物。而在这方面，我们恰恰可以看到，深圳既是中国最为开放的城市之一，也是最具学习精神和最善于学习的城市，而这在深圳蔚为大观的阅读风气中得到了集中的体现。

说起深圳人的学习热情，不能不提及在20世纪80年代深圳图书馆读者连夜排队办证的阅读景象，特别是1996年深圳书城落成和同时举办第七届全国书市的空前盛况，以及从1992年起深圳连续20多年人均购书量稳居全国第一的事实。这说明作为一个以年轻

---

① 谢志岿、李卓：《移民文化精神与新兴城市发展：基于深圳经验》，《深圳大学学报》（人文社会科学版）2017年第5期。

人为主的城市①,深圳市民群体求知欲强,有着极浓烈的读书学习意愿和自我提高的个人意识。另外,它也说明移民来到深圳工作,既有改变生活的理想,也普遍面临着竞争型市场社会所带来的生存和发展压力,通过广泛的阅读学习,接受所在单位或行业的知识、经验和文化的洗礼,获得工作技能,提升自身素养,成为具有所在单位、行业所需知识、技能和特质的个体。更进一步,读书作为一种最具魅力的文化行为,积极倡导和推广阅读,创造各种便利性条件和可能性空间,使阅读既内化为广大市民的生活方式,又由此形成一种具有公共性的阅读风尚,最终营造一个学习型社会,将极大地改变人们的价值观念,并在潜移默化中形塑公共文化空间,滋养新的城市人文精神,进而改变城市的价值取向和文化性格,实在是立意高远的文化实践。

这一切都成为深圳后来举办读书节庆的一个触媒:1996年市民倾城而出掀起的读书热潮,首先撩拨了深圳媒体人的敏锐神经,《深圳商报》的"文化广场"为此发表《深圳人呼唤"读书节"》一文,倡议设立深圳人的"读书节"。1997年和1998年,深圳市政协委员刘楚材在深圳市政协二届三次、四次会议上连续两次提交了《关于建立"深圳读书节"的提案》。此后,经过市文化局及相关领导的努力运作,2000年9月中共深圳市委宣传部正式批复决定每年11月为"深圳读书月",标志着深圳读书月的正式诞生。

首届深圳读书月不仅再现了深圳成功举办第七届全国书市的火爆场面,而且把深圳的读书热潮推上一个新的高度。在举办当日,时任深圳市文化局局长的王京生就提出这样的口号:要保障市民实现基本文化权利。他指出,包括阅读在内的文化权利是一个公民应该享受并受到保护的权利,这是政府和全社会共同担当的文化责任;在现阶段,政府要通过对文化资源的调配保证这项权利的充分实现,要使"以读书为乐"成为市民共同接受的生活方式,"以读书为荣"成为这座城市普遍认同的价值观念,让读书成为市民自觉

---

① 据1990年的人口普查,深圳市人口的平均年龄是25.3岁,是全国大中城市中平均年龄最为年轻的一个。参见深圳经济特区年鉴编辑委员会《深圳经济特区年鉴》,广东人民出版社1991年版。

自愿的文化行为。①

第四节 践行"文化立市"战略

如前所述，就观念形态的文化而言，深圳无疑是国内最为现代化的热带雨林，但就产品形态的文化而言，深圳仍然属于稀树草原，特别是在日用文化生活、文化经济发展以及科学研究和文学、音乐、美术等高雅艺术创作、欣赏与传播等精英（精致）文化维度的相对缺失，成为深圳文化发展的一个短板。而观念形态的文化的发达和产品形态的文化的薄弱并存，则是深圳文化生态不完善的一个突出表征。因此，如何在产品形态的文化建设上着力，也就成为深圳40年一路走来的主要轨迹之一。

深圳发展成为一座欣欣向荣的现代化大都市，只用了三四十年的时间。不过有意思的是，我们对深圳改革开放史的叙述，一般强调它作为经济特区于1980年成立后的历史，却无意间忽视了"深圳市"成立时间（1979年）早于"经济特区"的事实。提出这一细节的意义，在于它揭示了两种不完全相同的历史叙述可能性：一是作为经济特区的深圳，二是作为城市的深圳。就前者而言，深圳肩负着为中国当代经济体制改革转型探索新路和为改革开放提供实践合理（合法）性证明的任务。就后者来说，深圳的功能性扩张则是基于城市本身的内在需求和生长逻辑。换言之，特区仅就经济功能而言，城市则是生产、生活的综合性空间。可以说，特区与城市之间的内在张力，构成了推动深圳发展的重要力量：前者的根本任务是经济领域的改革发展，在其身上，经济理性（工具理性）最为发达，也最为明显。而作为城市，深圳在经济之外的结构调整和功能扩张，则是为在深圳工作和生活的人提供必需的功能服务，在其身上必然是经济理性和人文精神并存，因此大力发展作为产品形态的文化必不可少。

---

① 王京生：《实现市民的文化权利——对首届深圳读书月的若干思考》，《深圳特区报》2001年1月11日。

由此出发，我们也就对深圳特区的早期决策者的远见投以敬佩的眼光。在经济特区成立初期，深圳进行大规模城市基础设施建设，尤其是"勒紧裤腰带"建设八大文化设施的壮举，显然是从城市而不单纯从经济特区的角度着手进行的。此举的意义，就在于随着大量移民的涌入，深圳经济特区将不再只具经济价值，同时也是个文化的存在："仅仅从城市的经济基础层面是没有办法去发现城市的本质的。因为，城市更主要是一种社会意义上的新事物……城市体现了自然环境人化以及人文遗产自然化的最大限度的可能性；城市赋予前者以人文形态，而又以永恒的集体形态使得后者物化或者外化。"[1] 而日用的文化需求作为深圳经济特区一个迫切需要解决的问题，在西丽湖成立全国第一家帐篷歌舞厅时就得到了最初体现，同样在早期为打工群体提供唱卡拉OK服务的"大家乐"舞台身上得到进一步印证。由此来看，作为产品形态的深圳文化从一开始就是基于城市的基本需求而自然生成的，包括深圳在全国较早形成的录像厅、歌舞厅等文化市场，基本上都处于一种自发的发展形态，因而很难说具有多高远的文化追求。而当"深圳文化"不仅是一种特区文化，更是一种城市文化，那么它因产品形态的文化积累不足的先天缺点就显露无遗，[2] 关于深圳没文化的"文化沙漠论"也就甚嚣尘上[3]，深圳的文化信心和文化认同危机因此也就一度显得特别严重。在此，文化当然是相对于经济而言的，与经济上的突

---

[1]　［美］刘易斯·芒福德：《城市文化·导言》，宋俊岭等译，中国建筑工业出版社2009年版，第5页。

[2]　特区成立之初，深圳文化基础设施很差，当时只有建于1949年的人民电影院、建于1958年的深圳戏院和建于1975年的深圳展览馆，总建筑面积仅有2751平方米；许多区、镇、村的剧场、文化室被改造成"三来一补"的工厂，在整个文化系统187名工作人员中只有3名大学生，原有的1200个农村文化室和130个业余宣传队基本解体。参见深圳博物馆编《深圳特区史》，人民出版社1999年版，第624—625页。

[3]　所谓文化沙漠，显然不是指深圳人没文化，因为"有人的地方就有文化"，而是指深圳作为城市的文化设施、文化活动太少，人们的精神文化生活非常匮乏，基本文化需求得不到应有的满足，相比于经济的起飞和商业的日渐繁荣，产品形态的文化发展显得极度滞后。

飞猛进相比，深圳被认为是个粗鄙无比的暴发户[①]，只有财富欲望在短时间内的集中爆发，却恰恰缺乏文化的内在涵养，"文化沙漠论"不过是人们对此表达强烈不满和批评意见的一个说辞而已。

深圳的决策者显然也认识到经济理性膨胀、人文精神薄弱尤其文化产品、文化生活匮乏等缺陷给城市发展所带来的消极影响，因此在20世纪80年代通过建造八大文化设施等进行"文化恶补"之后，市政府又先后创办了《深圳特区报》、《深圳商报》、深圳广播电台、海天出版社、深圳特区乐团、艺术中心、艺术学校和深圳画院，扩建了市粤剧团、美术馆、深圳戏院和新华书店等，从90年代后期开始又推动了第二波文化设施建设，包括深圳书城、深圳音乐厅、新图书馆、新博物馆等均在世纪之交落成开放。此后深圳的文化基础设施继续向前推进，除了推进"图书馆之城""一区一书城"建设，保利剧院、当代艺术展览馆、深圳大运中心、春茧体育中心等市级大型文体设施，以及近几年兴建的龙岗文化中心、坪山文化中心等一大批区级文化设施也陆续投入使用，进一步扩展了城市文化的总量规模和夯实了城市文化的硬件根基。

从中可见，深圳文化的生成与发展，既受到市场经济基础和社会成员日常交往互动的影响，也受到政府及其公共政策的深刻影响。公共部门通过建设公共文化机构和平台，开展文化活动、发展文化类社会组织、实现市民文化权利，可以使公民突破自发形成的市场和社会场域，构建新的文化资本和社会资本，从而促进文化在不同群体中的流动创新。与此同时，深圳党委政府十分重视通过提出文化理念、制定文化政策来引领城市文化的发展，在发挥市场在资源配置中的决定性作用的同时更好地发挥政府的作用。这集中体现在城市文化发展战略的实施当中。

时至今日，我们也许会觉得奇怪，作为一个刚成立十几年的新

[①] 其中就有巢中立的例子。1988年，巢中立从湖南常德来到深圳，从事广告设计装潢行业，在90年代发财后，腰缠万贯的他买了29台彩电，在家中堆成一道电视墙，每次看电视都将29台电视全部打开，每台播放一个频道；他每年回常德参加政协会议，都戴着粗硕的黄金项链、手链和劳力士手表，手里拿着砖头大的大哥大，腰上还别着两个，每次都有不同的女子相伴。参见南兆旭《深圳记忆：1949—2009》，深圳报业集团出版社2010年版，第201页。

城，深圳早在20世纪90年代就率先提出了城市文化发展战略。其原因或许就在于，正是由于城市文化与生俱来的薄弱，使得深圳比其他城市有着更多的省思意识和更强的文化追求：1995—1997年，深圳市委市政府出台了《深圳市1995—2010年文化发展规划》，提出了"现代文化名城"的发展目标。显而易见，"现代文化名城"这一概念是相对于西安、北京等"历史文化名城"而来的：深圳历史文化积淀的匮乏，使得深圳决策者自觉意识到，深圳文化的资源禀赋及其优势、特色不在于传统，而在于现代；或更确切地说，作为中国走向现代化的一个城市代表和改革开放符号，深圳文化是中国新时期实现与国际接轨的现代化想象在文化领域的落实。因此，"现代文化名城"尽管是人为拟设的概念，却也预示着深圳文化自觉的苏醒，预示着文化在深圳发展中地位的显著提升，以及深圳获得与自身经济地位相匹配的文化地位的热切期望，从而为深圳未来城市功能与城市性格的结构性调整完善奠定基础。

现在回头看，这其实也是在国内较早地回应了世纪之交国际文化战略热的兴起。1999年，在对21世纪城市发展战略的研判过程中，新加坡政府意识到，艺术与文化在推进城市从"工业经济"向"知识经济"跨越中具有重要作用，为了与其他全球城市及区域竞争，应加大对城市文化的投资以提升城市的创新能力。为此新加坡内阁于当年批准了"文艺复兴城市"计划，以推动上述城市文化发展目标的实现。[①] 2004年，时任伦敦市长的肯·利文史通发布了伦敦历史上第一个市长文化战略《伦敦：文化资本——实现世界级城市的潜能》，计划以10年为期，将伦敦发展成为具有文化杰出性和创造性的中心，这对伦敦的战略转型尤其是创意产业的发展起到了重要的推动作用。[②]

在这一背景下，2003年1月召开的深圳市委三届六次全会，正式提出了"文化立市"战略，这既是对上述国际文化战略热潮的及

[①] 参见《新加坡"文艺复兴"16年："文化沙漠"到"文化之都"的转身》，《文创中国周报》2017年2月28日。

[②] 任明：《伦敦：以文化战略助推城市经济转型》，载《上海文化发展报告（2012）》，社会科学文献出版社2012年版。

时回应，也凸显了深圳面向未来的文化抱负。当然，与其说"文化立市"是一种已然的事实判断，不如将之作为一个未然的文化发展愿景：让文化成为经济之外的另一条腿使深圳站立起来。这就如同日本提出"设计立国"战略与其"工业立国"战略相得益彰是一样的道理。行文及此，不妨插入最近一个城市排名的例子。

2018 年世界权威评级机构 GaWC 发布《世界城市名册 2018》，为全球城市进行定级：香港前进一名，超越新加坡，跻身全球第三位，仅次于伦敦、纽约；北京紧随香港同时力压上海，首次名列全球第四；深圳则从 Beta 直接跨越两级，级别为 Alpha－；而广州则更进一步，从 Alpha－提高到 Alpha 级别，进入世界前 30 名，在世界城市评级上继续强过深圳。之所以如此，是因为虽然深圳在经济总量和经济竞争力上超过广州，但作为一个综合实力排名，深圳相比于广州，短板也很明显，如在交通枢纽、国际化、文化教育机构乃至使领馆布局上都不如广州。① 换言之，深圳的发展"偏科"，尤其是在文化影响力、传媒与体育社群等方面相对较弱。

也正因为一方面要补短板，另一方面要求发展，深圳多年来一直致力于文化体制改革、解放文化生产力，将建立现代公共文化服务体系和发展文化产业作为实施"文化立市"战略的鸟之两翼，以实现文化跨越式发展，因为这首先关系到一座城市产品形态的文化生产供给能力和公共服务水平，进而关系到在知识经济时代城市竞争力的高低。

为实施"文化立市"战略，2005 年 1 月深圳市委市政府出台《深圳市文化发展规划纲要（2005—2010）》，提出"高品位文化城市"的理念。相比于十年前的"现代文化名城"，"高品位文化城市"无疑要更为具体，也更具现实的指引性。何谓"高品位"？一是现代化或文明化程度，二是国际化程度或国际性水平。为此，深圳提出了建设"两城一都"（图书馆之城、钢琴之城和设计之都）等发展目标，并取得了显著成效，如深圳早在 2003 年就在全国首次提出建设"图书馆之城"，即以全市已有、在建和将建的图书馆

---

① 参见《世界一二线城市排行榜新鲜出炉，为何广州力压深圳？》，2018 年 11 月 15 日，大湾区官微（http://u.focus.cn/profile/156203171/zixun）。

网点和数字网络为基础，联合各图书情报系统，建立覆盖全城、服务全民的文献信息资源共享网络，实现图书馆网点星罗棋布、互通互联、资源共享，为市民提供功能完善、方便快捷的图书馆服务。再如深圳在2008年成为全国首个获得联合国教科文组织颁发的"设计之都"从而纳入全球创意城市联盟的城市，这预示着深圳的文化发展提升到一个新的国际高度。相应地，以新的音乐厅、图书馆、博物馆、书城相继落成为标志，深圳城市文化的现代化硬件基础得到进一步夯实，为公共文化服务体系的完善拓展了空间，而文博会在2004年的创办，则为深圳文化产业提供了新的动能，极大提升了深圳文化发展的国际化水平。

2015年12月，为实现城市文化未来的创新发展，在深圳市委常委、宣传部长李小甘的推动下，深圳又出台了《深圳文化创新发展2020实施方案》，提出以打造与城市定位相匹配的文化强市为目标，构建五大体系：以社会主义核心价值观为引领的城市精神体系、以国际先进城市为标杆的文化品牌体系、以媒体融合发展为标志的现代文化传播体系、以市民精神文化需求为导向的公共文化服务体系、以质量型内涵式发展为特征的现代文化产业体系。方案实施几年来，取得了扎实成效，如在城市文化活动上发布耳目一新的"城市文化菜单"、成立深圳歌剧舞剧院和市交响乐发展基金会理事会等。而深圳文化追求的最新表征，是2018年底深圳市政府发布的《深圳市重大文体设施建设规划》（以下简称《规划》）。这不仅标志着深圳新一轮文化设施建设的新高潮的到来，也见证了深圳在城市心态上的巨大变化以及在经济成功后所确立起的文化雄心。

我们不妨以博物馆作为例子，来展望深圳文化发展的可能前景。可以看到，《规划》中的重大文体设施，除了深圳歌剧院、深圳创新创意设计学院、深圳音乐学院这样的高端艺术场馆或机构，绝大部分都是不同类型的博物馆项目，如"新十大文化设施"有深圳改革开放展览馆、中国国家博物馆·深圳馆、深圳海洋博物馆、深圳自然博物馆、深圳美术馆新馆，十居其五，假如加上同样具有收藏展览教育功能的深圳科技馆、深圳创意设计馆，则比例远远超过一半；而在"十大特色文化街区"中，也有大鹏所城、南头古城、大芬油画村、观澜版画基地、甘坑客家小镇、大万世居这样的与博物馆事业息息相关的文化街区。由此可见，至少在文化意识和行政实践中，博物馆建设业已成为深圳未来文化设施乃至城市文化发展的重心所在。

文化雄心是城市自信的反映。在 2018 年 1 月 14 日召开的中共深圳六届九次会议上，广东省委常委、深圳市委书记王伟中在工作报告中提出了建设"创新引领型全球城市"的全新目标。2019 年 8 月 9 日中共中央国务院印发《关于支持深圳建设中国特色社会主义先行示范区的意见》，要求深圳到 21 世纪中叶成为竞争力、创新力、影响力卓著的全球标杆城市，同时加快建设区域文化中心城市和彰显国家文化软实力的现代文明之城，更是意味着深圳崭新梦想的扬帆起航。

2018 年，中国社会科学院与联合国人居署联合发布的《全球城市竞争力报告》指出，"高水平均衡"是提升城市可持续竞争力最佳目标与路径，包括良好的基础设施、城市群的整合联动发展、科技创新与人才资本的匹配、经济发展与自然的协调、具有较高的社会包容度以及全球联系指数等。[①] 就此而言，高水平的城市文化无疑是深圳建设创新引领型全球城市的重要落脚点，但如前所述，文化尤其是作为产品形态的文化恰恰也构成了深圳建设全球城市的一个短板，而放眼世界，全球城市无不既是经济中心也是文化中心，国外的纽约、伦敦不必说，国内的北京、上海同样如此。在目前城市的生产、制造功能逐渐被创新、创意取代，知识、信息和思想成为主导城市功能的核心要素的情况下，深圳在未来不仅应具有成为全球科技创新中心的"野心"，同时也应具有成为全球区域文化中心的"梦想"，而要实现这一梦想，打造"国际文化创意先锋城市"就是一条可行的发展路径。在这方面，《粤港澳大湾区发展规划纲要》明确深圳要"努力成为具有世界影响力的创新创意之都"，广东省委提出"要抓住粤港澳大湾区建设重大历史机遇，面向国际建设广州、深圳全球区域文化中心城市"，进而为建设中国特色社会

---

① 《2018 全球城市竞争力排行：中国 9 个城市进入 TOP50（榜单）》，《21 世纪经济报道》2018 年 10 月 14 日。

主义先行示范区、创建社会主义现代化强国的城市范例提供文化动力，可谓恰逢其时。而深圳可以说也具有了相当的基础，比如在文化产业领域，深圳拥有创意设计、文化软件、动漫游戏、新媒体及文化信息服务、高端印刷、高端工艺美术等发展良好的行业门类，2018年全市文化产业实现增加值2621亿元，占全市GDP比重超过10%；在文化基础设施领域，在已有的大型文化设施基础上，未来更是大力建设深圳歌剧院、国家博物馆·深圳馆等具有国际水准的文化地标。笔者相信，随着"一带一路"倡议、粤港澳大湾区建设的推进，作为其中核心节点城市的深圳，其全球区域文化中心城市建设也将进一步提速，尤其是中央大力支持深圳创建中国特色社会主义先行示范区和社会主义现代化强国的城市范例，将极大推动这一目标的实现。

第五节　文明城市：实现人的现代化

众所周知，在全国林林总总的城市评比中，由中央文明委主办的"全国文明城市"评比是最受各城市重视的：作为反映城市整体文明水平的综合性荣誉称号，"全国文明城市"成为目前所有城市品牌中价值含金量最高、创建难度最大的最高荣誉。全国文明城市评比（测评）体系包括基本指标和特色指标，基本指标包括廉洁高效的政务环境、民主公正的法治环境、公平诚信的市场环境、健康向上的人文环境、有利于青少年健康成长的社会文化环境、舒适便利的生活环境、安全稳定的社会环境、可持续发展的生态环境、扎实有效的创建活动等方面，特色指标则反映城市精神文明创建工作特色、城市整体形象。第一届全国文明城市（区）、文明村镇、文明单位于2005年10月27日评出，深圳市成为9个全国文明城市之一。[1] 截至2017年底全国文明城市评比已举办五届，经复查确认深圳市连续五次蝉联这一荣誉称号。

---

[1] 《第一批全国文明城市（区）、文明村镇、文明单位名单》，2005年10月28日，中国文明网（http://www.wenming.cn/wmcj_pd/wjzl/201102/t20110223_76173.shtml）。

从建市之初的满目荒芜，到蛇口工业区的第一声开山炮响，再到后来成为欣欣向荣的现代化大都市，40年来深圳可谓披荆斩棘，硬是在一个边境小县开创出改革开放的崭新天地，成就之大为世界所瞩目，深圳人也为之自豪骄傲不已。而在取得的诸多发展成就当中，人们印象最深的主要在于经济领域，特别是近年来因科技创新和转型升级的巨大成功，使深圳成为全球的焦点城市之一。这是可以理解的。但在此其中，经济和科技的亮丽在相当程度上遮掩了深圳社会发展和文化建设同样取得巨大进步的事实，而后者对于深圳的意义实际上和经济成功同等重要：短短40年，深圳由一个"试验失败就关掉"的不起眼的出口加工贸易区转身成为一座现代文明之城，不仅对传统文化和现代文化进行了创造性的改造和转换，在中国率先形成了社会主义市场经济的文化精神，而且在推动社会的转型和人的现代化进程中所取得的成果，其深层次历史意义甚至比经济的成功更为深刻也更为重大——这是深圳经济特区对中国社会主义现代化建设的又一重要贡献。

为此，笔者不妨将"深圳印象"或"深圳形象"的前后比照及其变化来加以说明。

在成立经济特区之日起，深圳一方面以极强的城市活力吸引了成千上万的人前来寻找机会，另一方面深圳的早期城市形象又一度与脏乱差、不安全、人际冷漠等联系在一起。究其原因，自然有很多，但显然与深圳作为移民城市的以下两方面特点直接相关。

一是特殊的产业和人口结构。长期以来深圳只是一个以农业为主的边陲落后地区，这一面貌在1978年中国改革开放后得到了根本改变，深圳由一个边境地区一跃成为中国对外开放的前沿阵地，城市经济也因此得到了迅速的发展：从特区成立之初的"三来一补"出口加工贸易，到20世纪90年代实现向高新技术产业的跃升，深圳成为全球重要的制造业重镇，并由此吸引了来自全国各地数以百万计的技术人才和产业工人的汇聚。快速工业化带动了快速城市化，从1993年宝安县一分为二成立宝安区和龙岗区，到2010年实现特区内外一体化，深圳成为全国唯一没有农村、农民的城市。从产业结构上看，尽管深圳逐渐形成了高新技术、金融业、物流业和文化产业等四大支柱产业,尤其是第三产业发展迅速,占全市 GDP 的比重日益提高(2018 年为 58.8%),其吸收的从业人员规模不断扩大,但工业始终在深圳经济结构中占据重要位置,如 2018 年工业占全市 GDP 的 41.1%,实现规模以上工业增加值 9109.5 亿元,连续两年成为全国唯一工业增加值突破 9000 亿元的城市。[1] 从人口规模和人口结构上看,2018 年末全市常住人口 1302.66 万人,其中常住户籍人口 454.70 万人,占比 34.9%,常住非户籍人口 847.96 万人,占比 65.1%。[2] 户籍和非户籍人口结构虽有所改变,但依然严重倒挂。而在深圳的主导产业结构中,劳动密集型制造业占了相当高比重,这决定了深圳就业市场主要吸纳的是低学历的年轻的外来人口。由于他们大都来自农村,其思想观念、生活习性、行为模式与一般理解的城市文明之间存在一定的距离,他们虽生活在城市,但工作和生活环境以及经济社会条件,决定了其较难真正融进城市社会,乱扔垃圾、不守秩序等不符合现代城市文明规范的行为习惯难以一时改变,在知法守法的自觉意识上相对弱化,不利于深圳的城市文明建设。

二是家园归属意识缺失,内在制约了城市文明进程。在深圳庞大人口规模中,外来人口的大多数是候鸟式移民,是随着深圳快速发展的工业化城市化所带来的机会而来,他们很多没有固定居所和工作,随深圳产业结构调整或所在企业的变化而进行被动、主动的辞工或跳槽,甚至离开深圳,形成了人口的高流动性。正是这种城市人口的不稳定性和高流动性,使得他们很难对深圳产生稳固的家园归属意识,甚至产生"在而不属于"的城市疏离感,既使他们难以融入城市社会,也是导致深圳社会治理难题的内在原因之一。

从更深层原因上分析,这些社会治理难题的出现,是社会尚未完全实现包容性发展的结果。简单来说,所谓包容性发展,即在经济发展的同时,要实现社会整体的和谐发展。发展在此不仅仅是指

---

[1] 《全国首个:深圳 2018 年工业增加值破 9000 亿元》,2019 年 2 月 2 日,澎湃新闻(https://www.thepaper.cn/newsdetail_forward_2945170)。

[2] 《2018 年深圳市国民经济和社会发展统计公报》,2019 年 4 月 19 日,深圳市统计局(http://tjj.sz.gov.cn/zwgk/zfxxgkml/tjgb/201904/t20190419_16908575.htm)。

经济的增长，还包括社会、教育、医疗、文化等各个方面的发展，最终是人的全面发展。在这方面，深圳长期以来可以说做出了持久的努力，但基于人口的超大规模和高度流动性，政府在社会管理、公共服务等方面始终存在巨大的压力，对其治理能力提出了多重的挑战。应对挑战可从多方面着眼，但有效实现城市人口的再社会化则无疑是个根本的战略举措。

在社会学中，人的社会化（socialization），"是指个人学习知识、技能和规范，取得社会生活资格、发展自己的社会性的过程"[1]。相应地，再社会化（resocialization）则是社会化的一种特殊形式，美国社会学家尼尔·斯梅尔瑟 Neil Smelser 认为："再社会化是指一个人早年学习不完全或面对某种新环境不适应而重新学习价值、角色和行为方式，亦即在生活每一阶段中吸收新的角色、价值或知识的过程"，而戴维·波诺普在其《社会学》中将之定义为："有意忘掉旧的价值观和行为模式，接受新的价值观与行为。"[2] 就本书而言，这种包括新生代农民工在内的城市居民的再社会化过程，其实质也是人的现代化过程。改革开放以来，"现代化"重新成为人们热议的焦点，除了经济、社会、文化层面的现代化，其中的一个根本维度是人的现代化，也就是从"传统人"到"现代人"的转变中，在社会化与社会角色认同的问题上，人的现代化涉及的是群体心理的历时态差异，即包括现代化在内的社会文化变迁会在怎样的程度上重塑生活于其间的社会群体的精神世界。[3] 由于人的现代化的目标是实现人的全面发展，包括现代的价值观、人生观、世界观、思想、精神、理念、知识、素质、能力、思维、心态等方面，因此从社会学和心理学的角度看，人的现代化也是社会群体和个人面向上述范畴的自觉认同和实践趋近。

在何星亮看来，改革开放以来中国现代化建设取得了辉煌的成就，但现代化进程中由于精神文明与物质文明建设不同步也存在很

---

[1] 费孝通：《社会学概论》，天津人民出版社1984年版，第54页。
[2] 转引自黎东榕、骆意中《论犯罪人的再社会化》，《中南财经政法大学研究生学报》2008年第4期。
[3] 周晓虹：《国民性研究的当代趋势》，《中国社会科学报》2012年7月13日。

多问题,其中大多与人的现代化水平不高有关。这成为持续推进中国现代化的巨大障碍,如一些制度建设的滞后不利于可持续发展,人的价值观扭曲、信仰消沉、道德沦丧、作风堕落导致腐败现象,人的传统诚信意识和廉耻意识弱化导致造假现象等。因此加快人的现代化建设,促进人的全面发展,提高国民整体素质,是建设社会主义现代化强国的基础。①

在实现人的现代化问题上,假如城市作为中国现代化建设的主要场域和主力推手的话,那么深圳在其中则居于某种特殊的位置、扮演了不可替代的重要角色:深圳等珠三角城市在改革开放后开启了中国新型的工业化和城市化进程,吸引了以农村劳动力为主的劳动大军进城,不仅解决了千百万人的就业问题,同样也以"来了就是深圳人"的开放包容态度,较早担负起促进人的再社会化、推动人的现代化进程的重要功能。在改革开放40年的时间节点上,这点在以往并不为人所注意,但却构成了深圳最为重要的社会贡献之一:深圳因大量年轻的外来人口资源的高度集中而实现了快速崛起,同时也以其作为现代城市的熔炉环境,为40年来往返于深圳的数以千万计的国民提供了各种再社会化、再文明化的环境条件,从而也为人的现代化发挥了独特的重大作用。

——现代企业文化和商业精神的洗礼。因为是工业城市,深圳从一开始就创造了大量制造业工作机会,吸纳了大量的打工仔、打工妹。以工厂为代表的企业及其制度文化,尽管对工人有着多重的规约乃至压抑,但对于长期被束缚在农地、靠天吃饭的农民来说,这依然是一种新的选择或解放,同时他们透过工厂的文化规约环境(如纪律和守时观念)接受了一种全新的现代工业文明的洗礼。而作为商业城市,深圳发达的对内、对外贸易网络,也创造了大量的商业知识和商业机会,特别是深圳的市场经济环境培育出的现代契约精神,对身居其中的人来说,其影响是潜移默化、至深至远的。作为中国最具有商业精神的城市之一,深圳之所以会成为"大众创业、万众创新"的热土,成为"设计之都",成为"创客之都",

---

① 何星亮:《为什么要加快"人"的现代化建设》,《人民论坛》2019年第7期。

人的因素是最为根本的，而这种人的现代化与深圳在市场上提供的再社会化环境条件自是有着千丝万缕的内在关联。

——现代职业知识技能训练。拥有现代知识和技能是人的社会化、现代化的重要基础，因此发展教育是其中的根本。作为新兴城市，深圳的现代教育基础较为薄弱，但近年来显著增强了人力资源开发和投资力度，如在基础教育上为应对育龄人口多及其子女就学的压力，不断加大基础教育资源投入，而且在教育公平上表现较为突出，是中国大中城市对外来非户籍人口设置基础教育门槛最低的城市之一，有力地支援了人的现代化发展。在大学办学上兴办了深圳大学、南方科技大学、深圳职业技术学院等本土高校，吸引了北京大学、清华大学、中山大学、北理莫斯科大学等外来大学进驻深圳发展，成效显著。如深圳职业技术学院自1993年成立以来发展迅速，2009年成为首批国家示范性高等职业院校，目前是全国综合排名第一的职业技术学院，20多年来培养了数以万计的深受用人单位欢迎的高质量职业技术人才。在非政府的社会层面，企业作为深圳人力资源培训的重要主体，在其中发挥了主力作用，这就是著名的深圳"四个90%"现象：90%以上的研发机构设立在企业，90%以上的研发人员集中在企业，90%以上的研发资金来源于企业，90%以上的职务发明专利出自于企业，形成了以企业为主体、以市场为导向、产学研相结合的自主创新和人力资源培训体系。此外，深圳40年来所孕育的大量社会组织，它们与政府和企业一起，推出了很多"社会融化"项目，通过青工技能培训、公共文化服务、关爱留守儿童等方式，不断提高市民尤其是外来务工人员的综合文化素养，提高其融入现代城市社会的能力。

——现代城市文明思想行为的规训。这就回到了前面所说的"全国文明城市"评选的话题中来了。"文明城市"以"文明市民"为本，因为说到底，人的现代化不仅包括知识、技能的现代化，更重要的是人的价值观念的现代化。因此，正如习近平总书记强调"以文化人、以文育人"那样，必须加大力度培育和践行社会主义核心价值观和优秀人文精神，使之"内化于心，外化于行"，这是新时代提升中国软实力的关键和建设文化大国的基础，也是人的现代化建设的重要一环。在这方面，深圳宣传文化部门多年来致力于全面提高全市人民思想觉悟、道德水准、文明素养，一方面深入实施铸魂立德工程、核心价值观"1+X"工程，推动公益广告立法，建设公益广告信息管理系统；广泛开展先进模范学习宣传，落实《深圳市道德模范礼遇和帮扶制度》，引导市民见贤思齐、崇德向善；深化"关爱之城""志愿者之城"建设，深入开展关爱行动、"我的价值我的城"等主题实践活动，推动核心价值观落细落小落实，融入市民生活。另一方面不断完善文明创建长效机制，深化精神文明创建活动，出台和修订《深圳市民文明行为促进条例》，持续开展文明指数监测，强化文明创建绩效考核；以科技助推文明，利用互联网、人工智能等新技术手段提升城市管理精细化水平；以文化滋养文明，加强优质公共文化服务供给，持续开展市民文明素养提升行动，全面普及新入户市民文明素养培训；以共建共享文明，深入开展家风教育、诚信教育、志愿服务以及文明单位、文明家庭、文明校园等主题创建活动，推行文明旅游、文明过节、文明餐桌等生活方式；以传播弘扬文明，依托地铁公交、地标建筑幕墙、建筑工地围挡等社会宣传阵地，加强文明主题公益宣传。此外，值得强调的是，市民现代文明思想行为的养成，既是濡染习得的，也是管制出来的，如"车让行人"等公共交通文明程度，深圳无疑是全国最高的城市之一，而这又是与交警部门的立法先行、执法严格密不可分的。可以说，如上现代文明素养培育机制的完善和文明创建活动的常态化开展，不仅形塑了工作生活于深圳的万千现代文明市民，而且也正立基于此，深圳方成为一座日益为世人瞩目的现代文明之城。

从词源学上看，英文中culture（文化）一词本身就有栽培、培养以及培养基等含义，与cultivate（培养）同源；而civilization（文明）则含有开化、教化、修养之意，并与"城市"直接相关——其词根civil即城市的、市民的。文化或文明的培养、教化的本义，对于城市及其市民而言，其意义用芒福德的话说就是，"城市是文化的容器……这容器所承载的生活比这容器自身更重要"，"最初城市是神灵的家园，最终成为改造人的场所。从城市中走出的，是大量面目一新的男男女女",这种效应他称之为城市文化器官的教育作用,不仅包括报纸、电视,更包括教堂、寺庙、宗祠、学堂、墓园、作坊、博物馆、论坛等一整套传习文化的设施和机构。[①] 由此出发,我们寄希望于未来的深圳,通过发展城市文化,孕育、栽培出一种正向的城市人文理念,并不断地向人工环境、技能产业、组织制度、生活习俗、典型人格等文化要素转化,最终形成一种博大、精深、完美的现代文明气韵,从而也在文化、文明的向度建设成为社会主义现代化强国的城市范例。

[①] 宋俊岭:《译者的序——城市的根本职责》,载[美]刘易斯·芒福德《城市文化》,宋俊岭等译,中国建筑工业出版社2009年版。

第六章　宜居宜业美丽生态之城

"生态兴则文明兴，生态衰则文明衰。""良好生态环境是最公平的公共产品，是最普惠的民生福祉。"深圳致力于形成节约资源和保护环境的空间格局、产业结构、生产方式、生活方式。空气质量、单位GDP能耗、建成区人均公园绿地等，均居大中城市前列。较好的生态环境成为城市现代化的底色。而紧凑的城市开发、较为完善和人性化公共服务设施的营造，奠定了现代化宜居宜业城市的物理基础。

生态现代化①是现代化城市的组成部分和内在要求。习近平总书记在党的十九大报告中指出"建设生态文明是中华民族永续发展的千年大计"，并首次将"美丽"作为新时代社会主义现代化建设的重要目标，并把"坚持人与自然和谐共生"纳入新时代坚持和发展中国特色社会主义基本方略，既要创造更多物质财富和精神财富以满足人民日益增长的美好生活需要，也要提供更多优质生态产品以满足人民日益增长的优美生态环境需要。近年来，习近平总书记还在不同的场合多次强调"生态环境是关系党的使命宗旨的重大政治问题"，"要像保护眼睛一样保护生态环境"，"良好生态环境是最公平的公共产品，是最普惠的民生福祉"，要坚持"以人为本"，满足人民群众日益增长的优美生态环境需要。这表明党和国家在全面决胜小康社会的历史性时刻，对生态文明建设做出了根本性、全局性和历史性的战略部署。

生态文明建设是现代化强国的人民生活品质的基本需求、高质

---

① 《世界范围的生态现代化》，商务印书馆2011年版；李慧明：《生态现代化理论的内涵与核心观点》，《鄱阳湖学刊》2013年第2期。

量发展的内在要求。生态文明是城市的汽车底盘、是生产生活的基础，是城市文明的底色。深圳始终把环境保护摆在与经济发展同等重要的位置。虽然土地面积只有 2000 平方公里，不到其他超大城市的 1/3，但 40 年来，在经济高速发展和城市大规模建设过程中，深圳顶住市场对生态空间侵占的强大压力，克服"四个难以为继"①紧箍咒，用生态红线倒逼产业转型、集约发展和资源节约，走出了一条经济发展和生态保护相协调的路子。2007 年，深圳市委一号文件就确立了"生态立市"的城市发展战略，并于 2008 年首次提出创建"生态文明示范市"的目标。在"生态城市"战略决策指引下，多年来，深圳全面贯彻落实中央关于生态文明建设的各项战略部署，特别是在生态保护、绿色产业体系建设、绿色生活方式变革、污染治理、城市规划引导和交通与公共服务先导、城市更新和城中村整治等方面，多项机制体制改革全国领先，形成独具特色的生态文明体制改革"深圳模式"，为全国生态文明建设提供有益借鉴。深圳先后被评为"中国最佳宜居城市"②"最佳旅游目的地城市"③。

第一节　优良的空气质量

优良的大气质量是深圳市民最引以为自豪的条件之一。国家生态环境部发布的《2018 年全国生态环境质量简况》，公布了 2018 年全国 169 个重点城市中环境空气质量相对较好的 20 个城市和环境空气质量相对较差的 20 个城市。在全国空气质量相对较好的 20 个城市中，深圳空气质量综合指数排名第六位，前五位依次为海口、

---

① 土地、人口、资源、环境四方面的条件约束。
② 根据中国社会科学院舆情实验室、中国舆情调查与研究联盟、宜居中国联盟成员课题组出版的《宜居中国发展指数报告（2017—2018）》，深圳的宜居城市发展指数处于大城市之首。
③ 深圳得了 Lonely Planet 全球最佳旅行目的地第二名，Lonely Planet 是全球最具知名度的旅行指南出版商，出版的系列旅行指南素有"旅行圣经"之称（http://www.sohu.com/a/276332666_99932376）。

黄山、舟山、拉萨、丽水。其中，超千万人口城市只有深圳一个。过去五年，深圳的GDP由1.45万亿元增长到2.42万亿元，增长66.9%的同时，资源能源消耗强度实现了明显下降，其中万元GDP能耗下降约20%，水耗下降约40%，空气质量持续改善，PM2.5下降至2018年每立方米26微克。①

深圳2018年PM2.5年平均值为26微克/立方米，且近年来这一数值处于不断下降过程之中。深圳在工业化中后期，保持空气质量在全国和发展中国家的城市中处于领先水平。

在世界城市化发展进程上，大部分资本主义国家在现代化的某个阶段，都出现过城市污染很严重的事件。20世纪初，英国实现了高度工业化，成为世界头号帝国，但伦敦出现过"远近驰名"的烟霞，因而得名"雾都"。1952年12月的"大雾霾"事件席卷了伦敦，仅仅五天，吸入污染空气导致15万人因呼吸问题而被送往医院，总共约有4000人死亡，形成震惊全球的"伦敦大雾霾事件"。

东京在第二次世界大战后也经历了一段无秩序的发展历程，在带来经济腾飞之余也带来了巨大的环境污染。20世纪50年代初期，工业基地周边的民居门前屋后满是烟尘，居民甚至需要给家具和食物包上严严实实的保护膜。从1955年开始环境公害更是急剧增加，1965年前后达到高峰。1971年某一天，日本东京发生了较严重的光化学烟雾事件，导致一些学生中毒昏倒，交通警察上岗也不得不戴上防毒面具，同一天，日本的其他城市也有类似的事件发生。此后，日本一些大城市连续不断出现光化学烟雾。

与上述发达国家城市经历的严重污染现象相比，深圳在经济高速发展的40年间，虽然也出现了个别年份程度较轻的雾霾天气，但大气质量总体水平依然保持较好的水平，并没有出现世界普遍出现过的类似的大雾霾事件。

1979年至2017年的38年间，深圳的生产总值由1.96亿元提升到22438.39亿元，按不变价计算，38年增长2152倍，年均增长22.4%，大大高于同期全国9.6%和广东全省12.7%的平均水平。

---

① 《2018年度深圳市环境状况公报》。

2018年深圳GDP仍保持7.6%的增速,经济总量居全国内地城市第三位。深圳创造了世界城市发展新奇迹。这在全球经济下行的条件下,更是难得。

与此同时,深圳的PM2.5和PM10浓度持续下降,PM2.5从2012年的38微克/立方米,降到2018年的26微克/立方米;PM10从2012年的54微克/立方米,降到2018年的40微克/立方米。灰霾天数也逐年下降,从2010年的115天,降到2018年的20天(见表6-1)。[1]

表6-1 2010—2018年深圳市GDP与大气质量指标变化统计表

年份	GDP增长率（%）	PM2.5（微克/立方米）	PM10（微克/立方米）	灰霾日
2018	7.6	26	40	20
2017	8.8	28	45	22
2016	9	27	42	27
2015	8.9	30	49	35
2014	8.8	34	53	68
2013	11.97	39.6	62	98
2012	12.56	38	54	77
2011	20.93	—	—	112
2010	15.97	—	—	115

资料来源:2018年深圳市统计年鉴、各年度深圳市环境状况公报。

深圳大气质量虽然与深圳的自然地理条件有关,但更是深圳坚持绿色发展的结果。深圳市在经济总量大、单位面积承载的经济活动远高于全国大部分城市水平的不利情况下,能保持较好的空气质量并持续改善,来之不易。深圳在20世纪90年代,也曾因污染型工业项目大量散布,出现"村村点火、户户冒烟"奇观,经历雾霾天气浓重的困扰。

但进入21世纪以来,深圳以壮士断腕的决心,持续加大大气污

---

[1] 《2018年度深圳市环境状况公报》。

染治理力度，并且使出了大气治理的组合拳。持续推进产业结构调整升级，果断淘汰一批散小杂乱的污染型和能耗型产业项目，清理一批低端产业园区，关停一批"三无"企业①。全面开展大规模的绿化造林，打造森林城市。大力实施以优质清洁能源为主的新能源发展战略，分别在电厂治理升级改造、淘汰黄标车、VOC（挥发性有机化合物）治理、船舶污染防治等方面进行治理创新，并取得显著成效。2017年2月全面实施《深圳市大气质量提升行动计划（2017—2020）》，并推进重大民生工程——"蓝天工程"。在空气质量率先全面达到国家标准的基础上，深圳还对准国际高标准，提出2020年深圳PM2.5年均浓度力争达到世卫组织空气质量准则的第二阶段过渡目标值。

第二节 绿色之城

园林绿地是城市生态系统的重要组成部分，既是城市生态系统的初级生产者，也是城市生态平衡的调控者。深圳划定生态红线，大量建设郊野公园、市政公园和社区公园，先后获得"国际花园城市"②、"国家森林城市"③、联合国环境保护"全球500佳"、"国家卫生城市"、"国家环境保护模范城市"、"国家生态园林示范城市"、"保护臭氧层示范市"、"全国绿化模范城市"、全国"十佳绿色城市"、"中国人居环境奖"等一系列荣誉。

荣膺"国家森林城市"的光荣称号，对于深圳来说，实属不易。深圳被称为中国最拥挤城市，辖区面积仅1997平方公里，实际管理人口超2000万。人口密度、车辆密度居全国前列，环境容

---

① 无资金、无经营场所、无与其经营相适应的机构和人员，不具备市场平等竞争主体条件的一些企业。

② 2000年12月4日，在美国首都华盛顿召开的2000年度国际"花园城市"评选委员会宣布当选城市名单，深圳市荣获最大规模级城市"花园城市"称号。这是中国城市首次获此殊荣，也是深圳市生态环境建设和园林绿化的一次国际认证。

③ 2018年10月15日，2018年森林城市建设座谈会在深圳举行，深圳正式获得国家林业局和草原局授予的"国家森林城市"称号。

量小，作为中国改革开放的排头兵，发展经济的任务重，要建设国家森林城市难度较大。但深圳市牢固树立绿色发展理念，克服各种困难，取得了显著成绩。与广州、北京、上海相比，深圳在区域总面积仅约为广州的1/4，北京的1/8，上海的1/3的土地上，且人口密度和单位面积GDP远高于上述三个城市（为后三者的2—5倍）的情况下，森林覆盖率、建成区绿化覆盖率、人均公园绿地面积等绿色指标都远超过上海，与广州、北京水平相当（见表6-2）。

表6-2　　　　　　2018年北上广深城市环境建设数据统计

	单位	深圳	广州	北京	上海
区域总面积	平方公里	1997.47	7434.4	16410.54	6340
地区生产总值	亿元	24221.98	22859.35	30320	32679.87
常住人口	万人	1302.66	1490.44	2154.20	2423.78
人口密度	万人/平方公里	0.652	0.200	0.131	0.382
单位面积GDP	亿元/平方公里	12.12	2.89	1.85	5.15
森林覆盖率	%	40.68	42.26	43.5	16.9
建成区绿化覆盖率	%	45.0	42.54（2017）	48.42%（城市绿化覆盖率）	39.1
人均公园绿地面积	平方米/人	16.6（2017）	16.8（2017）	16.3	8.2

资料来源：2018年各市国民经济与社会发展统计公报。《2017年北京市统计公报》，中国统计信息网各市《2017年国民经济和社会发展统计公报》，中国统计信息网，各市2018年统计年鉴。

多年来，深圳市委市政府坚决遵循习近平总书记的谆谆教导，牢固树立绿色发展理念，走出了一条具有深圳特色的"创森之路"，建起市、区、街道三级"创森"工作机制，启动52项重点生态工程，重点是大规模建设城市公园、持续绿化造林、大规模建设城市绿道、注重立体绿化、大面积保留生态保护区，统筹推进国家森林城市创建。

一 公园建设

高密度遍布全市的公园系统为深圳获得国际花园城市、国家森林城市称号奠定了坚实的基础。据新一线城市研究所发布的《2017中国城市商业魅力排行榜》，对排名前30位的一线、新一线和部分二线城市在高德地图上抓取的公园POI信息显示：深圳公园数621个，公园密度为3109.9个/万平方公里，远高于内地各大城市（见图6-1）。深圳公园密度是北京的5.7倍，上海的3.0倍，广州的3.6倍。

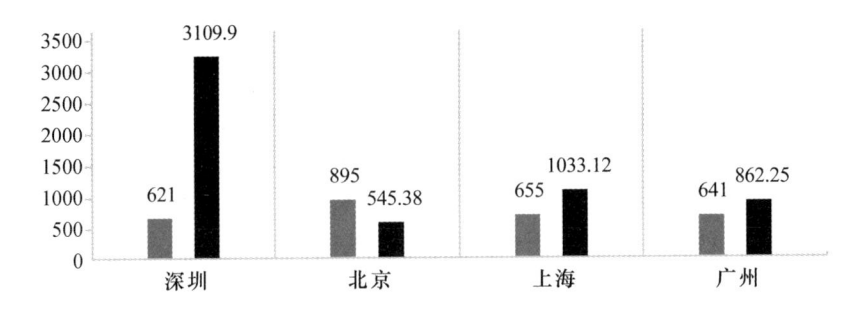

图6-1 深圳、北京、上海、广州公园数量及公园密度

资料来源：《2017中国城市商业魅力排行榜》中《珠三角城市的公园密度最高》内容。

公园是城市的客厅，是展示城市形象的重要场所。深圳建市之初全市只有2个公园，公园的建设只停留在"绿化"层面上。但在短短三十几年中，深圳市公园数量急剧增长。至2018年末，全市建成区面积927.96平方公里，建成区绿化覆盖率45.0%，绿道密度全省第一。年末共有公园973个，比上年增加31个，公园面积3.10万公顷，增长41.0%[①]，共建设了25条花景大道、75个花漾街区、153个街心花园。平均每2平方公里就有1个公园，"一半是

---

① 《深圳市2018年国民经济和社会发展统计公报》。

静谧山林,一半是繁华都市",把深圳装点成四季花城。① 预计到2020年,深圳公园量将达到1000个以上,社区公园将达到800个以上。同时,深圳的公园整体布局日趋合理,经过多年科学的规划和发展,逐步构建起独具深圳特色的森林郊野公园—城市综合公园—社区公园"三级公园体系",确立了让市民500米可达社区公园、2公里可达城市综合公园、5公里可达森林郊野公园的总体布局。盐田区成为首批国家生态文明建设示范市县。2014年深圳出台打造"世界著名花城"三年行动计划,计划新建改建59个公园,完成滨海滨河、深南大道等6个主要节点的绿化美化,建成200个花漾街区、街心花园,对标国际先进,构建"山、海、田、园、城"一体的绿色生态网络,打造"生态化、人文化、精细化"的城市绿地景观体系,力创"美丽中国"新典范。

深圳政府对城市绿地的价值有一套自己的理解逻辑,认为城市绿地是民生核心福利,是现代城市功能中不可或缺的最重要绿肺,是展现现代城市风貌的风景线。福田区中心公园,位于深圳市福田区的中心区寸土寸金的黄金地段,占地面积147公顷,加上连为一体的笔架山公园149公顷,共约296公顷。如果按福田土地平均市场价3万—5万元/平方米(2017年深圳综合地面价格3万元/平方米)② 估算,土地价值高达888亿—1480亿元。深圳市政府舍得如此巨大代价来开发大片公园绿地,供市民休闲享用,其对绿色公园偏爱之情可见一斑。

在深圳与福田中心公园类似的大型绿色公园还有一大批,如东湖公园、荷花公园、香蜜公园、人才公园、滨海公园、大沙河公园、莲花山公园、大运公园等,此外还有羊台山公园、马峦山公园等一批郊野公园。

社区公园也是深圳颇具特色的绿色景观。景田北区在不足1平方公里土地上,坐拥9个社区公园,占地6.3万平方米,密度为14个/平方公里,集群面积和公园密度均居全市第一。该片区将主题各异、特色鲜明社区公园通过绿道、标识系统有效连接,让9座公

---

① 2016—2017年《深圳市国土绿化白皮书》。
② 参见《2017年度深圳市地价状况分析报告》。

园在地缘上成为有机联系的整体，形成了集绿色休闲娱乐、人文科普教育于一身的城市社区公园群，还片区居民"楼在园中、家在绿中、人在花中"的美好感受。这是福田区社区公园提升改造工程给景田北片区带来的新变化。目前，除了福田区最大社区公园（景蜜社区公园）仍然在建外，多座不同主题的社区公园已陆续出炉，如景田北六街社区公园（深圳首个宠物主题社区公园）、景田北一街公园（岩石主题社区公园）、狮岭社区公园（深圳首个社会公益慈善志愿服务公园）等。

二　森林城市

（一）绿化造林

深圳市建市初期就引入了"动感绿都"的规划理念，在土地规划中突出绿地系统的构建。到2018年底建成区绿化覆盖率达到45%，人均公共绿地面积16.6平方米。深圳还把绿地系统分解为"区域绿地—生态廊道系统—城市绿化用地"三个基本组成部分，构筑了全市点、线、带、面相结合的完善的绿地系统，营造出"林在城中，城在景中"的美丽深圳绿色景观图。深圳多年来坚持开展绿化造林，全市累计新增造林绿化面积4027.92公顷，建成19条475公里生态景观林带。

与此同时，深圳政绩考核的"指挥棒"也越来越清晰地指向生态文明建设。每年深圳都会举办生态文明建设年度考核大会，考核对象为全市10个区、17个市直部门和12个重点企业的一把手，考核结果作为领导干部政绩考核和选拔任用的重要依据。

（二）城市绿道

自2010年启动绿道建设以来，深圳市已建成全长约2448公里的三级绿道网络[①]，绿道密度超过1.2公里/平方公里，一条条蜿蜒的绿道形成串联城市的绿色骨架，绘就深圳的绿色地图。市民走出家门即可走进绿道，骑行5分钟可达社区绿道，15分钟可达城市绿道，30—45分钟可达省立绿道。绿道连接主要的公园、自然保护

---

① 深圳市城市管理和综合执法局深圳市全市绿道数据（2018年12月）。

区、风景名胜区、历史古迹和城乡居民聚居区等，兼具生态保育、休闲游憩、保护历史文化遗产和科研教育等多种功能，是一种能将生态保护、改善民生和经济发展完美结合的有效载体。在规划绿道时，选址上特别注重结合深圳的自然、历史、人文资源。如深圳二线绿道，建设中以"二线关"变迁为主线，辅以绿道驿站、休息平台和景观节点的建设，是都市与山林之间的绿色廊道，绿道上昔日的岗亭、哨所、铁丝网和石板路，讲述着深圳改革开放的历史变迁。

（三）立体绿化

地面上的绿化空间受限，深圳则创新性地向屋顶、天桥、墙体"见缝插针"，立体绿化的思路创造性地解决了土地资源稀缺和生态建设用地需求之间的矛盾。2017年9月1日颁布的新版《深圳经济特区绿化条例》新增了立体绿化章节，要求对新建公共建筑、高架桥、人行天桥等强制实施立体绿化。强制实施立体绿化，这在其他城市并不多见。深圳对新建高架桥、人行天桥等实施立体绿化，近3年来，每年立体绿化平均增加30万平方米以上。

（四）生态保护红线

深圳以铁线铁腕铁律管控生态红线。早在2005年就率先出台《深圳市基本生态控制线管理规定》，将市域近一半土地划定为基本生态控制线范围，明确规定全市生态用地比例不低于50%。十几年来，深圳市十分重视生态保护工作，特别是成片规划大面积的生态保护区，在加强生物多样性保护、建立自然保护区和强化海洋生态保护等方面形成了十分成熟的机制和完备的保障措施。深圳自然保护区面积有170平方公里。其中，深圳福田红树林自然保护区面积达368公顷，是中国唯一保留在城市中心区的国家级自然保护区，被誉为深圳的"小鸟天堂"；梧桐山自然保护区面积达32平方公里，森林、野草、泉流始终保持在一种未开发的原始状态；仙湖植物园收集保存了4000多种植物，其中属国家级保护的珍稀濒危植物就有100多种；等等。

专栏 6-1　　　　大鹏半岛自然保护区

　　大鹏新区全区陆域面积 302 平方公里，约占深圳全市的 1/6；海域面积 305 平方公里，约占全市的 1/4。其中，全区陆域的 73.5%，也就是 222 平方公里土地被划入生态控制线范围，生态控制面积接近全市的 1/4。大鹏新区森林覆盖率达 76%，野生植物种类占深圳市的 70%，占广东省的 26%，海域珊瑚群落覆盖率达 50%；2018 年新区空气质量综合指数优良（lsum=2.69）位居深圳市第一，接近国际一流生态城市标准；近岸海水水质达到国家一类标准，为深圳市最优，西涌海滩被游人们誉为"中国最美八大海岸之一"，生态资源指数保持优等，是深圳名副其实的绿肺和后花园。

　　为了保护大鹏新区独特的生态环境，深圳市 20 世纪 90 年代开始就明确提出，对大鹏半岛实施最严格的生态保护政策，对这一区域的开发建设进行严格限制，基本上不让上工业项目。2005 年，深圳率先在全国建立城市基本生态控制线管理制度，把约 974 平方公里、占全市 49.9% 的土地面积纳入基本生态控制区。2007 年 3 月 2 日，深圳市印发了《关于大鹏半岛保护与开发综合补偿办法》，明确通过转移支付方式，在大鹏半岛开始实施生态补偿政策，对约 16652 位原住民提供养老保险和每人每月 500 元（2010 年后 1000 多元）的生态补偿。

　　通过长期的保护和植树绿化，深圳已经构建了海洋生态带、山脉森林带、城市公园带、绿道长廊带、道路绿色带"五带连通"，立体绿化"大半山水、小半城"的新型现代化绿色城市风貌。

第三节　绿色产业体系

　　习近平总书记指出，"绿色发展是构建高质量现代化经济体系的必然要求"。绿色产业是生态环境建设的基础工程。深圳市在生态环境治理和保护过程中，逐渐意识到对于生态环境的保护，关键不在于末端治理，而在于积极从源头上消除污染源的产生，特别是要大力推动产业生态化转型和推行绿色生活消费方式。正是基于这样的认识，深圳始终致力于产业结构优化调整和转型升级，大力发展战略性新兴产业，探索并采用物耗、能耗少的新技术、新工艺，并大力实施能源结构调整和绿色消费方式，如推广绿色能源、绿色交通、绿色消费等，从而大幅度减少排污量，提高资源利用效率，构建生态经济体系，从根本上改善深圳的整体生态环境。

一　绿色产业体系

（1）深圳编制产业项目导向目录，加强对招商引资的引导。深圳早在2005年就按照项目的细分行业类型，对照国内行业的先进技术水平，以及单位产出、能耗、污染水平，分鼓励发展类、允许发展类、限制发展类、禁止发展类，并对不同类型的项目制定不同的政策。严格限制高能耗、高污染和低效益项目引进。大力发展战略性新兴产业，加快经济发展方式转变。大力发展新一代信息、新能源、节能环保等战略性新兴产业，2018年深圳市战略性新兴产业占GDP比重提高到37.8%。大力发展现代服务业，2018年服务业占GDP比重达58.8%。前瞻布局生命健康、航空航天、机器人等未来产业。服装、家具、黄金珠宝等传统产业加速向价值链高端提升。（2）持续推进产业结构升级。自特区成立以来，深圳产业结构几经变迁，从20世纪80年代"三来一补"产业，到90年代以电子、信息和计算机技术为主体的产业集聚，再到21世纪以高新技术产业、金融业、物流业和文化产业等四大支柱产业为特色的产业体系形成，产业结构不断升级换代，朝着有利于生态的方向发展。（3）淘汰落后产能。"十二五"期间，深圳市淘汰转型低端企业超1.7万家，1125家企业实施强制性清洁生产审核，3323家企业参与"鹏城减废"行动。通过淘汰落后企业和项目，一方面腾出大量新兴产业发展空间，另一方面大大减少污染源并有效降低产业能耗水平。

产业的结构优化调整，有效地推动了绿色发展。"十二五"期间，深圳地区生产总值增加到1.75万亿元，辖区公共财政收入增加到 7200 亿元，战略性新兴产业规模占 GDP 比重由 28.2% 提高到 40%；单位产出的资源能源消耗明显下降，其中万元 GDP 能耗、水耗、建设用地、二氧化碳排放量分别下降 19.5%、43%、29%、21%。

二　经济绿色化

（1）企业是发展生态经济的主体，深圳已经形成了一个绿色企业群体。在政府各项政策措施引领下，这些企业向绿色、循环、低碳经济要效益。深圳正式启动碳排放权交易平台，635 家工业企业纳入首批碳排放管控单位，率先达成全国首单碳配额交易。深圳东部电厂是一座烧天然气的环保电厂，在 2013 年 6 月深圳碳排放交易启动仪式上，东部电厂成为国内首家"卖碳"的企业，成功将 2 万吨碳排放指标卖给国内两家企业。深圳南波浮法玻璃公司通过技术改造用天然气代替传统重油作为窑炉燃料，在产能提高一半的同时能耗减少了两成多。2013 年以来，该公司还利用烟气的余热发电，实现电力供应的自发自用，为企业带来新的经济效益。由于创造了更好的经济和环境效益还获得市政府几百万元奖励。通过发展生态经济，企业开展绿色生产，使深圳的经济充满绿意。（2）大力推进绿色制造体系建设。绿色制造体系是以用地集约化、原料无害化、能源低碳化、生产洁净化、废物资源化、全生命周期绿色化等为目标，突出"以亩产论英雄、以效益论英雄、以低能耗论英雄、以环境保护论英雄"的导向。至 2019 年 3 月，深圳市已获工信部认定的绿色制造体系试点项目共计 66 项，以电子、通信、医药行业为主，总量位居全国主要城市第二位。其中，鹏鼎控股（深圳）股份有限公司等 15 家企业被工信部认定为绿色制造工厂，居全国主要城市第一方队。

三　生态文明体制机制

生态文明体制机制是生态文明的重要保障。深圳作为改革开放的先锋，在生态文明体制机制改革创新方面也不甘落后，进行了一系列先行探索。（1）完善生态文明决策与组织落实机制。近年来，深圳市科学谋划生态文明体制改革，积极探索具有深圳特色的生态文明发展模式。先后印发《关于加强环境保护建设生态市的决定》《关于推进生态文明、建设美丽深圳的决定》等纲领性文件，并制定《深圳市生态文明建设规划》，把生态文明建设融入经济、政治、文化、社会建设各方面，落实在城市规划、建设、管理各领域。（2）建立治污保洁工程推进平台。从2005年起，将全市生态文明建设工程项目纳入平台，全面强化统筹协调和督查督办，10年来推动建设工程2000余项。（3）率先实施生态文明建设考核。2013年，深圳按照党的十八大关于建立生态文明考核目标体系要求，将实施了6年的环保实绩考核升级为生态文明建设考核，制定出台生态文明建设考核制度，对全市10个区（新区）、17个市直部门和12个重点企业生态文明建设考核工作实施年度考核。这是全市保留"一票否决"考核事项的六项考核之一，考核结果作为领导干部年度考核、选拔任用及"五好"班子评选的重要依据。2015年底，生态文明建设考核获环境保护"绿坐标"制度创新奖，被新华社誉为生态文明"第一考"。（4）深圳率先开展编制自然资源资产负债表。2015年以大鹏新区为试点，在全国率先启动自然资源资产负债表编制工作，为生态资源测评、考核提供重要依据。（5）构建完善的生态文明地方法规政策体系。生态文明示范市的构建建立在全面、完善的法律支撑和政策保证之上，只有有了健全的法律法规体系的支撑，深圳生态文明示范市的建设才有法可依，才能逐渐走向规范化和高效化。深圳先后制定了《深圳经济特区环境噪音污染防治条例》《深圳经济特区饮用水源保护条例》《深圳经济特区机动车排气污染防治条例》《深圳经济特区循环经济促进条例》《深圳经济特区环境保护条例》《深圳经济特区实施〈中华人民共和国固体废物污染环境防治法〉规定》《深圳经济特区水土保持条例》等法律法规。这些法规为深圳生态文明城市建设提供了执行依据和监督保障。（6）进一步推行环保审批制度改革。建立宽进严管的环境影响登记备案制度、规划环评指导下的环评程序简化及部分服务行业的环评审批豁免制度、分类分级的环保"三同时"竣工验收管理制度，推动环境功能区划，推动规划环评，规范环评市场管理。（7）完善污染物排放许可制度。正在对现行《深圳经济特区污染物排放许可证管理办法》进行全面修订,旨在全市范围内建立统一的、覆盖主要污染物的排污许可制度,在点源层面落实总量控制和减排要求。(8)力推环保信息公开制度。建立有奖举报制度,完善环境信用管理制度。(9)扩大信用评定范围,建立黑名单制。组织开展环境风险评估,制定发布了电镀企业、印制电路板企业、危险化学品经营单位、石油库经营单位等四部环境风险评估技术规范,填补了中国上述类别行业风险评估标准空白。创新性地开发面向政府、企业、保险公司、公众四个层面的环境风险管理平台,已拥有 600 多家用户注册使用。(10)建立资源环境承载力监测预警机制。构建了典型区域资源环境承载力监测预警机制和全市层面的典型区域资源环境承载力预警预案。开展饮用水源生物毒性在线监测和预警技术平台构建研究,开展在线生物综合毒性监测,研究建立水质安全监测技术和预警体系,保障饮用水安全。(11)深圳推进资源性产品价格改革。放开资源性产品竞争环节价格,推进工商业用电同价改革,进一步完善水价、气价阶梯价格等政策,研究完善污水处理费政策。(12)健全资源有偿使用和生态补偿制度。稳步推进生态补偿试点。建立健全生态补偿制度,先后出台大鹏半岛保护与开发综合补偿办法、大鹏半岛生态保护专项补助考核和实施细则。下一步深圳将继续完善重点生态保护区生态补偿机制。

专栏 6-2　　　盐田区 GEP 核算体系

深圳市市场和质量监督管理委员会 2019 年 1 月正式发布《盐田区城市生态系统生产总值(GEP)核算技术规范》。该技术规范的发布意味着盐田区的"城市 GEP"改革创新取得了重大阶段性成效,标志着该区率先编制实施全国首个城市 GEP 核算地方标准,明确城市 GEP 核算指标、核算方法、核算因子、定价方法、数据获取方式等相关内容,为深圳市及其他地区开展城市生态系统生产总值核算提供规范化模板。

数据显示,2013—2017 年,盐田区 GDP 和城市 GEP 分别为 408.51 亿元和 1036.19 亿元、450.23 亿元和 1072.41 亿元、

486.44亿元和1077.29亿元、537.68亿元和1092.17亿元、585.49亿元和1096.29亿元，连续5年实现GDP与GEP双核算、双运行、双提升，初步形成了生产发展、生活富裕、生态优美的良好格局。

四 碳排放交易

建立碳排放交易市场是中国借鉴发达国家做法，用市场机制解决污染排放控制的重要改革试验项目。2010年9月30日，以深圳成为国家首批低碳试点城市为契机，经深圳市人民政府批准，深圳排放权交易所成立。2011年，经国家发改委批复，深圳成为中国7个碳排放交易试点地之一。2012年12月30日，深圳市人大常委会通过了《深圳经济特区碳排放管理若干规定》，这是国内首部专门规范碳排放管理的地方法规。2013年6月18日，深圳试点的中国首个碳排放权交易所正式上线。深圳碳排放整个交易体系建设以碳强度下降为目标，即单位工业增加值碳排放量，也就是企业碳排放量除以单位增加值。该指标反映了企业绿色生产技术水平的高低。企业纳入碳排放权交易体系之后，可以知道自己在所处行业里碳排放的位置，有利于企业早决策、早投入，鼓励企业投入更多资金，采用新技术、新产品、新设备、新商业模式，增加企业自身竞争力。如果企业减排工作做得好，它的配额还可以到市场上去卖，获得收益。截至2019年7月1日，深圳市已有758家管控单位通过注册登记簿系统提交足额配额，完成履约义务，体现了企业应尽的社会责任。

第四节 绿色生活方式

生态文明示范市的建设不仅体现在生态环境的治理、产业结构的升级、绿色经济体系的构建等大型生态文明建设项目上，更应深入到人们的日常生产生活方式中。深圳市多管齐下，推进绿色消费方式变革。

一 绿色交通示范城市

2017年底，深圳率先成为全球首个实现公交车100%纯电动化的特大城市，这是全国乃至全球首例。纯电动公交车达16359辆；累计推广应用纯电动出租车12518辆，纯电动化率达62.5%，预计2020年实现100%纯电动化。目前，深圳全市正努力打造"1公里步行、3公里自行车、5公里公交、长距离轨道为主"的绿色交通示范城市，大力推进轨道、公交、慢行三网融合，打造与之配套的慢行接驳网络。

二 全面推进公交专用道建设

以"轨道交通+公交专用网"为网络主骨架，重构城市公交体系。围绕彩田路—民治大道、留仙大道、科苑大道、宝安大道、坂银通道、龙岗大道、笋岗路等公交走廊，持续滚动推进公交专用道建设，构建广泛、连续的公交专用路网。提供更有竞争力的公交服务。持续优化调整公交干线网络，积极拓展公交快线网络，着力加强支线公交，尤其是地铁接驳线路服务，形成与轨道交通"优势互补、适度竞争"的常规公交服务体系。完善高峰专线、旅游观光线、夜班线等特色公交线路服务，鼓励和规范互联网定制班车、社区微巴等多元市场服务产品的发展，满足商务、通勤、旅游的个性化公交出行需求。加强与全市保障性住房项目、产业集聚区项目等建设进度的协同，及时优化调整公交线路服务。采用"三分三结合"发展模式，加快推进深莞惠跨市公交网络建设，连通重要城镇、产业节点，与其他客运方式有效衔接和便捷换乘。积极推进网约车市场发展。目前深圳出租车约2.2万辆，实现了出租车智能化、一体化和服务质量优质化，2019年深圳已有合法网约车数量约4万辆，形成了出租车行业改革的"深圳模式"。手机智能化的出租车，方便了广大群众出行，提高了车辆的使用效率，减少了上路车辆，减少了城市中心区停车压力。

三 绿色建筑

绿色建筑又称低碳建筑，是指建筑在全生命周期内，最大限度地节约资源的建筑。深圳市作为新兴城市，每年新建筑、新楼盘的建筑工程量巨大。另外，近年来又出现了大量城市更新项目，工程建筑对环境影响不可低估。传统粗放的工程材料、施工方式对环境烟尘、水源和噪声等污染影响极大。为此，2013年8月《深圳市绿色建筑促进办法》开始施行，深圳在全国率先以政府立法的形式要求新建建筑全面推行绿色建筑标准。截至2018年，全市累计绿色建筑标识面积达6655万平方米，规模居全国城市前列。深圳市不断加强对施工工地和施工单位的绿色施工管理，开展泥头车专项治理，加大施工现场绿化、遮挡、喷雾等防尘监察，推广电动施工设备减少污染排放，严控居民区午间和夜间施工等。绿色物业是绿色建筑的有力承载，自2011年起，深圳率先推广绿色物业管理，开展以节能、节水、垃圾减量分类、环境美化等为主要内容的绿色物业管理试点，倡导低碳绿色生活方式，成效显著。智慧发展也是绿色发展的主要组成部分，深圳将智慧社区建设试点作为市政府民生实事之一，在社区内开展环境美化、节能节水、垃圾分类、智能家居、安防监控、业主电子投票等物业服务，有效地推动了社区绿色低碳发展。

四 倡导可持续的消费模式

深圳市2002年在全国率先开展绿色机关、绿色企业、绿色商场、绿色医院、绿色公交、绿色村镇、绿色家庭、绿色学校、绿色社区等内容的"建我绿色家园"系列活动。该活动开展至今，在全社会已经形成了"建绿色家园、创生态文明"的良好氛围。与此同时，市政机关十分重视生态文明建设的宣传工作，积极鼓励广大市民支持、参与环保事业。一方面，政府带头制定绿色采购政策，扶持绿色环保产品占领市场。另一方面，深圳市更努力将低碳生活、绿色消费的观念意识根植到市民的日常生活当中。这一系列推进构建绿色消费方式的举措都取得了显著的成效，深圳市民的绿色消费理念逐步提升。市民们积极践行低碳生活方式，为深圳生态文明建设贡献自己的一份力量。

五　低冲击开发模式

由于人口密度大，产业密集，城市化程度高，本地水资源匮乏，随着经济社会的快速发展，用水量不断增长，河流水环境日趋恶化，水资源紧缺和水环境污染问题已经成为深圳建设现代化国际性大都市的重要制约因素。低冲击开发模式应运而生，其基本内涵是通过有效的水文设计，综合采用入渗、过滤、蒸发和蓄流等方式减少径流排水量，使开发区域尽可能接近开发前的自然水文循环状态。早在2009年，深圳就被列为首批低冲击开发示范区。在绿色道路建设方面，光明新区在1.8平方公里范围内开展了32条市政道路的低冲击开发设计，充分尊重地形，避免较大的生态破坏。在固体废物综合利用上，下坪固体废物填埋场采用了世界先进的人工防渗漏技术、沼气收集利用技术、生态环境管理技术等，实现了生活垃圾的无害化生态填埋，减排二氧化碳当量1000万吨以上。

六　海绵城市

城市内涝问题曾让深圳吃尽苦头，曾经出现了几件大片面积淹没事件，如2001年9月的龙岗区龙东浸水事件等，原因是城区部分区域瞬间降雨量太大，地面植被少，储水能力低，道路漏水管道不通畅，地下排洪管道太小，排洪能力严重不足。解决城市内涝，除了末端扩大排洪能力外，关键是要建设海绵城市。2015年11月，《深圳市治水提质工作计划（2015—2020年）》提出"海绵城市，立体治水"的对策，将积极推行低影响开发建设（LID）模式，加大城市雨水径流源头减量的刚性约束，实现"五位一体"系统治水，让人与水、水与城和谐共处。深圳将通过海绵城市建设，综合采取渗、滞、蓄、净、用、排等措施，最大限度地减少城市开发建设对生态环境的影响，将70%的降雨就地消纳和利用。除特殊地质地区、特殊污染源地区外，到2020年，深圳建成区20%以上的面积要达到海绵城市要求；到2030年，深圳建成区80%以上的面积达到海绵城市要求。以最高标准、最高质量开展全市海绵城市的规划和建设工作，将深圳市打造成为国际一流的海绵城市。

第五节 污染治理

如前所述，深圳在大气污染治理上取得了显著成效，摸索出了一套行之有效的深圳模式。相对而言，深圳在河流污染和垃圾治理上相当滞后。这主要是因为后两者的治理投入要大得多，协调难度要大得多。如河流污染治理，要建设系统化的地下污水管网，就要把全市整个地下管网系统翻出来重建一遍，难度可想而知。垃圾治理，不仅要教育和改变全体市民的分类习惯，还要建立市场化的垃圾回收利用机制体系和利益补偿机制。近年来，深圳市委市政府越来越认识到这两大问题的治理的重要性和紧迫性，不断加大这两方面的投入和治理力度，全市动员，集中力量打歼灭战。

一 河流污染治理

一直以来，因城市高速发展，相关设施建设相对滞后，深圳市建成区水体黑臭现象较为普遍。2015年底全市污水管网的缺口为5938公里，污水直接就从雨水管网往河流排，河流哪能不黑不臭？经有关部门排查，全市纳入国家"水十条"考核的建成区黑臭水体共36条（45段），总长度203公里，其中轻度黑臭12条（15段）、重度黑臭24条（30段），黑臭水体整治工作任务十分艰巨。为什么深圳水污染问题如此严重？这是由于深圳几十年工业化快速发展期间，一直没有做好污水管网规划和建设，日积月累，水污染成为深圳现代化的最大短板之一。虽经多年的持续治理，取得了局部的成效，但由于积重难返，整体治理投入效果不佳。

河流治污是深圳持续多年打的一场"硬仗"。近年来，在中央和省环境督查组的指导下，深圳市以壮士断腕的决心，动员全市各方力量，每年百亿元以上投入污水管网建设和污染治理。从2016年起，深圳市围绕"一年初见成效、三年消除黑涝、五年基本达标、八年让碧水和蓝天共同成为深圳亮丽的城市名片"这一目标体系，实施"治水十策"和"十大行动"。2016年深圳完成治水投资

111.04亿元，是2015年28.02亿元的3.96倍，完成投资额是整个"十二五"期间水环境治理投入的63%，全市15条主要河流中有10条水质改善。2015—2020年安排治水提质项目1181个，投资816.5亿元，包括河道综合整治、管网建设、治污设施、防洪排涝、水源保护等五大类工程，预留资金180亿元，总投资约1000亿元。

深圳市委市政府主要领导亲自主抓，将水污染治理作为最大的民生实事，摆在突出位置去谋划推动。省委常委、市委书记王伟中担任全市总河长，市长陈如桂担任副总河长，并分别担任治理难度最大的茅洲河、深圳河河长。2018年10月10日，市委市政府召开市、区、街道、社区四级领导干部治水攻坚800人大会，全面压实河长制责任。全市754名市、区、街道领导干部担任市、区、街道、社区四级河长。各级河长"拿实招、突实效"，治水工作基础得到进一步夯实。

为了实现治水与治城融合的目标，深圳坚持治水和河道景观、沿岸风貌塑造相结合，正本清源与片区更新开发、园区升级改造相结合，住宅小区、产业园区、商业街区相统筹，一体规划、一体设计、一体实施，使生产、生活、生态融合发展。在顶层设计方面，深圳多方引智借力，邀请50多家国内一流水务环保机构组成深圳市治水提质技术联盟，确定"治水十策"技术路线。技术路线方面，深圳按流域实施大兵团治水，以流域为单元捆绑打包实施设计—采购—施工（EPC）模式，采用"地方+大企业"模式。

在全市上下的努力下，2018年5月生态环境部、住建部现场督查，深圳45个黑臭水体已消除黑臭或基本消除黑臭42个；2018年1—9月国考、省考断面水质改善程度位列全省第二，茅洲河（光明段）、福田河、后海河等河流水质达到Ⅳ类、Ⅴ类地表水标准，深圳城市黑臭水体治理取得阶段性成效。

二 城市垃圾治理

生活垃圾治理是生态文明建设的基础工作，当前，经济社会快速发展，城市生活垃圾产生量逐年上升，垃圾处理设施建设严重滞后于垃圾增长速度，"垃圾围城"日益逼近等问题威胁并阻碍城市的健康发展。多年来，深圳主要运用循环经济的减量化、再利用、再循环的3R原则，应对垃圾危机。一是对垃圾回收利用进行试点，完善垃圾分类相关法律法规和标准体系，建立生活垃圾综合治理体系，实现从源头到末端的全过程治理。全面实施生活垃圾强制分类，实行生活垃圾分流分类收运处理；加快推进餐厨垃圾处理设施建设，提升餐厨垃圾收集处理率；推进建筑废弃物减排和利用，实施工程弃土排放和回填平衡管理，有效减少弃土排放；建立电子废弃物回收利用体系，建立覆盖全市的电子废弃物回收网点。探索"互联网+分类回收"的新型线上线下回收模式，推动建立本地电器电子产品生产和大中型销售企业的废弃电器电子产品回收处理系统。二是实现垃圾的资源化利用，通过对垃圾焚烧处理，利用焚烧的热能发电，走出一条垃圾资源化、无害化、减量化的新路。盐田建设了一座全球排放质量最高技术的垃圾发电厂。在盐田区盐田街道青麟坑附近，一座白色城堡赫然矗立，这就是日处理生活垃圾450吨，年发电量5400万千瓦时，所有烟气排放指标严于欧盟标准的盐田环保发电厂。自建成投产以来，该发电厂一直承担着整个盐田区及罗湖区、大鹏新区部分生活垃圾处理的重任。走进盐田环保发电厂，整个厂区绿树成荫、青山掩映，公园般的清新环境令人眼前一亮，彻底打破了传统垃圾焚烧发电厂的固有低劣形象。每天的生活垃圾由专用车辆运进盐田环保发电厂，经称重计量后卸入封闭式垃圾池，堆放3—5天发酵后由垃圾抓斗送入焚烧炉内燃烧。垃圾池内的气体也被抽入焚烧炉内助燃，这使得垃圾池保持微负压，保证臭气不外泄。

专栏6-3　　　　　　　　污染产业入园

深圳的污染治理和落后产能淘汰，不搞"一刀切"。深圳在积极实施落后产能淘汰和推进工业入园的过程中，保留部分产业链需要的有污染的配套企业，并设立专业污水集中处理设备和专门的工业区。这样较好地兼顾了科技产业链的需要与环境要求。电镀、线路板等重污染生产企业，因高污染而让人"谈之色变"，也成为腾笼换鸟的主要排斥对象之一。但作为制造业的基础工艺之一，它们的重要性也不言而喻，在深圳占比前7大工业门类中，5类都需要大量电镀，涵盖规模以上企业的数量超6000家。对于这些中低端的制造业，虽然它们污染较重，但作为产业链上的一环又必不可少，如何去平衡或是解决这一矛盾呢？深圳采取让高污染企业集中入园的措施。

宝安是深圳电镀、线路板产业的大户。其中，电镀产业占深圳市的60%，线路板产业占深圳市的69%。2016年宝安电路线路板总用水量超3600万吨，其中污水实际排放量近10万吨/天，企业许可排放量为8.8万吨/天，污水排放量大、处理难，偷排漏排现象时有发生。

位于宝安区松岗街道的江碧环境生态产业园，就是这样一家专收高污染企业的园区。园区规划总用地139.19万平方米，包括环保科技创新产业园和江碧环境生态产业园重点更新单元。根据《宝安区电镀线路板行业环境综合治理发展规划》，宝安拟规划搬迁224家电镀、线路板企业进入该园区。其中环保科技创新产业园项目就包括了一个工业废水集中处理厂。该处理厂将逐步满足所有入园企业的污水处理需求，远期处理量有望达到4.5万吨/天。电镀、线路板企业均以中小企业为主，随着企业规模增大，企业单位水耗综合经济效益、单位建筑面积的经济效益都显著增大，入园将有助于提升规模效益。将企业集中、污染集中、治理集中，这样形成一条全新的生产链条，可以保障企业排放达标，有效治理水污染。

第六节　规划引导城市发展

深圳与国内国外一流大都市比较，总的土地面积小，人口密度大，深圳面积仅为广州和上海的1/3，北京的1/8，可开发用地较少，而且大量土地是生态用地。深圳的解决办法就是制订和实施紧凑型城市发展规划，优化土地利用结构，严格保护生态红线和工业用地红线，促进产业入园和工业上楼，进行高新园区扩区，大力发展总部经济，向空中、地下和海洋要发展空间等，从而提高土地利用效率，实现节约型、紧凑型发展。

一 规划理念升级

深圳市先后编制和修订过9次城市总体层面的规划和发展策略。过去40年，深圳城市规划理念不断升级，先后编制和修订过9次城市总体层面的规划和发展策略，而其中最有影响力、对引导城市发展有显著作用的有三次：1986版总规、1996版总规和2006年开始编制、最近由国务院批复的2010版总规（见图6-2）。三次规划编制的时间跨度正好为10年，可以说，三轮总体规划都以超前的规划理念，全面引领了深圳城市的健康有序发展。1986版总规提出的带状组团结构适应不确定性的高速增长，超前布置基础设施标准，称之为弹性规划。1996版总规则强调了实现全域规划，推动两规融合，四大新城组建功能区，前瞻性地预判战略节点，称之为全域规划。2010版总规提出实现非用地扩张规划，采取底线管控和存量发展；提出管理服务人口和公共政策引领，称之为内涵型发展规划。虽然在三版总规实施效果上也存在这样或那样的问题和不足，但总体而言，深圳在规划思路中进行了创新式实践和探索，起到了标杆作用。其中，2010版总体规划和深圳前几次总规相比具有鲜明的变化，前几次都是以城市扩张为主，而如今经过30年发展，深圳已很难继续进行外延式扩张发展。2010版总体规划重点放在了城市更新上，放在已有建成土地的价值提升上，更侧重内涵发展。这对深圳是一个重要的转折，对全国来说，也是第一份不以面积扩张为主题，而以内涵提升为主题的大城市总体规划。这一轮总规城市转型、挖掘内涵式发展理念最大地体现在用地模式上。为解决土地资源紧张的难题，该总规提出由以往增量扩展转向存量优化和调整，存量优化调整主要是通过城市更新和土地整备来完成，城市更新规模超过新增用地规模。同时，将节能减排、绿色、低碳理念落实到规划内容之中。

二 工业用地保护红线

为了防止产业空心化，促进实体、虚拟经济协调发展，深圳提

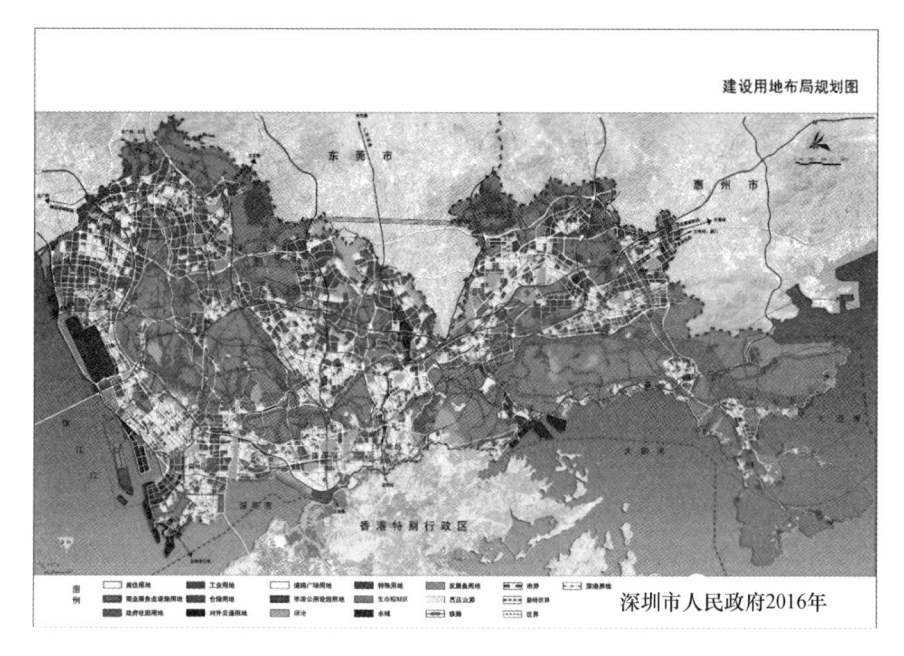

图6-2 深圳市城市总体规划(2010—2020)

出保障工业用地红线的要求。为此,深圳市2016年出台《关于支持企业提升竞争力的若干措施》,提出加强产业用地统筹管理,确保中长期内全市工业用地总规模不低于270平方公里,占城市建设用地比重不低于30%。相比于其他同等经济体量的城市,深圳的制造业贡献率明显具有较高的水平,30%的工业用地红线被认为是重要保障因素。工业用地红线有效地保障了实体经济和新兴科技产业发展空间。近年来,深圳制造业占GDP比重保持在40%的水平上。深圳上下已经形成坚持制造业发展的共识,认为只有保持先进制造业的发展,才能维持深圳科技产业的持久竞争力。制造业不仅直接带来GDP,还带动相关生产性服务,如物流业、金融业、技术研发、中介、会计服务等,以及生活服务,如生活消费、住房、医疗、教育等产业的发展。

三 产业入园和工业上楼

深圳市发展早期,招商主体多元,对招商对象来者不拒,工业厂房比较分散，厂房面积小，配套条件差，出现"散小杂乱、满山放羊、脏乱差"现象，且随着经济的发展问题不断加剧。为了彻底改变这种不利局面，2001年起深圳市政府大规模规划高新技术产业带（"9+2"片区），开启了深圳规模化工业（科技）园区建设的新阶段。同时，积极推进旧工业区整合和改造，在规划上依托东、中、西三条城市轨道发展轴，逐步形成"一核心、九片区、五十二园"的工业布局结构。

四 高新技术园区扩区

为了扩大高新技术产业的发展优势，解决科技企业用地需求短缺的问题，深圳积极向国家申请并得到国家批准，深圳市人民政府2019年4月23日印发《深圳国家高新区扩区方案》，将南山园区、坪山园区、龙岗园区、宝安园区和龙华园区五个园区纳入深圳高新区范围，深圳高新区总规划面积由11.52平方公里扩展至159.48平方公里，总面积扩展为原有面积的近14倍。这将为深圳实现更高质量和更高密度的科技产业发展奠定长远基础。

五 总部经济区

在有限的空间范围内，单位土地面积的产出成为重要的衡量因素。同样的土地，引入总部企业肯定能创造更多的GDP和税收。为了打造有国际影响力的总部经济基地，深圳倾力规划建设了福田中心区和深圳湾超级总部区。福田中心区总部基地，占地仅87万平方米，14栋商务面积430万平方米，创造了1610亿元税收（2016年）[①]，占深圳2016年全市全年税收总额6894.58亿元的23.4%，近1/4，这一区域平均每栋创造上百亿元税收。深圳湾超级总部总用地面积1.174平方公里。目前有中信、招商银行、天音通信、深圳碳云、恒力集团、中兴通讯、神州数码、中国电子、万科、恒大、OPPO共11家企业在这里落户。深圳两大总部区及毗邻区域，还聚集了平安集团、腾讯、正威国际、深圳阿里中心、百度国际总

---

① 深圳市福田区发展研究中心：《深南—益田金融街产业规划布局研究报告（2016）》。

部、高通创新中心等国内外金融和科技巨头国际总部、区域总部或职能性总部。截至2017年，世界500强中至少有10家在深圳设立了地区总部，深圳总部企业多达180多家。

六 重点开发片区

为了提供未来高端产业发展空间，早在2013年深圳就提出了全市13个重点区域开发建设规划，并成立深圳市重点区域开发建设总指挥部统筹推动项目开发。2018年重点开发区域又增加到17个：深圳湾超级总部基地、留仙洞战略性新兴产业总部基地、平湖金融与现代服务业基地、国际低碳城、坂雪岗科技城、深圳国际生物谷坝光核心启动区、大空港新城、深圳北站商务中心区、光明凤凰城、坪山中心区、宝安中心区、大运新城、笋岗—清水河片区、福田保税区、高新区北区、梅林—彩田片区、盐田河临港产业带。随着项目的初步建成，部分项目已经成为深圳经济社会发展新增长极。

七 立体式开发

作为高度城市化的地区，深圳城市用地日益紧缺，必须走地表、地上和地下结合的立体化、综合化发展道路。深圳在城市立体建设方面起步较早，尤其是在重点片区和重要节点的地下空间利用方面，早在1999年，深圳市就在国内率先编制了一系列专项规划，如实施《深圳市中心区城市设计及地下空间综合规划国际咨询》。目前，已经形成地下轨道、地下商业、地下市政等多种利用方式。福田高铁站是亚洲最大、全世界列车通过速度最快的地下火车站。共设四座岛式站台，总建筑面积为14.7万平方米，相当于21个标准足球场大小，共设有36个出入口，以方便整体交通运输。[①]还有丰盛町、连城新天地等地下商业综合体，都是深圳的热门区域。

[①] 张军：《深圳奇迹》，东方出版社2019年版，第167页。

第七节　交通和公共服务先导

一　交通引导城市发展（TOD）

公共交通是城市基础设施的重要组成部分，在城市经济发展、城市建设和社会生活中发挥着重要作用。它直接关系到城市的经济发展环境、居民生活便利和城市形象。推进公共交通优先发展是解决人民群众切身利益的现实问题。这是建设资源节约型、环境友好型社会和实现可持续发展的重要途径。深圳通过立体化、智能化、现代化交通运输体系的建设，引导城市合理布局。

（一）最不拥堵的特大城市

多年前，由于人口增长迅猛，经济增长迅速，人流、物流、车流巨大，加上地域狭窄，特别是进出原特区内外的关口少且道路窄，深圳的交通拥堵现象也较为严重。近年来，深圳采取了多项措施综合治理，取得了较显著成效。2017年深圳整体拥堵有了大幅度的缓解，拥堵延迟指数降幅8.75%，国内城市拥堵排名降至2017年第二季度的第二十三位。从表6-3可以看出，与其他大城市做比较，深圳的高峰拥堵延迟指数要低于北京、上海、广州几大城市，在市内的平均速度也要高于其他几大城市。

表6-3　各大城市高峰拥堵延迟指数与平均速度统计

城市	高峰拥堵延迟指数	平均速度（公里/小时）
北京	2.040	22.57
上海	1.854	23.81
广州	1.883	24.96
深圳	1.783	27.24

注：拥堵延时指数＝交通拥堵通过的旅行时间/自由流通过的旅行时间；城市范围内的平均速度。

资料来源：《2017年Q2中国主要城市交通分析报告》，豆丁网；《深圳社会建设之路》，中国社会科学出版社2018年版，第174页。

《2016年度中国主要城市公共交通大数据分析报告》统计了全国82个主要城市综合用户出行核心区域站点覆盖率、线网覆盖率、轨道交通覆盖情况、城市出行单位耗时、单位花费以及用户评价指数等方面，综合计算得出了中国主要城市公共交通排行TOP20，其中上海市、深圳市站点及线网覆盖率高，轨道交通建设相对完善，用户评价指数较好，综合评分列第一位、第二位。

（二）海空港枢纽地位

2018年12月7日，由深圳市城市交通规划设计研究中心主办的"湾区城市交通论坛暨2018交通大数据开放合作国际论坛"指出，目前深圳的机动车保有量大概335万辆，深圳已成为全球第十一个、全国第四个日均公交客运量达千万人以上的城市。深圳建成区900多平方公里的地面，人口与车辆高度密集，但塞车不是最严重的，保持了较好交通环境。原因何在？经过40年的发展，目前深圳已初步建成海陆空铁齐全，轨道、道路、公交网络完善，辐射国际国内的一体化综合交通运输体系，为深圳市经济社会的快速发展发挥了至关重要的作用。

"十二五"期间，港口方面，深圳港集装箱吞吐量由2010年的2251万标准箱增至2015年的2421万标准箱，成为全球第三大集装箱港口；深圳机场迈进"大航站区+双跑道"时代，年旅客吞吐量由2010年的2671万人次增至2015年的3972万人次。

（三）轨道交通网络

深圳已全面迈入高铁时代，广深港高铁专线、厦深铁路建成通车，此外还有深赣高铁、深圳—江门—肇庆高铁、深圳—江门—玉林—南宁高铁正在规划建设之中。地铁网络初步形成。截至2018年底，轨道交通运营线路8条、有轨电车1条，运营里程296.7公里，在建里程275公里，日均客运量约517万人次，远期规划33条线路，1335公里；常规公交运营线路1005条，运营车辆17493辆，公交站点500米覆盖率达95.4%，日均客运量458万人次；现有高速路网里程达到6890公里，高快速450公里；互联网租赁自行车活跃，车辆约 53 万辆，日均骑行量约 150 万人次。①

（四）内外道路交通网

建设完善的内部交通网络。2004 年深圳编制完成了《深圳市干线道路网规划》，并经市政府批准。该规划提出了城市化地区一体化的道路功能分级体系，将干线道路系统分为高速公路、快速路、干线性主干道三个层次，重点规划高速公路和快速路。并在此基础上，制订了全市"七横十三纵"的高快速路网总体布局方案。到 2015 年，基本建成了"七横十三纵"高快速路网，形成与全市主次干道骨架、支路网协调发展的路网体系。深圳市交委加大全市道路建设投资力度，完成投资超过 420 亿元，全市累计新增道路里程 1234 公里。建设发达的对外高速路网，在原有深港西部通道、广深高速、莞深高速、深惠高速、深汕高速的基础上，近年进一步加大对外高速道路的建设，广深沿江高速、博深高速等重大通道建成通车，外环高速、东部过境高速开工建设，深中通道前期工作有序推进。

（五）城市综合交通枢纽

福田站综合交通枢纽即广深港客运专线福田站及其配套综合交通枢纽于 2015 年 12 月 30 日开通运营，标志着深圳市原规划铁路客运枢纽"两主三辅"格局基本形成。福田站综合交通枢纽作为亚洲第一座位于城市中心区的全地下枢纽，项目以高铁站为核心，整合地铁等多种交通方式在地下无缝衔接，并与周边办公、商业等设施联通，形成融交通出行、购物休闲、商务娱乐为一体的地下综合交通体。此外，深圳其他城市综合交通枢纽也在建设中，以缓解城市拥堵。

（六）公交优先战略

优先发展公共交通的城市交通发展战略在深圳经济特区建立初期便已确立，提出："建立一个以公共汽车为主体，轨道交通为骨干，各种客运方式协调发展的城市公共交通体系，为市民提供多层次、安全、可靠、快捷、经济的服务。"多年来，深圳实施了协调

---

① 广东城市公交网。

土地利用与公交发展，建立大运量客运轨道体系；不断优化调整常规公交线网，加强接驳换乘设施建设，提高公交运行效率；大力发展公共大巴、优化公交方式结构，加强中小巴管理，均衡公交供应；加快公交信息化建设，提升公交服务和管理水平；推进公交专用道和中运量公交建设，提高公交运输能力；制定公交财政政策，扶持公交行业发展等措施。

2010 年 11 月，国家交通运输部与深圳市人民政府签署合作框架协议，共建国家首个公交都市示范城市。自此，优先发展城市公共交通在深圳市又一次翻开新的篇章。安装了电子标识的公交车在距离红绿灯停车线 70 米处时，感应设备就会向红绿灯发送优先通行指令，红灯或绿灯状态即时发生调整。如果公交车是在绿灯即将结束时驶入路口，绿灯将自动延长 1—8 秒的时间；如果公交车所在方向为红灯，绿灯将提前 8 秒启动。而且电子标识实现公交优先不仅限于早晚高峰期，也包括了平峰期。据测算，每个路口平均每天可为 300 余车次的公交车提供优先通行，每辆车可至少减少 34 秒（民宝 42 秒，中梅 26 秒）的红灯等待时间，平均每天累计减少公交车等待时间 10200 秒，累计节约 2.8 小时。

专栏 6-4　　　智慧道路引领智慧交通

侨香路将建全市首条"智慧道路"，路灯发射 Wi-Fi、预留 5G 微基站安装空间、直接粘贴于路面具有蓝牙双向通信功能的太阳能智能地磁道钉，满满都是黑科技。该项目已从 2018 年 6 月 15 日起封闭部分车道开建，2019 年 6 月完工。"智慧道路"有七大黑科技。

红绿灯自行调转，"车多放车、人多放人"。通过改造所有的信号控制设施，接入路面交通流实时数据及互联网交通大数据，实现侨香路全线的流量自适应控制和人车感应控制。其中，流量自适应控制，即系统会根据各个方向的实时交通需求，动态调整信号配时，使得整个路口的通行效率最高，排队时间最短。人车感应控制，即在 5 处灯控路段过街，建设 12 套行人检测器、24 套地面红绿灯及智慧道钉，实现"车多放车、人多放人"感应控制，提升行人过街安全性。

升级改造电子警察设备实现智能执法。通过升级改造电子警察设备，既实现了对闯红灯、不礼让行人、不按导向箭头行驶、不系安全带、违法掉头等路口违法行为的智能执法，又可采集车流量、车型等交通流参数，为智能信号控制提供实时交通数据。

通过智慧路灯在人流活动密集区域提供免费 Wi-Fi。通过智慧路灯，在深国投广场、智慧广场、沃尔玛、侨香村等人流活动密集的公共区域，为市民提供免费的 Wi-Fi 服务，同时实现人群密度的动态监测及预警。

借助路灯杆设置行人信息屏发布服务信息。在大型小区出入口、公交站附近，借助路灯杆设置行人信息屏，即时发布交通设施服务动态及周边城市公共服务信息。交通设施服务动态包括最近的公交到站信息、自行车道指引、施工占道提醒等。

多杆、多箱合一，杆件总体数量减少32%。以"多杆、多箱合一"方式整合道路设施，打造外形美观、风格统一的城市艺术品，提升慢行空间体验。其中，多合一信号杆以路口的机动车信号杆为基本杆，整合路灯、车检器、小型标志牌、视频监控等设施设备；多合一电警杆以路口的电子警察杆为基本杆，整合路灯、路名牌、小型标志牌、视频监控等设施设备；多合一交通杆以路口上游的L形指路牌为基本杆，整合路灯、小型标志牌、视频监控等设施设备。整合后，杆件总体数量减少32%，其中小型标志杆和监控杆件减少65%。同时，还将打造交警一体化机箱。

"智慧路贴"含定位检测提示等功能。侨香路选取了5个关键断面建设智慧路贴，即具有蓝牙双向通信功能的太阳能智能地磁道钉，安装在车道分隔线或路肩表面上，无须开挖道路，直接粘贴于路面，含定位、检测、提示、自组网等功能，可实现交通参数检测、车辆轨迹跟踪、行人过街警示、行车安全提示等应用。

二 公共服务先导

公共服务不仅是深圳户籍人口生活质量的重要保障，更是吸引和留住国际化高端人才来深创新创业的重要条件，是建设国际一流科技创新中心最重要的营商环境之一。从这个意义上说，完善城市公共服务是建设宜居宜业城市的基本内容。深圳在公共服务先导方面，重点从三个方面推动。第一，以特区内外一体化为契机，推动公共服务区域均衡发展；第二，重点推动城市更新和城中村整治，加强公共服务更新换代；第三，大力推进在中心城区和卫星城规划建设一批国际高端的公共服务设施，如国际会展中心、国际音乐厅等。

区域均衡发展。规划先行，投资推动。[①] 2009年9月出台的《深圳市综合配套改革三年（2009—2011）实施方案》明确了深圳综合配套改革的主要内容和任务，重头戏包括向中央申报特区范围扩大至全市。2010年5月，中央批准了深圳扩大特区版图的申请。从当年7月1日开始，深圳特区范围延伸至全市，特区总面积扩容为1997平方公里。2010年特区实施扩容后不久，深圳市委、市政府先后实施了两轮"特区一体化建设三年实施计划"，取得显著成绩。2017年的《深圳经济特区一体化建设攻坚计划（2017—2020年）》提出了包括城市交通、公共服务、资源环境、城市安全等领域的268个配套重点项目，总投资预计超过1万亿元。根据该计划，到2020年，深圳将基本实现深圳特区一体化。根据新一轮的计划，2017—2020年4年间，本级政府投向原特区外地区的投资，占全年政府投资的80%以上。通过经济、社会、民生领域大项目合理布局，全面促进特区一体化均衡化发展，争取到2020年全面实现特区一体化的目标。经过多年的努力，深圳原特区内外法规政策、规划布局、基础设施、城市管理、环境保护和基本公共服务等"六个一体化"全面迈上新台阶。

以教育为例，自实施特区一体化以来，原特区外的千人学位数仅为116.3个。"十二五"期间，全市新建公办义务教育学位10.7万个，其中78.5%位于原特区外。"十三五"规划建设公办义务教育学位21万个以上，70%以上位于原特区外。医疗领域也是如此。

[①]《我市力争2020年基本实现特区一体化》，《深圳特区报》2018年7月1日。

全市医疗卫生资源配置重点向原特区外地区倾斜，到2020年，中山大学附属第七医院、市萨米医疗中心等一批在原特区外规划新建的市属三级医院投入使用。原特区外地区新增床位1.8万张，每千人床位数从2015年的2.66张增加到4.0张。2018年，深圳市本级政府投资投向原特区外及特区一体化项目达429.3亿元，较上一年继续稳步增加，通过经济、社会、民生领域大项目合理布局，全面促进特区一体化均衡化发展，争取到2020年全面实现特区一体化的目标。

第八节　城市更新和城中村整治

由于经济、人口和历史等方面的原因，深圳在快速城市化过程中实际上采取了多主体的开发模式，在原村落社区建设了大量住房和厂房，形成了一个个城中村，同时一些城区老旧的厂房和住房也不符合城市发展的需要。因此，通过城市更新和土地的二次开发提高土地的利用效率，改善城市人居环境，就成为深圳空间形态深度城市化和现代化的必然选择。[1]

2009年，深圳创新开展"城市更新"。按照更新对象的特点将城市更新的类型分为综合整治类、功能改变类和拆除重建类。截至2019年3月，全市已列入城市更新拆除重建计划的项目一共有758项，拟拆除用地面积约59平方公里，已批规划项目456项，用地面积约35平方公里，累计供应用地面积约17平方公里。城市更新已成为深圳土地供应的重要来源，在推动深圳市经济社会发展转型、拓展发展空间、完善城市功能、改善人居环境等方面发挥了重要作用。通过城市更新有效地扩展城市物业空间，为高密度城区优化环境，配套建设相应的幼儿园、中小学校、医院、文体设施和养老等设施创造了新的条件。同时结合固本强基工程，市区两级政府投入大量财政资金完善社区办公和服务设施，各社区纷纷建立了党员活

---

[1] 谢志岿：《村落向城市社区的转型》，中国社会科学出版社2005年版。

动室、社区警务室、社区综治办、人民调解室和社区健康服务中心、社区图书馆等社区管理和服务阵地。2015年至2017年深圳市人均公共文化财政支出分别为445.75元、466.10元、512.86元，大大超过省下达"人均公共文化财政支出2017年不低于人均250元"的考核指标。文化投入大大地推动了深圳文化服务设施的建设。此外，深圳还构建了现代公共文化服务标准体系，以标准化促进文化发展均等化。2016年6月深圳印发《关于加快构建现代公共文化服务体系的实施意见》，同时配套印发《深圳市基本公共文化服务实施标准（2016—2020年）》，重点对区、街道和社区基层公共文化设施及服务提出了相关标准。

"城中村"是深圳城市发展的特殊载体和重要单元，在促进特区经济社会发展、完善规划布局、调节城市功能、增进多元供给等方面发挥了重要作用。据有关资料统计，深圳"城中村"用地总规模约320平方公里，居住约1200万人。"城中村"基础设施缺失、公共配套缺乏、脏乱差等问题突出，历来是深圳城市管理中的一个顽疾。深圳市2009年以来出台了《城市更新办法》等一系列政策文件，开展了大规模的城市更新和综合整治行动。同时，深圳突破了"唯有国有化，才能市场化"的惯性模式，突破了改造土地必须"招、拍、挂"出让的政策限制，规定权利人自行改造的项目可协议出让土地。

福田街道岗厦村和福田村就是深圳城中村整治的一个缩影，经过全面进行净化、绿化、硬化、美化、文化综合整治，以及"城中村"内的乱搭建、乱堆放、乱挂晒、乱张贴、乱摆卖及超线摆卖等全面清理，面貌焕然一新。如今，整洁的街道、深埋的电网、摆放有序的垃圾桶……福田岗厦村的颜值，让多年前曾蜗居在此的许多外来工感慨万千。而岗厦小学外墙长达50米的大型艺术浮雕"正气墙"更是成为岗厦人的议论点赞焦点。见微知著，伴随福田区城中村综合整治脚步的加快，福田街道城中村刷新变脸成效，给市民的惊喜也越来越多。2016年，岗厦村顺利荣获广东省爱卫办授予的广东省卫生村光荣称号。

2017年出台的《深圳市福田区支持城中村市政基础设施和公共

配套设施建设专项资金管理实施细则》提出了区政府设立"城中村"市政基础设施和公共配套设施建设专项资金，以财政资金中的"城中村"拆除重建项目的返拨地价和城市更新改造的返拨地价为主要来源，根据不同项目的预算，按照政府出资100%、49%和40%的比例①投资或补助。主要用于"城中村"市政基础设施②和公共配套市政设施③建设项目。2018年5月17日，深圳市人民政府正式印发《关于加强棚户区改造工作的实施意见》，以及2019年3月27日深圳市规划和自然资源局正式印发《深圳市城中村（旧村）综合整治总体规划（2019—2025）》，对棚改区和"城中村"改造的公共配套作出明确规定。笔者相信，再过几年深圳社区的公共配套将更加完善。

专栏 6-5   握手楼变身保障房

首个由城中村握手楼改造而成的人才保障房社区——深圳福田水围柠盟人才公寓，是深圳城中村改造升级的成功范例。在深圳攀升的房价和生活成本导致大量产业人才的流失，人才保障性住房计划应运而生，但受土地资源以及旧区拆改难度的限制，城市中心区在短时间内难以为外来人口提供足够的廉价保障性住房，因此该项目成为深圳市首个城中村改造片区。位于深圳中心区的水围村，规

---

① 符合城市规划要求的水电路等市政基础设施建设项目，列入政府投资计划，由政府100%出资。按政府投资项目进行建设、管理文化体育设施、治安设施、交通设施、公共消防设施，公共绿化、美化、卫生等环境设施建设项目通过专项资金给予不超过经核定的工程预（概）算金额的49%补助；未纳入区政府近期改造范围的城中村内公共道路维修与改造项目通过专项资金给予一定的补助，补助额不超过经核定的工程预（概）算金额的49%；城中村水环境治理工程，按照经批准的规划设计方案，外围主管道由区政府出资建设，城中村内支管和楼宇内管道由股份合作公司和村民共同出资建设，区政府通过专项资金给予不超过经核定的工程预（概）算的49%的补助。由股份合作公司自行建设，服务社区居民，按规定标准收费，且符合城市规划的城中村社区公共停车场、幼儿园建设，区政府通过专项资金给予不超过经核定的工程预（概）算的40%的补助。

② 市政基础设施，是指符合城市规划的城中村内供水管道、排水管道、供配电管线及设备、道路、电气管线及设备、燃气管线、有线电视管线、通信管线等市政基础设施。

③ 公共配套设施，是指城中村内的文化体育设施、公共绿化、美化、卫生等环境设施、治安、安防监控、交通、公共消防设施、社区公共停车场、幼儿园等公共配套设施。

划面积约 8000 平方米，共 35 栋统建农民楼，其中的 29 栋改造为 504 间人才公寓。改造设计保持了原有的城市肌理、建筑结构及城中村特色的空间尺度；并通过提升消防、市政配套设施及电梯，成为符合现代标准的宜居空间。通过等级划分，将巷道分为商业街和小横巷。并将所有住户入口归纳为 9 个庭院，形成商业及住户流线互不干扰的格局。在握手楼之间局部的"一线天"巷道里，架设了 7 座电梯和钢结构连廊，每座电梯首层均设有电梯大厅，成为公寓入口，因此社区并没有一个主入口，也不是封闭的社区，而是一个开放的社区，与村里的商街、古井遗迹、市集脉脉相连。空中连廊和室内连廊相互串联，这个三维的交通流线系统连接了所有楼栋、屋顶花园、电梯庭院和青年之家，形成四通八达的网络，同时也成为居民休憩、交流的公共空间，并营造出立体的生活街区。

为避免流线系统变得盘根错节般复杂，采用 7 种色彩代表了 7 部电梯、电梯院子及关联的楼栋和楼梯间，这些色彩也成为最简单明了的视觉引导系统，方便住户在迷宫般的街巷中认清方向。社区另一个标志是将屋顶花园改造成公共空间。29 个屋顶根据各自所在的色系形成色彩缤纷的屋顶空间，这些屋顶包含了洗衣房、菜园和休憩花园。位于 5 层的青年之家是社区重要的公共空间之一。该空间通过钢结构连接两栋握手楼，以环状串联的形式布置了 7 种不同的功能，包括阅读室、茶室、多功能厅、社区厨房、社区餐厅、健身房及天井庭院。握手楼虽长相类同，但却是由不同业主建设，因此每栋楼甚至每层的户型都不同，通过设计简化及调整，竟可归纳出 18 种不同户型，面积 15—55 平方米不等，分为多种风格和布局，切合不同住户需求。

建设面向未来的生态城市。根据《深圳市城市总体规划（2016—2035）》，深圳将进一步推进精明增长，引导城市转型。坚持以人民为中心，以全球化和区域化为主线，以创新、生态和文化为引领，实现区域、生态、创新、空间、治理五方面的转型。深圳的城市发展将从规模拓展转向品质供给，引导存量空间的精细化营造，建设公园、慢行空间等宜居的生活空间。通过公共空间改善、建筑物改造修复、公共活动植入等手段，活化城市空间资源，服务创新经济发展。建设全民友好型城市，包括：儿童友好，要打造一个5分钟安全成长圈；老人友好，要打造15分钟的宜居健康圈；人才友好，要打造15分钟活力社交圈；国际友好，打造国际化社交生活圈。

按照国家《粤港澳大湾区规划纲要》，深圳要与周边城市一起，建设宜居宜业宜游的优质生活圈。坚持以人民为中心的发展思想，践行生态文明理念，充分利用现代信息技术，实现城市群智能管理，优先发展民生工程，提高大湾区民众生活便利水平，提升居民生活质量，为港澳居民在内地学习、就业、创业、生活提供更加便利的条件，加强多元文化交流融合，建设生态安全、环境优美、社会安定、文化繁荣的美丽湾区。

第七章　民主法治的现代城市治理

通过转变职能、制定权责清单、明确政府权力边界，理顺政府与市场、政府与社会关系，是市场经济条件下治理体系与治理能力现代化的主线。遵循"有限有为政府、有效有序市场"信条，尽量减少对市场的不当干预，降低了交易成本，营造了良好的发展环境。通过加强党的领导、发扬民主、依法治市和集中力量办大事的制度优势以及将数字技术广泛运用于政府管理，实现了城市的现代化高效治理，保障了转型期经济和社会秩序的有效供给。

2019年8月，《中共中央国务院关于支持深圳建设中国特色社会主义先行示范区的意见》出台，要求深圳"率先营造彰显公平正义的民主法治城市"。民主法治的现代城市治理是城市现代化的题中应有之义。现代城市治理，从政府制度供给、决策方式、施政理念等维度提出相应要求，城市治理的模式向民主与法治的现代化方向转型。改革开放40多年来，为了不断适应市场经济体制的重大变革，深圳政府一直致力于民主法治的现代城市治理转型，从制度供给的角度创新催生了多个"第一次"。民主法治的现代城市治理，就是通过民主和法治化方式实现发挥广大人民群众的主体性，解决城市治理"依靠谁""为了谁""与谁共享治理成果"的问题，实现城市有效治理，彰显社会公平正义。

第一节　打造服务型政府

一　行政改革的历程

深圳市的行政体制体现为适应市场经济体制发展而不断完善的改革取向。40年来，深圳致力于打造服务型政府，坚持政企分开、政资分开、政事分开、政社分开，简政放权、放管结合、优化服务，更大程度厘清政府与市场、社会的关系，有效激发了市场活力和社会创造力，进一步释放了经济社会发展新动能。80年代特区建立伊始至今，深圳共经历过9次行政机构改革历程，这为深圳实现计划经济到市场经济的蜕变，打下坚实的制度基础。与全国政府机构改革相比，深圳历次行政管理体制改革比全国的行动更早，力度更大，更具前瞻性。[1] 自1981年开始第一次改革以来，深圳行政管理体制在现有的国家政治制度框架内，在有限政府理论指导下，按照现代文明社会不同领域的划分要求，以转变政府职能为核心，通过机构改革、加强宏观调控、注重公共服务、规范行政行为等措施，不断厘清政府与市场、与社会的关系。[2] 深圳近40年的行政管理体制改革历史"是一部不断适应社会主义市场经济体制的要求，以职能转变为主线，以机构改革为内容和载体，努力建设服务型政府，不断迈向行政现代化的历史"[3]。

综合来看，这几次大的政府机构改革各有侧重：80年代特区成立到1992年的改革主要聚焦于促进政府职能转变，即在改革开放初期为不断适应经济发展的"去计划"目标而启动的行政配套改革，基本是经济倒逼行政改革的模式。这之后到2000年之前的几

---

[1]　历次机构改革的资料参见深圳市史志办编《深圳改革开放纪事1978—2009》，海天出版社2009年版，第124—127、593—596页。

[2]　崔孝松：《深圳历次行政管理体制改革述评及展望》，《特区实践与理论》2018年第6期。

[3]　深圳经济特区研究会编：《深圳经济特区改革开放专题史》，海天出版社2010年版，第189页。

次改革则聚焦于行政机构的一种自我修复机制，主要通过行政审批制度改革、依法行政等举措转变政府职能，推动市场经济体制不断深化。2000年后的行政改革则是一种政府主动作为，在城市之间竞争发展的语境之下开展体制创新，与前两个阶段相比，这一阶段更强调城市综合竞争力的提升。[1] 而党的十九大之后2019年最近的一次机构改革，则将完善坚持党的全面领导的制度作为首要任务，健全党委对重大工作的领导体制机制，强化党的组织在同级组织中的领导地位，加强党委职能部门对本系统本领域工作统筹，着力从制度安排上发挥党的领导这个最大的体制优势，形成党总揽全局、协调各方的工作格局，确保党始终成为经济特区事业的坚强领导核心（见表7-1）。

表7-1　　　　　　深圳历次行政机构改革主要内容

改革时间	改革内容
1981—1982	撤销了一批专业经济管理机构，实行简政放权
1983	继续加强政府的宏观调控职能，进一步政企分开，划清职责权限，完善大系统管理的特区经济管理体系，建立健全决策咨询体系，形成了"四委五办"的政府架构
1987	将政府的行政机构由原来的三级管理（市、委办、局）改为二级管理（市、委办局），形成了综合管理、行业管理和资产管理三大管理系统，大系统管理体制形成
1988	把对党政机构的调整作为政治体制改革的切入点，撤销市委部门中与政府职能重复的机构
1993	完成市直党政群机关"三定"（定部门职责、定内设机构、定人员编制）工作
2001	将政府机构重新分为综合与经济管理部门、执法监管部门、社会管理部门和政务部门、赋予行政职能的事业单位和开发区管理机构五大类
2004	行政权在决策、执行、监督三者实现协调和分离

---

[1] 陈文主编：《经济特区的政治发展足迹——深圳的探索》，重庆出版社2010年版，第201页。

续表

改革时间	改革内容
2009	大部门制改革推进政事分开、管办分开，深化事业单位人事、社会保障、收入分配制度改革，开展了事业单位法定机构改革试点。市一级政府共设立31个部门
2019	统筹深化人大、政协和群团组织改革，推进承担行政职能事业单位改革，深化综合行政执法改革，深入推进基层政权建设和审批服务便民化改革

在改革开放40年的历程中，深圳建立起了相对成熟的行政管理体制，为全国的改革提供了重要借鉴，也为构建现代治理体系和实现治理能力现代化打下了坚实基础。[①] 由于公务员编制是按照户籍人口规模核定的，相对而言，深圳政府机构是比较精简的，公务员的编制规模在同等城市中也是比较小的，深圳以较少的政府规模实现了较为高效的现代城市治理。

二 政府权责清单

深圳行政改革的主线是转变政府职能，厘清政府与市场、政府与社会的关系。进入新时代，深圳的行政体制改革进一步深化，与打造服务型政府的目标紧密结合，在多项重大改革举措中率先试水，有重要突破。

政府能做什么？市场主体不能做什么？这是"两张清单"的核心问题，简单来说，凡是未列入权力清单的内容均是公权力无法进入的领域；凡是未列入负面清单的事项，均是市场主体可以进入的领域，这是厘清权力与权利界限的重要尺度。由于清单的不可穷尽列举性，事实上，负面清单的改革从规定市场主体"能做什么"到"不能做什么"，这是行政理念的重大突破。负面清单（Negative List）实际是源于西方的一种管理模式和制度，是限定市场主体不准进入的范围，是政府与市场联系的桥梁，是刻画政府与市场边界、区分计划经济与市场经济体制的核心手段和工具，是建设现代

---

① 崔孝松：《深圳历次行政管理体制改革述评及展望》，《特区实践与理论》2018年第6期。

化治理体系与现代化开放型经济体系的核心概念,负面清单能够重构政府和市场的关系。① 中国过去往往按照正面清单的理念来管理市场,准入文件繁多、审批程序烦琐,企业为了上项目"说破嘴""跑断腿"的事屡见不鲜。特别是在创新涌动的今天,正面清单更是难以穷尽,新动能常因"不鼓励、不禁止"的模糊监管而出现各种问题。解决问题的关键,就是要处理好政府和市场的关系,厘清"有形之手"与"无形之手"的边界。负面清单有效压缩了政府在市场准入中的决定权,地方政府和相关部门无法随意对准入进行限制。"参照负面清单,市场主体可以一目了然地知道什么不能做、什么需要审批、什么可以自主决定,预期更明晰更稳定,创业创新创造空间更大。负面清单制度改革具有推动政府治理体系现代化的重要作用。"② 一张清单一大步。从正面清单思维下的"能做什么",到负面清单模式下的"不能做什么",政府和市场边界法定,实现了政府管理模式的一次根本性变革,国家治理体系和治理能力现代化建设迈出了重要一步。

构建权力清单制度的主要目标在于梳理行政权力,为权力寻找法治边界,即未出现在权力清单上的内容,行政权不可僭越,从行政管理的角度讲,这为"破解和消除行政权力运行的碎片化,推进行政权力运行的流程再造,建设整体性政府"③ 提供了工具和基础。党的十八届三中全会明确,要推行地方各级政府及其工作部门权力清单制度,依法公开权力的运行流程。④ 2014 年 3 月,深圳在市区街三级全面启动清理行政职权编制权责清单工作,历时一年基本完成,比中央要求的时限提前一年,有效明晰了政府部门职权"家底",强化了监管责任落实。同时,注重强化清单应用和规范管理,

---

① 夏磊:《通过"负面清单"重构政府和市场的关系》,《光明日报》2015 年 8 月 22 日第 11 版。

② 夏先良:《当前深化负面清单制度改革的重大意义》,《学术前沿》2018 年第 7 期(下)。

③ 赵勇:《推进流程再造与建设"整体性政府"——大城市政府构建权力清单制度的目标指向》,《上海行政学院学报》2019 年 1 月。

④ 《中共中央关于全面深化改革若干重大问题的决定》(2013 年 11 月 15 日),2019 年 6 月 12 日,中国政府网(http://www.gov.cn/jrzg/2013-11/15/content_2528179.htm)。

开发建设了统一的权责清单管理系统,并与网上办事大厅对接,实现网上办理;出台了《深圳市政府部门权责清单管理办法》,推进清单管理制度化、动态化,从源头上避免职权事项边清理边增加的问题。

三 流程再造

与"两个清单"改革紧密相关的,是行政流程的再造。市政府组织开展了"减证便民"行动,取消调整大量市直部门涉及群众办事创业的证明。凡是没有法律法规设定依据的,可以通过与其他部门信息共享获取的,可以通过申请人提供有效证件、凭证办理的,可以采取书面承诺、声明办理的,开具部门无权查证、无法查证的,可以通过网络核验的,原则上一律取消。对必要的证明加强互认共享,减少不必要的重复举证。同时,明确市政府各部门一律不得擅自增设涉及群众办事创业的各类证明。例如,2014年8月,深圳前海管理局与前海廉政监督局联合公布了前海权力清单——《深圳市前海管理局行政管理事项目录》。这也是深圳基层开启权力清单之先河,公布清单旨在探索合作区内"行政事项集中管理、审批资源集中共享、审批过程集中监管"的新模式。该项权力清单主要涉及规划建设和经营发展两大块。其中前者所涉行政审批服务事项共54项,占总数的2/3;后者所涉事项共14项,主要包括固定资产审批和外资审批等,由于在前海同步开展综合审批,实现了审批流程再造,也让各项行政审批所需时间大大减少、流程简化。权力清单建立后,所有有关外资审批和固定资产投资审批的时间,缩短了50%—60%。审批流程的再造,受惠的不仅是外商外企,是贯穿新时期整个行政改革的中心之一。近几年,深圳各部门不断压缩审批时限,减少行政相对人不必要的等待,不断优化营商环境。例如,市发展改革委对政府投资项目实行并联审批及跨部门协同办理,整体办理时间已由400多个工作日压缩至53—63个工作日。

商事登记问题最初是由深圳市市场监督局企业注册登记分局提出的。当时,由于群众普遍反映在商事登记的审批过程中,主管部门欠缺规范的管理和简化的程序,给商户带来了很多问题。但是由于商事登记制度改革立法涉及许多传统企业登记制度,在某些领域要进行颠覆性的改革,所以针对改革出现了很多不同观点。例如,在新规实施之前,商事登记中有一个不可或缺的步骤,叫作"注册验资",企业都需要将年度会计报表进行审计,而改革取消了注册验资和非上市公司的年度审计,触动了会计界、审计领域的利益。但是改革的潮流只可进不可退,商事登记制度改革作为接轨国际标准和惯例的典型代表,其推进势在必行。2013年3月1日,深圳率先实施《深圳经济特区商事登记若干规定》,普通的商户和公司在注册中开始享受营商的简单与便利,企业只要符合条件就先发执照,审批程序向后延续。新规实施以后,公司注册资本、注册场所、经营范围等门槛均取消或降低。随后近半年时间内,民间投资创业热情瞬间爆发,深圳新注册的公司数量出现井喷。2014年,深圳在全国率先印发了商事主体行政审批事项权责清单和商事登记制度改革后续监管办法工作方案,明确了25个部门涉及商事主体登记的129项行政审批事项的监管责任主体,并逐项制定监管办法,切实弥补由"先证后照"向"先照后证"转变过程中的监管缺漏。2015年1月,深圳市出台了《深圳市政府购买服务负面清单(试行)》,列出了不得实施政府购买服务的项目清单,包括不属于政府职责范围的服务事项、当由政府直接提供的履职服务事项和政府提供服务效益明显高于市场提供的服务事项等三大类服务事项,如市政府发放抚恤金、最低生活保障费、社会保险金等。2015年4月,公布《深圳市2015年改革计划》,提出"深化社会组织登记改革,探索建立直接登记负面清单制度"。为加快培育和发展行业协会商会、民办科研机构、民办学校、民办医院、民办养老机构、公益慈善组织、社区社会组织等打开方便之门。同时有效推进了政府职能转变和购买服务工作,建立政府"放权"、民间"接力"的常态化工作机制。实现了行政司法机关监管、社会公众监督、社会组织自律、社会组织党建保障相结合的"四位一体"社会组织综合监管体系有效运作。

长久以来,中国基层政府都沿袭着"强势政府"的色彩,对市场管得太多,却没有找准痛点。近年来,深圳积极对接国际规则,在重点领域率先破题，为全国性改革作出了很好的示范。最有代表意义的即按照放管结合、并重的要求，积极推动政府管理重心转向加强和改进事中事后监管，重点解决现实中存在的监管难点，为创新发展营造公平竞争的市场环境。2017年2月，深圳在全国率先出台《深圳市加强事中事后监管、进一步转变政府职能工作方案》，坚持放管结合，以管促放，通过厘清监管职责、编制监管清单、完善监管标准、改革监管体制、创新监管方式、搭建监管平台等方式，全面推进管理重心转向事中事后监管，着力构建权责明确、公正公平、透明高效、法治保障的事中事后监管体系，努力做到监管职责全覆盖，监管成本合理适度。

四 一张复印件打通服务群众"最后一公里"

深圳市委书记王伟中曾经在《人民日报》撰文《优化营商环境，从一张复印件开始》，[①] 一张小小的复印件，是群众对窗口服务最直观的感受，背后折射的是一个城市的政务服务水平。因为部门之间的信息壁垒，导致群众办事需要反复提交各种各样的复印件，有的市民甚至因为复印件的模板不被认可，导致重新复印、重新排队。这不仅是深圳致力于打破信息孤岛的改革举措，也是树立"以办事者为中心"的政务服务理念的必有之义。类似地，深圳积极通过便利的政务服务践行基层的"为人民服务"理念，各级政府部门和办事机构普遍实施服务窗口扁平化管理。截至2017年底，20余个市政府部门的900余项政务服务事项均可通过"一窗式"综合窗口受理。市一级部门70个事项的受理环节下沉至区级以下行政服务大厅。市级行政服务大厅共开设综合窗口52个，10个区级行政服务大厅共开设综合窗口290个，74个街道共开设综合窗口774个，645个社区党群服务中心共开设综合窗口1518个。服务窗口向基层倾斜，便利群众办事（见图7-1）。

---

① 王伟中：《优化营商环境，从一张复印件开始》，《人民日报》2019年4月1日。

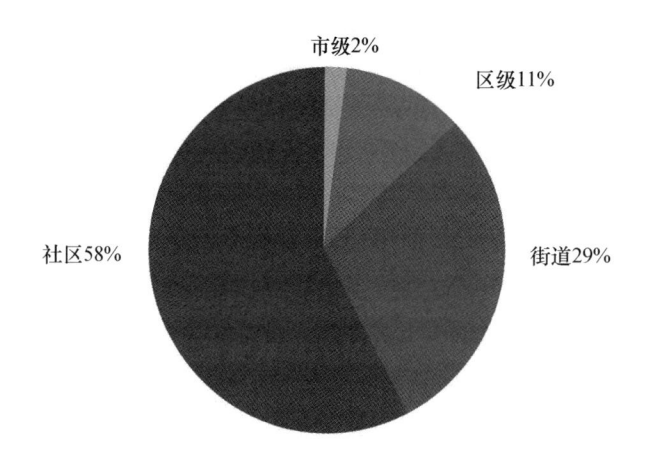

图 7-1 各级行政服务大厅综合窗口分布情况

资料来源：深圳市 2018 年法治政府白皮书。

无论是积淀40年的行政机构改革，还是进入新时代持续深化完善服务型政府的各项举措，深圳的行政改革一直有个一以贯之的主线，即让人民群众在政府的改革中充分享受红利，让市民办事创业的过程中充满自豪感和主人翁意识。也正因为如此，深圳客观上营造了全国领先的营商环境，成为大量企业心向往之的创新创业之城。近年来，大量企业迁入深圳，其中不乏恒大、ARM（中国）、顺丰控股等重量级企业；同时，也有很多迁入企业正是迫于成本压力而迁出深圳后又回迁。企业迁移情况一直被视作反映一座城市营商环境的"晴雨表"。深圳良好的营商环境，本质上反映了政府从几十年的改革实践中业已找到与市场、企业的相处模式和关系定位，建立起良性的政商关系，即"忽远忽近""若即若离"，不需要政府的时候，感觉不到政府的存在；需要政府的时候，政府就在身边。而日益优质的营商环境有效对冲了房价、人力成本等劣势，吸引了更多企业来深发展。2018年，深圳市人民政府和华为技术有限公司签署"扎根深圳，展望未来"合作协议。在外界盛传"华为总部外迁"之时，华为为何与深圳建立更深层次的合作？可从华为创始人任正非先生的一段访谈中找到端倪，他说："过去30多年，华为的成长得益于中国改革开放，得益于深圳领先的营商环境。未来华为将继续扎根深圳，推进深圳总部转型升级，通过华为的国际化发展，向世界讲好深圳企业创新创业故事，进一步扩大深圳的国际影响力。"

五　孺子牛的坚守

改革开放以来，深圳之所以在每一个重要的时代节点，都能够敏锐捕捉到时代趋势、把握时代机遇、突破时代桎梏，成功穿越一个个经济发展周期，持续焕发新的生命力，离不开深圳地方政府的改革魄力与不懈奋斗及其所培育出的具有极强战斗力和改革创新精神、作风优良的干部队伍。习近平总书记指出："一个地方的工作，成在干部作风，败也在干部作风；一个地方的事业，兴在干部作风，衰也在干部作风。"对于处于改革开放前沿的深圳来说，干部作风不过硬，就会贻误经济社会发展的良机。老一辈无产阶级革命家，原广东省委第一书记习仲勋同志也曾动情地说："特区之特，关键在敢于改革，敢于试验，敢于牺牲。这个特，不是指在生活上特，不是要脱离群众。敢试，有时候可能会试错，这没有关系，顶多不就是一个乌纱帽嘛，我们那时闹革命，可是提着脑袋啊！"40年来，深圳始终坚持把改进干部作风、优化管理和服务紧密结合，为改革开放事业注入动力。20世纪90年代深圳某位领导人也曾饱含深情地说："深圳市委大院立了个'拓荒牛'的雕塑，可以说，我们都是一群干劲十足的'拓荒牛'，一心想着为国家做好改革试验。改革开放把我们这批人推到风口浪尖，就要像牛那样，工作上有用不完的劲，给一点草料就用力干活。"

改革开放最初期，由于生产生活物质资料奇缺，2万名基建工程兵背着粮食咸菜来深圳，成为第一批来深建设者，他们艰苦奋斗的创业精神铸造了特区干部之魂。短短几年，把"谁也不愿意来的缺水缺电的边陲小镇"变成了迅速崛起的"一夜城"。90年代，深圳改变固有收入模式，利用高工资吸引大量外来人才来深圳建设，曾一度出现"孔雀东南飞"的人才大量迁徙。40年来，历任深圳主要领导干部能担当、敢担责，承担着为中国改革开放打造试验田的艰巨使命和任务。例如，在"杀出一条血路"的关键节点，"京官"李灏同志被委以重任，赴深圳任职。1985年到1993年，正值深圳市干部群众轰轰烈烈搞改革，深圳经济特区刚刚起步，对这个新事物，境外有些传媒把它说得一无是处，内地对深圳的非议也不少。有些同志好心地劝他不要去那个地方，还有人很直接地说去那里是送死，大有"风萧萧兮易水寒"的悲凉感觉。但是最终在一大批领导干部的带领下，深圳完成了将中央决策和对深圳试验田的期望转化为改革实践的重要使命。

为提升干部素质，真正做到科学选人用人，深圳蛇口工业区率先开启了人事制度改革先河。1981年8月，蛇口工业区在各重点大学及各地公开招聘人才，大批专业人才汇集蛇口，其后逐渐形成"孔雀东南飞"的蓬勃气象。蛇口随后废除干部职务终身制，取消干部等级制度并实行聘用制，不分身份，不分等级，职务随时可以调整变动。1983年，蛇口工业区从首届管委会成立开始，受聘用干部接受群众的监督，每年由群众投一次信任票。此制度极大地激发了蛇口发展的活力。深圳在全国率先开启对干部的监督机制，这是深圳干部素质过硬、能打胜仗的另一个重要因素。为什么成立监察局？目的就是把队伍管好。80年代后期，深圳市领导接待新加坡总理李光耀，他问：你们这里有没有贪污？深圳市领导回答：深圳也是整个社会的一部分，怎么可能完全没有！再完善的社会也有，不过深圳不厉害就是。他又问，你们怎么对付？在这之后，深圳着手成立监察局，用实践给出了有力回答。监察局主要有三大职能：第一是监督执行党的路线、方针和政策的水平，这是政治性；第二是监督党风和政风，监督党和政府与人民群众的关系，是不是实行民主集中制；第三是监督党政官员的操守。2004年，深圳成为全国首批集中办理行政审批的城市之一，"门好进、脸好看、事好办"成为最基本的工作标准，干部作风进一步提升。2008年，深圳开始在全国范围内率先推行公务员聘任制和公务员职位分类管理两项重大改革试点工作，这是涉及公务员晋升机制和优胜劣汰机制的重大改革。这就打破了以往单一职业发展模式。在制度创新方面，深圳更是先后出台一系列规章制度，在全国率先实行"逢进必考"的刚性准入制度，并能够严格执行，这为改革开放的建设提供了强有力的人才支撑，也让行政体系内部逐步建立起公平公正的人才引进、培育、使用和流动升迁机制，切实做到庸者下、能者上，避免了行政机关极易出现的官本位作风和腐败之风。为进一步激励广大干部群众干事创业的激情，深圳营造出"败则拼死相救、胜则举杯相庆"的容错氛围，通过构建"有为激励，无为问责"制度体系，鼓励勤政善政，推动经济发展。2016年5月，深圳市《关于支持改革创新建立容错纠错机制的若干规定（试行）》出台，探索运用"三个区分"原则开展容错纠错，以此为干事创业干部"撑腰鼓劲"，助推深圳创新发展。

40年来，一大批改革先锋对于深圳的影响无疑是深远的，尤其是不断丰富深圳的精神力量，成为深圳的精神密码，奠定了政府和市场关系的基础。正如王石所说："我们为什么会如此地尊敬甚至是崇拜袁董（袁庚）？其实，袁董集中了我们心目中最理想的官员的一切优秀品质——有知识有文化、有理想有激情、有远见有谋略、正派清廉、自信、对上不阿谀奉承、对下不跋扈，还特有幽默感。"这又何尝不是深圳几代领导干部精神风貌的真实缩影？随着深圳这座城市逐渐发展、管理日益精细化，深圳市各级部门作为服务者的一面高频呈现。基于深圳独特的发展历史，深圳天然就具备了打造服务型政府的众多优势。深圳为创新创业所提供的支持力度和资源配给，充分体现了为民服务意识，服务型政府的打造，来自改革创新的内在需要：一个行政审批最简、政务服务最优的城市，往往也是优质资源、高端人才的集聚地。深圳作为改革开放的热土，作为市场经济改革的先行者，一直锐意改革，破除壁垒，简化行政审批手续，折射出一座城市勇于担当、锐意改革的精神风貌。

第二节　集中力量办大事

习近平指出："我们最大的优势是我国社会主义制度能够集中力量办大事。这是我们成就事业的重要法宝。"[①] 党的十九届四中全会将我们党从新民主主义革命时期到新中国成立以后70年，尤其是

---

① 北京市习近平新时代中国特色社会主义思想研究中心：《中国何以办成这么多大事》，《人民日报》2019年8月16日。

改革开放后、党的十八大以来我们取得的重大经济社会发展成就作出了高度的概括和总结,即我们做到了"十三个坚持"。其中坚持党的集中统一领导是我们各项事业取得重要成就的关键。也正如小平同志所言,社会主义同资本主义比较,它的优越性就在于能做到全国一盘棋,集中力量,保证重点。

深圳作为中国改革开放的前沿阵地,经过40年的快速发展,经历了城市发展史上至关重要的变革,城市规模和人口密度都高度增长。随着经济和社会的快速发展,深圳的城市基础设施迎来集中建设期。不断加大治水提质、交通改善以及管线建设力度,为城市高质量发展和居民生活水平提升提供支撑。与广大市民衣食住行息息相关的多项改革建设,在深圳有着日新月异的进步。截至2018年底,深圳总面积1997.47平方公里,建成区面积973平方公里。1979年刚刚建市时期,房屋建筑面积仅有29.26万平方米,到1985年,就实现井喷式增长,达到1030.94万平方米,2017年达到7560.40万平方米,增长57倍之多(见图7-2)。经过40年的发展,深圳固定资产投资总额从1978年的16万元一跃增长到14.1022亿元(见图7-3),以重大项目为引擎,民间投资相对活跃度较高,这是深圳固定资产投资的重要特征,也是保持相对稳健增长的主要动力。深圳也关注固定资产投资的高质量发展,关键在优化投资结构上下大功夫,将供给侧结构性改革的具体要求体现在固定资产投资工作的部署中。

以深圳的轨道交通建设为例,虽然起步较晚,但是建设速度较快,2005年只有22公里,到了2011年,迅速增长至177公里,2017年飞速增长至285公里,增长了接近12倍。预计到2022年四期工程建成通车后,全市轨道交通总里程将达580公里,按照规划,至2035年,将建成33条线路、总里程1335公里的轨道网络,是目前已开通里程的4倍多,密集轨道交通网将覆盖全市,并加强深圳与周边城市之间的联系(见图7-4)。

与此同时,公路通车里程数也飞速增长,从1980年的746公里飞速增长至1634公里,增长率达到119%(见图7-5)。轨道交通和公路的快速建设发展极大便利了深圳市民的出行,尤其是对于原

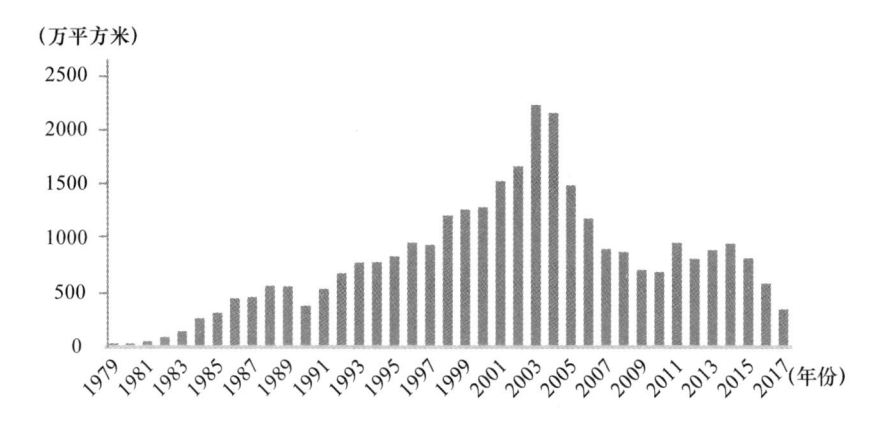

图 7-2 深圳市房屋竣工建筑面积（1979—2017）

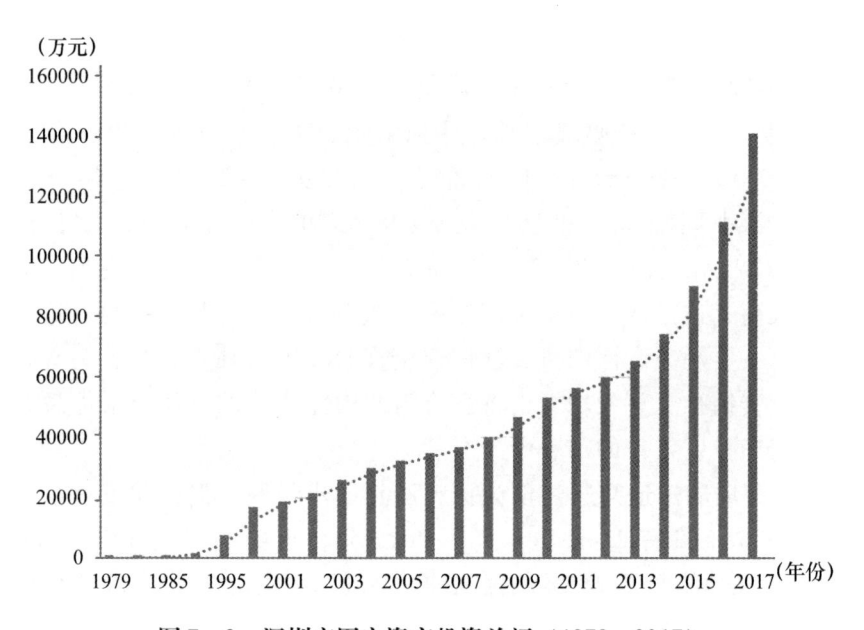

图 7-3 深圳市固定资产投资总额（1979—2017）

关外地区的龙岗、坪山、宝安等区域的市民而言，这种交通大力建设所带来的便捷性是非常明显的。笔者本人住在龙岗区，随着水官高速、清平高速、南坪快速等路段的竣工及地铁 3 号线的建成，龙岗中心城到福田中心区的通勤速度从十多年前的 2—3 个小时缩减至 1 个小时以内；随着建设中的 14 号线、16 号线在 2022 年末同时竣

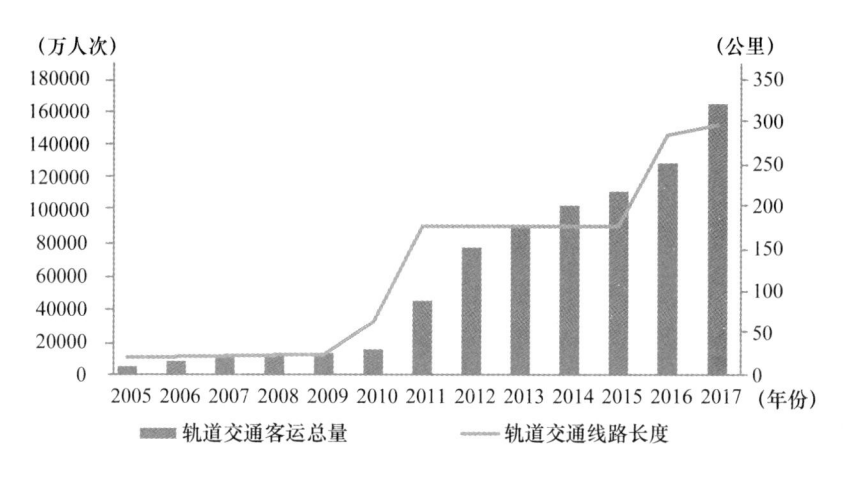

图7-4 深圳市轨道交通发展情况（2005—2017）

工，这个通勤速度将会缩短至30分钟。基础设施建设推进的不仅仅是通勤的速度、市民生活的便利，更是实现了每个人民群众能够共享特区改革开放的成果和红利，让改革具有更多参与性、获得感，从而提升市民的幸福感。

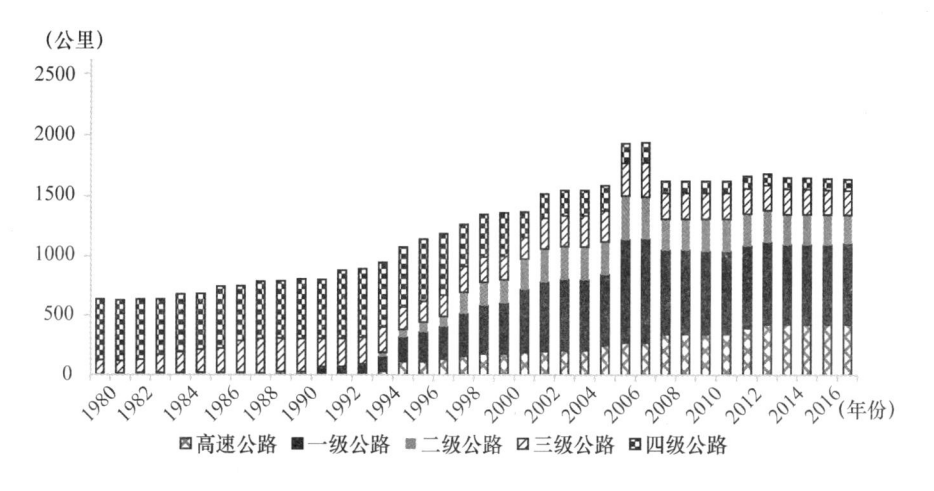

图7-5 深圳市公路通车里程数（1980—2017）

尽管高楼数量和高度不能完全反映一个城市的发展程度，但是众多高楼可以成为一个城市的地标，带动更多的城市形象和知名度蹿升，这样的城市往往更符合人民群众心中国际大都市的形象，也从侧面反映出集中力量完成基建工程的能力。截至 2018 年底，深圳 200 米以上的高楼数量达到 98 栋，500 米以上的高楼有 1 栋，也就是目前深圳最高楼，592 米的平安金融中心（见表 7 - 2）。2018 年 3 月，深圳市世茂深港国际中心项目正式开工，该项目位于龙岗区大运新城，占地面积 32.2 万平方米，建筑面积 136.45 万平方米，计划总投资 400 亿元，将打造不低于 600 米（预计约 700 米）的粤港澳大湾区新地标，建设成为集深港国际会议展览中心、深港青年合作创业中心等于一身的大型城市综合体。一旦建成，将刷新此前深圳平安金融中心大厦（592 米）的纪录，成为深圳第一高的摩天大楼，同时也将超过目前中国第一高楼上海中心大厦（632 米），成为中国第一高的建筑。

表 7 - 2　　　　　　　　　　中国城市摩天大楼排行

序号	城市	200 +	300 +	400 +	500 +	600 +	合计
1	深圳	83	13	1	1		98
2	香港	79	5	2			86
3	上海	55	2	2		1	60
4	重庆	43	4				47
5	广州	34	8	1	1		44
6	沈阳	37	5				42
7	武汉	35	2	1			38
8	天津	30	4		2		36
9	长沙	29	4				33
10	南宁	26	4				30

正是由于深圳多年来依靠民主、高效、科学的政府决策机制，集中力量推动大量基础设施建设，才一跃成为璀璨耀眼的现代都市，成就"一夜城"神话。特区建设初期，各条战线人才紧缺。为满足特区建设发展需求，1979 年秋至 1983 年春，两万基建工程兵

先后从全国各地分批坐着闷罐车奉调来到深圳，担负起了经济特区建设的重任，在极其艰苦的环境中，开拓出了新局面，为深圳经济特区的建设做出了重大贡献。深圳创造了世界城市化史上的奇迹。蛇口工业区的"开山炮"，拉开了特区建设的大幕；国贸大厦"三天一层楼"，创造了"深圳速度"的奇迹；地王大厦、京基100、平安国际金融中心等建筑均在不断刷新"深圳高度"。深圳业已从一个边陲小镇，迅速发展成为环境优美、宜居宜业的现代化国际化大都市。早期的基础设施建设成为深圳"开拓、创新、团结、奉献"精神的重要代表。正如一位基建老兵所说："我们有信心也有责任把深圳拓荒牛的精神传承下去，因为拓荒牛精神是深圳成长过程中最为宝贵的精神财富。"促成深圳多年来集中力量办大事的核心动力，一是得益于深圳特殊的财税体制高财税收入；二是来自于一大批干事创业的改革先锋以及他们所缔造的"有为政府"，一个勇立时代潮头、与时俱进的政府。

深圳浩浩荡荡的城市建设起源于蛇口工业区。提到蛇口，就不得不提及对于深圳人而言一个值得永远纪念的名字——袁庚。他无疑是改革开放初期最猛的闯将，也是深圳改革40年来涌现出的众多引领改革的一大批党员领导干部中的典型代表。[①] 1978年6月，61岁的袁庚被交通部党组委派赴港参与招商局的领导工作。同年10月，袁庚以交通部名义向国务院起草了一份请示报告，力图将招商局打造为立足港澳、背靠国内、面向海外、多种经营、买卖结合、工商结合的综合性大企业，这份请示上报3天即获中央批准。改革开放初期，制度建设是空白的，需要在一片无人的荒漠上开启新的绿洲，迫切需要大无畏势头，这也延续了整个蛇口工业区的改革进程。袁庚时常思考着：拥有了天时人和，地利的优势在哪里呢？他想到当时香港的地价尤为昂贵，不如直接杀回内地，这样可以充分利用广东省的土地和劳动力，也可以有效结合香港及外国的资金、技术、专利及全套设备。1979年1月，袁庚和交通部副部长彭德清向李先念、谷牧汇报在广东建立蛇口工业区的设想，当即得到批

---

① 2018年，改革开放40周年纪念大会上，习近平总书记宣布袁庚等同志获得改革开放先锋称号。

准,招商局蛇口工业区从此创立。李先念当时的要求是:"不给你们钱买船建港,你们自己去解决,生死存亡,你们自己管。"1979年,蛇口炸响"开山炮",蛇口第一爆撼动的不仅是土地,还有板结的体制、僵化的思想。在计划经济体制还占据着垄断地位的背景下,蛇口仅仅用了四个月的时间就将"蛇口工业开发区"从构想到筹建的各项准备就绪,率领着第一批创业者在这里迈出了中国改革开放的第一步。

1980年3月,袁庚出任蛇口工业区建设指挥部总指挥。招商局蛇口工业区,这个最先开放、最先改革、最先崛起的地方,其创造的经济奇迹和民主、宽松的发展环境,被称为"蛇口模式",对中国全面推进改革开放和开展社会主义现代化建设事业产生了深远的影响。曾经一句"时间就是金钱,效率就是生命"的口号,如春雷般滚过中国大地,振聋发聩,现在还是深圳特区成立40年来十大最有影响力的观念之一。以这句口号作为"深圳精神"的逻辑起点,从1979年到1984年,蛇口率先推出实行定额超产奖励制度、以工程招标的方式管理工程、职工住宅商品化、全国招聘人才、率先实行全员合同制等,创造了24项全国第一(见图7-6)。除了解决劳动用工和工资方面的问题,蛇口工业区的工程招标建设,在中国基建体制改革中也起到了先锋和探路者的作用。

图7-6 招商局蛇口工业区企业管理干部培训班开学典礼

蛇口较早地认识到，搞改革开放，核心问题是要实行社会主义高度的民主。由此新中国第一家由直接选举产生的领导机构——蛇口工业区管理委员会产生了（见图7-7）。目的是通过民主选举，让职工有一系列的新观念代替旧观念，推陈出新，这也不失为中国管理体制的一项重大变革。随着深圳改革发展如火如荼，中央领导人面对改革的决心也日益坚定。1984年，邓小平同志到深圳视察，他说这次来只看不说。他给深圳的题词"深圳的发展和经验证明，我们建立经济特区的政策是正确的"，是离开深圳5天后在广州补题的。回到北京，小平同志还曾说，深圳是一个试验，成功当然是好事，不成功也是一个经验。这说明小平同志对深圳充满期望，同时也不无忧虑。由于深圳基建规模过大，资金全面紧张，也给市财政不断增加压力。不得已，市财政只有向银行贷款用于基建，几年下来透支近8亿元。

图7-7 招商局蛇口工业区第二届管理委员会选举

1986年初，中央及时召开了全国经济特区工作会议，给深圳的发展指明了方向，深圳是全国改革开放的试验田，主要作用并不是自己创造多少产值，而是要先走一步，创造出新鲜经验来，要求深圳把工作重点转向建立以工业为主的外向型经济，由过去的铺摊子、打基础，转到抓生产、上水平、求效益上来。经过三年调整期，深圳还完了所有的银行债务，成为没有债务的城市。也就是从这次改革开始，深圳政府立下了军令状：不许搞赤字财政，政府机构不许给企业乱担保。从机制上厘清了政府和企业之间的关系，将初见苗头的"政府举债"扼杀在萌芽状态，为其后深圳健康的财税体系打下了较为坚实的基础。深圳的改革，应该说并不是事先有一套很完整的方案才推开的，而是在发展建设初期，问题摆在前面，非要去解决不可。任何一项改革都遇到过问题，任何改革要等到统一认识得到一致认可或者得到批准后才去做，是不大可能的。这是深圳几代领导人一直坚持坚守的重要理念：实践最重要，探索和试验最重要。深圳政府不断通过高效、灵活的战略战术，促成以此次重大改革和政策调整。80年代初期，深圳还没有国土局，市里认识到：作为城市发展的龙头，城市规划权必须牢牢抓在政府手里，否则就会混乱不堪，并于1986年1月正式成立规划委员会，市长兼任主任，聘请国家建设部副部长周干峙做首席顾问，另外还有来自英国皇家规划学会、日本东京大学、澳大利亚堪培拉规划局在内的30位中外规划设计权威人士担任规划委员会顾问，规定每年都要召开一次大型的规划委员会工作会议，审议和批准涉及土地开发、城市规划的重大事项。国际标准在那时就已经在深圳落地生根：据相关市领导同志回忆，那时深圳正在搞旧城改造，规划委员会开会时，英国专家提出意见，说旧城改造把什么都拆掉，就等于一个人失掉记忆一样，他反对把旧城什么都拆掉。市政府就采纳了他的建议，停止不必要的拆迁。80年代初期，政府普遍开办企业，这导致很严峻的问题：政府不参与投资，但是一旦挂上国有企业的牌子，最后政府兜底、承担责任。对于当时全市有多少企业，有多少资产，负债多少，谁也说不清楚，连资产负债表的概念都没有。时任领导同志提出成立深圳市投资管理公司，所有市属国有企业归它管理，一个投资管理公司管 100 多家国有企业。但是对这一重大改革，一些政府部门反对意见很大，如财政局首先反对，说把财政权夺了，省里也不赞同。经过一年多的努力，1987 年 7 月，全国第一家国有资产管理机构——深圳市投资管理公司正式挂牌成立。又花了一年多时间，到 1989 年，摸清了国资国企底数。

深圳还通过市场化的手段设立基础设施建设母基金，从而撬动更多社会资本和其他金融机构设立子基金，不断扩充基础设施建设资金池。2018 年 6 月 29 日，深圳市人民政府办公厅发布《关于印发深圳市基础设施投资基金组建方案的通知》，明确为推进基础设施建设市场化运作，吸引社会资本参与基础设施建设，将设立深圳市基础设施投资基金，基金规模高达 1000 亿元，远期整体规模 2000 亿元，主要投向政府负有提供义务又适合市场化运作的基础设施项目资本金，以及相关领域企业股权。基金下设直接投资项目的项目子基金和引入大型金融机构合作的行业子基金，已经入实质推进设立阶段。

更值得一提的是，深圳政府紧紧把握时代脉搏，将基础设施与具有划时代意义的 5G 技术紧密结合在一起，努力为深圳建设中国特色社会主义先行示范区和社会主义现代化强国的城市范例提供支撑。目前，网络基础设施加快推进，在规模组网试点方面，2018 年 6 月，印发《深圳市 5G 规模组网试点建设的工作方案（2018—2019）》（以下简称《工作方案》），《工作方案》提出 2018 年底至 2019 年实现小规模连片组网，2020 年前实现 5G 商用；在 5G 基站建设方面，深圳铁塔公司 2019 年计划建设 5G 宏基站 4171 个，全年基站建设总量在 7000 个左右；在 5G 频率方面，在信号提升、抗干扰、5G 使用频率协调等方面做了大量准备工作；在多功能智慧杆方面，现已启动了光明马拉松赛道、侨香路、前海前湾一路和福田中心区交通设施及空间环境综合提升项目等多功能智能杆试点项目建设，预计 2019 年 9 月底前完成实施工作。正如主要领导在深圳市 5G 产业发展工作座谈会上指出的，"深圳作为国家电子信息产业重镇和首批 5G 试点城市，要按照中央、省和市委的部署要求，发挥先发优势，在 5G 时代走在最前列，抢占技术制高点，增添创新发展新动能"。下一步，深圳将把 5G 作为新型基础设施的重点工程和创新发展的重大机遇，发挥三大运营商和骨干企业的引领作用，坚持创新引领、应用带动，抢占全球 5G 技术发展的制高点。在重要交通枢纽、重要公共场所率先布局基站；在智能交通、智慧医疗、应急管理等领域先行应用；通过构建产业联盟、应用联盟、公共创新平台、"专利超市"等措施，引导各方资金参与，支持 5G 企业加大研发投入、开展核心技术攻关，进一步在芯片、材料、传输技术等关键领域实现突破，提升创新能力和核心竞争力。

第三节 打造数字政府

2018 年，深圳出台《深圳市新型智慧城市建设总体方案》和《深圳市"数字政府"改革建设试点实施方案》，全力推进万物感知、万物互联、万物智能，全面推广"掌上政府、指尖服务、刷脸办事"，努力创品牌、提体验、强基层、优决策，力争 2020 年底实现国际一流。深圳市启动"数字政府"建设工作以来，着力在政府投资建设工程审批、主题式服务等领域取得创新突破，努力打造一批品牌项目和亮点工程。比如，推动投资建设项目"深圳 90"改革，重点做好四个"变"：一是变分散化部门受理为一站式集中服务，报建企业无须"东奔西跑"；二是变通用审批为个性化服务，针对不同投资主体、工程类别，分类制定建设项目报建流程（见图 7-8、图 7-9）；三是变被动审批为主动服务，实行建设项目生成、供地和报批报建联动机制，审批部门主动推送办理结果给相关部门及建设单位，并指导建设单位解决项目报建中遇到的具体问题；四是变外部审批为内部审批，将整个报建审批过程划分为不同的阶段，每个阶段确定一个牵头部门，牵头部门主动协调相关部门完成本阶段所有事项审批，实现"一家牵头、并联审批、限时办结"。

改革后，投资建设项目的审批时间由 267 个工作日压缩至 90 个工作日以内。其中，政府投资建设项目从立项到施工许可办理完成时间控制在 85 个工作日以内，社会投资建设项目从签订土地使用权

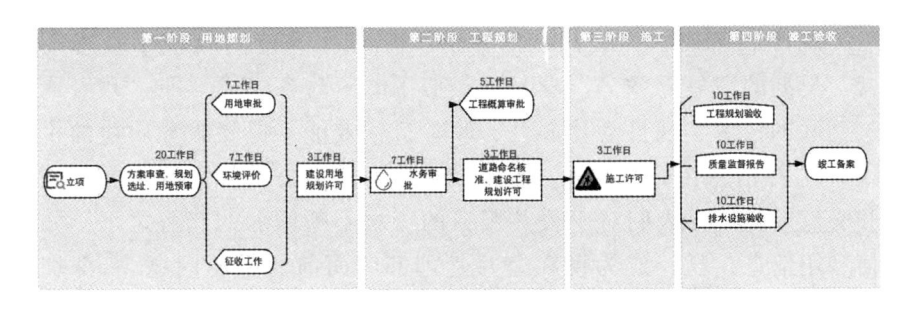

图 7-8 改革后的政府投资市政类项目流程

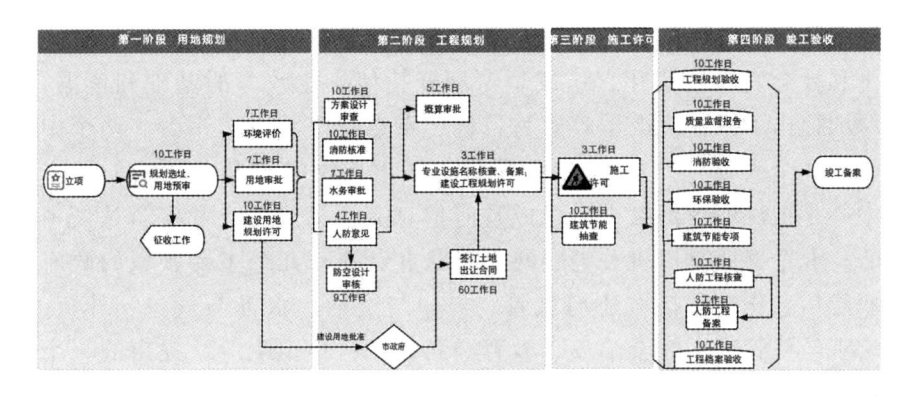

图 7-9 改革后的政府投资房建类项目流程

出让合同到取得施工许可时间控制在 33 个工作日以内，时间压缩 2/3（见表 7-3）。"此项改革紧扣建设项目的内生机制，将改革置于政府职能转变、行政治理、效能提升之中进行构建，以全网数据的强制共享为各相关方提供信息便利，并且制度创设先行，将依法行政与依法改革有机衔接、系统推进。"①

表 7-3　"深圳 90"标准改革后审批时限

类别	房建类项目	市政线性项目	社会投资项目	竣工验收、不动产登记
时限（工作日）	85	90	33	12

① 艾琳、王海熙：《"深圳 90"对工程建设项目审批制度改革的启示》，《中国行政管理》2018 年第 10 期。

现代信息技术为提高政府服务效率和服务能力提供了技术支持。早期的"智慧政务"尝试更类似于电子政务模式，即"政府通过互联网技术实现自动化办公、改善机构效能、提高服务质量的手段"①。在信息化的引导下，电子政务已经成为公共管理的重要形式和必然趋势，在人们对于公共服务的需求不断增加的趋势之下，如何利用信息，已经成为摆在公共管理部门面前的重要问题。② 深圳的电子政务服务开启较早，早在 2002 年，就已经初步形成电子政府信息基础结构，建立了包括市、区、镇（街道）三个层次的动态电子政府基础网络结构。国家"十五"计划确立了率先实现国民经济和社会发展信息化，这成了深圳开拓信息化政务的基础和依据，深圳提出了以建设电子政府为目标，重点建好"一个平台、两个中心、九个领域"。一个平台是建好机关电脑网基础传输平台；两个中心是把深圳市网络中心建成政府信息交换枢纽中心和安全认证中心；九个领域是以机关电脑网为基础重点推动九个主要领域的政府职能信息化，包括城建与城管、口岸与交通、水务与气象、外贸、宏观经济管理、社会治安、教育与科技、医疗卫生等，提出的一个可预见目标是"十五"期间形成一个更有效率、更直接的电子政府，领导部门借助这个现代信息技术手段确保政令畅通，快速处理重大热点、焦点问题和突发事件，大大提高决策的效能和协调性。③

2006 年 10 月出版的《领导决策信息》曾将深圳树立为电子政务的全国典型，特别宣传了深圳的做法。事实上，持续完善电子政务的原因还是在于行政体制改革之后的"各局委办政府门户规模日渐扩大，出现'信息孤岛'现象，迫切需要依托机关外网平台对原政府在线系统进行改造，建立起以深圳政府在线为主站的深圳政府网站群的技术支撑平台，对政府在线现有信息资源进行整合，

---

① ［美］奥尔波特·波斯特曼等：《谣言心理学》，刘水平、梁元元、黄鹏译，辽宁教育出版社 2003 年版。转引自谢灵子《电子政务效能》，《新闻研究导刊》2016 年第 15 期。

② Bill Martin, "Information Society Revisited: Form Vision to Reality", *Journal of Information Science*, Vol. 31, No. 1, 2005, pp. 4 – 12, 转引自尹栾玉《协同治理视域下政府公共服务职能重构——以深圳"织网工程"为例》，《北京师范大学学报》（社会科学版）2016 年第 2 期。

③ 武刚：《深圳电子政务发展战略框架探讨》，《信息化建设》2002 年第 9 期。

为各政府部门提供子网站生成、通用交互式应用及网上办事的通用平台"①。

最初的电子政务以提高政府办事效率为目的，通过对信息传播技术的运用，迅速解构政府内部的森严层级制度，扁平与灵活的管理网络有助于改变原本僵化的、缺乏技术性的工作方式。要实现政府机关工作人员方便、准确、快捷地取用其他部门的资料和信息，这些具体的事务包含公文处理的现代化、政府机关公文交换、电子资料流通、政府网络与国际互联网的连接、执法及公共安全、电子邮递、电子采购、单一的商业注册登记号码等。特别提出，市民可以利用电话、公共信息亭、电脑等方式查询相关部门信息，也可以发表自己的意见和看法。公众有一个单一的申请渠道，所有跨部门、跨机关申请办理的事项，由系统自动处理，公众个人不需要过多介入。可见，深圳在较早的时期关注到了信息化推动政务服务的重要性，致力于充分利用深圳政府业已建立的良好信息基础结构来开启信息系统项目，带动政务信息网络系统的完善，并且有一个相对成熟的实施框架体系。

2006年8月，深圳市电子政务工作会议召开，国家信息产业部正式为深圳揭牌全国首个"国家电子政务试点城市"。时任市领导指出"以决战的姿态推进电子政务建设"。②认识到"互联网+政务服务"的实施要以解决体制机制和传统环境下民生服务的突出难题为核心，改变以往技术导向、项目驱动的信息化建设模式，有效整合孤立、分散的公共服务资源，强化多部门联合管理和协同服务，鼓励市场参与，创新服务模式，拓宽服务渠道，构建方便快捷、公平普惠、优质高效的公共服务信息体系，全面提升各级政府公共服务水平和社会管理能力。③ 2008年，深圳进一步提出"构建阳光政府"目标，具体而言，构建起技术先进、行为规范、程序严密、运行公开、结果公正、监督有力的行政权力网上运行机制，实现行政权力网上运行、政府信息网上公开、行政活动网上可视、权力行使

---

① 《深圳成为我国电子政务领跑者》，《领导决策信息》2006年第10期。
② 《全国首个"国家电子政务试点"深圳挂牌》，《领导决策信息》2006年第33期。
③ 连樟文：《深圳"互联网+政务服务"实践经验分享》，《求知》2016年第6期。

网上监控。

2012年深圳开始实施"织网工程",2013年成为全国首个"政务信息共享国家示范市"。根据国务院2014年印发的《关于调整城市规模划分标准的通知》规定,城区常住人口规模达到1000万以上城市被定义为超大城市,深圳市2014年底的常住人口已经超过这个标准,成为当之无愧的超大城市。超大城市社会治理面临诸多挑战,如自然资源匮乏、公共服务发展水平滞后、生活环境恶化、群体间收入分配差距扩大。此外,超大城市政府承担着更重的政府治理压力,整个公共服务体系的规划、实施、监督、评估等工作涉及多个部门,还涉及市、区、街道几级部门协调,公共服务职能碎片化严重,公共服务供给效率低下。一个超大城市的治理如何有效开展?这是摆在深圳政府面前的大难题。而技术提供有效且能够满足社会需求的公共信息和服务。

2014年,国家发改委等部门将深圳纳入"信息惠民"试点城市,深圳积极响应,提出要最大限度精简办事程序,创造性地通过实施信息惠民公共服务平台,将"互联网+"的思维方式转化为信息惠民的手段和方法引入社会治理和公共服务领域。[①] 以提升政府公共服务能力为目标,以信息化为手段,通过创新政府公共服务组织模式,加强政府公共服务统筹协调机制的构建,提高政府公共服务能力和绩效水平,其本质是对传统公共服务模式的变革和扬弃,是一个制度创新过程。[②] 具体而言,建立了全市统一的社区综合信息采集系统。在规范信息采集内容的基础上,进一步统一了信息传输路径,明确要求基层采集的事件信息统一上传到市库后再分派到各区处理,从源头上杜绝了基层瞒报、少报的问题。强力推动各区、各部门打破信息壁垒,通过市政务信息共享交换平台联通和汇集相关信息资源,建立全市统一的公共信息资源库。建立社区家园网,社区居民可以通过社区家园网参与社区事务、办理个人事项、享受公共服务。在此机制下,全市所有社区内人口、儿童、老人、

[①] 连樟文:《深圳"互联网+政务服务"实践经验分享》,《求知》2016年第6期。
[②] 尹栾玉:《协同治理视域下政府公共服务职能重构——以深圳"织网工程"为例》,《北京师范大学学报》(社会科学版)2016年第2期。

残障人士等特殊群体的人数构成一目了然,在此基础上,辖区应该有多少残障保障设施,该有多少幼儿园,深圳中小学缺口多大等问题都清晰明确,最终实现大数据背景下通过信息化建设推动社会治理现代化进程,推动政府从管控型向服务型转变,从粗放型向精细化转变,从各自为政向协同治理转变。政府决策和治理的科学性建立在数据分析而非感性认知的基础上,不断提高了决策的科学性,这是深圳有效运用互联网技术的代表。

网络信息社会发展下,公众已经成为电子政务的服务主体。深圳积极回应网络时代的变化,极力打造"多媒一体化"的政务格局,建设"两微一端"工程,包括微博、微信和移动客户端。2014年,"深圳发布"正式上线,旨在向深圳市民发布各类政务和民生服务信息。[①] 笔者也是"深圳发布"微信公众号的使用者,其使用便捷性、信息全面性、传播广泛性都是在同类公众号中体验最好的:内含多个子公众号(见图7-10),内容涵盖政务、服务全领域;网友只需在公众号上点击进入就能直接登录相关政府网页,查询日常的政务信息与程序,在线办理业务(见图7-11);开辟了《天气预报》《鹏城交通》等栏目,涉及与民众生活息息相关的天气、交通、文化的内容,延伸了政务微信的服务内涵;实时发布政务类信息和社会新闻,做到每日准时推送,内容以资讯为主;话风亲民俏皮,可读性强,叙事风格幽默,抓住了读者的眼球,有效达到信息扩散的目的。

近几年,深圳在提高政府决策水平、社会治理能力、公共服务效率等方面下功夫,旨在让政府部门打破信息壁垒、提升服务效率,让信息多跑路、百姓少跑腿,为群众获得了新便利,为政务服务提升了效能。例如,通过推进"互联网+政务服务"改革,市级网上办事大厅进驻多个部门,截至2017年底,"零跑动"事项[②]占56.90%,不超过1次跑动事项占97.34%,网上全流程办理率为94.95%,上网办理率为99.38%,网上办结率为98.94%,几项数据均逼近100%(见图7-12)。

---

① 谢灵子:《电子政务效能》,《新闻研究导刊》2016年第15期。
② 不含使用国家、省垂直系统。

图7-10 "深圳发布"涵盖的部分子公众号

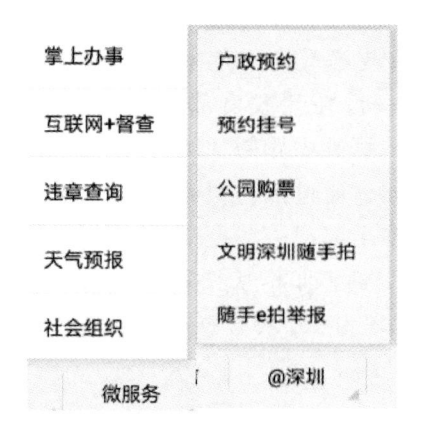

图7-11 "深圳发布"页面

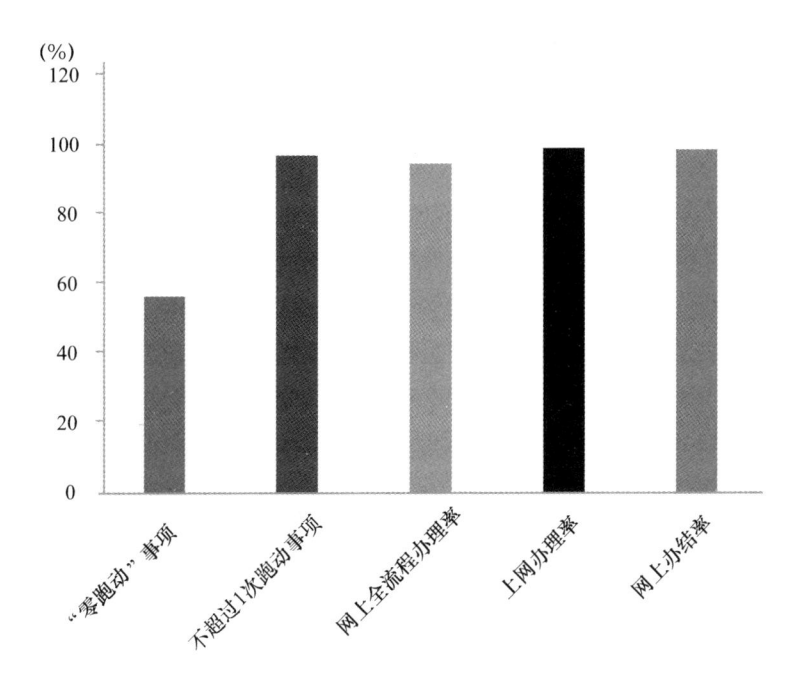

图 7-12 2017 年市级网上办事大厅办事效率

以人才政策为例，实施普通高校应届毕业生落户"秒批"。2018 年 6 月 10 日上线以来，材料提交减少 70%，节约申请人办事成本过亿元，目前已有超过 1.3 万名高校应届毕业生通过系统"秒批"引进深圳，占同期引进应届毕业生的 90%（见图 7-13）。从 2019 年 7 月起，深圳在职人才引进开通个人直接申报渠道，精简申报材料，人才引进"秒批"覆盖人群范围进一步扩大。简单来说，在不涉及人才引进政策调整和不改变人才引进申办条件的前提下，以服务对象的需求为导向，从群众关注的热点入手，着力推动减环节、优流程，用最短的时间、最快的速度，把服务企业和人才的事项办理好，提升人才引进服务质效。例如，在职人才引进业务开通了个人直接申办渠道后，可以自主选择单位申报或个人直接申报的方式办理人才引进业务，取消原个人申报方式的代理环节，申请人通过个人申办方式办理在职人才引进业务的，按照申请人社保缴交地由辖区人力资源部门办理，十分方便（见图 7-14）；取消了学历验证报告、学籍档案等多项材料，毕业生无须为了证明"我的学历是真的"而到处打听人才市场，甚至需要多次提交材料获取验证报告，扩大了"秒批"引进人才的范围，让老百姓实实在在在智慧政务服务中有获得感。

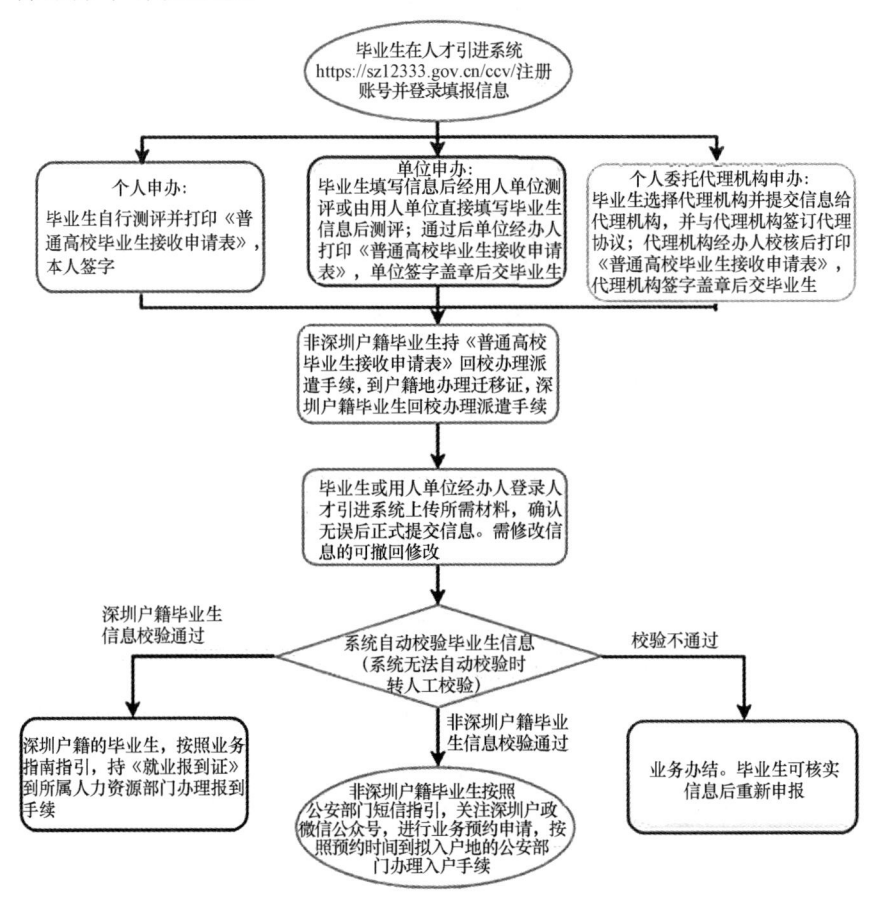

```
                    ┌─────────────────────────┐
                    │   毕业生在人才引进系统     │
                    │ https://sz12333.gov.cn/ccv/注册 │
                    │   账号并登录填报信息       │
                    └─────────────────────────┘
                               │
       ┌───────────────────────┼───────────────────────┐
       ▼                       ▼                       ▼
┌──────────────┐    ┌──────────────────┐    ┌──────────────────┐
│  个人申办：   │    │   单位申办：      │    │ 个人委托代理机构申办： │
│毕业生自行测评 │    │毕业生填写信息后由用│    │毕业生选择代理机构并提│
│并打印《普通高 │    │人单位测评或由用人单│    │交信息给代理机构，并与│
│校毕业生接收申 │    │位直接填写毕业生信息│    │代理机构签订代理协议；│
│请表》，本人   │    │后测评，通过本单位经│    │代理机构经办人校核后打│
│签字          │    │办人打印《普通高校毕│    │印《普通高校毕业生接收│
│              │    │业生接收申请表》，单│    │申请表》，代理机构签字│
│              │    │位签字盖章后交毕业生│    │盖章后交毕业生       │
└──────────────┘    └──────────────────┘    └──────────────────┘
       └───────────────────────┼───────────────────────┘
                               ▼
                    ┌─────────────────────────┐
                    │非深圳户籍毕业生持《普通高校│
                    │毕业生接收申请表》回校办理派│
                    │遣手续，到户籍地办理迁移证，│
                    │深圳户籍毕业生回校办理派遣手│
                    │续                        │
                    └─────────────────────────┘
                               │
                               ▼
                    ┌─────────────────────────┐
                    │毕业生或用人单位经办人登录 │
                    │人才引进系统上传所需材料， │
                    │确认无误后正式提交信息。需 │
                    │修改信息的可撤回修改      │
                    └─────────────────────────┘
                               │
                               ▼
       ┌───────────────────◇───────────────────┐
       │          系统自动校验毕业生信息         │
深圳户籍│         （系统无法自动校验时            │校验不通过
毕业生  │           转人工校验）                  │
信息校验│                                        │
通过    │                                        │
       ▼                                        ▼
┌──────────────┐  非深圳户籍              ┌──────────────┐
│深圳户籍的毕业 │  毕业生信息校验通过       │业务办结。毕业生│
│生，按照业务指 │          │              │可核实信息后重 │
│南指引，持《就 │          ▼              │新申报         │
│业报到证》到所 │  ┌──────────────────┐   └──────────────┘
│属人力资源部门 │  │非深圳户籍毕业生按照│
│办理报到手续   │  │公安部门短信指引，关│
└──────────────┘  │注深圳户政微信公众号│
                 │，进行业务预约申请，│
                 │按照预约时间到拟入户│
                 │地的公安部门办理入户│
                 │手续               │
                 └──────────────────┘
```

图 7-13　毕业生办理户籍迁入及报到手续

对于广大市民而言，这样的智慧政务服务所带来的便利看得见摸得着，全方位多领域实实在在改善了市民的生活。例如，市交通运输委创新打造网络预约出租汽车许可监管平台，网络申请许可，由系统进行信息比对审核，自动评判。市教育局开展义务教育"积分入学"网上申请，系统自动与教育、计生、社保、房屋租赁、户

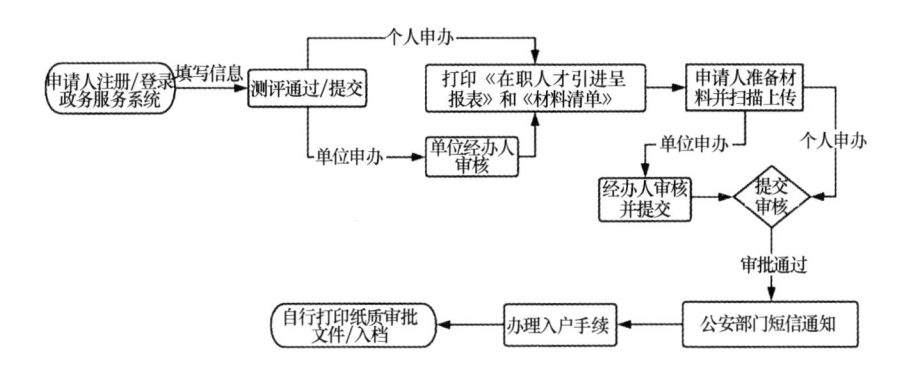

图 7-14　调整优化后的在职人才引进流程

籍、房产登记等 6 个部门的数据进行信息比对核验，无须提交纸质材料。市经贸信息委综合平台与统一身份认证平台的用户数据共享，实现"单点登录，全网通办"。前海管理局搭建外商投资信息平台，对接国家商务部备案系统及深圳市工商、组织机构代码、税务、公安和社保等系统，企业通过一个系统，一张表格，一次填报，可同时办理六个证照。福田区探索建立个人电子档案库，库中已存材料无须再次提交，试点的福保街道有 71 个事项实现了仅凭一张身份证就可以"零材料"办理。福田区还利用政务信息资源共享平台主动找寻服务对象，试点的福保街道对辖区符合条件但尚未领取高龄津贴的 53 位老人，主动短信告知。

深圳近 20 年从电子政务到智慧政务的发展历程为服务型政府向更深、更广的业务领域延展打下坚实的技术和理念基础，也让深圳在观念上成为领衔全国的"智慧政务"城市和最互联网城市。根据《中国信息社会发展报告》的年度排名，深圳连续 4 年蝉联中国地级以上城市排名第一。其中，信息经济指数较北京略低，排名第二；网络生活指数、在线政府指数和数字生活指数均位列第一（见表 7-4）。

表7-4　　　　　2017年全国进入信息社会的地级以上城市

城市	2017年ISI 指数	2017年ISI 排名	2017年ISI 排名变化	信息经济指数	网络生活指数	在线政府指数	数字生活指数
深圳	0.8809	1	0	0.7790	0.8582	0.8971	1.0000
广州	0.8148	2	1	0.6602	0.7746	0.8694	0.9914
北京	0.8083	3	-1	0.7827	0.6632	0.8950	0.9500
珠海	0.7839	4	1	0.6428	0.7509	0.6579	1.0000
宁波	0.7779	5	-1	0.6893	0.7437	0.8255	0.8850
杭州	0.7731	6	0	0.6631	0.7492	0.7530	0.9136
佛山	0.7696	7	2	0.5996	0.7022	0.7908	1.0000
苏州	0.7676	8	-1	0.7123	0.7430	0.7533	0.8524
上海	0.7629	9	-1	0.7032	0.6721	0.8800	0.8743
中山	0.7517	10	0	0.6013	0.6549	0.7487	1.0000
武汉	0.7427	11	1	0.6026	0.6476	0.8095	0.9556

资料来源：《2017年中国信息社会发展报告》2019年8月7日，http://www.askci.com/news/chanye/20171229/090004115006_2.shtml）。

近日第二届数字中国建设峰会闭幕，中央党校（国家行政学院）电子政务研究中心发布《省级政府和重点城市网上政务服务能力调查评估报告（2019）》。报告显示，广东、江苏、浙江三省在2018年中国省级政府网上政务服务能力排名中分列前三名；深圳、南京、杭州三地居于重点城市网上政务服务能力总体排名前三名，深圳居全国重点城市之首。数字政府是政府对自己变革的一次历史性考验。2018年9月，央视《新闻联播》报道了深圳运用大数据提升城市治理现代化水平方面的新探索。深圳"数字政府"建设获得央媒点赞，离不开企业和群众的口碑。建设"数字政府"的根本目的，是以人民为中心，聚焦企业和群众办事的难点、政务服务的堵点，把改革突破点推向离企业和群众最近的地方，实现公共治理价值的最大化。

2019年5月，2019深圳国际友城智慧城市论坛开幕。在开幕致辞中，市委书记王伟中同志指出：近年来，深圳市委市政府全力推进新型智慧城市和数字政府建设，着力建设统一高效的信息基础设施支撑体系，基本实现了宽带网络全覆盖，成为中国第一个5G独立组网的城市，被誉为"最互联网城市"。与此同时，深圳着力打通信息资源共享的"最后一公里";着力建设便民利企的城市公共服务体系;着力建设科学高效的智慧化城市治理体系。建设新型智慧城市是深圳实现先行示范的重要内容,深圳将坚持以人民为中心的发展思想,不断推进完善公共服务体系、城市治理体系、公共安全体系、智慧产业体系和感知网络体系等智慧城市应用体系建设,努力实现万物感知、万物互联、万物智能,让管理更精细、服务更便捷、城市更智慧,力争到2020年建成世界一流的国家新型智慧城市标杆市。①

第四节　法治城市建设

深圳通过高效精准利用立法权、依法行政、领衔司法机制改革等多项举措推进一流法治城市建设。进入新时代,深圳前海自贸区成为法治化城市建设的新标杆,在制度创新、法治引领等多领域继续充当示范。习近平总书记曾深刻指出,"法治是最好的营商环境"。党的十八大以来,以习近平同志为核心的党中央全面推进依法治国,以更有力的法治举措推动法治国家建设,中国经济正释放新的制度红利。改革开放40年以来,深圳一直以"法治"为重要的城市名片,经济社会多领域大刀阔斧的改革,优良的法治环境贡献良多,法治成为深圳不可或缺的竞争优势。在新时代,深圳正朝着"法治中国示范城市"的战略目标坚毅前行。

一　从无法可依到科学立法

改革开放后,随着社会主义市场经济体制改革不断向深入发展,对于政治发展改革的呼声逐渐高涨,首当其冲就是特区经济社会发展对于稳定法律制度的极端渴望。经济建设如火如荼,但是许多领域无法可依,只是靠政府的"红头文件"管理,法律效力不足。大量港商、外商来深投资发展,早已经习惯于境外发达经济体高度发达的法治环境,他们对于法治化营商环境同样有着较高预期,这已

---

① 2019深圳国际友城智慧城市论坛开幕,《深圳特区报》2019年5月15日。

经是一个十分迫切的问题。在深圳有这样一个故事。1981年，一位新加坡外商到深圳进行投资考察，经过几天的实地察看，他对深圳的硬件环境很满意，但在考察快结束时发出"灵魂之问"："投资在这里，你们怎样保障我的权益？""别担心，我们有政策。"时任领导拍着胸脯说。外商听后并不满意，再次追问，"有没有能保障我利益的法律？"领导恍然大悟，当时特区最引以为自豪的政策优势并不能满足外商的法律诉求，然而，特区之"特"在于政策，这些政策还远未形成立法加以确认，企业和资本引进来，需要的是与国际接轨，尤其是面对中国香港、新加坡等英美法传统的地区和国家，对于开放型法治的要求更高，这给深圳的领导带来深深的震撼——特区该有自己的立法权，让一切经济活动有法可依，满足中外投资者的法制安全感诉求。

然而，这个过程并非一帆风顺。长久以来，深圳的政治地位与独立立法权似乎并不匹配，从"石破天惊"向全国人大提出希望获得立法权惹来争议开始，深圳的立法权争取之路，走了整整5年。1981年11月，全国人大授予广东、福建两省人大立法权，深圳作为改革开放的经济特区，也成立了特区立法工作组。1987年起，深圳就开始向中央申请立法权，提出建立一整套相对独立的法规体系，借鉴、移植香港和国际经济立法经验，并且要求授权深圳拥有立法权，但由于当时深圳尚未成立人大等原因，授予特区立法权的议案未被提交全国人大会议表决。1991年，市人大上午刚成立，下午就以书面形式向全国人大汇报，希望通过授予立法权的议案，这一议案被安排在1992年七届三次全国人大第一次常委会讨论，得以通过。叠加2000年《立法法》的实施，深圳与其他城市共同拥有较大市立法权。至此，深圳成为同时拥有双重立法权的"法治特区"，在诸多领域的立法工作得以开展，改革开始加速。比较有代表性的是：1993年深圳领先全国制定股份有限公司条例、有限责任公司条例；1998年出台全国第一部关于政府采购的地方性法规；2006年出台国内首部以改革创新为主题的法规《深圳经济特区改革创新促进条例》；2017年出台以人才引进培育为主题的《深圳人才条例》以及最新制定的《深圳经济特区科学技术普及条例》。诸如土地使用权、股票交易、物业管理等很多制度和政策,现在已经在全国得到推广,而究其根源,都是深圳通过立法创设并进行实践的。"近年来,在交通法规、器官捐献、助人为乐、文明促进等多个方面,深圳通过市人大立法对政府权力与公民行为进行约束与规范,逐渐打造了一个事事有法可依的现代型法治城市。"[①] 深圳的各项改革或有法律规范指引,或是在实践中通过立法形式加以确认,实现了改革和法治协调统一的二元良性互动关系,突破了"改革与法治二元对立"的悖论。从实际效果上看,深圳通过立法进行改革创新,通过立法为民带来便利与规范,长期以来一直依靠法治手段充当"国家治理体系现代化"的城市典范。

党的十八届四中全会提出全面推进依法治国,做到重大改革于法有据。事实上,将立法工作放在"依法治国战略全局"中谋篇布局,将立法决策与改革决策结合起来,也是深圳立法工作的一个鲜明特点。在新的时期,深圳进一步把深化改革同完善立法有机地结合起来,更加注重从法律制度上进行顶层设计,手握立法"尚方宝剑",发挥法治在改革中的推动和引领作用,突破体制障碍,为改革开路。为进一步打造科学的立法体系,近年来,深圳围绕着与市民权益息息相关的领域,加快立法进程,尤其随着新技术不断涌现,立法范围延展到了更广泛的领域。例如,面对近年来无人机在民间广泛使用的新情况,深圳着手对于市民用无人机制定管理办法,2017 年 11 月底,利用微信公众号平台举办小型网络立法听证会,39 名市民和 5 家机构参加,民航深圳监管局、民航深圳空管站、大疆创新科技有限公司等单位的相关人员也列席听证。整个听证会历时两个半小时,公众代表参与度很高,整个听证会过程干货不断,尤其是对于一些专业问题,如无人机是否应纳入监管范围、无人机应纳入何种监管渠道、对无人机的监管方式和措施应有哪些限制、是否应设置禁限飞区、具体飞行规则如何设置、对于无人机驾驶员有什么样的规范要求等提供了宝贵意见,也提出了一些质疑事项,单位代表逐条进行了回应,认真研究了听证会代表意见,对

[①] 《深圳:一个城市的立法实践》,《民主与法制时报》2015 年 3 月 15 日。

意见进行了吸纳，并对草案稿进一步修改完善，为无人机监管提供法律支撑。最终，《深圳市民用微轻型无人机管理暂行办法》于2019年3月1日起施行。此项立法不仅在国内领先，也堪称全球范围内先进科学的对无人机使用区域的管理法规。为顺应党的十八届四中全会提出的"科学立法"要求，深圳创新"立法联系点"的做法，有哪些领域需要立法，老百姓可以参与提出动议，真正实现了立法的民主性，也在立法的科学性上探索出一条新路子。从2016年下半年开始，启动立法联系点的前期调研和选点工作，最终遴选出具有鲜明区域和行业代表性的深圳市留学生创业园、宝安区航城街道办事处等12个单位作为第一批政府立法工作联系点，联系点日常可以对政府起草的法规规章草案提出意见和建议，收集、反馈法规规章施行中存在的问题，参与市法制办组织的立法座谈会、论证会、听证会等工作，直接反馈立法诉求。

截至2019年上半年，深圳市人大及其常委会共制定法规269项，构建了特区基本的法规框架，保证了深圳的市场化、法治化，推动了深圳各项事业的蓬勃发展，也为国家立法提供了参考。伴随着特区发展脚步和中国法治化进程，深圳立法的理念、思路、重心和方式方法不断发生变化，深圳也由当年的立法试验田大步迈向法治示范之城。有专家指出，深圳多项举措并举，让立法工作更贴近群众，更反映民意。而凸显立法科学性之余确保立法目标和社会主义法治总体目标相一致，这也正是深圳法治城市追求的终极目标。深圳自身在立法实践上的先行先试，已经为特区立法和地方立法摸索出了一条实践道路，也为中央扩大地方立法权提供了宝贵的经验。

二 科学民主法治的决策机制

深圳政府决策机制近年来不断向科学化、民主化、法治化方向转变。除了创新大量服务举措职务，也在标准化建设上大胆探路。为进一步细化对政府的考核标准，早在2008年，深圳就在全国率先施行《法治政府指标体系》，将法治政府的标准更细化、科学化。2012年，深圳获得全国第二届"中国法治政府奖"。党的十八大以来，深圳法治政府建设工作不断深入推进，2014年对指标体系进行修订,力争做到指标设置高质量、有特色、可操作、易考核。修订后的《指标体系》共 10 个大项、46 个子项、212 个细项,指标设置更科学、合理;增加了科学立法、民主立法、权责清单、法律顾问制度、执法全过程记录制度、重大执法决定法制审核、执法信息共享等指标内容,服务型政府标准更加细化、服务事项更清晰可控。行政决策应当制度科学、程序正当、过程公开、责任明确,以显著提高决策质量,切实保证决策效率。深圳市、区政府及其部门按照《深圳市人民政府重大行政决策程序规定》的规定,制定并公布重大行政决策事项目录,对重大行政决策事项严格遵循公众参与、专家论证、风险评估、合法性审查、集体讨论的法定程序,切实推行政决策的科学化、民主化、法治化。2017 年,市政府在政府建设考评指标中提高了重大行政决策方面的考核要求。有关部门、各区政府进一步健全重大行政决策事项及听证事项目录管理制度。严格遵循重大行政决策的法定程序,将一批社会涉及面广、与人民群众利益密切相关的重大行政决策,通过多种方式听取社会公众的意见。市、区政府及其部门对列入重大行政决策目录的事项依法进行风险评估,包含社会稳定风险、环境风险、经济风险、法律风险等评估内容。

三 严格执法中的人性化变奏

习近平总书记曾明确指出,"天下之事,不难于立法,而难于法之必行"。党的十八届四中全会报告明确指出,"科学立法、严格执法、公正司法、全民守法"。建设法治城市,不仅要有科学的立法指引,同时也要加强宪法和法律实施,维护社会主义法制的统一、尊严、权威,形成人们不愿违法、不能违法、不敢违法的法治环境,做到有法必依、执法必严、违法必究。什么叫严格执法?2018 年发生的一件深圳交警执法案例给出了教科书式的答案:2018 年 5 月某天,深圳交警在北环大道发现某银色小车后排乘客未系安全带,现场民警立即上前准备拦停车辆检查,但车辆突然变道两次,冲卡逃逸。随后经调查发现,该车多次违法未处理,交警通过电话及短信等方式通知司机前来交警大队调查,但均未得到回复,通过大数据分析研判，锁定该车行驶路线，前往宝安查处该车。民警表明身份经过多次警告要求司机下车配合调查，司机拒不配合，态度恶劣。这本是一起简单的执法行动，但是由于当事人不配合甚至有暴力抗法的嫌疑，使执法行动不断升级，深圳民警依程序盘问、利用互联网技术追踪、拦截、警告、采用强制措施乃至行政处罚，整个过程有力有礼有节，符合行政执法的程序正义原则，堪称标准。

严格执法并不代表执法是冷冰冰的，规范执法的同时加入人性化的考量，能够让原本没有温度的法律更加公正理性。同样是一例交警执法案件，深圳交警给出了不一样的答案。上班族王先生近期的一次闯红灯未收到任何罚单，这是为什么呢？原来，深圳的交通执法会考虑到跟车司机的视线被遮挡的情况，在司机视线被前车遮挡的情况下，闯红灯可以免罚。王先生这次闯红灯正是发生在排队等灯的时候，由于跟在一辆大货车的后面，车队前进的时候，限制了视线才无故闯红灯。整个过程都清晰可见，从而才出现闯红灯不处罚的人性化执法。行政机关是实施法律法规的重要主体，要带头严格执法，维护公共利益、人民权益和社会秩序，才能在全社会形成敬畏法律进而信仰法律的新风尚。

四 司法体制改革让人民群众有更多获得感

改革开放以来，深圳高速发展的市场经济发展客观上带来了更加活跃的民商事交往，从而产生更多的争端，因此各类司法、准司法案件数量逐年上升（见图7-16），而法官数量和案件数量严重不平衡（见图7-17）。以2018年为例，深圳全市法院收案483116件，办结410378件，法官人均办案452件，这三个指标均列全省第一；而仅市中院就收案62530件，办结49207件，此两项数据位列全国中院第一。人少案多，收案数量连年上升，这给深圳的司法造成巨大压力。

为缓解这一压力，深圳司法体制改革从20世纪80年代的审判专业化和审判流程管理改革入手率先开启，重点是从机制入手，提高争端解决效率。例如，深圳所实行的诉前调解、繁简分流等制度，缓解了审判压力。法官检察官的职业化改革，大大提升了办案

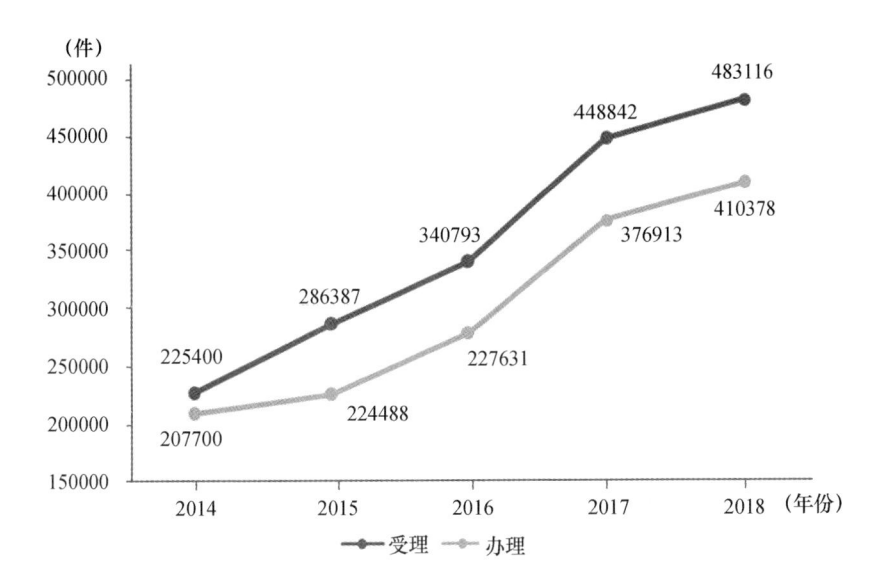

图 7－15　2014—2018 年全市法院收结案走势

资料来源：深圳市中级人民法院官方网站（https://www.szcourt.gov.cn/article/30048969）。

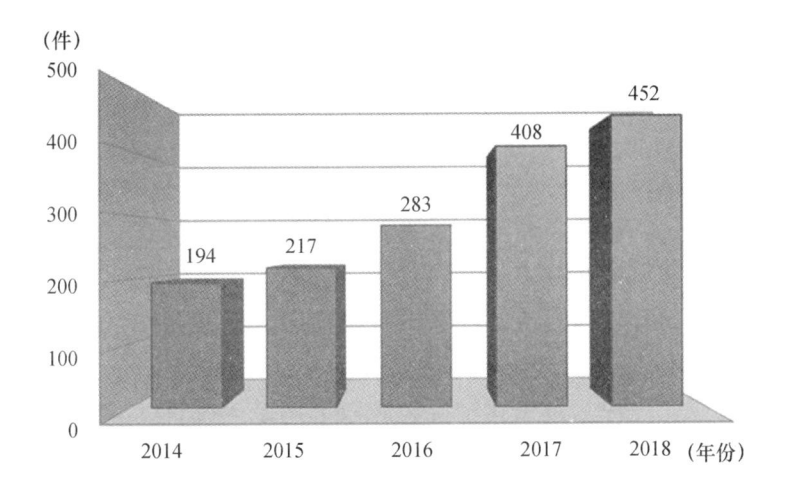

图 7－16　2014—2018 年全市法院法官人均结案对比

资料来源：深圳市中级人民法院官方网站（https://www.szcourt.gov.cn/article/30048969）。

质量和效率。40年来，深圳法院着眼于增强司法公信，用改革手段破解发展中的困难和问题，为中国特色社会主义司法制度的自我完善与发展做出了积极探索，取得了举世瞩目的成就，很大程度上受益于司法审判对定分止争尤其是对优质营商环境的促进作用。深圳司法体制改革根据其主要任务目标的差异大致可以分为三个阶段，每个阶段都有一些具有里程碑意义的改革。深圳经济特区建立之初，深圳法院就开始了对审判专业化的探索，这一阶段司法改革的特点表现为强调审判职能的梳理和专业化审判的内部机构设置，新的内部专业审判机构不断产生；从21世纪初开始到2009年，法院自发改革的外部特征就是办案规范化，内部措施则是不断创新工作机制，涉及案件办理的程序性规定纷纷出台；2010年以来深圳法院的司法改革目标更加明确，致力于提升司法公信力，并寻求司法公信力提升的源头改革，深层次地寻求司法体制的突破。[1] 党的十八届三中全会奠定了司法改革的基本脉络，四中全会对司法改革提出了很多具体的改革措施。深圳积极贯彻四中全会精神，并做出具体部署，在司法改革历程中，产生诸多率先之举。

进入新时代，深圳的司法程序广泛借助互联网时代的便利，成功打造了"智慧法院"。例如，深腾微法院是深圳法院依托智慧法院系统，基于微信小程序建立的诉讼服务平台，将审判工作与互联网信息技术相结合，集网上立案、在线送达、在线调解、在线庭审、申请执行等20余项功能于一身，为当事人提供移动诉讼服务。E网送达平台是联合邮政、网格管理等部门共建的送达平台，涵盖法律规定的所有送达方式，自动生成法律文书并加盖电子印章，一键发送网格管理部门或邮政部门直接打印，由社区网格员上门送达或邮政EMS邮寄送达，送达流转环节、进展情况全程留痕，社区网格员拍照、录像上传送达情况，邮政部门录入邮件签收情况，自动生成送达报告。全流程无纸化办案依托电子卷宗随案生成系统，案件办理全过程网上操作，法官对电子卷宗进行浏览、批注，制作、修改裁判文书，送达、归档、上诉等办案各环节全程留痕。福田法

---

[1] 邵鹏：《深圳法院司法改革脉络》，《特区实践与理论》2018年第4期。

院领衔积极打造"融·智·慧"信息化平台,实现了线上多元解纷、类案全流程在线办理、审判辅助事务集约化,有力提升了办案质效。从 2017 年起,福田区法院设立在线司法确认工作室,即通过远程视频的形式,简便、快速地为当事人完成调解协议的司法确认,所有视频内容保留存档。以一宗民间借贷纠纷调解协议的线上司法确认过程为例,主要步骤有:当事人申请便捷高效,可通过司法确认视频系统随时进行;调解协议全程线上审查,当场制作询问笔录,当事人通过电子签名对笔录进行确认;司法确认实时完成,通过电子签章方式,当场出具民事裁定书,即时送达,为调解协议赋予法律效力。由此,处理一宗司法确认案件的综合用时由半天至一天缩短至半小时。如一方当事人反悔不履行,另一方当事人可向法院申请强制执行,极大方便了当事人。

2019 年 1 月 14 日,深圳破产法庭揭牌成立,这是全国首家破产法庭,专门法庭的成立很大程度上提升了深圳司法体系的完整性,也有助于更好营商环境的实现。事实上,在保护知识产权、打造优质营商环境方面,深圳法院系统一直有大作为。通过经典案件的审理,从法治的高度与国际社会展开对话,积极捍卫中国企业在贸易中的应有权利,也为中国企业"走出去",在涉外经济贸易领域的诉讼树立了里程碑。最为经典的案例堪称华为诉 IDC 案。2011 年 12 月,华为公司因 IDC(美国交互数字公司)拟授权给其的专利许可费远高于苹果、三星等公司,向法院提起 2 件诉讼,分别请求确定专利许可费率范围,请求判令 IDC 停止垄断行为并索赔 2000 万元。市中院审理认为,IDC 违反 FRAND 原则(公平、合理、无歧视原则),判决明确专利许可费率范围;认定 IDC 构成垄断,判决其赔偿华为公司 2000 万元。广东高院二审均维持原判。此案系全球首判"标准必要专利 FRAND 许可",被英国《知识产权管理》杂志评为 2013 年度全球知识产权案例,也是中国企业向外国企业提起反垄断诉讼第一案。此案同时作为中国改革开放 40 周年 40 个重大司法案例,入选国家"伟大的变革——庆祝改革开放 40 周年大型展览"。

五 自贸区框架下前海的法治探索

粤港澳大湾区战略背景下，实现与英美法传统下的香港规则和标准对接，学习国际先进经验做法，通过各项法治化改革不断提升深圳的法治水平和营商环境，是摆在深圳法治改革中的新课题。自2010年起，前海就先后被挂牌"中国社会主义法治示范区"和"深港现代服务业合作区"，可见，前海建立伊始，就已经成为中国对接国际规则、深化深港深度融合的重要平台和抓手。2014年12月，国务院批复设立中国（广东）自由贸易试验区，前海成为其中的重要组成部分，从国家对广东三个自贸片区的任务分解（见图7-18）来看，前海自贸片区承接了过去的使命。

粤港澳服务贸易自由化	扩大对港澳服务业开放，允许其经营独资船运、旅行社、留学中介、认证检验、高端医疗等；推进粤港澳职业资格互认，为高层次人才入出境、居留、创业等提供便利
金融创新	推动粤港澳跨境人民币结算、借款，企业在港发行股票、人民币债券发行及资产转让等；简化银行、保险等金融机构准入，发展第三方支付、融资租赁等；推动资本项目兑换改革、港澳同业跨境担保、境外融资和发行债券等；加强金融风险防范，完善反洗钱、反恐怖融资机制
投资管理	优化法治环境，完善知识产权管理体制，发展国际仲裁、商事调节机制；实施投资负面清单管理模式，建立"一口受理、同步审批"的高效服务模式
贸易发展	鼓励企业设总部及整合性营运中心，发展粤港澳离岸市场、融资租赁异地托管、电子商务等；探索航运规则对接，放宽外资船舶经营许可，发展航运金融、中转集拼业务等
监管税收	实行"一线放开、二线管住"的通关监管模式，探索海关监管及检验检疫监管制度创新；落实现有促进贸投的税收政策，探索适应境外股权和离岸业务发展的税收，推动退税试点
辐射带动	引领珠三角加工贸易转型，支持加工贸易结算业务、建立内销平台、开展高附加值业务；打造泛珠服务区，鼓励内贸、发展外贸服务企业，构建国际交易、信息和价格形成中心；支持"走出去"，完善服务和风险控制体系，鼓励对外投资创新和利用港澳资本市场

| 广州南沙新区片区，既服务港澳，更面向全球，重点发展航运物流、特色金融、国际商贸、高端制造等产业，建设以生产性服务业为主导的现代产业新高地和具有世界先进水平的综合服务枢纽 | 深圳前海蛇口片区，主要面向香港，重点发展金融、现代物流、信息服务、科技服务等战略性新兴服务业，建设我国金融业对外开放试验示范窗口、世界服务贸易重要基地和国际性枢纽港 | 珠海横琴新区片区，主要面对澳门，重点发展旅游休闲健康、商务金融服务、文化科教和高新技术等产业，建设文化教育开放先导区和国际商务服务休闲旅游基地，打造促进澳门经济适度多元发展新载体 |

图7-18 《中国（广东）自由贸易试验区总体方案》主要要求

2017年3月，国务院正式把粤港澳大湾区城市群发展规划纳入政府工作报告。2019年2月，《粤港澳大湾区发展规划纲要》发布，前海在深港现代服务业合作区的基础上叠加新的自贸区政策，成为粤港澳大湾区发展中的重要增长极。在自贸区的改革创新和法治探索的框架下，前海在合作区的基础上积极借鉴香港法治经验，在自贸区的基础上吸收和推广上海自贸区的优秀成果，研究制定了涵盖投资贸易规则、金融创新、深港合作等六大方面的制度，形成了多项可推广的改革创新成果（见图7-19）。根据《深圳经济特区前海深港现代服务业合作区条例》第5条、第18条的规定，前海片区遵循市场运作的原则，并且会"借鉴香港等地区和国际上在市场运行规则等方面的理念和经验以及国际通行规则和国际惯例开发、建设和管理"。在这一原则之下，前海片区积极推动政府治理模式转变，通过市场化运作和服务市场的方式，推动政府管理模式进入新的法治化阶段。同时，前海管理局还吸纳了蛇口企业和咨询委员会等社会机构作为社会化管理的探索，走出了一条符合国际惯例、体现国际先进的市场化运营管理的道路，在"小政府、大社会"方面做出了有价值的尝试，真正将不同区域叠加优势聚合，探索出了一条在自贸区法治建设中卓有成效的新路径。

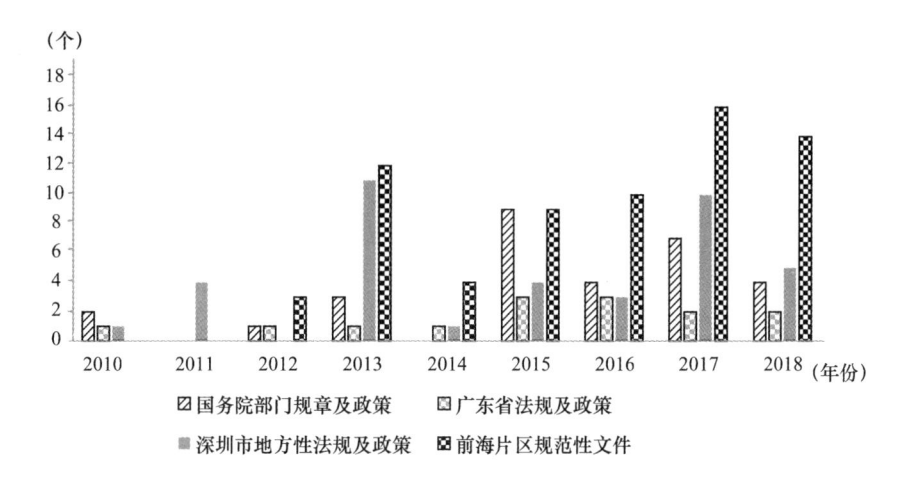

图7-19 前海片区顶层设计主要制度和规则数量统计（2010—2018）

随着自贸区和粤港澳大湾区的不断发展，国际商事主体对纠纷解决的需求日益强烈，为不断策应境内外人民对更加国际化、法治化营商环境的美好诉求，2018年，前海法院设立全国第一个"国际商事诉调对接中心"，中心与30多家域内外调解和仲裁机构建立合作关系，聘任大批香港调解员参与跨境商事纠纷的调解。香港《大公报》报道了一个生动的案例，它是前海对接香港规则，在不突破地方事权的前提下，通过聘任港籍调解员，多元化解决涉外争端的典型案例；也是粤港澳大湾区背景下深圳法治创新的真实写照。例如，一个涉港的民间借贷案件本已经进入了诉讼程序，但是双方当事人对案件保全范围争执不下，调解室的气氛十分紧张，但是由于有熟悉香港情况、语言文化更易沟通的谢晓瑜的参与，很快化解了紧张气氛。来自香港的谢晓瑜是前海引进的若干港籍调解员之一，她熟知香港文化，在与香港当事人的沟通中能更快得到信任，调解涉港案件也更高效；而刘小霞是来自中国国际贸易促进会深圳调解中心的特邀调解员，是调解成功率接近70%的调解高手。两人作为最佳拍档，在对跨境商事纠纷的调解上成功率十分高。刘小霞为当事人双方解释保全标的物的评估报告内容，谢晓瑜根据案件情况，拟定一份调解员认为合理的解封与还款协议，他们抓住这"最后的机遇"，就双方争议和疑惑的问题，反复沟通和疏导，最终，双方当事人达成一致意见。管窥见豹，截至2018年底，对接中心共受理商事纠纷案6269件，成功调解2746件，调解成功率达43.8%。该中心目前已建立一支国际化的调解队伍，前海共聘请香港调解员58名参与跨境商事纠纷的调解，成功调解372个案件，为涉外商事主体提供便捷高效权威的纠纷化解服务、联动粤港澳大湾区打造国际商事争端解决中心打下坚实制度基础。

第五节　百姓的事大家说了算

习近平总书记在党的十九大报告中指出，要"提高保障和改善民生水平，加强和创新社会治理"，"打造共享共治的社会治理格局"。协商民主的全面开展，能更好地保证人民在日常政治生活中有广泛持续深入参与的权利，进而更好地促进基层社会治理。协商民主是基层社会治理的主要形式，是广大人民群众参与基层社会治理的有效方式，协商民主运行的重点领域在基层。改革开放40年来，深圳始终坚持依靠人民，尊重人民首创精神，坚持以人民为中心的发展理念，让人民群众广泛参与到民生实事甚至是顶层决策中，真正做到"发展为了人民、发展依靠人民、发展成果由人民共享"，把改革发展的成果更多更好惠及民生，真正做到了总书记反复倡导的"大家的事大家商量着办"，凸显了社会主义城市的新型民主范式。深圳基层民主的实践，也逐步探索了诸多新形式和新领域。

深圳最早探索基层自治始于1990年的中国"第一个业委会"成立，从而开启了业主自治与专业服务相结合的物业管理新时代，而这个开天辟地的创新是由于电费纠纷催生的。1990年，万科集团首个住宅项目天景花园在深圳落成，吸引了一批素质较高的业主购买，当时对于正处于发展探索期的物业管理行业，还存在很多的不健全之处。由于当初天景花园规划时设计了两台变压器，分别供给住宅楼和商铺，但入住一段时间后发现供给居民楼的变压器负荷不足，管理处便向供电局申请将供给商铺的变压器补充用于居民楼的用电。这样与一般住宅相比，业主的电费要高出许多，引起业主不满，久而久之有些业主干脆不交电费，要求物业管理处尽快想办法解决。时任物业管理处主任找了相关部门很多次，"磨破了嘴皮、跑断了腿"，供电局仍坚持小区业主不能按居民用电的价格交费。眼见业主的意见越来越大，无奈之下，管理处只能做出暂时替业主垫交电费的决定。但是作为物业管理公司，管理费是唯一的收入来源，这种垫支已经远远超出了其能力范围。随着业主的意见越来越大，物业管理人员意识到很难与业主一一沟通，但如果找一小部分理性的业主，大家心平气和地坐在一起协商解决办法可能有利于问题的解决。这一构想很快得到万科公司高层以及业主的支持，经与部分热心业主商议后，很快决定以成立"业主管理委员会"的方式来搭建一个沟通平台，随后，中国内地第一个业主委员会在天景花园诞生。从最初的管理费用过低、缺乏相应制度保障,到共同努力加深业主之间的沟通,小区一些不文明现象逐渐消失,这种"业主自治和专业服务相结合"的管理模式日趋成型。1994年,《深圳经济特区住宅区物业管理条例》颁布实施,天景花园开创的"业主自治与专业服务相结合"的共管模式被正式纳入其中,从此,业主委员会这一创新的社区组织模式在全国推广开来。

早在1999年,深圳地方政府的民主实践就呈现出先行先试的特点。[1] 东部龙岗区大鹏镇以一种新的"三轮两票制"方式成功选举了本镇镇长。富裕的经济生活营造出了良好的精神文化氛围,在镇民中滋生出了比较强烈的参与意识,村民自治工作一直开展得卓有成效。[2] "两票制"镇长选举不是简单的直接选举,而是先由选民直接选出镇长的候选人,再由镇人民代表大会最终选出镇长。这一基层民主选举制度的改革突破了以村民自治为核心的基层民主发展架构,民主选举制度被引入基层政权建设的层面。

社区居委会是城市社区群众自我管理、自我教育和自我服务的场域,进行民主选举、民主决策、民主管理、民主监督的平台。自2000年以来,深圳开展社区居民委员会选举,并引入国际通行的观察员制度。由民政部门选聘观察员,包括人大代表、政协委员、民主党派人士、高校专家学者、离退休干部、社会工作者等,在换届选举过程中,观察员通过各区自选下派和应求观察的形式前往居委会,对一定比例的换届选举工作进行实地全程观察。以盐田为试点,自2002年起,先后实施4次社区治理体制的改革和创新,探索在基层社区建立"会站分离"的模式,重新定位和厘清社区居委会与社区工作站之间的职能关系,该做法于2006年和2010年分别荣获第三届和第五届"中国地方政府创新奖"。很多学者认为,"这种居站分离的模式有效改善了改革前社区居委会自身的角色和职能不分的二重性,在社区管理体制创新、民主建设等方面起到了良好的

---

[1] 熊可文:《深圳民主政治建设的回眸与前瞻》,《特区实践与理论》2010年第3期。
[2] 俞可平:《增量民主:"三轮两票"制镇长选举的政治学意义》,《马克思主义与现实》2000年第3期。

示范作用"①。

"罗伯特议事规则"②，这个有些洋味儿的舶来词，如今正被许多罗湖老居民所熟知。2012年5月，深圳市罗湖区将黄贝街道文华社区作为社区居民自治的试点，2012年底，社区引入罗伯特议事规则，通俗来讲，即"七不准"③：不打断、不超时、不跑题、不攻击、不扣帽子、不贴标签、不质疑动机，一事一议，投票表决是最后一步，程序将辩论固化在表决之前，意在将辩论的作用发挥至最大。连续两场的"广场对话会"，就锦联片区长期遭受东益汽车交易广场各家4S店所排废气、噪声的侵扰问题，召集居民代表、企业、政府三方直接坐在一起，"打开天窗说亮话"，而在对话以前，双方都承诺必须遵守"罗伯特议事规则"。在现场主持人的引导下，双方从一度的针锋相对到最后互相退让达成共识，两个小时的对话公平民主，各方的观点都得到了充分表达，群众的合理诉求得到了满足，企业也更加认识到履行保护环境社会责任的重要性。议事规则的引入，为基层顺利推进社区居民自治搭建了有效沟通的平台，使"为民做主"进一步变成"由民做主"。

深圳市福田区率先探索而后在全市推广民生微实事，这是推动社区"我的实事我做主"，实现民生民主的重要形式。民生微实事工作坚持以需求为导向，着力解决群众身边的小事，以民生微实事项目为平台，引导居民参与社区治理，促进社会建设和基层民主自治④，化解基层公共服务"最后一公里"难题。紧接着，罗湖区自2016年起也全面推广实施了民生微实事治理，以惠民项目的申报、预审、审议、审定与实施为运转中轴，初步建立起了党委、政府、社会和民众等多元主体广泛参与、有序合作的微协商民主治理体

---

① 周会祥：《协商民主实践的内容与形式探讨——以深圳为例》，《特区实践与理论》2017年第1期。
② 罗伯特议事规则是一个开会的工具，能高效率地解决问题，在双方都遵守规则的前提下，也不会伤害到邻里之情。
③ 蒋琛：《议事规则搭建有效自治平台》，《深圳特区报》2014年3月10日。
④ 张扬文馨、谢志岿：《深圳基层民主的形式创新与制约因素》，《社会治理》2017年第1期。

系。① 通过"四级联动",在权限分工明确、工作内容清晰和业务对接通畅的基础上,民生微实事治理有机地嵌入现行制度体系,不仅改进了基层行政管理体制,完善了社区治理体系,也符合协商民主的基础性要求(见图7-20)。

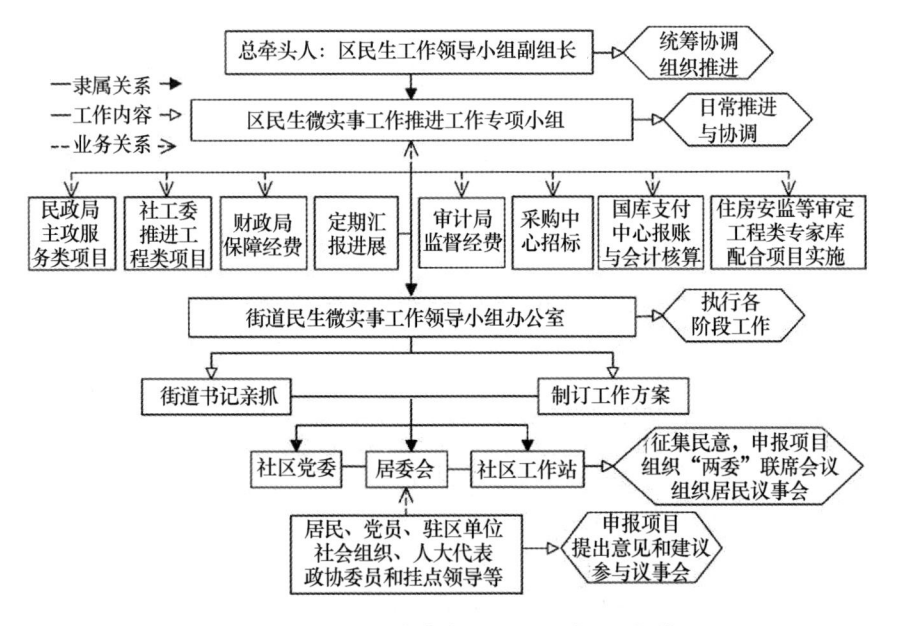

图7-20 "民生微实事"四级联动组织架构

资料来源:曹海军、黄徐强:《"微协商"视角下的民主技术创新:基于深圳L区民生微实事治理的分析》,《天府新论》2017年第5期。

人大权力监督和政协的民主监督在深圳多年的政治发展实践中,从来都不是面子工程。近年来,深圳市创新办理人大建议和政协提案机制,对涉及公共利益、公众权益和需要社会广泛知晓的人大代表建议和政协提案办理答复全文,各部门均按要求通过门户网站或新闻媒体向社会公开。进一步完善市政府领导领衔督办人民团体和政协界别重点集体提案工作机制,提案数量大、涵盖

---

① 曹海军、黄徐强:《"微协商"视角下的民主技术创新:基于深圳L区民生微实事治理的分析》,《天府新论》2017年第5期。

范围广，内容涉及经济发展、社会民生的若干重要领域，为深圳的高质量发展打下坚实基础。例如，深圳著名景点大梅沙海滨公园目前实施免费预约入园，这一管理模式的创新就是深圳市社会各界广泛参与的结果。2017年4月，盐田区举行了大梅沙海滨公园实行免费预约入园管理模式听证会，采用公开报名和邀请相结合的方式，确定了市人大代表、政协委员和市民代表等共10名听证代表参加。会上，大梅沙海滨公园管理处陈述实行免费预约入园管理模式的理由、依据及实施办法，听证代表就如何实行更科学的管理发表了具体意见。听证会后形成了《听证报告》，并发布在政府网站上向社会公示。在深圳，类似于盐田区大梅沙海滨公园管理的决策过程已经是普遍现象。通过民主决策和广泛参与，与市民利益息息相关的地铁票涨价和一些锦上添花的项目均被叫停，政府决策更加科学合理和贴近民意。

第八章　深圳现代化发展程度：
量化评价与追赶预测

  基于社会主义现代化的内在规定，对标世界先进城市，从经济、政治、社会、文化和生态几个维度测度深圳的现代化水平，表明深圳目前处于中等发达的现代化阶段，具备成为全球标杆城市的基础，但距离世界先进城市现代化水平还有较大差距，现代化五大领域还存在不同程度的发展短板。通过追赶预测发现，2020—2049年，深圳只要保持稳健的追赶速度，补齐短板，全面实现社会主义现代化，并成为全球标杆城市的愿景可以如期实现。

  总结现代化理论可知，现代化是一个客观的目标，也是一个动态的过程，更是一场过程与目标相统一的深刻变革。现代化指向现代人类社会发展所呈现出的进步程度，是反映人类社会文明从传统社会向现代社会转型程度的综合指标[1]，包含了经济、政治、文化、社会、生态的全面进步与整体提升。[2] 城市现代化是现代化的一种表现形式，是现在或未来的城市综合发展水平达到公认的先进程度。[3] 城市现代化发展程度评价，是将城市现代化这个定性的概念

---

[1] 王明姬：《如何认识从2020年到本世纪中叶社会主义现代化建设两个阶段的丰富内涵——中国宏观经济研究院贯彻党的十九大精神系列研讨会报告之四》，《中国经贸导刊》2018年第4期。

[2] 何传启主编：《如何成为一个现代化国家》，北京大学出版社2017年版，第33页；《中国现代化报告2013》，北京大学出版社2014年版，第127—150页。

[3] 姚月、罗勇：《论现代化城市建设的评价体系与"因城施策"》，《规划师》2019年第4期；"发达城市现代化评价指标体系研究"课题组：《中国发达城市现代化评价指标体系的建立》，《调研世界》2011年第12期。

定量化，同时与现代化标准进行比较的过程。在国内外现代化定量评价方法上，指标体系评价是当前现代化发展程度评价的主流方法。基于以上理解，本章在充分把握城市现代化的内涵和新时代城市发展的宏观大趋势下，参照国外现代化先进城市的发展水平、立足深圳现代化发展的现实基础和目标方向①，综合权衡，构建全方位、立体化、国际化的现代化发展程度评价体系，通过系统权威数据和科学测算方法，来量化定位深圳现代化发展程度，为现代化城市范例发展政策的制定提供决策依据和参考。

第一节　深圳现代化发展程度的评价指标体系

一　城市现代化发展程度评价指标体系概述

在国内外现代化定量评价方法上，文献中先后出现过单项指标评价②、多项指标评价③和指标体系评价三种方法。比较来看，由于

---

① 本评价体系在指标选择上，主要以《中共中央国务院关于支持深圳建设中国特色社会主义先行示范区的意见》为方向指引。

② 人均收入被认为是现代化的核心指标。"发达"被理解为笼统意义上的现代化，从经济发展水平确定城市所处的发展阶段和发展水平就成为一种广为接受的方法。根据人均GNP或GDP的高低，世界银行1999年的划分标准为：低收入国家为760美元以下，下中等收入国家为761—3030美元，上中等收入国家为3031—9360美元，高收入国家为9361美元以上。这种方法在对跨越中等收入陷阱的相关研究中被广泛使用。有学者采用这一方法对中国各省市区进行了测算，认为深圳已经达到第一世界的高收入国家水平。这种以人均收入判断的方法简单明了，度量比较直接，数据容易获取，但仅仅关注到了经济单一领域，忽略了随着经济发展水平的提升，城市现代化对社会、生态等领域发展的综合性需求。

③ 美国现代化问题专家、著名的社会学家英格尔斯于1983年在北京大学的演讲中，提到"发达国家"和"不发达国家"进行比较时的11个方面的指标和标准，被看作是一个现代化实现程度的判定体系，为国内学者广泛采用。根据这样的短板原则，何传启提出了第二次现代化理论，以服务业劳动力占比（大于60%）和大学入学率（大于60%）两项指标作为进入第二次现代化的判定标准。这种方法的特点是选择多个指标，每个指标都达标，才判定该评价对象实现现代化。其优点是能将现代化的重要方面纳入进来，从多维度对现代化水平进行综合考察，避免了单项指标评价的局限性，但又由于该方法过分强调单项指标的重要性，某一指标不达标将导致整个评价对象不达标，而且每项指标的门槛标准设定都存在一定的主观性，更加导致设定较为严格标准的指标项对整个系统结果的过度影响，使得整体评价结果不科学、不合理。因此，该方法在指标选取的时候需要非常慎重，指标判定标准不易把握，难以保障评价的科学性和合理性。

指标体系评价方法更能反映现代化发展的系统性和综合性，并且该方法的指标选取具有开放性和发展性，能够体现现代化进程中的主要特征和关键内涵变化，因此成为目前现代化发展程度评价的主流方法。指标体系评价是在科学构建现代化评价指标体系的基础上，通过多指标综合评估技术得到单一的综合评估指数，从而实现现代化发展进程的定量判定。不同时期不同研究文献的创新性，主要体现在指标体系构建、评判标准确立和综合指数测算上。联合国城市指标体系第一次系统地对城市的发展过程和发展现状进行了定量的分析，充分体现了该方法的系统性和全面性。[1] 这一方法在国内也得到了广泛应用，国家发改委宏观经济研究院课题组从理论上分析了中国现代化发展道路，提出了"10+4"式的全面建设小康社会的指标体系，指标体系中强调了要赋予各个指标以一定的权重，以体现各个指标在体系中地位和作用是不一样的，但是该研究没有深入进行现代化指标的定量测算。[2] 朱孔来构建了涵盖经济现代化、社会现代化、科技现代化、城市现代化、国民素质现代化、国民经济和社会发展信息化、生活质量现代化和生态环境优良化等39个领域的现代化评价指标体系，以21世纪中叶中等发达国家有关指标的平均状况为基本参照系，成为确定现代化标准的重要依据。[3]

近年来，国内学者根据城市现代化内涵和特征的不同理解，相继构建了专门的城市现代化评价指标体系，并取得一定成果。"发达城市现代化评价指标体系研究"课题组构建了中国发达城市现代化评价指标体系，设置了经济发展、社会进步、生活质量与生态环境4个领域，[4] 但城市治理在城市发展中的重要作用没有得到充分重视，同时该研究是以中等发达国家水平为参照依据，没有实现与

---

[1] 吴贻永、葛震明：《联合国城市指标体系概述与评价》，《城市问题》2001年第3期。
[2] 国家发改委宏观经济研究院课题组：《全面建设小康社会的目标与指标选择》，《经济学动态》2004年第7期。
[3] 朱孔来：《现代化进程的测算与实证分析》，《数学的实践与认识》2006年第1期。
[4] "发达城市现代化评价指标体系研究"课题组：《中国发达城市现代化评价指标体系的建立》，《调研世界》2011年第12期。

国际先进城市的直接对标。中国科学院城市现代化研究提出了世界城市现代化的分析框架体系，包括城市四个要素、六个领域、六个系统的现代化共16个方面[1]，但该研究侧重于国家和地区城市化发展程度的比较，没有深入到城市层面的分析。宋彦蓉等构建了经济发展、社会发展和知识发展3个一级指标、12个二级指标的地区现代化评价体系，但缺乏生态、环保、节能降耗方面的指标，对城市生态建设的重要性考虑不够[2]。姚月等构建了涵盖城市经济、空间形态、社会发展、城市文化、生态环境、基础设施和城市治理7个评价维度的现代化城市评价指标体系，判断现阶段广东各城市与现代化城市的差距，但现代化评价标准限于国内城市经验数值，没有对标国际先进城市。[3]

二 深圳现代化发展程度评价体系建构

（一）评价指标体系构建

深圳在短短40年间，社会主义现代化建设取得举世瞩目的成就，在现代化建设的多个方面位居全国前列，甚至在部分领域能够与世界一线城市比肩而立。在国际组织和知名机构世界城市综合性评价指标体系的排名结果中，深圳开始占据一席之地（见表8-1）。这些评价体系选取了不同维度，从不同侧面对世界上发展较好的主要城市进行了评价，在反映城市发展水平方面具有一定的客观性。然而，囿于特定的研究视角和研究目的，城市评价体系的指标选取并不全面，不能直接用来评价城市现代化发展程度。总体来看，国内外城市现代化评价指标体系相关研究中，还缺少专门针对深圳现代化发展程度进行系统研究的成果。

---

[1] 何传启主编：《中国现代化报告2013——城市现代化研究》，北京大学出版社2014年版，第162—199页。

[2] 宋彦蓉、张宝元：《基于地区现代化评价的客观赋权法比较》，《统计与决策》2015年第11期。

[3] 姚月、罗勇：《论现代化城市建设的评价体系与"因城施策"》，《规划师》2019年第4期。

表8-1　深圳在国际综合性城市评价体系中的排名

序号	指数/项目名称	发布机构	年份	参评城市总数	深圳排名/等级
1	"全球城市指数"之综合指数*	科尔尼公司	2019	130	79
2	"全球城市指数"之潜力指数**	科尔尼公司	2019	130	49
3	"全球城市竞争力指数"（GUCP）***	中国社会科学院财经战略研究院与联合国人居署	2018—2019	1007	B
4	"全球城市竞争力指数"****	经济学人智库	2012	120	52
5	《世界级城市名册》*****	全球化与世界城市研究网络（GaWC）	2018	526	入选（升至Alpha-）

注：*"全球城市综合排名"围绕经济活动、人力资本、信息交流、文化体验和政治参与等5个维度评选出当前全球最具竞争力的城市。纽约、伦敦和巴黎连续十年稳居三甲。

**"全球城市潜力排名"从居民幸福感、经济状况、创新和治理4个维度评估城市未来发展潜力，即哪些城市即将成为新一代的全球枢纽。榜单前三甲是伦敦、新加坡和旧金山。

*** 中国社会科学院（财经院）与联合国人居署共同发布《全球城市竞争力报告2018—2019：全球产业链：塑造群网化城市星球》。本次报告构建了城市经济竞争力与可持续竞争力指标体系，使用相关数据和方法测度全球城市的竞争力。其中经济竞争力是指城市当前创造价值、获取经济租金的能力，从显示的角度，使用经济密度指标与经济增量指标，测度了全球1007个城市的竞争力指数，深圳指数得分排名第5，前四名分别是纽约、洛杉矶、新加坡、伦敦。而可持续竞争力指一个城市通过提升其经济、社会、环境和技术优势，更好、更持续地满足城市居民复杂而挑剔的社会福利的长期可持续的能力，从解释性的角度选取经济活力、环境质量、社会包容、科技创新、全球联系、政府管理、人力资本潜力和基础设施8个指标，测度了全球1007个城市的可持续竞争力指数，深圳指数得分排名第48位，前六名分别是纽约、东京、伦敦、新加坡、洛杉矶、香港。

**** 英国"经济学人智库"以城市8类竞争力和31项单独指数对全球120个城市进行了评估，包括经济竞争力、人力资源、金融产业成熟度、机构效率、硬件建设、国际吸引力、社会与文化特质、环境与自然危害等。根据指数结果排序，深圳居第52位。纽约、伦敦、新加坡、巴黎、香港、东京位列前六。

***** GaWC构建了一个涵盖了政治、经济、文化、科技、国际化水平等多个维度包含13项具体评价标准的评价体系。2018年发布的《世界级城市名册》，根据该评价体系，全球一共有526个城市入选成为排名样本，然后根据175家全球高级生产服务业公司在526个城市的分布情况，再对入选城市进行分级排名。2018年，深圳首次入围Alpha-级别，成为全球55个世界一线城市之一。伦敦、纽约、香港、北京、新加坡位列前五。

本节在现代化相关理论研究成果和国内外城市现代化评价指标体系[①]研究的基础上，结合深圳建设中国特色社会主义先行示范区、社会主义现代化强国城市范例目标要求，创新性地以深圳为评估核心城市，立足深圳现代化发展现实基础和目标需要，基于系统思维、全面考量的原则，整体考虑经济现代化、社会现代化、文化现代化、生态现代化、治理现代化等5个维度的现代化发展水平重要内容，构建综合性城市现代化发展程度评价体系。其中，"经济现代化"，从经济发展水平和现代产业体系方面考察；"社会现代化"，从社会事业发展和民生保障水平方面考察；"文化现代化"，从文化事业发展和市民文明素质方面考察；"生态现代化"，从绿色转型发展和环境可持续性方面考察；"治理现代化"，从政府治理效能和政府规模控制方面考察。

二级指标选择能反映现代化发展水平的显示性、导向性指标，指标遵循的具体原则与要求是：（1）系统性与前瞻性相结合。各指标相互联系、构成一个科学系统，能综合反映各领域现代化发展现状，同时根据城市现代化的发展趋势，选取一些前瞻性指标。（2）可获得性与可评估性。所有数据尽可能采用公开的权威统计，指标必须可以量化。（3）可操作性。指标尽量与城市发展目标挂钩，可供政府在其管理工作过程中参考（见表8-2）。

表8-2 深圳现代化发展程度评价指标体系构建

评价维度（一级指标 L_i）	代表性评价指标（二级指标 x_{ij}）
经济现代化	1. 人均GDP
	2. 制造业全员劳动生产率
	3. 全社会研发支出占GDP比重
	4. 高技术产品出口额占制成品出口额的比重
	5. 服务业增加值占GDP比重

---

① 评价指标体系还参考了《深圳市可持续发展规划（2017—2030年）》《深圳市福田区政府绩效评估指标体系》等深圳地方性文件。

续表

评价维度（一级指标 L_i）	代表性评价指标（二级指标 x_{ij}）
社会现代化	6. 人均可支配收入
	7. 住房成本（房价收入比）*
	8. 基尼系数（收入差距）*
	9. 教育事业（义务教育阶段生师比）*
	10. 卫生事业（千人病床数）
文化现代化	11. 公共图书馆设施密度
	12. 全年入境国际游客数量
	13. 每万人在校大学生数量
	14. 劳动力人口教育程度构成（高等教育人口比重）
生态现代化	15. 单位 GDP 能耗*
	16. PM2.5 浓度*
	17. 河流水环境质量（溶解氧年均值）
	18. 建成区绿化覆盖率
	19. 生活垃圾资源化率
	20. 绿色交通（轨道交通线网密度）
治理现代化	21. 营商环境指数
	22. 固定宽带连接下载速度
	23. 恶性犯罪率（每十万人谋杀率）*
	24. 政府规模（政府工作人员占就业人口比重）*

注：*表示逆向指标。

（二）评价参照标准确定

现代化发展程度量化评价，接着是要确定评价参照标准，即各评价指标期望实现的目标值。文献中常见的方法有两种：一是以评价对象各指标的中远期规划值作为参照；二是以对标对象各指标的现实实现值作为参照。本节考虑到，深圳现代化发展的定位目标，是达到世界现代化城市发展的前沿水平。世界现代化先进城市，其发展水平具有现实可观测、数据可比较的特点，可以作为深圳现代化发展程度评价的参照标准。这里，世界现代化先进城市，根据上述"全球城市指数""全球城市竞争力指数"和《世界级城市名册》中的国际城市排名，选择排名位居前列的纽约、伦敦、东京、新加坡和中国香港等城市作为参照标杆。

一是属于世界级城市群核心城市。核心城市作为世界级城市群的枢纽，往往是全球城市网络和全球价值链的关键节点，是国家和全球的经济、科技、文化和交通的中枢或政治中心，对整个城市群的发展起着重要的引领作用，在很大程度上决定着整个城市群的全球竞争力。[1] 深圳要在粤港澳大湾区中发挥核心城市引擎作用，可以借鉴参照纽约、伦敦、东京等坐标，优化提升核心功能。

（1）纽约。纽约湾区核心城市，是世界上公认的顶级城市和最大的国际金融中心，在全球城市综合排名中列第 1 位，经济实力和国际影响力在全球城市中列第 1 位。以金融服务部门著称，吸引了许多大型投资银行、法律服务以及各种媒体和文化企业，在经济、政治方面都发挥着重要的国际职能。

（2）伦敦。大伦敦核心城市，是欧洲第一创意都市，全球创意中心。伦敦拥有英国 40% 的艺术基础设施、2/3 的电影制作岗位、70% 的电视制作公司、3/4 的广告业岗位。贡献了英国设计业总产值的 50%、音乐产业总产值的 70%、出版业总产值的 40%。伦敦还拥有英国 85% 以上的时尚设计师、40% 以上的出版业从业人员。伦敦已经被认为是全球三大广告中心城市之一，2/3 的国际广告公司的欧洲总部都设在伦敦。

（3）东京。东京都核心城市，在 2018 年科尔尼全球城市排行中列第 4 位，在美世生活品质调查报告中排名第 50 位，是这个榜单的前 50 名中唯一人口超千万的大都市。东京，日本科技创新资源汇聚和集中地，尤其是成果转化方面优势突出，能做到在全球城市和生活品质排名中均居世界前列。

二是属于世界级城市经济体。以新加坡和香港为代表的城市经济体，虽然地域面积狭小、要素资源匮乏，但却在国际多项城市排名中位居前列，特别是营商环境方面，持续高居榜首，堪称最理想的营商地方。新加坡和香港打造出世界级营商环境高地，对国际人

---

[1] 刘作丽、聂艺菲、张悦、潘峰华：《基于全球城市坐标系的首都功能再思考》，《城市观察》2019 年第 4 期。

流、物流、资金流产生强大的磁吸力,创造出媲美欧美发达经济体的较高人均产出,现代商业文明和独具特色的社会保障制度。

深圳与其他城市现代化发展水平差异见表8-3。

表8-3 深圳现代化发展水平与其他城市的比较(2017年)

评价维度	代表性评价指标 (二级指标)	单位	深圳	纽约	伦敦	东京	新加坡	香港
经济现代化	人均GDP	现价美元	27151	**84533**	79581	68941	57751	46171
	制造业全员劳动生产率	万美元/人	34015	145887	—	109302	**156605**	30905
	全社会研发支出占GDP比重	%	**4.1**	3.0	3.0	3.7	2.3	0.8
	高技术产品出口额占制成品出口额的比重	%	51	—	—	67	32	31
	服务业增加值占GDP比重	%	59	95	92	84	69	92
社会现代化	人均可支配收入	万元人民币	5	**34**	24	26	—	15
	住房成本(房价收入比)	—	38	**12**	31	24	23	35
	基尼系数(收入差距)	—	**0.39**	—	—	—	0.458	0.539
	教育事业(义务教育阶段生师比)	—	16.57	**12.5**	—	13.30	13.37	12.7
	卫生事业(千人病床数)	张	3	—	—	9	5	4
文化现代化	公共图书馆设施密度	座/km²	3.31	3.54	4.63	**5.64**	—	—
	全年入境国际游客数量	千人次	1776	13100	**19047**	11387	17400	14027
	每万人在校大学生数量	人	78	645	—	**695**	428	400
	劳动力人口教育程度构成高等教育人口比重	%	25	60	**69**	**69**	44	39

续表

评价维度	代表性评价指标（二级指标）	单位	深圳	纽约	伦敦	东京	新加坡	香港
生态现代化	单位GDP能耗	吨标准煤/万元	0.25	—	—	**0.07**	0.21	0.11
	PM2.5浓度	μg/m²	28	**13**	25	**13**	14	21
	河流水环境质量（溶解氧年均值）	毫克/升	3	6	—	**7**	**7**	**7**
	建成区绿化覆盖率	%	45	24	40	46	50	**66**
	生活垃圾资源化利用率	%	**60**	—	30	20	—	—
	绿色交通（轨道交通线网密度）	km/km²	0.1	**1.0**	0.4	0.5	0.2	0.2
治理现代化	营商环境指数	—	77	83	82	76	**85**	83
	固定宽带连接下载速度	Mbps	61	—	—	—	**154**	134
	恶性犯罪率（每十万人谋杀率）	人	0.70	3.40	**0.13**	0.76	0.20	0.32
	政府规模（政府工作人员占就业人口比重）	%	5	7	10	**4**	**4**	**4**

注：加粗的数据（现代化发展水平最高值）即为下文计算中所采纳的现代化城市发展目标值（满分值）。本报告认为，服务业占比是一个适宜的数值，各城市因具体情况而异，并非占比越高越好，尤其是对深圳这类实体经济发达并且继续以实体经济作为城市经济支柱的城市而言。因此，此处选取新加坡服务业增加值占比69%作为该项指标的满分值。

第二节 深圳现代化发展程度的测算

一 深圳现代化发展程度的测算方法

（一）数据来源及说明

1. 主要数据来源

深圳、香港、新加坡数据分别来源于《深圳统计年鉴2018》《香港统计年刊2018》《新加坡统计年鉴2018》。东京数据口径为东京都行政区域，来源于《东京都统计年鉴平成29年》及东京都总务局统计部网站；纽约数据口径为纽约市，个别取纽约都市圈、纽约州替代,来源于美国国家统计局网站(Bureau of Economic Analysis)和 Data USA 网站;伦敦数据主要来源于英国国家统计局网站(Office for National Statistics)和伦敦政府网站。

2. 个别数据说明

(1)制造业全员劳动生产率,深圳使用工业数据替代;纽约市使用纽约州水平替代。(2)研发投入强度,根据日本总务省 2017 年底发布的《2017 年科学技术研究调查结果》,2016 年日本研发投入强度为 3.42%;根据上海科技创新资源数据中心与爱思维尔公司联合发布的《2019 国际科技创新数据洞见——全球热点城市比较研究报告》,东京研发投入数值小于 4%,此处取两者平均值进行替代,为 3.7%。(3)人均可支配收入,深圳数据引自《深圳经济实现并有望持续快速增长》(研究报告,来源《深圳经济发展报告(2018)》);香港数据引自《香港的住户收入分布》(2016 中期人口统计报告,香港政府统计处);新加坡数据暂缺。(4)基尼系数,深圳数据来自《深圳前市委书记厉有为:深圳必须解决房价过高的问题》;香港数据来自《香港不平等报告 2017》;新加坡数据来自《2018 年住户收入主要趋势》。(5)房价收入比,数据来自国际货币基金组织(IMF)发布的《全球房价观察报告 2016》(*Global Housing Watch Report* 2016)。(6)单位 GDP 能耗,数据引自唐杰在绿色低碳发展智库伙伴(GDTP)2018 年度研讨会上的发言《深圳绿色低碳发展的探索》,数据年份为 2015 年。(7)营商环境指数,来自世界银行公布的《2018 全球经商环境报告》。除中国香港、深圳外,其他城市数据使用国家评价得分值进行替代。普华永道对照世界银行营商环境指标体系对深圳前海蛇口自贸片区进行评估。如作为一个独立经济体参与排名,2018 年前海蛇口自贸片区营商环境便利度得分为 77.44,在全球 190 个经济体中排名第 31 位。(8)政府规模,这里使用国务院发展研究中心调查研究报告《比较视角下的中国政府规模:雇员数量》(第 188 号,总 5463 号)中采用的广义政府部门雇员(广义政府部门中的工作人员)口径进行比较。深圳暂时使用全国数据(2015 年)进行替代。考虑上述定义和香港公务员统计口径,香港广义政府工作人员数据补充了香港廉政公署人数（《香港特别行政区廉政公署年报2017》）和香港法官及司法人员人数。其他数据来源不变。伦敦数据不含公立学校和医院的职员人数，因此数值会相对偏小。纽约为估算数据。（9）计算中涉及的汇率，数值参考《中国统计年鉴2018》和《中国统计年鉴2017》。

（二）计算模型及权重

按照上述指标体系与相关数据，计算深圳现代化综合实现程度。

第一，对所有指标进行一致性处理。本章评价指标较多，体系复杂。有些指标的数值越大代表现代化水平越高，这类指标为正向指标。还有些指标的数值越小代表现代化水平越高，比如污染，这类指标为负向指标。这里对负向指标取倒数，将其转化为正向指标。变换后的指标记为x'_{ijk}。

$$x'_{ijk} = \begin{cases} x_{ijk}, & x_{ijk}\text{为正向指标} \\ \dfrac{1}{x_{ijk}}, & x_{ijk}\text{为负向指标} \end{cases}$$

其中，i代表城市，取值$1,2,\cdots,l$；j代表评价维度，取值$1,2,\cdots,m$；k代表评价具体指标，取值$1,2,\cdots,n$。

第二，计算各城市分维度（领域）现代化实现程度。这里，取指标体系24个指标中各城市目前所实现的最大值或适宜值作为现代化城市发展目标值（满分值），每个城市指标实际值达到该指标满分值的程度作为该城市该项指标的得分，之后按平均加权得到各维度的现代化实现程度。

$$Y_{ij} = \sum_{k=1}^{n} \omega_{jk} \cdot \frac{x'_{ijk}}{\max(x'_{ijk})}$$

其中，每个指标的权重记为ω_{jk}。

第三，计算各城市现代化总体实现程度。采用专家打分法，确定经济、社会、文化、生态、治理现代化指数各维度的权重（ω_j）分别为30%、20%、20%、15%、15%，之后按加权法综合各维度得分后得到各城市的现代化实现程度（L_i）（见表8-4）。

$$L_i = \sum_{j=1}^{n} \omega_j Y_{ij}$$

表8-4　深圳现代化发展程度评价指标体系相关指标权重说明

各评价维度（权重）	二级指标	二级指标权重
经济现代化（30%）	1. 人均GDP	20%
	2. 制造业全员劳动生产率	20%
	3. 全社会研发支出占GDP比重	20%
	4. 高技术产品出口额占制成品出口额的比重	20%
	5. 服务业增加值占GDP比重	20%
社会现代化（20%）	6. 人均可支配收入	20%
	7. 住房成本（房价收入比）	20%
	8. 基尼系数（收入差距）	20%
	9. 教育事业（义务教育阶段生师比）	20%
	10. 卫生事业（千人病床数）	20%
文化现代化（20%）	11. 公共图书馆设施密度	25%
	12. 全年入境国际游客数量	25%
	13. 每万人在校大学生数量	25%
	14. 劳动力人口教育程度构成（高等教育人口比重）	25%
生态现代化（15%）	15. 单位GDP能耗	16.67%
	16. PM2.5浓度	16.67%
	17. 河流水环境质量（溶解氧年均值）	16.67%
	18. 建成区绿化覆盖率	16.67%
	19. 生活垃圾资源化率	16.67%
	20. 绿色交通（轨道交通线网密度）	16.67%
治理现代化（15%）	21. 营商环境指数	25%
	22. 固定宽带连接下载速度	25%
	23. 恶性犯罪率（每十万人谋杀率）	25%
	24. 政府规模（政府工作人员占就业人口比重）	25%

二　深圳现代化发展程度的测算结果

（一）深圳与世界先进城市现代化发展程度测算得分

按照上面的计算方法，对深圳与香港、新加坡、东京、伦敦、纽约等六个城市的现代化程度进行定量测算，深圳现代化总体实现程度和各领域现代化发展表现,如表8-5、图8-1所示。2017年,深圳现代化总体实现程度为49.7%;经济、社会、文化、生态和治理现代化实现程度,分别为61.6%、49.1%、28.9%、48.0%和56.0%。

表8-5 各城市现代化实现程度测算结果 单位:%

城市\指数	深圳	香港	新加坡	东京	伦敦	纽约
经济现代化	61.6	47.9	74.6	88.3	89.1	91.6
社会现代化	49.1	57.2	55.1	64.0	69.6	**93.6**
文化现代化	28.9	62.9	72.2	89.9	**94.0**	78.0
生态现代化	48.0	69.1	64.8	**80.7**	62.9	80.1
治理现代化	56.0	77.0	**89.6**	51.6	78.0	51.0
现代化总指数	49.7	60.3	71.0	77.1	80.6	81.5

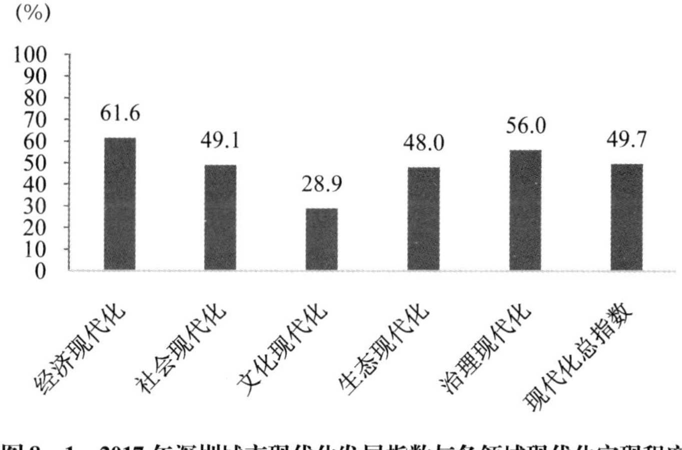

图8-1 2017年深圳城市现代化发展指数与各领域现代化实现程度

(二)深圳现代化总体实现程度:比较分析

从总的现代化实现程度来看,深圳现代化实现程度为49.7%,与所参照的其他先进城市还存在一定差距(见图8-2)。测算结果显示,纽约和伦敦处于领先地位,现代化实现程度分别为81.5%和

80.6%；东京和新加坡处于中等水平，现代化实现程度分别为77.1%和71.0%；香港的现代化实现程度较低，为60.3%。可见，深圳要全面实现现代化，还需要持续努力。

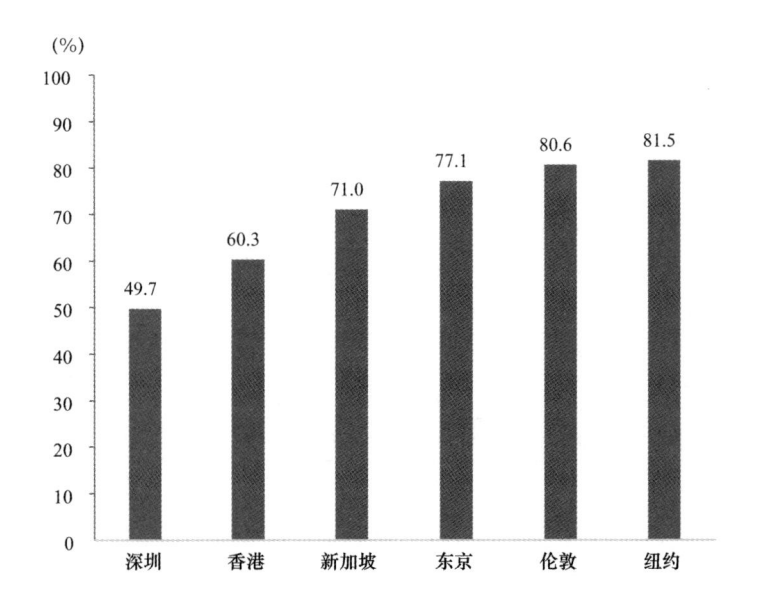

图 8-2　深圳与世界先进城市现代化实现程度比较（2017 年）

（三）深圳现代化各领域实现程度：比较分析

从现代化各领域实现程度来看，深圳各方面的发展均处于追赶位置。首先，与其他城市相比较，可以发现，深圳在经济、治理现代化方面已经处于中等水平。其一，深圳的经济现代化程度为61.6%，已经超过香港的47.9%，但距离东京的88.3%、伦敦的89.1%和纽约的91.6%还有较大差距；其二，深圳的治理现代化程度为56.0%，高于东京的51.6%和纽约的51.0%，但远低于香港的77.0%、伦敦的78.0%和新加坡的89.6%。其次，深圳社会、文化、生态现代化方面均处于末位。其一，深圳社会现代化实现程度为49.1%，在六个城市里最低，远低于纽约的93.6%；其二，深圳文化现代化实现程度最低为28.9%，是深圳最大的短板，其他城市得分均在60%以上，第一位的伦敦达到94.0%；其三，深圳生态现代化实现程度为48.0%，同样在各城市中处于最低水平，第一位的东京达到80.7%。

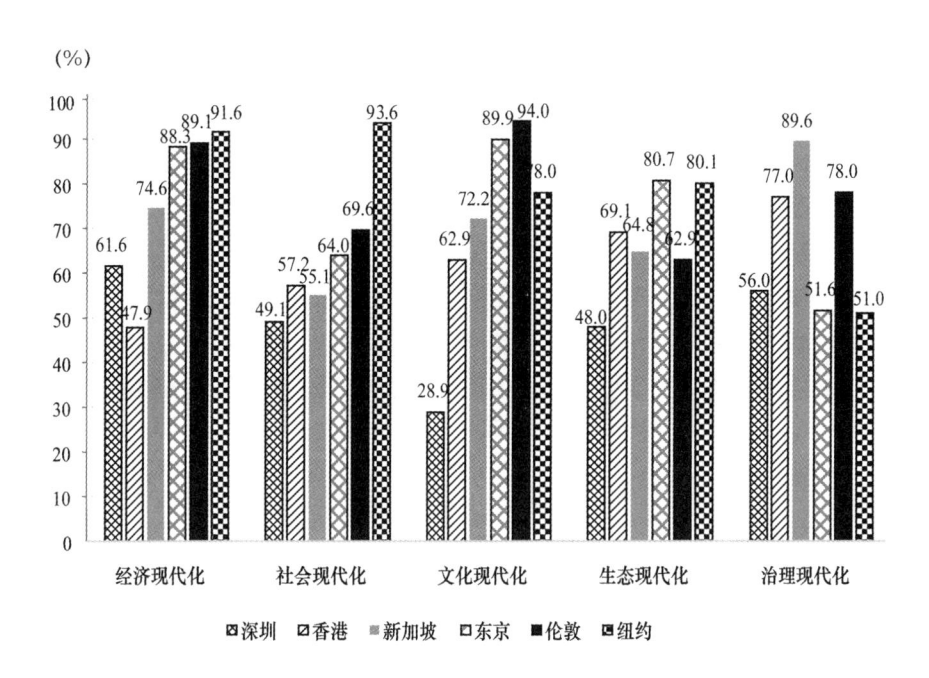

图8-3 2017年各城市的现代化实现程度

（四）深圳现代化发展程度的综合研判

运用单指标评价、多指标评价两种方法，分别对深圳现代化发展程度的量化测算结果进行校验，以实现对深圳现代化发展程度的综合研判。

以单指标评价法来判断，人均GDP是衡量人民生活水平的重要指标，部分文献通过人均GDP的对比来衡量一个国家或地区的现代化水平。目前，深圳人均GDP处于六个城市最低位置，相对于纽约的发展完成率只有32.1%（图8-4）。以单指标评价法来判断，在定性上与指标评价体系方法测算的结果基本一致，但在定量上，该结果实际低估了深圳的现代化发展水平。该方法只考虑了人均GDP这一个指标，没有考虑到社会、治理等多维度指标，而社会、治理等维度恰恰是最能体现中国特色社会主义城市通盘考虑、发挥统筹协调优势的方面。因此,以人均GDP单一指标进行评价,低估了深圳的城市发展程度,高估了深圳与国际先进城市的差距。

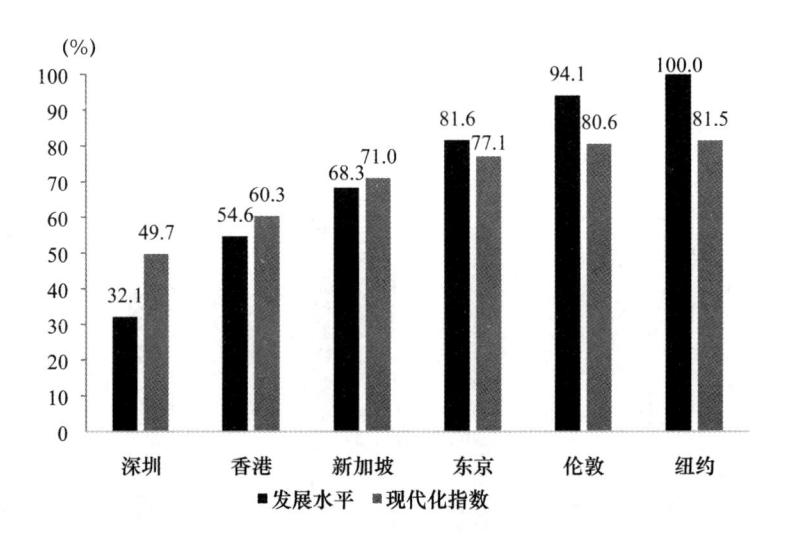

图8-4 2017年深圳发展程度的单项指标评价法与综合指标评价法结果比较

以多指标评价法来判断,可以借鉴何传启提出的二次现代化理论中的判断标准,即从知识经济多维特征来考察。从服务业劳动力占比来看,2017年深圳达到55.4%,略低于第二次现代化临界标准(60%)[①],其他先进城市已经达到70%以上;以全社会研发投入强度来看,2017年深圳已达到4.1%,较大程度领先于其他先进城市水平。事实上,从目前全球经济发展的经验来看,本书认为,服务业占比是一个适宜的数值,并不是占比越高越好,尤其是对深圳这类实体经济发达并且继续以实体经济作为城市经济支柱的城市而言。因此,综合来看,深圳与其他先进城市一样,已进入第二次现代化发展阶段,并呈现鲜明特征和独特优势。这一结果与上文指

---

① 何传启主编:《如何成为一个现代化国家》,北京大学出版社2017年版,第43—45页。第二次现代化理论描述的第一次现代化就是经典现代化,描述的第二次现代化是正在进行尚没有完全完成的新现代化。第一次现代化是工业社会、工业经济阶段,第二次现代化是知识社会、知识经济阶段,其关键指标标准就是劳动力主要从事的产业部门(是否从事知识密集型活动)。

标评价体系的结果也基本一致。

总而言之，不论是指标体系评价的测算结果，还是单指标评价或多指标的评价结果，深圳现代化实现程度的量化结论基本相符，都反映出深圳现代化发展处于全面追赶阶段。较为乐观的是，在经济、治理等方面深圳已经赶上了部分国际先进城市，已经进入第二次现代化知识经济阶段。但整体而言，深圳距离世界城市现代化先进水平还存在较大差距，未来的城市现代化建设之路任重而道远。

第三节 深圳现代化发展五大领域存在的短板和不足

通过上述分析可知，深圳现代化发展的总体差距仍然较大，本节详细讨论差距存在的具体方面和相对程度，为深圳现代化城市范例建设提供细致的方向性指引。

一 经济实力和发展效率差距仍然显著

（一）经济体量相对偏小，经济效率差距较大

第一，深圳的经济规模相对较小。经过40年发展，深圳以奇迹般的速度崛起，经济规模总量猛增万余倍，成功跨越2万亿元，与香港和新加坡不相上下，城市实力上升到全球能级。但与领先城市相比，深圳经济规模总量仍然较小。2017年，深圳GDP总量为3327亿美元，而当年东京GDP为9401亿美元，伦敦为7083亿美元，深圳仅为东京的35%，伦敦的47%。

第二，经济结构尚有优化空间。2017年，深圳服务业增加值占比达到58.6%，服务业劳动力占比达到55.4%，相比纽约、伦敦等先进城市还有提升空间（图8—5）。再结合新加坡和东京的制造业比例相对较高，其经济发展也较为稳健这一事实，本书认为，深圳作为以实体经济立市的城市，制造业必须维持在较高的水平，为防止经济脱实向虚，深圳未来服务业占比应以新加坡为参照，控制在70%以内为宜。

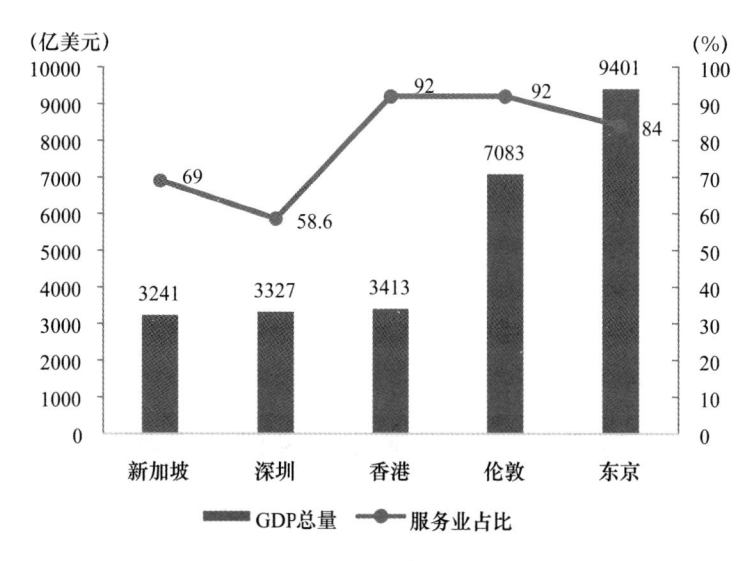

图 8-5　深圳与世界先进城市经济总量规模、服务业占比比较

经济效率与国际先进城市相比还有一定差距。2017年，深圳人均GDP为27151美元，仅为香港（46171美元）的59%、新加坡（57751美元）的47%、东京（68941美元）的39%、伦敦（79581美元）的34%和纽约（84533美元）的32%。[①] 深圳制造业全员劳动生产率达到3.4万美元/人，已经超过香港的3万美元/人，但与其他国际领先城市相比，仅为东京（11万美元/人）的31%、纽约（14.6万美元/人）[②]的23%和新加坡（16万美元/人）的21%，制造业发展效率差距仍然明显。

（二）高端产业发展不足，世界水平的跨国公司较少

工业走向内涵式发展，但高端化仍然不足。深圳先进制造业和高技术制造业已经成为工业内涵式增长的主动力，其增加值占规模以上工业增加值比重分别达到69.5%和64.9%，对全市规模以上工业增长的贡献率分别达到95.6%和86.8%。[③] 但与世界先进城市

---

① 纽约和伦敦数据来源于 https：//www.statista.com/statistics，其中伦敦为2016年，年份为2017年；纽约取纽约大都市区（New York-Newark-Jersey City）数值替代。
② 纽约数据来自于 Bureau of Economic Analysis，数据年份2017年，取纽约州数据替代。
③ 《高新技术产业支撑起工业"龙头"——打造以先进制造业为主的工业体系》，2018年12月14日，深圳新闻网（http：//www.iohu.com/a281808043_120040259）。

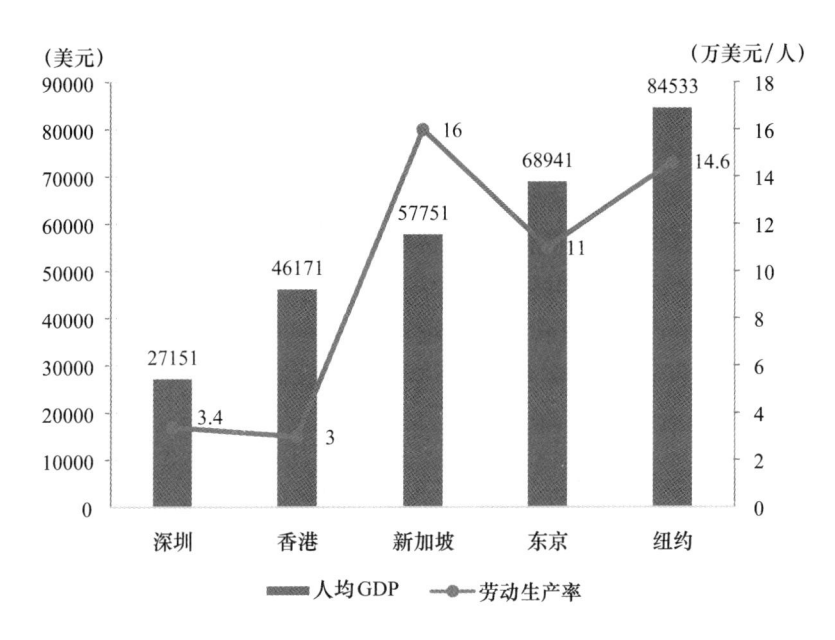

图 8-6 深圳与世界先进城市人均 GDP、全员劳动生产率比较

相比，发展差距仍然明显。一是制造业附加值整体偏低。2016 年，深圳工业增加值率仅为 26.7%，低于发达国家 35%—40% 的平均水平①，在全球价值链分工体系中的地位还有较大提升空间。二是制造业竞争力不强。深圳产业核心技术掌控率仍然偏低，核心技术、关键材料、关键零配件严重依赖进口，部分缺乏核心竞争力的企业，容易在国际贸易争端中遭遇严峻的考验。三是高端市场份额占有有限。2017 年，深圳制造业增加值达到 1293 亿美元，高于东京的 817 亿美元、新加坡的 582 亿美元。但制造业"大而不强"的问题仍然突出，除 5G 技术研发及创新应用以外的高端市场介入仍然较少。对比其他城市，东京的制造业产值占日本全国不到 10%，但它却集中了日本全国 50% 以上的航空发动机、出版、铅笔、测量器具、制本和图片制版等高端制造行业的产值。新加坡在高端海洋装备制造方面，占据了全球钻井平台行业七成市场份额。

---

① 董晓远等：《深圳经济实现并有望持续较快增长》，载《深圳经济发展报告 2018》，社会科学文献出版社 2019 年版。

服务业高端化特征日益显著，现代服务业占服务业的比重超过70%，但规模与能级仍然偏低。一是金融业方面，2018年，深圳金融业增加值超过3000亿元，占GDP的比重达到12.7%，规模和占比均超过新加坡和旧金山，但与全球顶级城市纽约和东京千亿美元规模相比，差距甚大。[①] 纽约、伦敦占据着全球金融业价值链顶端（见表8-6）。纽约不但在金融企业数量上居全球第一位，而且在金融人才、产业融合广度和深度等方面领先其他全球城市。伦敦是世界上最大的国际外汇市场和国际保险中心，全球银行业中心、吸引风险投资欧洲最高。二是高端服务业方面，深圳专业服务各细分行业全球排名前10的公司总部较少；根据GaWC报告中选取的175个全球性先进生产服务企业分支机构的分布情况，深圳吸引或培育的全球性先进生产服务总部数量落后于纽约（47家）、伦敦（28家）。

表8-6 2019年第25期全球金融中心指数前20大金融中心

大洲	欧洲	北美洲	亚洲	大洋洲
金融中心	伦敦（2） 苏黎世（8） 法兰克福（10）	纽约（1） 多伦多（7） 波士顿（13） 旧金山（16） 洛杉矶（17） 蒙特利尔（18） 温哥华（19） 芝加哥（20）	香港（3） 新加坡（4） 上海（5） 东京（6） 北京（9） 迪拜（12） 深圳（14）	悉尼（11） 墨尔本（15）

注1：全球金融中心指数（GFCI）是伦敦金融城委托英国咨询公司Z/Yen集团统计制作的，用来对全球主要金融中心的金融竞争力进行评价。该指数由金融中心的商业环境、人才资本、基础设施、金融部门发展、声誉等5个方面的100多个指标构成，其数据与资料来源于29000多份网上问卷以及对世界银行、经济合作与发展组织（经合组织）和经济学智库等著名机构的访谈等。第一期全球金融中心指数于2007年3月公布，每年发布两期。

注2：括号内数字为该金融中心在全球的排名。

注3：资料来源于余凌曲，《第25期全球金融中心指数发布》，《开放导报》2019年4月。

---

① 佟宇竞：《全球超级城市经济体发展的共同特征及对我国的启示借鉴》，《城市观察》2018年第3期。深圳数据来自《2018年国民经济和社会发展统计公报》，深圳市统计局。

深圳作为国内一线城市，集聚了众多国内外领先企业，但具有全球影响力的世界级企业偏少。跨国公司方面，深圳拥有的跨国公司地区总部只有 60 多家，不足香港的 1/20、新加坡的 1/70。金融企业方面，深圳拥有的全球 500 强金融企业只有 2 家，低于纽约的 12 家，东京的 9 家，伦敦的 7 家。科技企业方面，深圳累计实有 3 万多家科技型企业，华为、腾讯等 20 多家龙头企业正成为全球高科技产业细分领域的领头羊，华为、腾讯创新能力在总体上已达国内领先水平，但与苹果、谷歌等具有全球影响力的美国创新型企业还存在一定差距。[1]

（三）高质量创新成果仍然较少，学术创新载体和学术人才较少

深圳高质量专利占比较低，重要学术论文数量较少。近十年来，深圳 PCT 专利年度公开量持续增长，2017 年达到 16677 件，仅次于东京，远高于其他先进城市；每年发表的重要论文（包括 SCI、CPCI）数量持续高速增长，2017 年达到 10742 篇，仍然落后于其他城市（见图 8-7）。从专利质量看，深圳以专利权利要求数量、平均被引数量、被引 10 次及以上的专利占比等方面考察的 PCT 专利平均质量（2015—2017 年）落后于波士顿、洛杉矶、旧金山、纽约、芝加哥、伦敦、东京等领先城市。从论文质量上看，深圳以论文平均被引数量、ESI 论文比重考察的学术论文质量也落后于旧金山、波士顿、纽约、新加坡、伦敦等城市。[2]

高水平创新载体仍然较少，世界一流大学较少。一方面，国家重点实验室、创新平台、新型研发机构等科研机构是源头创新的重要载体，深圳缺少在创新能力方面富有影响力的国家级大院大所。截至 2017 年底，深圳拥有国家重点实验室 14 家、国家工程技术研究中心 7 家，与北京（分别为 81 家、43 家）、上海（分别为 32 家、9 家）有较大差距，在机构级别上更与世界领先的学术机构和技术研发机构相去甚远。另一方面，国际上科技创新引领城市均以高等教育机构群落作为支撑，深圳世界一流大学建设还有较长一段路要

---

[1] 姜长云：《深圳市打造高质量创新型经济体战略路径研究》，《区域经济评论》2018 年第 4 期。

[2] 顾震宇等：《2018 国际大都市科技创新能力评价》，上海科学技术文献出版社 2018 年版。

（件/篇）   （%）

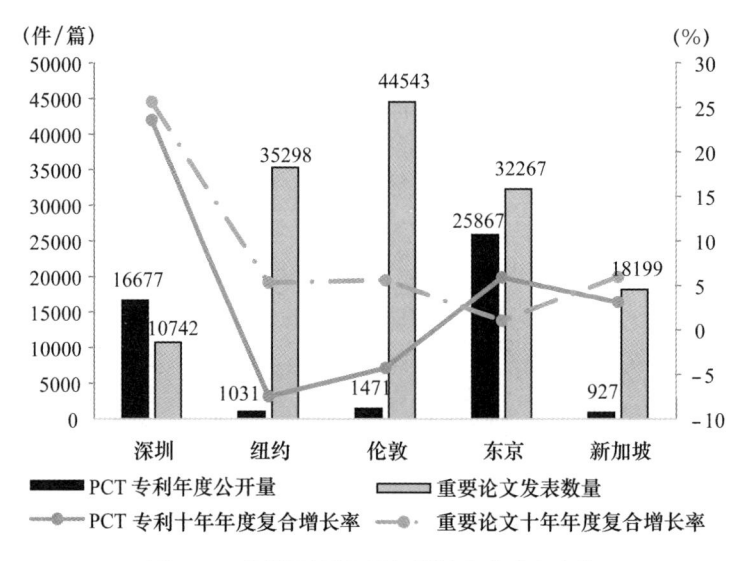

图中数据：
- 深圳：PCT专利年度公开量 16677，重要论文发表数量 10742
- 纽约：1031，35298
- 伦敦：1471，44543
- 东京：25867，32267
- 新加坡：927，18199

■ PCT专利年度公开量　　　■ 重要论文发表数量
—●— PCT专利十年年度复合增长率　　—●— 重要论文十年年度复合增长率

图 8-7　深圳创新成果与世界先进城市比较

走。纽约和东京湾区已形成世界高水平大学集群[①]，纽约、伦敦、东京、新加坡和香港拥有世界百强大学数量均达到 2 所及以上（见表 8-7）。重大基础研究平台和优质高等教育发展不足，在很大程度上影响了深圳的源头创新能力和企业发展的人才支撑，限制了深圳产业技术创新比较优势的发挥。

表 8-7　2019 年部分世界先进城市拥有的世界百强名校情况 ××××

单位：所

城市	大学名称	大学数量	城市	大学名称	大学数量
香港	香港大学、香港科技大学	2	纽约	芝加哥大学、纽约大学	2
新加坡	南洋理工大学、新加坡国立大学	2	伦敦	伦敦大学学院、帝国理工学院、伦敦大学国王学院、伦敦政治经济学院	4

---

① 欧小军：《世界一流大湾区高水平大学集群发展研究》，《四川理工学院学报》（社会科学版）2018 年 6 月。

续表

城市	大学名称	大学数量	城市	大学名称	大学数量
东京	东京大学、东京工业大学	2	硅谷地区	斯坦福大学、加州理工学院、加州大学伯克利分校、加州大学圣地亚哥分校	4

资料来源：根据 2019 年国际高等教育调查机构 QS 公布的世界大学排行榜整理。

深圳高层次人才缺乏，尤其是能够把握世界科技前沿、做出重大科技创新成果的顶尖科学家和领军型人才稀缺。从取得有效外国专家证的外国专家数量看，深圳仅有 3300 人，低于上海的 6240 人、北京的 4986 人。从留学回国人员数量看，深圳仅 6 万人，低于北京的 15 万人、上海的 12 万人。2015 年深圳市院士和"千人计划"共 166 人，远不及北京（1800 人）的 1/10、上海（691 人）的 1/4，与南京（258 人）、苏州（约 200 人）相比也有差距；2017 年，深圳顶尖科学家数量仅 3 位，远落后于排名靠前的北京、纽约、伦敦等城市（见表 8-8）。

表 8-8　　2016—2017 年前 12 大城市顶尖科学家数量情况　　单位：人

排名	城市	2017 年	2016 年	排名	城市	2017 年	2016 年
1	北京	87	70	8	柏林	16	10
2	纽约	80	87	9	东京	16	15
3	伦敦	72	83	10	首尔	14	12
4	巴黎	44	55	11	上海	11	14
5	新加坡	26	25	12	深圳	3	6

资料来源：上海科学技术情报研究所，科睿唯安 2018 国际大都市科技创新能力评价。

二　民生、社会事业保障能级仍然偏低

（一）房价收入比过高，住有所居保障压力较大

居民住房负担较重。2017 年深圳人均可支配收入为 5.3 万元，低于纽约（33.7 万元）、东京（25.8 万元）和伦敦（23.9 万元）等国际先进城市，与上海（6.3 万元）、北京（5.7 万元）和广州（5.5 万元）等城市相比也存在差距（见图 8-8）。从国际不同机构

发布的数据和排名看，深圳的房价水平①、房价增幅②和房价收入比③都已处于世界高位，部分观测年份甚至领先于伦敦、新加坡和纽约的房价收入比。高房价导致生活和创业成本持续攀升。这不仅不利于深圳继续吸引吸纳国内外移民及国际创新资源，还容易对现有创新创业人才形成"外流"压力，甚至导致高房价下的经济虚拟化、泡沫化。

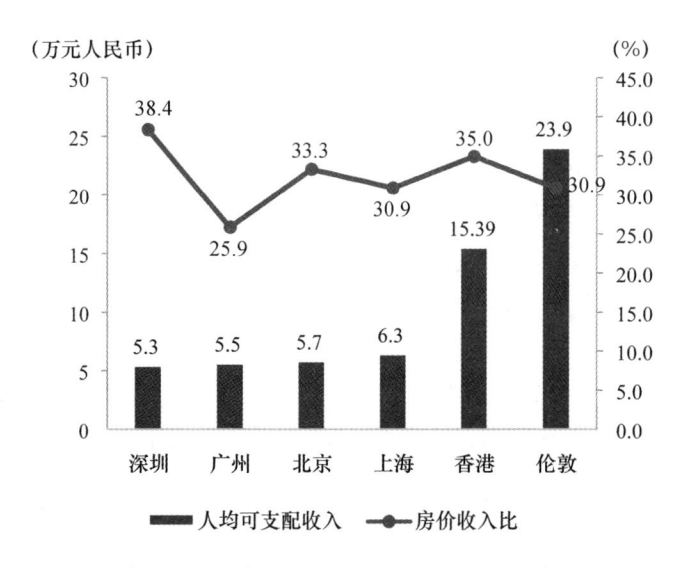

图 8-8 深圳与世界先进城市房价负担比较

住房保障力度还需加大。城市经济繁荣吸引人口净流入量大幅增长，住房需求持续增加，导致房价和租金大幅上涨，深圳现阶段已经与世界主要发达经济体都市圈一样都面临相似的住房压力。近年来，深圳加大了住房保障的力度，建立和完善房地产市场平稳健康发展长效机制，居民住房保障得到一定程度的改善，但仍

---

① 《2019 全球生活报告：全球房价最高的三个城市均位于亚洲》，www.chinairn.com/hyzx/2019-413/162040152.shtml。

② 莱坊（Knight Frank）发布的全球大城市 2016 年一季度房价涨幅排行榜上，深圳以 62.5% 的季度房价平均涨幅雄踞榜首。

③ 《全球房价观察报告 2016》，国际货币基金组织（IMF）。

然存在享受住房福利的居民比例偏低[①]的问题。深圳常住人口的住房自有率为34%[②]，即约1/3的常住人口居住在自有住房中，2/3的常住人口需通过租赁等方式解决居住问题（见图8-9）。此外，由于土地面积较小，深圳住房保障可持续发展还存在难题。深圳市土地面积仅相当于北京的1/8、上海及广州的1/3，土地开发强度已接近50%，超过30%的国际警戒线。

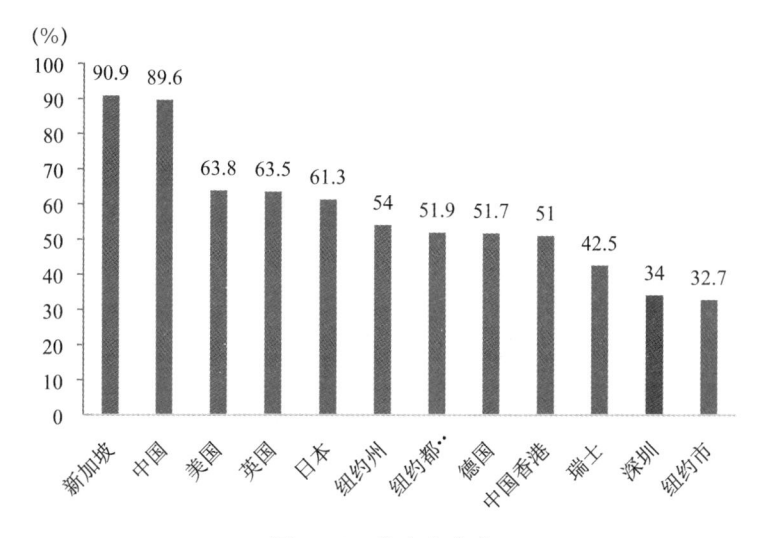

图8-9　住房自有率

资料来源：任泽平：《新加坡住房自有率超我国怎么做到的》；美国（含纽约）数据来自datausa网站。

（二）医疗教育资源供需矛盾比较突出，且供给层次不高

教育资源方面，还存在中小学学位紧、班额大、优质均衡不足的短板。在教育投入方面，2001—2015年，深圳几乎每年的教育投

[①] 纽约市为26万个家庭提供住房救助，受救助家庭占纽约市家庭总数的12.1%；共有60多万市民享受各种住房福利，占纽约市人口的7.1%。一般而言，递交申请后要等半年左右才能得到一套公租房。《纽约市是如何做到"住有所居"的？》，《羊城晚报》2017年11月。

[②] 深圳市住房建设局联合深圳市规划国土委、深圳市房屋租赁办举行深圳市租赁发展研讨会，2018年5月29日。

入都在增加,教育投入年均增速在 11.5% 左右①,教育投入占地方财政支出的比重达到 7.5%,但还明显低于新加坡的 23.3% 水平,差距明显。在教育师资方面,2018 年深圳现有中小学师生比为 1:16.27,低于新加坡、东京、香港和纽约(上述城市均在 1:12 至 1:13 之间)。在教育质量方面,深圳百强中学数量相对偏少(见图 8-10)。虽然深圳各区(新区)已全部通过"全国义务教育发展基本均衡区"督导验收,但原关内关外的学校差异较大,中小学名校多集聚在原关内,尤其以罗湖、福田区为最。原关外区域的优质教育资源相对不足,跨区域教育资源不均问题在一定程度上制约了特区关内外的一体化发展步伐。

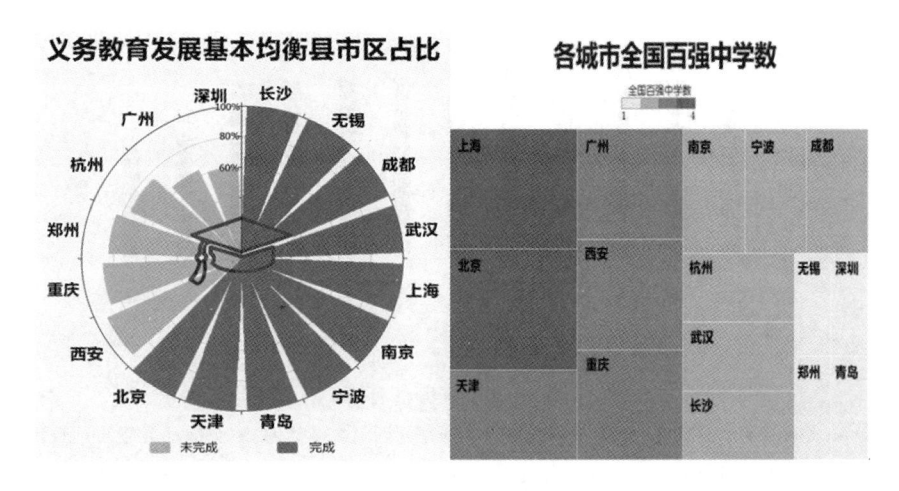

图 8-10 深圳义务教育发展均衡度和优质度距离全国其他城市仍有差距
资料来源:《落户这 16 座城市怎么选? 住房教育医疗大数据告诉你》,凤凰网。

公共医疗还存在医疗服务能级相对偏低的短板。2017 年,深圳千人病床数为 3.2 张,小于香港(4.1 张)、新加坡(5.2 张)、东京(9.4 张)等先进城市水平;每万人三甲医院数量仅为 0.0056 家,远低于武汉(0.04 家)、广州(0.03 家)和上海(0.02 家)

---

① 陈少兵、谢志岿:《深圳社会建设之路》,中国社会科学出版社 2018 年版,第 12—13 页。

等城市。深圳具有国际影响力的全球顶尖医院还相对缺乏，临床诊疗水平、精细化服务水准、医疗监管能力和水平基础医学创新能力等距离世界前沿水平还有较大差距，相比之下，纽约、伦敦、东京等国际领先城市普遍具有一流医疗服务、一流医学人才、一流医学科技和一流医疗保障水平。纽约几乎在所有医学专科领域，尤其是名列美国前五位的心血管、内分泌、神经科、妇科、肿瘤都汇集了全美最出类拔萃的顶级医院和医疗资源。

（三）面向婴幼儿、老年人的社会保障建设还不充分

在婴幼儿托育方面，公共服务仍显"缺位"。托育服务需求随着提高妇女就业机会或增进儿童的生活及发展经验的目的逐渐成为一种社会性需求，建立完善的托育服务体系已成为发达国家的普遍共识。目前，深圳0—3岁早教服务市场正处于快速发展与"发育不良"共存阶段，不同程度存在机构数量不足、标准缺失、服务参差等问题。婴幼儿托育服务涉及市场监管、教育、卫生、妇联等部门协作，有待纳入政府公共服务体系。[①] 在日本，儿童保育制度是高福利政策体现之一，据2016年统计数据，日本有保育所30859个，入所儿童（0—6岁）约263万，其中，日本0岁儿童中利用保育园的占12%，1岁儿童利用保育园的占32%，满2岁儿童利用保育园的占33%，解决了日本1/3左右适龄儿童的保育问题（见图8-11）。

在养老设施方面，存在总量不足、发展不均衡的问题。截至2018年底，深圳共有养老机构45家（其中：公办24家，民办21家），养老床位11166张，每千名户籍老人拥有养老床位数38张[②]，按城市实际承载的常住老龄人口来计算，每千人养老床位数不足12.4张[③]，低于全国平均水平（30.9张/千人）。[④] 深圳养老设施建设发展滞后于老年人口的增长。2019年，深圳已有354名老人申请并完成公办养

[①] 深圳市政协委员高金德、潘争艳、崔军、黄丽萍、李毅2018年两会提案：《加强我市0—3岁幼儿教育和托幼服务市场改革发展》。

[②] 数据来自深圳市民政局《关于市六届人大四次会议代表建议办理工作总结》。

[③] 根据《深圳经济特区养老服务条例（送审稿）》，截至2017年底，全市户籍老年人28.87万人，占户籍总人口的6.6%；按照常住人口统计大约有90万老年人，加上内地来深投靠子女和"候鸟"型老年人实际上有超过120万老年人。

[④] 数据来自国家民政部《2017年社会服务发展统计公报》。

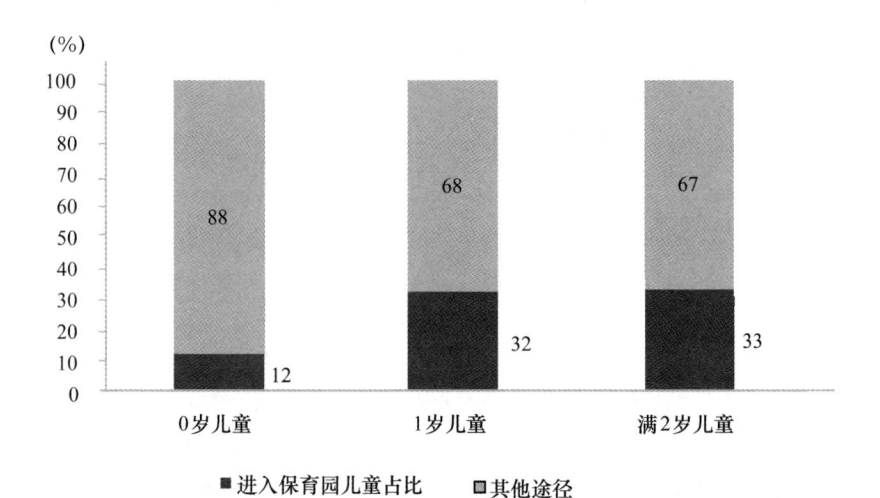

图 8-11 日本儿童进入保育园的比例情况

老机构入住评估，而市、区福利中心首批实际轮候床位仅 33 张，需求比达到每 10 位老人轮候 1 张公办养老机构床位[①]，公办养老机构床位严重不足。同时，深圳的社会办养老机构力量薄弱，社会办养老机构服务能力与公办机构存在较大差距，也是加剧公办养老机构床位资源处于供不应求的状态的重要因素。深圳的养老设施与东京（见图 8-12）等城市相比有较大差距，有待进一步完善。

三 公共文化服务质量和城市文化影响力还有待提升

（一）高层次文化设施欠缺，基层文化活动不够丰富多元

近年来，深圳进入第三次文体设施建设高潮，公共文化服务体系不断完善，更多市民都能更容易地获得基本文化资源和日常使用设施。特别是，公共图书馆设施网络已初步形成，布局密度与国际先进水平基本相当。但按全口径计算的公共文化设施（包含公立私立图书馆、美术馆和博物馆、歌剧院和剧院、画廊等）空间密度，深圳仍然较小，设施的等级仍然偏低。纽约、东京等地不仅拥有全

---

① 数据来自每日新闻网文章《如果深圳也老了》。

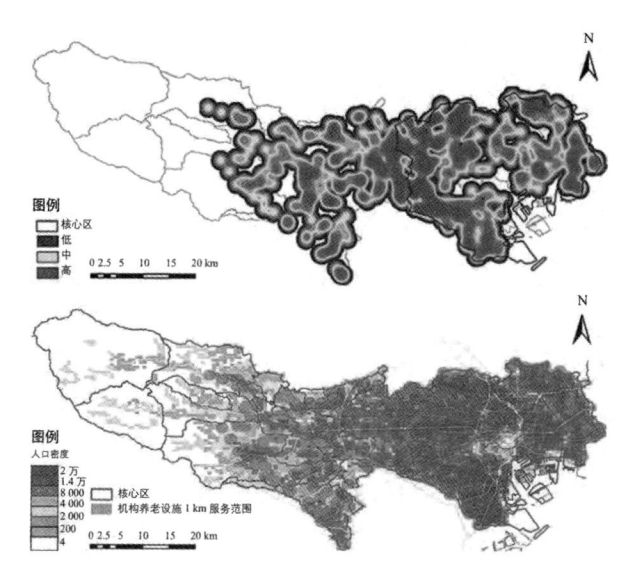

图 8-12 东京都带住宿养老设施 1 公里半径与人口密度的对比情况（上）及带护理养老设施 1 公里半径与人口密度的对比情况（下）

资料来源：张敏：《全球城市公共服务设施的公平供给和规划配置方法研究——以纽约、伦敦、东京为例》，《国际城市规划》2017 年第 6 期。

球一流的公共文化服务体系[1]，同时也拥有较多民营的文化活动场馆，在社会力量参与文化服务和设施供给方面，具有较大发展优势。

近年来，深圳大量实施文化惠民工程，不断加大对公共文化产品和服务的投入，满足不同层次群体的文化需求，极大地提升了深圳市民的文化素养，增强了城市的文化软实力。但公共文化资源还相对匮乏，文化组织、节目策划专业人员相对较少，基层社区文化活动，特别是内容健康向上、形式丰富多彩、群众喜闻乐见的文化产品种类还较少，内容多元化、丰富性不足。

（二）人口总体素质与创新创业创意之都建设不相协调

经过多年快速发展，深圳文化产业规模和竞争力已位于国内第

---

[1] 申立、张敏：《集群化与均等化：全球城市的文化设施布局比较研究》，《上海城市管理》2019 年第 3 期。

一方阵,文化产业已成为全市重要的支柱产业和加快转变经济发展方式、推动社会经济快速健康发展的重要引擎。但与国际先进城市相比,文化创意产业规模仍然偏小;在产业链分工方面,原创研发设计与终端销售环节扩展不足,与创意之都的目标尚有差距。纽约、伦敦等文化创意产业成绩显著。纽约的文化娱乐业是仅次于金融业的第二大产业。伦敦作为欧洲第一创意都市,拥有全国40%的艺术基础设施、2/3的电影制作岗位、70%的电视制作公司、3/4的广告业岗位。伦敦贡献了英国设计业总产值的50%、音乐产业总产值的70%、出版业总产值的40%(见图8-13)。更为重要的是,伦敦已经成为全球的创意中心,被认为是全球三大广告中心城市之一,2/3的国际广告公司的欧洲总部都设在伦敦。创意人才集聚与创意产业竞争力、影响力、集聚力相辅相成、相互协调。从劳动人口受教育程度来看,深圳主要劳动年龄人口受过高等教育(大专及以上)的比例为25%,低于上海的35%、香港的39%、新加坡的44%,也低于东京和伦敦的69%(见图8-14)。深圳文创产业的专业和综合性人才较为缺乏,文创产业人才在全体就业人数中的占比依然较低,与纽约约为12%、伦敦为14%、东京为15%相比相差较大。

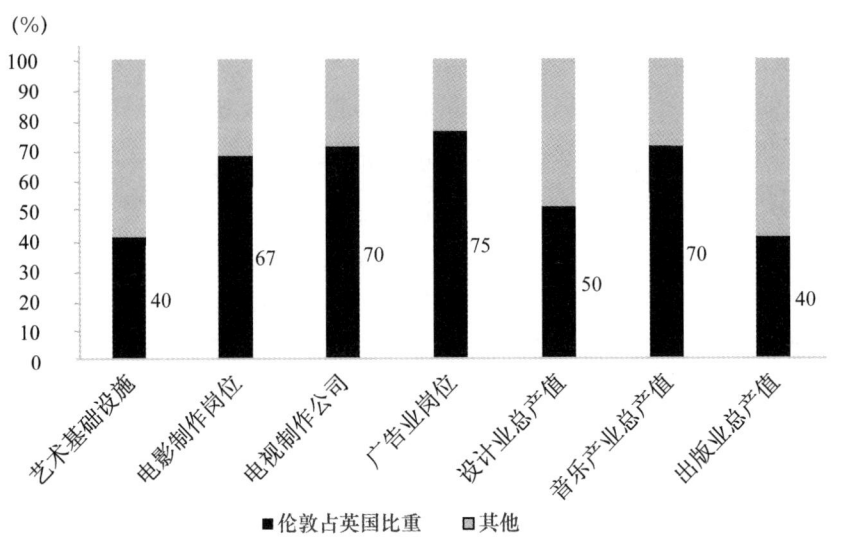

图 8-13 伦敦文化创意产业在英国的重要地位

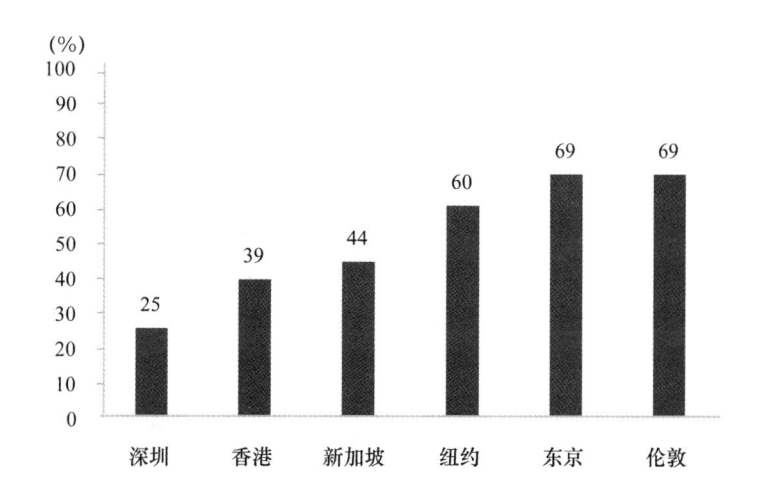

图 8-14　深圳劳动力中高等教育人口比重与国际先进城市比较

（三）城市文化吸引力还不够强，国际游客数量较少

城市文化吸引力是决定城市魅力、影响力、竞争力的核心因素。国际游客数量能在一定程度上反映地区文化吸引力大小。2018年，深圳国际游客数量为173万人次，仅为香港的15.6%，纽约的12.7%，东京的12.1%，新加坡的9.4%，伦敦的9.1%（见图8-15）。深圳在游客吸引力方面距离国际化都市的要求还有较大差距。

影响深圳文化吸引力的因素是多方面的。一是深圳地处中国岭南边陲，历史上远离政治、经济和文化中心，文物遗存远不及中原地区丰富，与纽约、伦敦、东京等历史文脉源远流长，文化资源丰富多样的名城相比，可挖掘和利用的历史文化单元较少。二是深圳建市40年，现代文化发展起步较晚，各类文化艺术、时尚娱乐、营运策划的创造创意水平与先进城市相比还有不小差距，具有世界影响力的重大文化节庆、赛事较少。伦敦有伦敦设计节、伦敦时装周、伦敦游戏节、伦敦电影节；纽约有百老汇、春节花车巡游节、大都会歌剧节、美国纽约电影节、纽约创意周等。这些大型文化艺术节庆活动，吸引了世界最前卫的文化产品竞逐亮相，无形中使得这些城市成为伟大文化作品的孵化、交流、展示和评价等功能的世

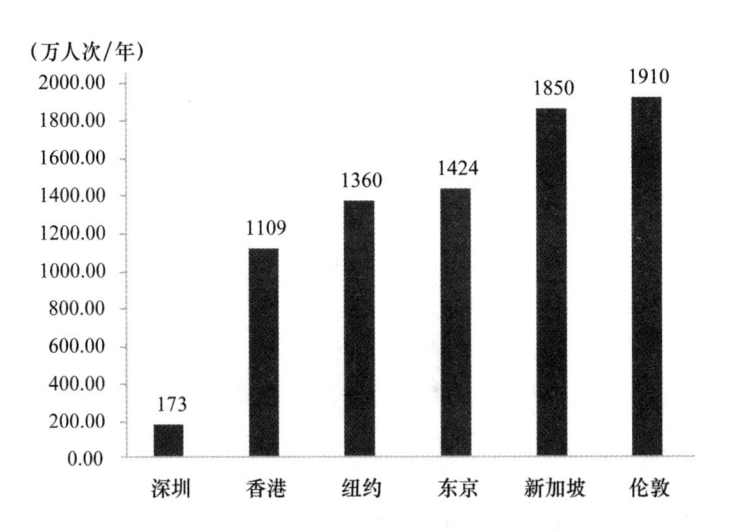

图 8-15　深圳及国际先进城市国际游客数量对比

界大舞台。① 三是深圳作为非省会城市，并不是对外交流的枢纽城市，也不是诸多的使领馆、国际组织的办公室和办事处的首选目的地，深圳常住外国人约占全市常住人口的 0.2%，低于北京的 1%、上海的 0.73%、广州的 0.36%，更远低于纽约（36%）、新加坡（33%）等国际发达城市。常住外国人占比数据也体现出国内城市的国际化程度与全球先进城市相比还有较大差距（见图 8-16）。与常住外国人占比较低相应的，是国际学校或者语言学校、外国口味餐馆等重要配套设施缺乏，公共服务行业国际交流能力不强，还没有形成吸引外籍居民定居的文化环境优势。相比之下，香港、新加坡均采取双语教学，教育等公共服务国际化水平较高，可以有效满足外资人员需求，吸引了大量跨国企业人员常住。

四　生态环境建设依然有差距，生态环境持续改善压力较大

（一）资源能源消耗仍然偏高，空气质量仍需改善

与发达国家主要城市相比，深圳的工业占比高，直接的结果就是单位产出具有较高的资源能源消耗。2016 年深圳万元 GDP 能耗

---

① 陶希东：《上海建设卓越全球城市的文化路径与策略》，《科学发展》2018 年第 12 期。

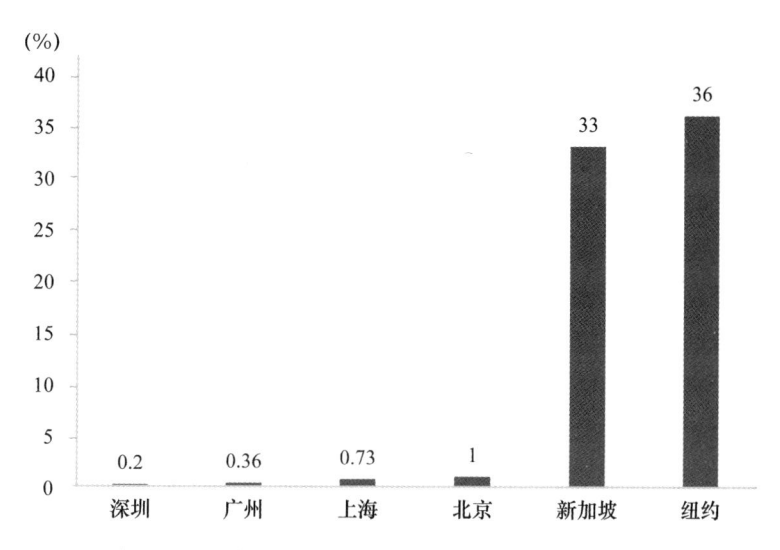

图 8-16 深圳及各主要城市常住外国人占常住人口比重

0.252吨标煤，是香港的2.25倍，是东京的3.71倍，是伦敦的5.73倍。持续增长的能源消费总量，加之刚性增长的居民生活排放，导致深圳的大气污染主要指标与国际先进国家存在差距。PM2.5浓度是纽约、东京、新加坡的2倍。深圳工业产值占比较高，并且需要维持实体经济的基础地位，单位GDP能耗进一步下降的空间减小，生态环境持续改善的难度较大。

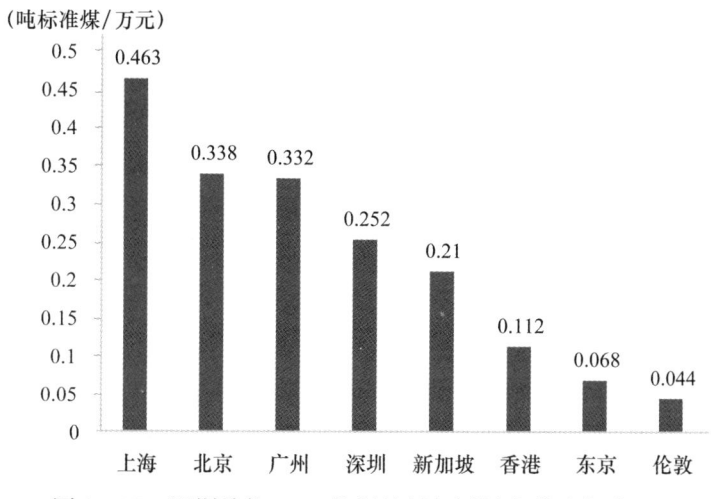

图 8-17 深圳单位 GDP 能源消耗与国际先进城市对比

（二）轨道交通网线密度不足，居民绿色出行比重偏低

轨道交通是大都市区多中心结构形成的重要支撑条件。在城市空间结构由单中心向多中心转变的背景下，轨道交通因其快速、准时、安全、大容量等特点成为新城与中心区之间连接的首选。轨道交通与城市空间耦合协调发展，轨道交通网络覆盖更多地区，为更多人出行提供服务，更可以改善新发展区的连接性和通达性，减轻主要交通走廊的压力，能提高轨道交通在公共交通中的分担率。[①]轨道交通已经成为国际先进城市市民的主要出行方式。纽约地铁是世界上最庞大的城市轨道交通系统，有468座车站已投入使用，也是全球唯一24小时全年无休的大众运输系统，具有覆盖率高、出行方便两大特点。东京都市圈地铁系统服务中心城区，站点密、运量大、服务质量高，维持中心城区的高效、可持续运行，东京轨道交通系统每天运送旅客3000多万人次，承担了东京全部客运量的86%，高峰时的市中心区，有90%以上的人乘坐轨道交通工具，而小汽车的使用比例仅为6%。[②]深圳轨道交通网线密度、保障水平与纽约、东京等城市差别还较大，目前公交出行分担率尚低于60%，远落后于国外先进城市水平。

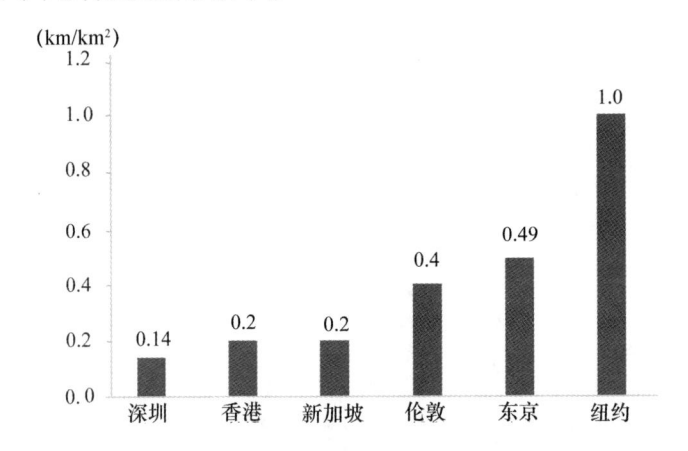

(km/km²)

城市	密度
深圳	0.14
香港	0.2
新加坡	0.2
伦敦	0.4
东京	0.49
纽约	1.0

图 8-18 深圳轨道交通密度与国际先进城市水平比较

---

① 陈坚、潘国庆、李和平、王超深：《香港轨道交通与新城协调发展历程与启示》，《城市交通》2018年第4期。

② 韩骥：《上海实现高品质生活的内涵、特征及其实施路径》，《科学发展》2019年8月。

（三）水环境质量较差，污水管网密度较低

城市水系是城市环境生态的重要组成部分。深圳依靠大规模制造业集聚取得经济快速发展的同时，域内水系也遭受到了不同程度的污染。近年来，深圳加大水污染整治力度，主要河流水质明显好转，但由于深圳河流污水收集能力缺口较大，黑臭河流治理任务重，跨界河流达标难，与国外先进城市水平相比，水环境质量仍不理想。以溶解氧为例（以中国地表水环境质量标准计量），纽约和东京的主要河流水质指标基本达到Ⅱ类及以上，深圳除了盐田河水质达到Ⅱ类标准，深圳河、龙岗河和坪山河上游水质达到或优于Ⅱ类标准外，大部分河流水质在Ⅳ类及以下。2017年，大沙河和王母河水质均为国家地表水Ⅳ类标准，而布吉河水质为国家地表水Ⅴ类标准，其他11条主要河流中下游水质氨氮、总磷等指标更是超过国家地表水Ⅴ类标准，其他指标为Ⅴ类标准。[①] 近年来，深圳市全力推进污水管网建设，污水管网总长达到4517公里[②]，管网密度2.3公里/平方公里，取得了巨大进步，但与纽约（15.30公里/平方公里）和伦敦（13.82公里/平方公里）相比，还有一定差距。深圳污水管网缺口较大，导致污水收集能力与污水处理能力不匹配，污水处理设施运行效率还不高。

五 营商环境水平和对外开放程度还有提升空间

（一）营商环境距离国际最高标准、最好水平还有差距

近年来，深圳不断加大营商环境改革力度，陆续推出多项改革措施，努力营造服务效率高、管理规范、市场具有活力的一流营商环境，但与国际先进城市相比，还存在进一步提升的空间。根据粤港澳大湾区发布的《2018年中国城市营商环境评价报告》，深圳在国内35个大中城市营商环境指数排名中，位居第一名。根据世界银行营商环境指标体系，2018年普华永道对深圳前海蛇口自贸片区营商环境便利度进行评价，得分为77.44，在全球190个经济体中排

[①]《2017年度深圳市环境状况公报》，深圳市生态环境局网站（http://meed.sz.gov.cn/xxgk/tjsj/ndhjzkgb/201804/t20/80411796213.htm）。

[②]《今年将全面补齐污水管网缺口》，《深圳晚报》2018年8月24日第A10版。

名第 31 位，距离新加坡（84.57）和香港（83.44）还有一定差距。深圳市政协对照上述体系对深圳全市企业营商环境进行了调研，发现政府服务在企业开办和施工许可办理手续程度简化、中小企业获得信贷支持、涉税专业服务水平、贸易与投资便利化、知识产权司法保护和纠纷调解、破产体系改革①等方面还存在提升空间。

深圳建市以来，高度重视人才的"引、用、育、留"，尤其是 2017 年还专门出台了《深圳经济特区人才工作条例》，全方位促进特区人才发展，但与先进城市相比，深圳人才集聚水平还存在一定差距，还需要进一步提高人才体制机制改革创新力度。一是海外人才引进机制亟待突破。由于北京、上海的国家战略定位，很多制度创新都在北京中关村和上海自贸试验区先行先试。深圳在海外人才引进的审批流程、涉及范围等机制创新上要慢于北京与上海②。二是人才引进相关配套服务尚待改善。外籍人才无法以内资身份进行工商登记注册，其投资、经营范围就会受到限制；具有海外相关执业资格的人才，受到专业资格互认的限制，无法在境内执业。③ 三是人才培养政策尚待提升。北京、上海基本采用项目制运作方式对后备人才进行精细化培育；而深圳由于起步较晚，人才能级相对较低，对后备人才资助力度较大，但培养政策还相对粗略④，在突出成熟人才问题的同时，缺少对青年人才培育、支持的举措。人才智

---

① 深圳市政协：《深圳营造国际一流营商环境重点调研报告》，2018 年。

② 以上海为例，近年来，上海市人社局、市公安局等陆续出台留学人员来沪工作创业、持永居证海外高层次人才直接办理人才居住证（B 证）、外籍高校毕业生来沪工作许可、简化外国人来华工作许可办理流程等政策，探索从工作居留向永久居留转化衔接的机制，降低外籍人才永居证申办门槛、缩短办理周期，制定外籍高层次人才认定标准，更新科技创新职业清单，整合外国人入境就业许可和外国专家来华工作许可，构建管理、服务、监管全覆盖的外国人才管理服务网络，进一步健全了海外人才政策和服务体系。上海市人社局分别向长宁、浦东新区下放区域内用人单位外国人来华工作许可审批权限，对积分达到 120 分且分值稳定的居住证持有人（含原人才类居住证持有人等），实施居住证签注网上提交申请表。16 万以上居住证持有人中，有 90% 以上积分申请材料不必现场递交。汪怿：《推进更深层次的人才体制机制改革》，《科学发展》2019 年第 8 期。

③ 《人才争夺战，深圳如何"俘获"更多人心？》，2018 年 6 月 1 日，搜狐网（https://www.sohu.com/a/233702501_99890228）。

④ 张波：《上海高端人才空间集聚的 SWOT 分析及其路径选择——基于北京、深圳与上海的人才政策比较分析》，《科学发展》2019 年第 2 期。

力国际合作交流还需要进一步加强。

(二) 对外开放程度距离国际最高标准还有差距

改革开放尤其是加入 WTO 以来，深圳利用以商品和要素流动型开放为主要内容的经济全球化发展的历史性机遇，大力发展开放型经济，取得了巨大成功。但在面临国内外环境的深刻变化，继续推动商品和要素流动型开放的同时，还需要更加注重规则接轨，以高水平开放打造一流营商环境、集聚高端和创新型生产要素。前海蛇口自贸区，作为深圳制度创新高地和最优营商环境区域，在扩大投资开放、金融制度创新、法治环境改善等领域的改革领先全国，部分领域已接近国际自由贸易水平，但与新加坡、香港、纽约等国际开放度最高地区仍有一定差距。在贸易自由化方面，深圳单一窗口覆盖了税务、海关、边检、外汇管理局等 25 个国际贸易管理部门，其覆盖范围小于新加坡领先水平（35 个），且还未完全实现各部门业务系统对接，通关便利化未达最大化。新加坡自贸港区所有通关程序统一经过电子数据交换系统贸易网（TradeNet）执行，通关时间甚至可以缩短至不到 1 分钟，需向各个不同监管部门提交的多份文件也减至 1 份电子文档即可。在其他自由化方面，新加坡自贸港区实现了：（1）全面开放外汇市场，允许自由兑换外汇，不限制汇出收入、利息、利润、分红以及投资所得。（2）设有离岸金融中心，与境内市场分割，豁免法定储备金率、无利率管制、无外汇管制、股权比例限制、不收资本所得税，等等。（3）国际雇员政策宽松。2016 年该国常住人口 561 万，其中近 25% 是持有工作准证的外国公民及其家属。

(三) 重要基础设施建设亟待加强

基础设施对现代化城市发展有重要保障作用，经过 40 年建设，深圳的基础设施在全国各城市中处于较高水平，但与国际先进城市相比，还存在较大提升空间。

第一，智慧政务建设有待加强。政务服务的"平台集约化""移动社交化""人工智能化"还有待加强，以基础设施集约化支撑整体政府呈现，以政务小程序撬动指尖政务服务新秩序，以政务互联网思维作为营商环境综合提升的数字方法论等方面的工作还有待继续深化。

第二，互联网宽带有待提速。2017年11月，中国固定宽带连接的下载速度达到61.24Mbps，低于新加坡（世界第一）的153.85Mbps，中国香港的133.94Mbps。移动宽带连接的下载速度达到31.22Mbps，低于新加坡的51.5Mbps。①

第三，国际航空枢纽连通性有待加强。2017年，深圳年度旅客吞吐量为4561万人次，全国排名第5，国际排名第33，落后于其他国外先进城市（见图8-19）。② 机场的国际客流和国际航线偏少，中转旅客比例明显偏低，机场和航空公司的准点率不高，机场服务保障能力仍需进一步提升。

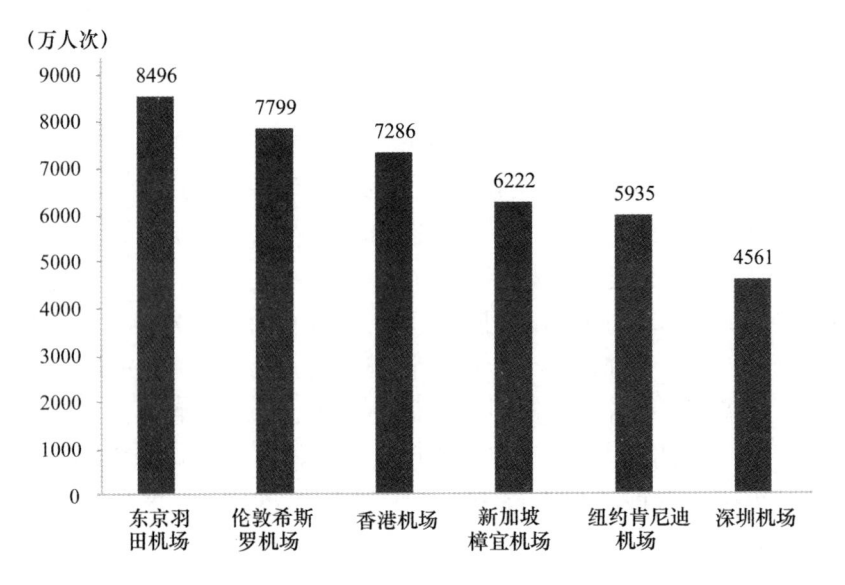

（万人次）

机场	旅客吞吐量
东京羽田机场	8496
伦敦希斯罗机场	7799
香港机场	7286
新加坡樟宜机场	6222
纽约肯尼迪机场	5935
深圳机场	4561

图8-19 深圳与世界先进城市机场年度旅客吞吐量比较

第四，港口通关一体化进程有待加快。粤港澳大湾区港口还未实现通关一体化，国际大通关机制化合作还未建立，与香港的进出口贸易数据互联互通、结果互认、执法互助还有待推进。

---

① 互联网研究机构Speedtest.net发布的全球互联网速度数据。
② CADAS（民航数据分析系统）发布的2017年全球机场旅客吞吐量TOP50数据。

第四节 深圳现代化发展程度追赶预测：2020—2049

通过上文的量化测算与比较分析得到，深圳现代化综合实现程度为49.7%，已达到中等发达的现代化阶段，具备成为全球标杆城市的基础，但距离世界先进城市现代化水平还存在较大差距；现代化五大领域还存在不同程度的发展短板。下面从静态和动态两种追赶思路出发，分别对深圳现代化综合水平和五大领域未来追赶态势进行预测，从预测结果看，深圳只要保持稳健的追赶速度，补齐短板，全面实现社会主义现代化，并成为全球标杆城市的美好愿景可以如期实现。

一 必须以不低于2%的净增速才能实现综合追赶

从总指数的追赶看，假设其他城市保持现有水平不变，深圳以每年2%的增长速度，2027年可超过香港，2036年超过新加坡，2040年超过东京，2042年之前超过伦敦和纽约（见图8-20）。假设其他城市未来30年以0.6%[①]的速度增长，则深圳需以2.2%的速度，2030年超过香港，2041年超过新加坡，2045年超过东京，2048年超过伦敦，2049年超过纽约（见图8-21），实现在21世纪中叶现代化程度全球领先、建成全球标杆城市的发展目标。

二 经济必须以不低于1.5%的净增速追赶，其中人均GDP必须以6.8%的增速才能实际动态追赶

从经济现代化指数追赶看，假设其他城市保持现有水平不变，深圳以每年1.5%的增速，2025年超过新加坡、2040年超过东京、2041年超过伦敦、2044年超过纽约（见图8-21）。假设其他城市

---

① 在目前得分基础上，其他城市现代化发展水平以每年0.6%的速度增长，到21世纪中叶几个城市中的最高分数能够达到100%。为了其最高分数不超过100%，我们假设其他城市现代化综合评分以0.6%的速度增长。

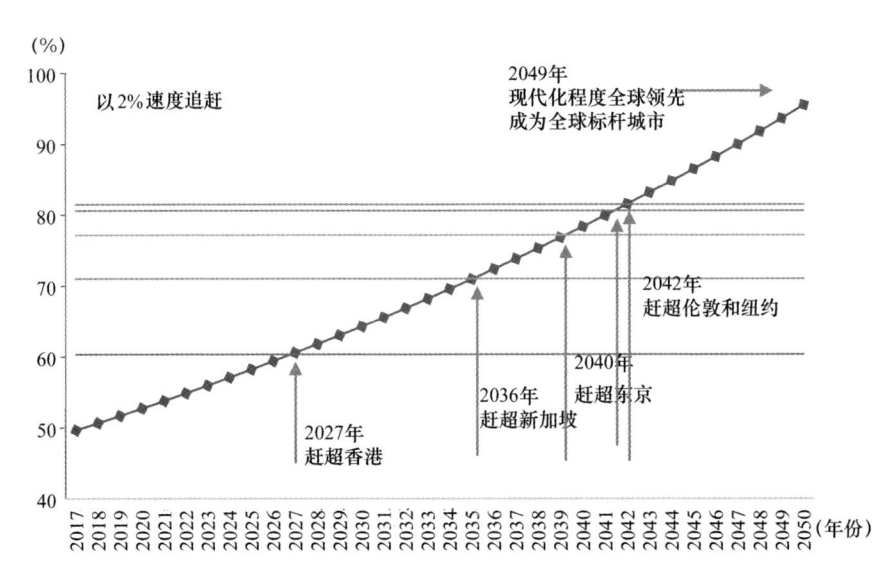

图 8-20 深圳现代化总体发展进程及对世界先进城市的追赶预测

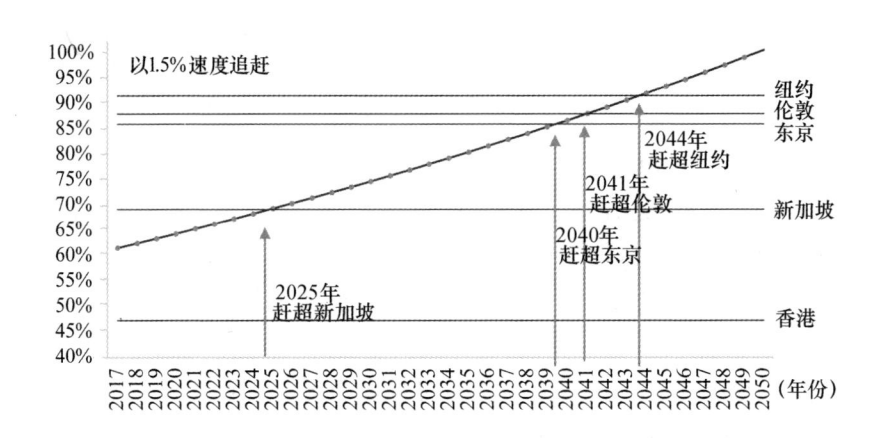

图 8-21 深圳经济现代化发展进程及对世界先进城市的追赶预测

未来 30 年以 0.26%①的速度增长，深圳仍以 1.5% 的年均增速，2027 年可超过新加坡，2045 年超过东京，2047 年超过伦敦，2050 年超过纽约，达到经济现代化最高水平。

---

① 该取值方法同上文现代化综合发展水平取值方法。

从人均 GDP 追赶来看，假设其他城市保持现有水平不变，深圳以每年 4% 的增长速度，将分别于 2031 年、2037 年、2041 年、2045 年、2047 年超过香港、新加坡、东京、伦敦、纽约。假设其他城市未来 30 年分别以其过去十年平均增速增长①，则深圳需以每年 6.8% 的增速，分别于 2034 年、2039 年、2047 年超过东京、香港、纽约，并于 2050 年超过伦敦和新加坡，实现人均 GDP 全球领先。以对纽约追赶为例，纽约经济发展较成熟、经济结构较稳定，假设纽约未来人均 GDP 保持低速增长，深圳实现赶超的速度保持一定稳定性。则不论纽约增速为 1%、2%、3% 或 4%，都需要深圳人均 GDP 每年增速比纽约高出 4 个百分点（为 5%、6%、7% 或 8%），才能在 2049 年之前实现对纽约的动态追赶（见表 8-9）。

表 8-9　2049 年前深圳人均 GDP 以不同增速对纽约的追赶预测

	每年增速	3.6%	5%	6%	7%	8%
深圳	人均 GDP（万美元）	8.72	12.94	17.52	23.66	31.87
纽约	每年增速	0	1%	2%	3%	4%
	人均 GDP（万美元）	8.45	11.62	15.93	21.77	29.65

三　文化必须以不低于 4%，社会必须以不低于 2%，生态必须以不低于 2.3%，治理必须以不低于 1.77% 的净增速追赶

从文化指数追赶看，假设其他城市保持现有水平不变，深圳以每年 4% 的增速追赶，2048 年可超过伦敦，达到文化现代化最高水平。从社会指数追赶看，假设其他城市保持现有水平不变，深圳以每年 2% 的增速追赶，2050 年可超过纽约，达到现代化最高水平。从生态指数追赶看，假设其他城市未来 30 年以 0.66%②的速度增长，深圳以每年 2.3% 的增速追赶，2050 年可超过东京，达到生态

---

① 新加坡、香港、伦敦、纽约、东京人均 GDP 名义增速分别为 4.34%（2007—2017）、4.20%（2007—2017）、3.37%（2006—2016）、2.74%（2006—2016）、0.8%（2006—2016）。

② 该取值方法同上文现代化综合发展水平取值方法。

现代化最高水平。从治理指数追赶看，假设其他城市未来30年以0.33%[①]的速度增长，深圳以每年1.77%的增速追赶，2050年可超过新加坡，达到治理现代化最高水平。

[①] 该取值方法同上文现代化综合发展水平取值方法。

第九章　社会主义先行示范区：深圳再出发

2019年8月，中共中央国务院发布了《关于支持深圳建设中国特色社会主义先行示范区的意见》。《意见》明确了深圳建设中国特色社会主义先行示范区的指导思想、战略定位和发展目标，围绕统筹推进"五位一体"总体布局和协调推进"四个全面"战略布局，从现代化经济体系、民主法治环境、现代城市文明、民生发展格局、美丽中国典范几个方面，对深圳建设中国特色社会主义先行示范区作出了部署。这是党和国家对深圳的关心和重托。深圳必须坚持改革创新，以闻鸡起舞、日夜兼程、风雨无阻的精神状态，不辱使命，不负重托，完成中央赋予深圳的重大使命。

中共十九大报告指出："经过长期努力，中国特色社会主义进入新时代。"深圳经济特区也从改革开放的"窗口"和"试验田"进入了"中国特色社会主义先行示范区"的新阶段。在过去的40年间，深圳创造了世界瞩目的经济和科技发展奇迹，也为在新时期进行中国特色社会主义的探索，积累了宝贵经验。

但与世界发达城市相比，深圳在现代化水平和经济发展水平上还存在着较大差距，高端科技和基础研究能力比较薄弱，大学和高端科技机构建设相对滞后，城市公共设施、公共服务水准和服务供给还存在着短板，人们的整体科技文化素质不够高，水环境质量亟待进一步改善，这都需要深圳奋起直追，迎头赶上。

2019年8月，中共中央国务院发布了《关于支持深圳建设中国特色社会主义先行示范区的意见》（以下简称《意见》）。《意见》明确了深圳建设中国特色社会主义先行示范区的指导思想、战略定位和发展目标，围绕统筹推进"五位一体"总体布局和协调推进"四个全面"战略布局，从现代化经济体系、民主法治环境、现代城市文明、民生发展格局、美丽中国典范等五个方面，对深圳建设中国特色社会主义先行示范区作出了部署。这是党和国家对深圳的厚爱，也是对中国特色社会主义新时代深圳所担负使命的重托。在新的历史时期，深圳将在前40年的基础上再出发，"朝着建设中国特色社会主义先行示范区的方向前行，努力创建社会主义现代化强国的城市范例"。

第一节 先行示范区：新时代的行动纲领

一 《意见》阐述了深圳建设中国特色社会主义先行示范区的背景和重大意义

当前，中国特色社会主义进入新时代，中央支持深圳高举新时代改革开放旗帜、建设中国特色社会主义先行示范区，有利于深圳在更高起点、更高层次、更高目标上推进改革开放，形成全面深化改革、全面扩大开放的新格局；有利于更好实施粤港澳大湾区战略，丰富"一国两制"事业发展的新实践；有利于率先探索全面建设社会主义现代化强国的新路径，为实现中华民族伟大复兴的中国梦提供有力支撑。

二 《意见》明确了先行示范区的战略定位和发展蓝图

五个战略定位见表9-1。

表9-1　　　　　　　　　　五个战略定位

战略定位	主要内容
高质量发展高地	深化供给侧结构性改革，实施创新驱动发展战略，建设现代化经济体系，在构建高质量发展的体制机制上走在全国前列
法治城市示范	全面提升法治建设水平，用法治规范政府和市场边界，营造稳定公平透明、可预期的国际一流法治化营商环境

续表

战略定位	主要内容
城市文明典范	践行社会主义核心价值观,构建高水平的公共文化服务体系和现代文化产业体系,成为新时代举旗帜、聚民心、育新人、兴文化、展形象的引领者
民生幸福标杆	构建优质均衡的公共服务体系,建成全覆盖可持续的社会保障体系,实现幼有善育、学有优教、劳有厚得、病有良医、老有颐养、住有宜居、弱有众扶
可持续发展先锋	牢固树立和践行绿水青山就是金山银山的理念,打造安全高效的生产空间、舒适宜居的生活空间、碧水蓝天的生态空间,在美丽湾区建设中走在前列,为落实联合国2030年可持续发展议程提供中国经验

三个阶段发展目标如表9-2所示。

表9-2　　　　　三个阶段发展目标

发展阶段	发展目标
2025年	深圳经济实力、发展质量跻身全球城市前列,研发投入强度、产业创新能力世界一流,文化软实力大幅提升,公共服务水平和生态环境质量达到国际先进水平,建成现代化国际化创新型城市
2035年	深圳高质量发展成为全国典范,城市综合经济竞争力世界领先,建成具有全球影响力的创新创业创意之都,成为中国建设社会主义现代化强国的城市范例
21世纪中叶	深圳以更加昂扬的姿态屹立于世界先进城市之林,成为竞争力、创新力、影响力卓著的全球标杆城市

三　《意见》指明了深圳建设先行示范区的发展路径

发展路径:五大领域、十三项重点工作。

五大领域(经济、民主法治、文化、社会民生、生态),五位一体总体布局,十三项重点工作如表9-3所示。

表9-3　　　　　　　　五大领域和十三项重点工作

五大领域	十三项重点工作
率先建设体现高质量发展要求的现代化经济体系	（1）加快实施创新驱动发展战略
	（2）加快构建现代产业体系
	（3）加快形成全面深化改革开放新格局
	（4）助推粤港澳大湾区建设
率先营造彰显公平正义的民主法治环境	（5）全面提升民主法治建设水平
	（6）优化政府管理和服务
	（7）促进社会治理现代化
率先塑造展现社会主义文化繁荣兴盛的现代城市文明	（8）全面推进城市精神文明建设
	（9）发展更具竞争力的文化产业和旅游业
率先形成共建共治共享共同富裕的民生发展格局	（10）提升教育医疗事业发展水平
	（11）完善社会保障体系
率先打造人与自然和谐共生的美丽中国典范	（12）完善生态文明制度
	（13）构建城市绿色发展新格局

数十项具体政策和重大项目见表9-4。

表9-4　　　　　　　　先行示范区重大项目清单

建立综合性国家科学中心	建设粤港澳大湾区大数据中心
建设国际科技信息中心	建设全球海洋中心城市
健全新机制的医学科学院	组建海洋大学
有序建设知识产权和科技成果产权交易中心	组建国家深海科考中心
创建制造业创新中心	探索设立国际海洋开发银行
建立更具弹性的审慎包容监管制度	加快建设深港科技创新合作区
打造数字经济创新发展试验区	规划建设一批重大公共文化设施
推进创业板注册制改革	鼓励国家级博物馆在深圳设立分馆
开展数字货币研究与移动支付等创新应用	建设创新创意设计学院
高标准高质量建设自由贸易试验区	举办大型文创展览
加快构建与国际接轨的开放型经济新体制	有序推动建设国际邮轮港
试点深化外汇管理改革	加快创建一流大学和一流学科
推动更多国际组织和机构落户深圳	放宽境外医师到内地执业限制
举办国际大型体育赛事和文化交流活动	先行先试国际前沿医疗技术
建设国家队训练基地	港澳居民在深圳民生领域享有市民待遇

四 《意见》制定了深圳建设先行示范区的保障措施

三大保障措施如表 9-5 所示。

表 9-5　　　　　　　　　　三大保障措施

保障措施	主要内容
全面加强党的领导和党的建设	落实新时代党的建设总要求，坚持把党的政治建设摆在首位，增强"四个意识"，坚定"四个自信"，做到"两个维护"。贯彻落实新时代党的组织路线，激励特区干部新时代新担当新作为。坚定不移推动全面从严治党向纵深发展，持之以恒正风肃纪反腐
强化法治政策保障	本意见提出的各项改革政策措施，凡涉及调整现行法律的，由有关方面按法定程序向全国人大或其常委会提出相关议案，经授权或者决定后实施；涉及调整现行行政法规的，由有关方面按法定程序经国务院授权或者决定后实施。在中央改革顶层设计和战略部署下，支持深圳实施综合授权改革试点，以清单式批量申请授权方式，在要素市场化配置、营商环境优化、城市空间统筹利用等重点领域深化改革、先行先试
完善实施机制	在粤港澳大湾区建设领导小组领导下，中央和国家机关有关部门要加强指导协调，及时研究解决深圳建设中国特色社会主义先行示范区工作推进中遇到的重大问题，重大事项按程序向党中央、国务院请示报告。广东省要积极创造条件，全力做好各项指导支持工作。深圳市要落实主体责任，继续解放思想、真抓实干，改革开放再出发，在新时代走在前列、新征程勇当尖兵

《意见》是继创立经济特区以后，中央关于深圳经济特区发展制定的又一重大发展战略，是深圳经济特区发展历程中的又一个里程碑，将为深圳建设成为中国特色社会主义先行示范区和社会主义现代化强国的城市范例提供强大的政策支持和制度保障。

第二节　先行示范区的主要特征

概括而言，中共中央国务院《关于支持深圳建设中国特色社会主义先行示范区的意见》具有如下特征。

一 高度性

《意见》是中央为一座城市发展所制定出台的最高规格的文件，不仅仅是一个城市振兴发展的纲领性文件，更是一个由习近平总书记亲自谋划、亲自部署、亲自推动，由中央决定的重大国家战略。深圳建设中国特色社会主义先行示范区，也不仅仅是为了提升自身发展质量，更是要为国家探索"在更高起点、更高层次、更高目标上推进改革开放，形成全面深化改革、全面扩大开放新格局"，是为了更好地实施粤港澳大湾区战略，丰富"一国两制"事业发展新实践，更是要"率先探索全面建设社会主义现代化强国新路径"。因此，先行示范区的实践，是为中国社会主义现代化和中华民族伟大复兴超前探路示范提供经验支撑。

二 制度性

"中国特色社会主义制度坚持把根本政治制度、基本政治制度同基本经济制度以及各方面体制机制等具体制度有机结合起来，符合我国国情，集中体现了中国特色社会主义的特点和优势。"可以说，中国特色社会主义已经形成独特的制度体系，其制度优势也已经被实践所证明。中国特色社会主义先行示范区体现的是"中国特色+社会主义"，而不是别的什么主义，体现的是以人民为中心的发展理念，是统筹推进"五位一体"总体布局和协调推进"四个全面"战略布局的具体制度实践。《意见》所确定的目标、路径和保障措施，将形成深圳新一轮改革发展的巨大的制度优势，为深圳未来的制度创新提供依据和支撑。深圳必须以改革创新的精神利用好、发挥好这些优势。

三 全面性

经济特区因发展经济而生，因此，经济发展一直是经济特区的主要任务。长期以来，深圳也是以经济发展著称。在社会主义现代化建设富起来的这一阶段，将重心放在发展经济，有其合理性和必然性。但是，在中国特色社会主义建设的新时代，即从"站起来、富起来到强起来的历史性飞跃"的阶段，深圳经济特区就不能只强调抓经济建设，而是要在继续保持经济高质量发展的基础上实现"五位一体"的全面发展。因此，先行示范区是全面全方位的先行示范。在经济上是高质量的发展高地，在治理（政治）方面是法治城市示范，在文化方面是城市文明典范，在社会建设方面是民生幸福标杆，在生态建设方面是可持续发展的先锋。只有全面发展，才能综合体现社会主义的优势。因此，深圳在建设先行示范区过程中，必须坚持新发展理念，全面协调发展。

四　先行性（创新性）

社会主义现代化强国的实现节点是 21 世纪中叶，还有 30 年时间。当今世界，科技革命日新月异，第一次、第二次科技革命催发了英国、美国两个现代化强国，以电子计算机、信息技术、空间技术为代表的第三次科技革命方兴未艾，以人工智能、量子信息技术、虚拟现实、智能机器人、生命科学、新能源等为代表的第四次科技革命正风起云涌，蓬勃发展。这将激发大量新科技、新产业、新经济、新社会形态不断涌现。创新是现代化的源泉和动力，科技创新会带来新的现代化发展模式和路径。先行示范区不能仅仅立足于过去的发展经验和路径，更要着眼未来，为经济、政治、社会、文化、生态的全面协调发展进行先行探索，为解决中国特色社会主义乃至人类发展面临的问题提供经验。

五　示范性

不同城市、不同区域的现状和资源禀赋不同，现代化发展的路径也有所不同。作为城市范例，应该能够提供有共性的、适合大部分地区发展的、有示范意义的经验，而不能仅仅是地区特色。以深圳为例，其创新驱动的经济现代化发展模式、公共服务均等化建设的方案、创新包容型城市文化的形成、现代化城市治理体系的构建等，均具有普适性和先进性，对于全国大部分地区的社会主义建设有重要的示范作用。

六 渐进性

党的十九大报告把社会主义现代化建设分为三个阶段：第一个阶段是到 2020 年，是全面建成小康社会决胜期。第二个阶段是到 2035 年，在全面建成小康社会的基础上，基本实现社会主义现代化。第三个阶段是到 21 世纪中叶，在基本实现现代化的基础上，把我国建成富强民主文明和谐美丽的社会主义现代化强国。作为中国特色社会主义先行示范区，《意见》对于深圳提出了更高要求，到 2025 年，经济发展水平和发展质量跻身全球城市前列，科创、文化、公共服务、生态环境等达到国际先进水平，建成现代化国际化创新型城市，基本达到国家 2035 年的目标。到 2035 年，深圳要成为社会主义现代化强国的城市范例。到 21 世纪中叶，深圳要屹立于世界先进城市之林，成为全球标杆城市，到这时，深圳已经同纽约、伦敦、东京等城市一样，成为全世界一流城市。虽然发展目标高远，但也需要循序渐进，稳扎稳打。

按照《意见》对深圳的定位和先行示范区的内涵，深圳经济特区的角色已经从改革开放的"窗口"和"试验田"，变为"中国特色社会主义先行示范区"，意味着城市功能将实现如下转变：（1）在发展领域上，从主攻经济发展的"经济特区"转变为"五位一体"全面发展的全能选手；（2）在表现形式上，从改革开放的试点城市转变为"五位一体"全面发展的示范城市；（3）在发展水平上，从区域性城市到城市范例乃至全球标杆城市不断跨越。《意见》从高度、广度、深度方面都极大地延展了深圳发展的内涵。

第三节 先行示范区建设的主要机遇

第一，国家现代化战略布局机遇。经过长期努力，中国特色社会主义进入了新时代，中华民族迎来了从站起来、富起来到强起来的伟大飞跃，迎来了实现中华民族伟大复兴的光明前景，到 21 世纪中叶，我们要基本实现现代化，把中国建成富强民主文明和谐美丽的社会主义现代化强国。实现这一奋斗目标是中国前所未有的伟大事业，没有经验可循。为此，在实施时间步骤上，党的十九大明确了2035年和21世纪中叶两个阶段。而在空间安排上，党中央则明确了深圳作为先行示范区，为中国的现代化实践进行先行探索，提供经验。因此，《意见》是中国特色社会主义进入新时代以来，中央做出的重大战略安排。《意见》紧紧围绕统筹推进"五位一体"总体布局和协调推进"四个全面"战略布局，既确定了深圳建设中国特色社会主义先行示范区的战略定位、发展目标、路线图，也赋予了深圳改革创新的尚方宝剑和一揽子宝贵的创新政策。广东省委省政府对贯彻落实《意见》高度重视，明确提出全省动员全力支持深圳建设中国特色社会主义先行示范区。深圳市委市政府把贯彻落实《意见》作为关系深圳经济特区发展的头等大事，制定了《深圳市建设中国特色社会主义先行示范区的行动方案（2019—2025年）》。先行示范区这一国家现代化的重大战略布局，是深圳经济特区未来发展千载难逢的机遇。

第二，粤港澳大湾区战略机遇。2019年2月18日，中共中央国务院印发的《粤港澳大湾区发展规划纲要》，要求深圳发挥作为经济特区、全国性经济中心城市和国家创新型城市的引领作用，加快建成现代化国际化城市，努力成为具有世界影响力的创新创意之都。粤港澳大湾区建设将给深圳带来六大发展机遇：一可进一步提升深圳城市功能和对周边的辐射力和影响力，提高自身在大湾区的核心地位及全球竞争中的影响力；二可借助国家支持打造大湾区全球影响力的国际科技创新中心，引进更多的国家级重大科研机构和实验室，同时引进香港科技成果进行产业化，引进香港、澳门更多的资金、先进科技和高端人才资源，助力深圳打造全球科技创新中心核心区；三可借助香港发达的全球市场网络及发达的国际金融体系，打造国内企业走向"一带一路"沿线国家的桥头堡，建设国内国外两个市场的枢纽平台和重要的企业交流平台、总部平台；四可在深圳与香港合作建设前海示范区的基础上，进一步扩大深港科技、金融、教育、医疗、养老、社会融合等方面跨境合作新试验，成为全国新一轮改革开放的风向标；五可充分利用深圳港人多和毗邻港澳国际化程度高的优势，打造一批具有国际化水准、国际化环境、国际化语言、国际化服务的宜居宜业宜游的优质生活圈；六可为本市企业向珠江西岸城市投资兴业带来极大的便利，为深圳扩展发展腹地、推动产业转移带来更大的发展空间。

　　第三，国家"一带一路"战略机遇。"一带一路"倡议正在全面深入推进，深圳处于"一带一路"的重要战略节点，毗邻港澳、背靠珠三角，辐射华南地区，拥有世界第三大集装箱港口、中国内地第四大航空港，是亚太地区重要的交通枢纽。随着"一带一路"倡议向纵深推进，借助国家间"一带一路"的五个相通，深圳将可获得如下五大发展机遇：其一，在促进政策沟通方面，深圳可以打造沿线国家的政策沟通智库基地和国际政策论坛平台。争取国家各部委的支持在深创办一大批"一带一路"的国际高端政策论坛，将深圳建设成为著名的国际智库基地、国家首脑会议、国际政策会议中心。其二，在促进设施联通方面，可充分利用深圳国际一流通信技术的优势，开发沿线国家通信市场；可与香港联手，走出去建立沿线国家基础设施工程信息网络，参与各类基础设施项目策划和论证，发展投资信息咨询业务。可在深圳打造各国各类工程项目融资对接平台，引进国内外各类投资基金、国内各类参与"一带一路"基础设施投资的企业落户深圳。其三，在促进贸易畅通方面，可在深圳打造贸易中转枢纽，开通更多的深圳—欧洲班列，建设深圳与沿线国家进口产品交易市场和交易博览会，为贸易通关、物流、供应链和产品生产企业带来发展机遇。其四，在促进资金融通方面，深圳可引进更多的国内外各类投资基金和科技金融机构落户，同时为国内金融企业和深圳金融企业"走出去"提供支持，推动深圳从区域性金融中心走向国际性金融中心，成为引进沿线国家对中国投资的桥梁。其五，在促进民心相通方面，深圳可打造一批国际高端文化交流平台，推动中国与沿线国家的民间文化交流，如开展艺术演出、旅游合作、教育合作、体育交流、医疗支援、宗教活动等业务合作，共建文化馆、博物馆、艺术馆、科学馆等文化设施，引进一大批国际化文化企业总部，打造深圳全球高端文化艺术总部基地、国际文化创意中心和国际文化演艺中心。

第四，新技术革命机遇。第四次工业革命，是以大数据、5G、物联网、人工智能、生命科学、新能源和量子通信等技术为主导的技术革命。目前，全球正处在第四次工业革命的启动阶段，各发达国家都在抢抓5G技术的机遇。美国总统特朗普雄心勃勃表示"5G的竞争已经开始，美国必须赢"，韩国于2018年12月1日起部署全球首个商用5G网络服务。近年来，国务院、广东省都在密集出台相关政策措施，加快5G应用开发和科技产业布局。北京、上海5G技术应用开发已经全面展开。

以人工智能为代表的第四次工业革命，将推动全球国家和城市的科技经济实力重新大洗牌。第四次工业革命给深圳带来重大发展机遇。首先，深圳具有人工智能科技产业链配套优势条件。深圳是中国人工智能科技产业的主要集聚地，发展水平位居全国第三名。[①] 根据广东省人民政府2018年7月23日印发的《广东省新一代人工智能发展规划》，深圳人工智能领域具有人工智能技术、高端人工智能研究机构、人工智能企业、人工智能支持的IT产业、专业人工智能产业聚集园区等集群优势，且深圳信息及互联网产业实力雄厚。据统计，目前深圳软件产业产值占到全国的10%，电子信息制造业产值占全国的1/7，整个互联网产业产值占全国的1/8，表现十分抢眼。

其次，深圳还具有强大的人工智能相关的新一代信息通信产业基础。2018年深圳的IT产值达2.1万亿元[②]，占全球比重近10%。2018年IC设计业销售额超过100亿美元，也是国内唯一一个超过100亿美元销售额的城市。深圳拥有292家人工智能企业，居世界第八；在金融科技领域，深圳拥有金融科技企业1640家，2018年8月10日，深圳开出了首张区块链电子发票，代表区块链行业进入了技术+应用场景的新时代；在物联网行业，建成的各类重点实验室、工程实验室的载体有近百家，物联网企业有1.1万多家。

最后，深圳在人工智能领域有一大批引领全球的先导技术和先

[①] 《2018年中国人工智能产业发展城市排行榜》。
[②] 《深圳市高技术产业发展情况（2018年产值）》，深圳市科技创新局网站—政务服务—科技统计。

锋企业。在物联网、大数据、云计算、人工智能、互联网金融等相关产业领域创新能力上，深圳处于国内领先位置，涌现出一大批互联网、5G技术、无人机等全球先锋企业，如华为、腾讯、大疆、中兴等。另外，深圳还有一批人工智能技术领先企业，如打造机器人生态圈的2018年全球估值最高AI创业科技企业优必选，全球人脸识别技术的开拓者和探索者商汤科技，致力于打造数据流芯片定制人工智能处理器和端到端自动编译开发平台的鲲云科技等。

第四节　先行示范区建设的主要挑战

第一，贸易保护主义的挑战。近年来不断加剧的中美贸易摩擦，将对深圳高科技产业发展带来较大冲击，这是深圳建设创新引领型全球城市面临的一个重大挑战。主要体现在：中美贸易摩擦将对深圳出口带来较大影响。2017年深圳对美出口直接总额373.81亿美元，占深圳全部出口比重2443.58亿美元的15.3%，对出口的影响还包括深圳出口香港、再转口美国的产品。这表明中美贸易摩擦对深圳经济有较大的影响。伴随贸易摩擦，美国全面施行打压中国高科技企业的战略，将对深圳科技创新产业发展带来一定困难。美国先是对中兴、华为进行全面围堵，之后又以莫须有的理由发起对中国其他科技企业的打压，如在2019年5月20日又对占据美国近80%无人机市场的大疆科技发难。2019年5月22日，美国国务院国际安全与防扩散局宣布对13个中国科技企业及个人实施制裁。未来一段时间，美国可能持续对中国高科技产业进行打压，且打压的范围可能进一步扩展，力度可能更大。

第二，未富先贵和实体经济空心化挑战。目前，深圳的人均收入水平虽然在国内处于较高的水平，但深圳的居民整体收入水平还不富裕。一方面，居民收入总体水平与发达国家（或城市）相比还有较大的差距。另一方面，中等收入人口的比重还不够高。由于低附加值的产业在产业结构中仍然占比较大，相当比例的常住人口收入还没有达到中等收入水平。在总体还不够富裕的情况下，深圳的生活成本特别是房地产成本高企，形成巨大反差。过去20年，深圳商品住宅平均单价从5004元/平方米增长至54455元/平方米，上涨了10倍，远高于同期城镇居民人均可支配收入2.71倍的涨幅。房价收入比从1999年的6.92，迅速上升到2017年的近27.77，增加了3倍。① 尤其是2012年至2016年，从12.49猛升到29.64（见图9-1）。深圳房价收入比在全国居于最高水平，远超国际公认的3—6倍之间的合理区间。

从整个营商成本来看，目前深圳乃至粤港澳大湾区营商成本较高是一个值得重视的问题。除了与劳动力相关的成本较美国低外，其他营商成本多数高于美国。如在土地成本方面，美国工业用地价格平均约为20000元/亩（约30元/平方米），而2017年，珠三角工业用地价格达1250元/平方米。在能源成本方面，2015年中国平均工业电价为0.79元/千瓦时，为美国的1.7倍；平均工业用天然气价格为3.46元/立方米，为美国的3.8倍。在税负成本方面，世界银行统计数据显示，2016年中国总税率（占商业利润的百分比）为68%，美国为44%。特朗普政府减税后，美国企业税负水平更低。在融资成本方面，国内企业银行借款最低年利率在6%以上，美国为3%—3.5%。②

虽然目前深圳和珠三角制造业比较发达，但整体上仍然处于微笑曲线的中段，产品附加值低，很难承受过高的成本，如果这些成本超过一定的临界点，企业经营将难以持续，可能造成产业的空心化。如果实体经济出现大范围转移，生产性服务业也将难以发展。虽然从总体上看，产业的升级和梯度转移是一个自然规律，但是，在产业升级还没有完成的情况下，由于某些生产要素成本畸高造成产业提早转移，则可能造成实体经济空心化和经济塌陷。这种风险是需要高度重视和防范的。

---

① 房价收入比=住房总价/家庭可支配收入＝（新建商品住宅成交均价×城镇家庭户均面积）/（城镇居民人均可支配收入×城镇家庭户均人口）。本书按深圳2017年人均住房面积27平方米计算；国家统计局公布2016年城镇居民人均住房建筑面积为36.6平方米；国家卫计委公布2015年中国家庭户均人数3.02人，以此统一进行计算。

② 相关数据根据网络公开资料整理。

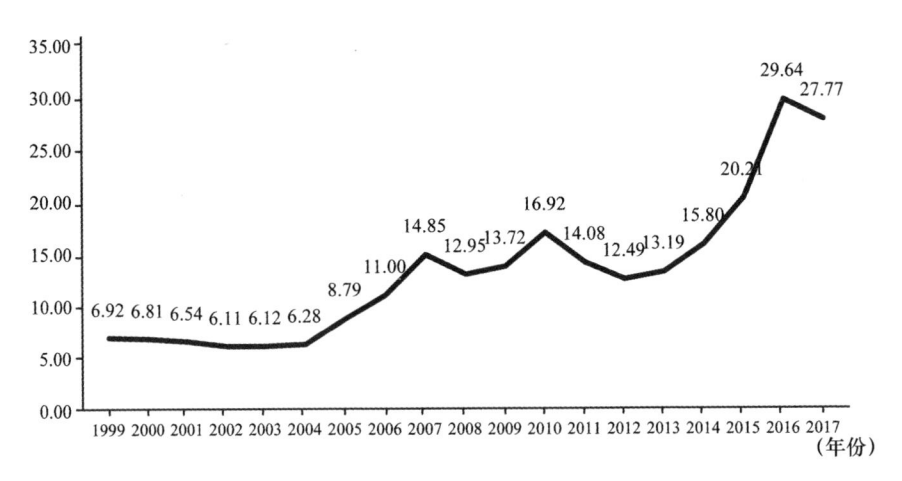

图 9-1　深圳市 1999—2017 年房价/家庭可支配收入比比值曲线

注："房价收入比"是指"房屋总价"与"居民家庭年收入"的比值。

第三，人才与科技基础薄弱的挑战。近 20 年来深圳在科技产业方面虽然取得了长足的进步，但由于科技基础较薄，加上长期以来偏重于科技的应用，科技和人才短缺等问题仍然存在。一是基础研究薄弱。深圳的大部分企业、高等院校和科研机构基础研究能力相对较弱，即使像华为这样顶级的高科技企业，理论研究和基础研究仍然存在不足。正如任正非所说，华为现在的水平尚停留在工程数学、物理算法等工程科学的创新层面，尚未真正进入基础理论研究。① 华为已感到前途茫茫、找不到方向。华为正在本行业逐步攻入无人区，处在无人领航，无既定规则，无人跟随的困境。他同时指出，基础科学的发展，是要耐得住寂寞的，板凳不仅仅要坐十年冷，有些人甚至是一生寂寞。华为过去是一个封闭的人才金字塔结构，现在已炸开金字塔尖，开放地吸取宇宙能量，加强与全世界科学家的对话与合作，支持同方向科学家的研究，积极地参加各种国际产业与标准组织，参与各种学术讨论，从思想的火花中，感知发展方向。有了巨大势能的积累、释放，才有厚积薄发。二是深圳的高等教育还存在差距。近年来深圳高度重视高等教育，并采取了非

---

① 《任正非最新演讲实录：华为已经攻入科技无人区》，凤凰科技网。

常规的发展举措，但与北京、上海等城市相比，高等教育水平还存在明显差距，与世界一流城市的差距更大。三是高端科技人才的规模和质量不足。如2018年在深圳工作的院士仅有41人，大大低于北京的593人和上海的183人。在深工作的国家"千人计划"人才总数不到上海的一半，比北京相差更远。深圳拥有的博士、硕士等高学历人才数量，与北京、上海相比也存在明显差距。

第四，人口红利下降的挑战。源源不断的外来劳动力，是深圳40年高速发展奇迹的主要动力之一，但随着近年来老龄化、少子化趋势的加剧及内地城镇化与乡村振兴战略的实施，内地对深圳的劳动力供给将可能减少。据相关统计，2013年，深圳就业人口占常住人口比例达到峰值84.60%，此后逐年下降，2017年这一数值为75.29%（见表9-6），4年间平均每年下降2.33%。因此，随着新增外来年轻人口减少，户籍人口比例增加，老龄人口增长以及劳动力人口比重的下降，城市的养老负担将逐步增大，城市创新活力将受到一定影响。这是深圳未来10—20年必须引起重视的问题。

表9-6　　　　　　　深圳市近年来就业人口指标统计

统计指标	单位	2000	2010	2013	2014	2015	2016	2017
年末常住人口数	万人	701.24	1037.2	1062.89	1077.89	1137.87	1190.84	1252.83
年末就业人员数量	万人	474.97	758.14	899.24	899.66	906.14	926.38	943.29
就业人口比例	%	67.73	73.09	84.60	83.46	79.63	77.79	75.29

第五，超大城市治理的挑战。超大城市治理是世界性的难题。深圳作为超大城市，城市开发强度大、建筑容积率高、人口规模和密度大、生产生活方式活跃多元，加上极端气候等因素影响，极大地增加了城市治理的复杂性和难度。从公共服务讲，深圳人口规模大，结构多元，参与意识强，对公共服务和公共治理的要求更高。另外，深圳公共服务和公共治理方面还存在一些不足和短板，如教育、医疗等基本公共服务的基础比较薄弱、欠账较多，住房自有率

较低，住房保障压力较大，养老设施规模小，难以满足日益加剧的老龄化的需求，等等。虽然深圳在公共服务方面投入巨大，但由于特殊的人口结构和相对紧张的空间资源等约束条件，解决人民日益增长的美好生活需要和公共服务发展不平衡不充分之间的矛盾还比较突出。从市政基础设施来讲，目前，深圳的市政基础设施如城市道路、交通、供水、排水、污水处理、垃圾处理、防洪、地下公共设施等还存在诸多短板，尤其是地下排水管网、污水处理、垃圾处理等基础设施和轨道交通等设施与世界先进城市相比还存在较大差距；交通拥堵、垃圾围城、河流污水、部分区域水浸、路面反复开挖等现象还不同程度存在；建筑形态复杂、城中村区域人口密集及生产生活活动复杂；设施老化导致城中村安全风险加大，高层楼宇不断增加导致城市消防难度加大；随着各种群体的利益分化和参与意识的增强，各种群体利益诉求的协调难度也增大，等等。解决超大城市的治理问题，需要超前谋划，创新思维、创新组织、创新技术，探索适应超大城市情况的治理模式。

第五节 建设先行示范区的方法论

将先行示范区建设作为头等大事。《意见》是习近平总书记亲自谋划、亲自部署、亲自推动的重大战略决策。《意见》发布后，广东省委省政府、深圳市委市政府高度重视，第一时间就召开了常委会议，对《意见》进行了贯彻学习，并作出了工作部署。2019年8月16日，中央政治局委员、广东省委书记李希主持召开广东省委常委会会议，要求全省各级各部门要从全局和战略高度深刻认识《意见》出台的重大意义，倍加珍惜机遇，牢记初心使命，全省动员、全力支持深圳建设中国特色社会主义先行示范区。[①] 李希强调，要奋力推动深圳建设中国特色社会主义先行示范区落地落实，切实

---

① 全省动员全力支持深圳建设中国特色社会主义先行示范区，《南方日报》2019年8月19日。

完成好总书记、党中央赋予广东、深圳的重大历史使命。① 广东省委副书记、省长马兴瑞表示要深刻把握推进先行示范区建设的战略定位和目标任务，全力推动先行示范区建设取得扎实成效，引领带动全省改革发展各项工作开创新局面。②

2019年8月17日，广东省委副书记、深圳市委书记王伟中主持召开市委常委会扩大会议，专题传达学习贯彻《意见》精神，学习贯彻省委常委会会议精神，研究深圳市贯彻落实意见。强调要全市动员、举全市之力认真学习、深刻领会《意见》精神，深入谋划、系统研究，把工作往细里想、往实里抓、往深里推，将党中央战略部署和省委工作要求落细落实落具体。③ 2019年9月17日，中共深圳市委召开了六届十二次全体会议。全会强调，要聚焦落实"五个率先"重点任务，全面开启建设中国特色社会主义先行示范区新征程，把建设先行示范区作为深圳一切工作的总牵引、总要求，做好实现2025年第一阶段发展目标的方案，奋力跑好"第一程"。④ 2019年11月，深圳市委市政府印发了《深圳市建设中国特色社会主义先行示范区的行动方案（2019—2025年）》，对先行示范区第一阶段的工作作出了具体部署。齐心协力，其利断金。先行示范区是重大国家战略，是在深圳影响全局和长远发展的头等大事。深圳只有深刻领会、深入贯彻落实中央决策的战略意图，才能不辱使命，不负重托，完成新时代党中央赋予深圳的重大使命。结合深圳经济特区的特点和现实情况，笔者认为，深圳建设中国特色社会主义先行示范区，需要注意把握如下几点。

---

① 李希：在《中共中央 国务院关于支持深圳建设中国特色社会主义先行示范区的意见》专题学习会上的讲话，2019年9月4日。http://www.gd.gov.cn/gdywdt/gdyw/content/post_2597562.html。

② 马兴瑞：在广东省市厅级主要领导干部学习贯彻《关于支持深圳建设中国特色社会主义先行示范区的意见》专题研讨班上的讲话，http://epaper.southcn.com/nfdaily/html/2019-09/13/content_7821683.htm。

③ 牢记中央重托勇担历史使命抢抓重大机遇 举全市之力建设中国特色社会主义先行示范区，《深圳特区报》2019年8月20日。

④ 中国共产党深圳市第六届委员会第十二次全体会议决议，《深圳特区报》2019年9月19日。

一 必须坚持党的领导和社会主义方向

坚持中国共产党领导，是保持深圳各项事业稳定发展的前提和基础，是战胜前进道路上各种艰难险阻的根本保障，是实现示范区总体战略目标和各项具体任务的主导力量。只有不断加强和改善党的领导，示范区的建设才能稳步推进，否则就可能迷失方向，难于形成合力，甚至造成紊乱。要在深刻理解中国特色社会主义先行示范区的内涵要求的基础上，按照《意见》所确定的五大战略定位、三个阶段发展目标及建设先行示范区的五条战略路径，全面部署、整体推进先行示范区建设的各项工作。

二 必须建设高端资源配置的枢纽城市

国际化城市、城市范例、全球标杆城市必须是全球人才、资本、科技、智慧等资源配置的枢纽城市。深圳未来必须在建设国际人才聚集平台、网络组织平台、人才交流平台、科技创新平台上下功夫，打造国际人才配置枢纽城市；在聚集国际金融资本上打造更多的国际大宗商品交易平台，促进国际资本在深圳配置交易；在聚集国际高端科技资源上规划建设国际顶端科学设施平台、国际高端知识产权交易平台、国际科技与智库论坛平台和国际一流科技刊物平台等，使深圳成为国际高科技资源配置中心城市。

三 必须建设综合型的产业城市

全球国际性城市可分为综合型大都市、专业型城市和特色型城市等。综合型大都市又有纽约和伦敦为典型的金融主导型大都市，东京、新加坡模式的科技实体经济与金融相结合的综合型产业大都市。总结国际大都市成功经验和产业空心化教训，深圳必须注重科技产业实体经济发展，同时发展国际化科技金融，打造东京、新加坡式的综合型产业城市。

专栏 9-1　　　　　　　　世界城市类型

1943年，美国哈里斯（C. D. Harris）根据城市各种就业人口占全市总就业人口比重，把美国城市划分为加工工业、零售商业、批发商业、多种职能、运输业、矿业、大学和游览疗养地等10个职能类型，这一分类法在国际地理学界产生了广泛影响。中国内地学者将城市职能分为三大类：（1）以多种职能为主的综合型城市；（2）以某种经济职能为主的城市；（3）以特殊职能为主的城市（如风景旅游城市）。兰肖雄、刘盛和、蔡建明等在对国内外有较大影响力的国际城市分类研究成果（如弗里德曼、哥特曼、斯瑞福、瑞德等分析研究）进行总结的基础上，把全球主要城市分为金融与管理型、混合型（含组合型城市）、商贸与交通枢纽型、旅游与历史文化型和专业型5种类型。其中几个国际特大城市的分类见表9-7。

表9-7　　　　　　　　　　国际特大城市分类

城市	类型	主要产业
纽约	金融与管理型	全球金融中心、航运中心、贸易中心。保留有服装业、印刷业和食品业等典型都市型产业
伦敦	金融与管理型	全球金融中心、大宗商品交易中心、文化创意产业等
东京	混合型	文化创意产业、金融、高端制造业中心
新加坡	商贸与交通枢纽型	亚太重要的航运中心、金融中心和重化工制造业中心

资料来源：兰肖雄、刘盛和、蔡建明：《国际城市的分类、建设经验与启示》，《世界地理研究》2011年第20卷第4期，第39—46页。

其中东京作为混合型国际大都市，是坚持第二产业（都市工业）发展的典范。东京虽然第三产业高度发达，但仍然是日本重要的工业城市。20世纪60年代，日本东京经济高速发展，当时GDP的第二、第三产业的比例约为41：58，第二产业占比远高于其他国际大都市。在之后的几十年产业发展和升级过程中，制造业比例虽然逐步降低，但仍保持在14%—15%，而服务业产值占GDP的比重始终保持着稳定的增加趋势，近年比重达到85%左右。生产性服务业如信息服务、研发支援等各种专业服务业，以及金融、银行、保险、房产地、物流、租赁、广告等服务都得到了较好的发展。东京完备而合理的产业结构体系，使其具有强大的城市竞争力，有效地避免了不少城市发展过程中出现的产业空心化现象。

目前东京制造业主要是高技术密集的都市型工业，包括汽车配件、自动化设备、精密仪器、半导体装置、机动车、印刷出版业等行业的产品制造。这些行业污染少、占地少、附加值高，且能广泛吸收就业，满足现代城市功能，且都需要高科技作为支撑。政府也着力通过扶持中小企业来促进都市制造业发展。这些制造企业在几十年发展过程中，一方面表现出人员规模小型化的趋势，80%的制造企业不足10人；另一方面表现出产品技术含量高端化的趋势，非常重视自主技术创新和新产品开发，坚持不懈地增加产品的技术含量，逐渐发展成为知识密集型的"高精尖新"型工业，保持了较强的生命力。东京都市制造业创造的高附加值，保证了其在经济发展中的地位。这样的产业发展形态表现出在都市中心区高昂的商务成本背景下顽强的生命力。

四 必须扭住教育这一关系未来发展的"牛鼻子"

人才是深圳未来示范区建设成败的关键因素，教育是发现和培养人才的根本大计。深圳未来要高度重视高质量的教育发展，建议深圳率先普及大学教育，强化天才教育，普及人工智能教育和健康教育。

教育对于国家和城市的科技经济社会发展具有极端的重要性。2016年5月30日在人民大会堂召开的全国科技创新大会上，华为公司创始人、总裁任正非做了题为《以创新为核心竞争力　为祖国百年科技振兴而奋斗》的发言。他希望国家高度重视人才教育，提出"用最优秀的人去培养更优秀的人"。他强调，我们国家百年振兴中国梦的基础在教育，教育的基础在老师。教育要瞄准未来。未来社会是一个智能社会，不是以一般劳动力为中心的社会，没有文化不能驾驭。人工智能时代特别需要高级专家、博士、硕士、高级技师、技工、现代农民……因此，发展科技的唯一出路在教育，也只有教育。

2019年9月，深圳出台《关于推进教育高质量发展的意见》，文件重点关注以下七方面问题：一是聚焦加强党对教育工作全面领导；二是在教育体制改革方面先行先试；三是扩大中小学规模，解决义务教育和公办普通高中学位严重不足等问题；四是高标准办好学前教育；五是促进民办教育优质特色发展；六是加快创建一流大学和一流学科，打造世界一流职业教育高地；七是加强教育发展条件保障。

除了认真落实上述文件各项任务外，深圳还应高度重视高质量教育的先行探索，要率先普及大学教育，推进免费高中教育，探索天才教育之路，领先普及人工智能教育，探索高端师资人才教育，在全球企业精英人才教育和加强健康教育、老年人教育等方面做出新贡献。

专栏 9-2　　　　　　日本教育发展战略

日本除了实施九年义务教育外，还特别注重幼儿教育和高等教育。如果父母双方均为上班族，可以申请将宝宝送至保育园，对象则从 0 岁起至小学入学之前，每个小区都设有儿童玩的公园。安倍当政以来，为鼓励更多女性进入工作岗位，不仅鼓励保育园的增设，还大幅提高保育士的待遇。2018 年 12 月 28 日，日本内阁会议上，安倍政府宣布多项补贴措施：自 2019 年 10 月开始，日本幼儿园和大学的学费将会减免，对于 3 岁至 5 岁的儿童，原则上都将享受免费教育；对于 0 岁至 2 岁的幼儿家庭，符合免除居民税条件的低收入家庭将享受免费化。从 2020 年 4 月开始，私立高中将实现免费化。高等教育将正式开始实施免费化，所有困难群体免费入大学，包括外国移民享受同等待遇。

资料来源：《日本正式决定实施 3 至 5 岁儿童教育免费化》，http：//world.people.com.cn/n1/2018/1228/c1002-30493905.html。

五　必须加强超大城市的谋划和治理

深圳必须树立高度的超大城市治理危机意识，高度重视城市复杂问题的治理，在城市基础设施建设、城市安全、城市治理体系和治理能力现代化等方面，大跨度、高标准超前谋划，为全国乃至全球城市树立超大城市治理的新标杆。

第一，建设一流的城市基础设施。按照全球城市标杆的标准，在借鉴先进城市经验、预测未来城市发展的基础上，科学规划建设城市的立体交通系统、地下综合管廊系统和垃圾分类收集处理系统，综合解决交通拥堵、排水不畅、道路反复开挖和垃圾围城等难题。

第二，推进智慧城市治理。运用5G技术、大数据技术和人工智能技术，构筑"城市智慧大脑"，实现城市治理科学化、精细化和智能化。一要建立5G高速通信网络，让大量一线实时信息能高速传输、交流、反馈；二要建立遍布城市各个角落和工厂、学校、医院和家庭的末端传感器网络，形成明亮细致的"城市眼睛"，做到能及时发现问题、预警问题；三要建立大数据存储、处理、分析和智能决策系统，形成高智能的城市大脑；四要建立"察消一体"的应急快速反应设备网络系统，及时高效处置各类突发事件，让问题解决在萌芽状态。以各种物联网技术手段和硬件建设为支撑，全面加强社会传染病防治、消防安全、社会治安、生产安全、食品药品安全和边坡地质安全隐患治理等领域的安全预防和监控，建设高度智慧化、智能化的城市公共安全智慧管理体系，实现对城市各类安全隐患监控全覆盖，主动动态消除安全隐患，提升安全预警预防能力。

第三，积极推进多元主体参与治理。牢固树立以人民为中心的发展理念，充分调动各主体积极性，形成多元主体参与的共建共治共享新模式。包括进一步提升多元参与的广泛性，进一步丰富多元共建共治共享的内容，进一步拓展多元共建共治共享的渠道和形式，进一步提升共建共治共享的成效等。

六　必须在发挥核心引擎作用中实现湾区协同发展

作为粤港澳大湾区的核心城市，辐射带动湾区发展，既是深圳自身发展的需要，也是深圳作为核心城市的责任。《粤港澳大湾区发展规划纲要》提出要优化提升香港、澳门、广州、深圳四大中心城市，增强对周边区域发展的辐射带动作用。《意见》要求深圳抓住粤港澳大湾区建设重要机遇，增强核心引擎功能。在助推粤港澳大湾区建设方面，通过前海深港现代服务业合作区、深港科技创新合作区的建设加强深圳与香港、澳门的合作，推进深莞惠联动发展，促进珠江口东西两岸融合互动，创新完善、探索推广深汕特别合作区管理体制机制等。

在粤港澳大湾区中，深圳是全球全国高端产业和各类人才的聚集地，深圳产业规模与质量、人口规模、资金规模等均位居前列，同时，由于深圳面积较小，经济和人口的密度也位居前列。2018年，深圳每平方公里产生GDP约12亿元，财税收入约4.6亿元。深圳等核心城市吸纳全世界的科技、产业、资金和人力资源，然后向湾区其他城市扩散和溢出，是湾区作为城市群发展的内在规律和现实要求。目前，湾区科技、产业和人口转移的机制、渠道还存在诸多障碍，突出表现在交通和公共服务的壁垒问题。发挥深圳在大湾区发展中的核心引擎作用，需要按照粤港澳大湾区规划纲要的要求，全面提升深圳综合交通枢纽的功能。如打造深圳国际航运综合服务功能，进一步提升港口、航道等基础设施服务能力，与香港形成优势互补、互惠共赢的港口、航运、物流和配套服务体系，增强港口群整体国际竞争力。构筑以广州、深圳为核心的湾区高速城际轨道交通系统，推广"一票式"联程和"一卡通"服务，实现高速轨道交通的公交化运营。加快深圳国际性综合交通枢纽建设。加快发展铁水、公铁、空铁、江河海联运和"一单制"联运服务。加快智能交通系统建设，推进物联网、云计算、大数据等信息技术在交通运输领域的创新集成应用，等等。加强湾区内部的互联互通，目前尤其需要在湾区内部构建一套集合高铁的速度优势和地铁的便捷优势、自成体系的轨道交通系统。通过大运力的高速城际轨道交通系统，实现湾区内部人口、物资的快速转移和湾区的一体化发展。[1]同时，公共服务壁垒也是严重制约湾区人口乃至产业转移的重大障碍。以区域化、身份化（户籍）等为特征的公共服务以及不同地区不平衡的公共服务水平，都影响了深圳等核心城市人口向周边的有

---

[1] 谢志岿：《粤港澳大湾区和大城市群城际轨道交通模式选择——对地铁化运营+高铁速度的城际轨道交通系统的探讨》，《城市观察》2018年第6期。

序转移，不利于带动周边城市的经济社会发展和城市化。因此，要发挥深圳的核心引擎作用，需要深圳与周边城市在公共服务领域实行合作，提升周边地区公共服务尤其是教育医疗服务的规模、质量和可及性，促进各类人才从深圳向周边城市扩散和流动，以提升整个湾区的发展水平，也为深圳等核心城市的发展赢得空间和产业腹地的支撑。

七 注意把握好建设先行示范区的节奏

一是奋发有为，只争朝夕。《意见》明确了2025年、2035年和21世纪中叶三个时间节点深圳的发展目标，这些目标都非常高远。特别是要成为中国建设社会主义现代化强国的城市范例以及全球标杆城市，表明深圳的任务异常艰巨，肩上的担子很重。对此，深圳市委书记王伟中强调："开局就是决战，起步就是冲刺。"[1] 深圳必须按照中央和省委的要求，振奋精神，以闻鸡起舞、日夜兼程、风雨无阻的精神，以屹立潮头、开拓创新、舍我其谁的勇气和担当，以勤勤恳恳、扎扎实实、只争朝夕的拼搏努力，完成党中央赋予深圳的光荣使命。

二是扩优势、补短板。虽然深圳的发展基础较好，但和中国特色社会主义先行示范区、社会主义现代强国城市范例、全球标杆城市的目标相比，差距还很明显，特别是在社会民生建设、法治城市建设、文化软实力和文化影响力等方面，即使在经济领域，也存在产业附加值偏低、在全球价值链分工体系中的地位不高、现代服务业能级偏低、源头创新能力不足等问题。深圳要按照《意见》的要求，认真按照《意见》提出的五个战略定位、三个阶段发展目标、五大领域（经济、民主法治、文化、社会民生、生态）、十三个发展重点、三大保障措施，形成先行先试项目清单、重大改革清单、开放清单、区域合作清单等。扩优势、找差距、补短板，把制约和影响深圳发展的各方面的问题一个个解决好，把有利于先行示范区建设的有利条件一个个创造好。

---

[1]《中共深圳市委六届十二次全会召开》，《深圳特区报》2019年9月18日。

三是稳节奏、防风险。中国特色社会主义先行示范区是一个长期的发展目标，在加快建设步伐的同时，也要注意把握节奏、突出重点、稳步推进、防控风险。无论是资本主义的现代化建设，还是社会主义的现代化建设，都需要遵循一定的发展规律，如对于基础研究的深耕、对于现代产业体系的培育、对于营商环境的营造、对于民生福利的促进、对于生态环境的改善，等等。经济、法治、社会、文化、生态是一个整体，要保持发展的高质量性、可持续性和环境友好性，不能为了发展经济牺牲民生幸福和生态环境，同样也不能脱离实际无限制扩大民生保障范围和水平。要分清主次，防止冒进，摊子铺得太大反而可能会影响到发展的节奏和速度。当前深圳尤其需要注意的一点是要戒骄戒躁，要时刻保持清醒和冷静的头脑。先行示范区是一项长期的事业，要防止一些机构特别是房地产公司炒作"先行区"的概念，人为抬高房地产价格和营商成本，影响深圳经济社会稳步有序发展。

"潮平两岸阔，风正一帆悬。"2017年，习近平在全国政协新年茶话会上的讲话中指出："新时代中国特色社会主义的航线已经明确，中华民族伟大复兴的巨轮正在乘风破浪前行。在这艘巨轮上，每一份力量都不可或缺。我们坚信，有中国共产党掌舵领航，有中国改革发展的浩荡东风，有全国各族人民扬帆划桨，中华民族伟大复兴的巨轮一定能够抵达光辉的彼岸！"深圳作为先行示范区，在中国特色社会主义现代化建设的征程中，承担着先行示范的重任，任务艰巨，责任重大，使命光荣。深圳必须能够牢记重托，在新时代走在最前列、在新征程勇当尖兵，为中国特色社会主义建设伟大事业谱写一份绚丽的深圳答卷。

参考文献

一 著作

[澳]戈登·柴尔德：《城市革命》，载《考古学导论》，安志敏、安永瑗译，上海三联书店 2008 年版。

[德]柯武刚、史漫飞：《制度经济学：社会秩序与公共政策》，商务印书馆 2004 年版。

[荷]阿瑟·莫尔；[美]戴维·索南菲尔：《世界范围的生态现代化》，商务印书馆 2011 年版。

[美]阿伦·拉奥（Arun Rao）、皮埃罗·斯加鲁菲（Piero Scaruffi），《硅谷百年史（创业时代、互联网时代、创新时代）》，闫景立、侯爱华、闫勇译，人民邮电出版社 2016 年版。

[美]布莱克：《比较现代化》，杨豫译，上海译文出版社 1996 年版。

[美]布莱克：《现代化的动力——一个比较史的研究》，景跃进、张静译，浙江人民出版社 1989 年版。

[美]理查德·佛罗里达：《创意阶层的崛起》，司徒爱勤译，中信出版社 2010 年版。

[美]刘易斯·芒福德：《城市文化》，宋俊岭等译，中国建筑工业出版社 2009 年版。

[美]乔尔·科特金：《全球城市史》，王旭等译，社会科学文献出版社 2006 年版。

[土耳其]奥尔罕·帕慕克：《伊斯坦布尔：一座城市的记忆》，何佩桦译，上海人民出版社 2018 年版。

《党的十九大报告辅导读本》，人民出版社 2017 年版。

《邓小平文选》第 1 卷，人民出版社 1994 年版。
《邓小平文选》第 2 卷，人民出版社 1994 年版。
《邓小平文选》第 3 卷，人民出版社 1993 年版。
《毛泽东文集》第 8 卷，人民出版社 1999 年版。
《毛泽东选集》第 4 卷，人民出版社 1991 年版。
《习近平谈治国理政》，外文出版社 2014 年版。
《习近平谈治国理政》第 2 卷，外文出版社 2017 年版。
《中国共产党章程》，人民出版社 2017 年版。
Mary Ann, O'Donnell and Jonathan Bach, Winnie Wong, *Learning from Shenzhen: China's Post – Mao Experiment from Special Zone to Model City*, Chicago: The University of Chicago Press, 2017, p. 20.
奥尔波特·波斯特曼等：《谣言心理学》，刘水平、梁元元、黄鹏译，辽宁教育出版社 2003 年版。
陈少兵、谢志岿等：《深圳社会建设之路》，中国社会科学出版社 2018 年版。
陈文主编：《经济特区的政治发展足迹——深圳的探索》，重庆出版社 2010 年版。
樊纲：《渐进之路》，中国社会科学出版社 1993 年版。
费孝通：《社会学概论》，天津人民出版社 1984 年版。
费孝通：《乡土社会》，上海世纪出版集团 2007 年版。
高屹：《历史选择了邓小平》，武汉出版社 2012 年版。
顾震宇等：《2018 国际大都市科技创新能力评价》，上海科学技术文献出版社 2018 年版。
国家统计局社会统计司编：《中国劳动工资统计资料 1949—1985》，中国统计出版社 1987 年版。
何传启主编：《如何成为一个现代化国家》，北京大学出版社 2017 年版。
何传启主编：《中国现代化报告 2011——现代化科学概论》，北京大学出版社 2011 年版。
何传启主编：《中国现代化报告 2013——城市现代化研究》，北京大学出版社 2014 年版。

何传启主编：《中国现代化报告 2018》，北京大学出版社 2018 年版。

何新：《哲学思考》（第 3 版），万卷出版公司 2013 年版。

［美］吉尔伯特·罗兹曼主编：《中国的现代化》，江苏人民出版社 2010 年版。

李必樟译编：《上海近代贸易经济发展概况（1854—1989）》，上海社会科学院出版社 1993 年版。

陆象淦：《走向二十二世纪——卡恩的大过渡理论》，辽宁人民出版社 1987 年版。

罗荣渠：《现代化新论——世界与中国的现代化进程》（增订本），商务印书馆 2004 年版。

罗荣渠：《现代化新论——世界与中国的现代化进程》，北京大学出版社 1993 年版。

毛少莹：《公共文化政策的理论与实践》，海天出版社 2008 年版。

南兆旭：《深圳记忆：1949—2009》，深圳报业集团出版社 2010 年版。

［美］萨拉蒙：《全球公民社会：非营利部门视界》，社会科学文献出版社 2007 年版。

深圳博物馆编：《深圳特区史》，人民出版社 1999 年版。

深圳经济特区年鉴编辑委员会：《深圳经济特区年鉴》，广东人民出版社 1991 年版。

深圳经济特区研究会编：《深圳经济特区改革开放专题史》，海天出版社 2010 年版。

深圳市史志办编：《深圳改革开放纪事 1978—2009》，海天出版社 2009 年版。

深圳市政协文化史和学习委员会主编：《深圳四大支柱产业的崛起：高新技术分册》，中国文史出版社 2010 年版。

深圳市政协文史和学习委员会编：《一个城市的奇迹》，中国文史出版社 2008 年版。

涂俏：《袁庚传：改革现场 1978—1984》，作家出版社 2008 年版。

汪敬虞：《赫德与近代中西关系》，人民出版社 1987 年版。

王海冬:《上海文化产业供给侧改革的制度研究》,上海社会科学院出版社2017年版。

王京生:《什么驱动创新——国家创新战略的文化支撑研究》,中国社会科学出版社2017年版。

王穗明主编:《深圳口述史(1980—1992)》(上下),海天出版社2015年版。

吴红婧:《职场丽人》,上海文艺出版社2006年版。

习近平:《决胜全面建成小康社会夺取新时代中国特色社会主义伟大胜利——在中国共产党第十九次全国代表大会上的报告》,人民出版社2017年版。

谢志岿:《村落向城市社区的转型》,中国社会科学出版社2005年版。

徐和平:《城市化历史演变与中国城市化未来发展研究》,人民出版社2016年版。

俞可平等主编:《海外学者论中国经济特区》,中央编译出版社2000年版。

张军:《深圳奇迹》,东方出版社2019年版。

张骁儒等:《以质取胜:全方位提升"深圳质量"研究》,海天出版社2015年版。

中共中央文献研究室编:《习近平关于社会主义经济建设论述摘编》,中央文献出版社2017年版。

中国现代化战略研究课题组、中国科学院中国现代化研究中心:《中国现代化报告2009——文化现代化研究》,北京大学出版社2009年版。

中国现代化战略研究课题组等:《中国现代化报告2005——经济现代化研究》,北京大学出版社2005年版。

中共中央宣传部编:《习近平新时代中国特色社会主义思想学习纲要》,学习出版社、人民出版社2019年版。

朱德米:《经济特区与中国政治发展》,重庆出版社2005年版。

朱铁臻:《城市现代化研究》,红旗出版社2002年版。

邹德慈等:《新中国城市规划发展史研究》,中国建筑工业出版社

2014 年版。

二　论文

"发达城市现代化评价指标体系研究"课题组：《中国发达城市现代化评价指标体系的建立》，《调研世界》2011 年第 12 期。

《从小学生数量看城市未来》，《统计与管理》2016 年第 7 期。

《龙华区 2017 年十大社会治理创新项目分享集》，中共深圳市龙华区委政法委员会，2018 年 4 月。

《全国首个"国家电子政务试点"深圳挂牌》，《领导决策信息》2006 年第 33 期。

《深圳成为我国电子政务领跑者》，《领导决策信息》2006 年第 40 期。

Bill Martin, "information Society Revisited: Form Vision to Reality", *Journal of Information Science*, Vol. 31, No. 1, 2005.

ProLogis, "China's Special Economic Zones and National Industrial Parks—Door Openers to Economic Reform", *ProLogis Research Bulletin*, Spring 2008.

The Economist, "Special Economic Zones. Not so special", April, 4th, 2015。

艾琳、王海熙：《"深圳 90"对工程建设项目审批制度改革的启示》，《中国行政管理》2018 年第 10 期。

曹海军、黄徐强：《"微协商"视角下的民主技术创新：基于深圳 L 区民生微实事治理的分析》，《天府新论》2017 年第 5 期。

陈洪博：《深化改革的又一重大部署——深圳加快国企改革与发展方案出台》，《特区理论与实践》2001 年第 4 期。

陈嘉明：《"现代性"与"现代化"》，《厦门大学学报》（哲学社会科学版）2003 年第 5 期。

陈俭、宋世云：《改革开放 40 年：经济发展路径、制度与经验——2018 年中国现代经济史专业委员会年会综述》，《中国经济史研究》2018 年第 4 期。

陈龙、孙芳芳、黄涛：《深圳市生态资源消耗与经济增长的脱钩关系研究》,《生态经济》2019 年第 3 期。

程佩璇:《近代西欧国家现代化与文艺复兴之关系探析》,《江苏教育学院学报》(社会科学版) 2006 年第 2 期。

崔孝松:《深圳历次行政管理体制改革述评及展望》,《特区实践与理论》2018 年第 6 期。

戴鞍钢:《上海开埠与郊县手工业的转型》,《社会科学》2015 年第 1 期。

丁学良:《"现代化理论"的渊源和概念构架》,《中国社会科学》1988 年第 1 期。

董晓远等:《深圳经济实现并有望持续较快增长》,《深圳经济发展报告 2018》,社会科学文献出版社 2019 年版。

范香:《深圳市城市社区公园的分类探讨》,载《规划 60 年:成就与挑战——2016 中国城市规划年会论文集(11 风景环境规划)》,2016 年 9 月。

国家发改委宏观经济研究院课题组:《全面建设小康社会的目标与指标选择》,《经济学动态》2004 年第 7 期。

韩骥:《上海实现高品质生活的内涵、特征及其实施路径》,《科学发展》2019 年第 8 期。

何传启:《知识经济与第二次现代化》,《科技导报》,1998 年第 6 期。

何星亮:《为什么要加快"人"的现代化建设》,《人民论坛》2019 年第 7 期。

何祎金、朱迪:《当代"新中产阶层"研究:概念、发展及趋势》,《青年探索》2019 年第 2 期。

黄乃文:《城市现代化:基本内涵与指标体系》,《暨南学报》(哲学社会科学版) 2001 年第 4 期。

姜长云:《深圳市打造高质量创新型经济体战略路径研究》,《区域经济评论》2018 年第 4 期。

黎东榕、骆意中:《论犯罪人的再社会化》,《中南财经政法大学研究生学报》2008 年第 4 期。

李灏:《关于深圳几项重大改革的回忆》,《特区实践与理论》2008

年第 3 期。

李慧明：《生态现代化理论的内涵与核心观点》，《鄱阳湖学刊》2013 年第 2 期。

李景鹏：《关于推进国家治理体系和治理能力现代化——"四个现代化"之后的第五个"现代化"》，《天津社会科学》2014 年第 2 期。

李培林、张翼：《中国中产阶级的规模、认同和社会态度》，《社会》2008 年第 2 期。

李元坤、叶霞飞：《城市轨道交通线网规模与人口和岗位密度之间的关系》，《城市轨道交通研究》2017 年第 7 期。

连樟文：《深圳"互联网＋政务服务"实践经验分享》，《求知》2016 年第 6 期。

刘博：《苏联的现代化发展模式及其启示》，《知识经济》2011 年第 2 期。

刘伟、范欣：《中国发展仍处于重要战略机遇期——中国潜在经济增长率与增长跨越》，《管理世界》2019 年第 1 期。

刘作丽、聂艺菲、张悦、潘峰华：《基于全球城市坐标系的首都功能再思考》，《城市观察》2019 年第 4 期。

卢波：《失踪的蛇口：25 年前民意测验推选管委会班子》，《瞭望东方周刊》2008 年 6 月 10 日。

罗荣渠：《现代化理论与历史研究》，《历史研究》1986 年第 8 期。

马松林、段亚兵：《深圳市竹园宾馆改革劳动工资制度的经验》，《经济管理》1984 年第 7 期。

欧小军：《世界一流大湾区高水平大学集群发展研究》，《四川理工学院学报》（社会科学版）2018 年第 3 期。

任明：《伦敦：以文化战略助推城市经济转型》，载《上海文化发展报告（2012）》，社会科学文献出版社 2012 年版。

邵鹏：《深圳法院司法改革脉络》，《特区实践与理论》2018 年第 4 期。

申立、张敏：《集群化与均等化：全球城市的文化设施布局比较研究》，《上海城市管理》2019 年第 3 期。

深圳市福田区发展研究中心：《深南—益田金融街产业规划布局研究报告（2016年）》。

宋林飞：《我国基本实现现代化指标体系与评估》，《南京社会科学》2012年第1期。

宋彦蓉、张宝元：《基于地区现代化评价的客观赋权法比较》，《统计与决策》2015年第11期。

孙立平：《后发外生型现代化模式剖析》，《中国社会科学》1991年第2期。

陶希东：《上海建设卓越全球城市的文化路径与策略》，《科学发展》2018年第12期。

佟宇竞：《全球超级城市经济体发展的共同特征及对我国的启示借鉴》，《城市观察》2018年第3期。

汪海波：《对发展非公有制经济的历史考察——纪念改革开放40周年》，《中国经济史研究》2018年第3期。

王名、李朔严：《十九大报告关于社会治理现代化的系统观点与美好生活价值观》，《中国行政管理》2018年第3期。

王明姬：《如何认识从2020年到本世纪中叶社会主义现代化建设两个阶段的丰富内涵——中国宏观经济研究院贯彻党的十九大精神系列研讨会报告之四》，《中国经贸导刊》2018年第4期。

王石：《深商与契约精神》，《万科周刊》2014年1月3日。

吴贵峰：《深圳市中产阶层家庭规模与中产阶层家庭户主人口结构特征分析》，《南方人口》2013年第5期。

吴贻永、葛震明：《联合国城市指标体系概述与评价》，《城市问题》2001年第3期。

吴永保：《城市现代化及其指标体系的构建与应用》，《城市发展研究》2001年第1期。

武刚：《深圳电子政务发展战略框架探讨》，《信息化建设》2002年第9期。

习近平：《关于坚持和发展中国特色社会主义的几个问题》，《求是》2019年第7期。

习近平：《在第十二届全国人民代表大会第一次会议上的讲话》

2013年3月17日。

夏先良：《当前深化负面清单制度改革的重大意义》，《学术前沿》2018年第7期（下）。

肖路遥：《广州实现社会主义现代化指标体系研究》，《决策咨询》2019年第2期。

肖宇亮：《中国民生问题的财政投入研究》，博士学位论文，吉林大学，2013年。

谢灵子：《电子政务效能》，《新闻研究导刊》2016年第15期。

谢志岿、李卓：《移民文化精神与新兴城市发展：基于深圳经验》，《深圳大学学报》（人文社会科学版）2017年第5期。

谢志岿、李卓：《深圳模式：世界潮流与中国特色——改革开放40年深圳现代化发展成就的理论阐释》，《深圳市社会科学》2019年第1期。

谢志岿：《粤港澳大湾区和大城市群城际轨道交通模式选择——对地铁化运营+高铁速度的城际轨道交通系统的探讨》，《城市观察》2018年第6期。

熊月之：《开放与调适：上海开埠初期混杂型社会形成》，《学术月刊》2005年第7期。

熊哲文：《深圳民主政治建设的回眸与前瞻》，《特区实践与理论》2010年第3期。

许勤：《我市力争2020年基本实现特区一体化》，《深圳特区报》2018年7月1日。

闫小培、翁计传：《现代化与城市现代化理论问题探讨》，《现代城市研究》2002年第1期。

杨进军：《深圳国企国际招标改革的八个突破》，《中国改革》2002年第12期。

杨重光：《中国城市现代化战略研究》，《理论与现代化》2004年第4期。

姚月、罗勇：《论现代化城市建设的评价体系与"因城施策"》，《规划师》2019年第4期。

尹栾玉：《协同治理视域下政府公共服务职能重构——以深圳"织

网工程"为例》,《北京师范大学学报》(社会科学版)2016年第2期。

俞可平:《增量民主:"三轮两票"制镇长选举的政治学意义》,《马克思主义与现实》2000年第3期。

张波:《上海高端人才空间集聚的SWOT分析及其路径选择——基于北京、深圳与上海的人才政策比较分析》,《科学发展》2019年第2期。

张敏:《全球城市公共服务设施的公平供给和规划配置方法研究——以纽约、伦敦、东京为例》,《国际城市规划》2017年第6期。

张扬文馨、谢志岿:《深圳基层民主的形式创新与制约因素》,《社会治理》2017年第1期。

张卓元、樊纲、汪同三、裴长洪、高培勇:《改革开放40年经济体制改革理论与实践》,《经济学动态》2018年第7期。

赵勇:《推进流程再造与建设"整体性政府"——大城市政府构建权力清单制度的目标指向》,《上海行政学院学报》2019年1月。

中国社会科学院舆情实验室、中国舆情调查与研究联盟、宜居中国联盟成员课题组:《宜居中国发展指数报告(2017—2018)》,中国社会科学网,资讯正文。

周会祥:《协商民主实践的内容与形式探讨——以深圳为例》,《特区实践与理论》2017年第1期。

周溪舞:《深圳以工业为主发展外向型经济的轨迹》,《特区理论与实践》2008年第4期。

周岚:《从战略性新兴产业看深圳改革创新之路》,载吴定海、董晓远编《深圳经济发展报告2019》,社会科学文献出版社2019年版。

朱孔来:《现代化进程的测算与实证分析》,《数学的实践与认识》2006年第1期。

三 报纸

《十年磨一剑——中科院深圳先进院探索科研机构体制机制创新纪

实》,《深圳特区报》2017年5月26日。

《"一带一路"助深圳提升开放发展能级》,《深圳特区报》2018年9月6日。

《"以房管人"增强管理合力》,《深圳特区报》2016年4月27日。

《2018年,深圳地铁给这座城市带来了什么?》,《深圳特区报》2018年12月26日第A18版。

《2018全球城市竞争力排行:中国9个城市进入TOP50(榜单)》,《21世纪经济报道》2018年10月14日。

《打造具有全球竞争力产业发展新引擎》,《深圳商报》2019年7月26日第A02版。

《改革点燃深圳教育发展引擎,实现教育跨越式发展的时代新篇章》,《羊城晚报》2018年12月26日。

《今年将全面补齐污水管网缺口》,《深圳晚报》2018年8月24日。

《纽约市是如何做到"住有所居"的?》,《羊城晚报》2017年11月4日。

《前海蛇口自贸片区累计制度创新成果442项》,《南方日报》2019年5月24日。

《全力打造"志愿者之城"3.0版》,《深圳晚报》2018年3月19日。

《深圳:一个城市的立法实践》,《民主与法制时报》2015年3月14日。

《深圳对口帮扶河源汕尾成效显著》,《深圳特区报》2019年3月7日。

《深圳国资全国布局210个产业园》,《深圳特区报》2019年8月15日第A01版。

《深圳商事主体总量318.8万户居全国大中城市首位》,《深圳商报》2018年5月29日。

《深圳特区经济动态》,《特区经济》1987年6月25日。

《深圳治安之变》,《深圳特区报》2007年5月29日。

《深圳中小企业达196.7万家》,《深圳特区报》2019年6月26日。

《市民教育获得感幸福感不断增强》,《深圳特区报》2019年1月17日。

《双创蓝皮书：深圳"双创"指数排名全国第一》，《21世纪经济报道》2018年6月21日。

《新加坡"文艺复兴"16年："文化沙漠"到"文化之都"的转身》，《文创中国周报》2017年2月28日。

《新时代新要求深圳教育谱写：幸福深圳的教育诗篇》，《深圳商报》2018年10月9日。

《中企海外经营需规避多种风险》，《深圳特区报》2019年3月29日。

北京市习近平新时代中国特色社会主义思想研究中心：《中国何以办成这么多大事》，《人民日报》2019年8月16日。

傅静怡：《对标国际一流营商环境深圳还有哪些可以做的》，《南方都市报》2018年8月17日。

蒋琛：《议事规则搭建有效自治平台》，《深圳特区报》2014年3月10日。

李庆：《〈深圳社会组织发展报告（2018）〉发布深圳每万名常住人口拥有社会组织8个》，《公益时报》2019年3月19日。

李希：在广东省庆祝改革开放40周年大会上的讲话，《南方日报》2018年12月19日。

深圳市中小企业服务署：《2018深圳中小企业最佳雇主出炉》，《深圳特区报》2019年1月22日。

王京生：《实现市民的文化权利——对首届深圳读书月的若干思考》，《深圳特区报》2001年1月11日。

王伟中：奋力谱写中国特色社会主义先行示范区壮丽篇章，《学习时报》2019年10月18日。

王伟中：《优化营商环境，从一张复印件开始》，《人民日报》2019年4月1日。

吴定海：解析深圳现代化密码，《学习时报》2020年2月10日。

夏磊：《通过"负面清单"重构政府和市场的关系》，《光明日报》2015年8月22日。

张惠屏等：《在深圳速度基础上再创深圳质量》，《深圳商报》2010年9月9日。

周晓虹：《国民性研究的当代趋势》，《中国社会科学报》2012 年 7 月 13 日。

四 网络

《2016 年中国政府民生支出绩效排名公布》，http：//www.sznews.com/news/content/2018-02/26/content_18523434.htm。

《2017 年 Q2 中国主要城市交通分析报告》，https：//www.sohu.com/a/160919180_483389。

《2017 年度深圳市地价状况分析报告》，https：//wenku.baidu.com/view/5d9bd2a8185f312b3169a45177232f60dccce754.html。

《2017 年深圳教育工作总结》，深圳市教育局（http：//szeb.sz.gov.cn/xxgk/flzy/ghjh/gzjhjzj/201805/t20180502_11807264.htm）。

《2017 年中国常住人口流入量最多的十个城市，人口是重要的资源》，https：//baijiahao.baidu.com/s?id=1597231677624058501&wfr=spider&for=pc。

《2017 年中国信息社会发展报告》，http：//www.askci.com/news/chanye/20171229/090004115006_2.shtml。

《2018 年深圳市国民经济和社会发展统计公报》，2019 年 4 月 19 日，深圳市统计局（http：//tjj.sz.gov.cn/zwgk/zfxxgkml/tjsj/tjgb/201904/t20190419_16908575.htm）。

《2019 全球生活报告：全球房价最高的三个城市均位于亚洲》，www.chinairn.com/hyzx/20190413/162040152.shtml。

《20 年间年均 GDP 增长 29.5% 深圳经济创造世界奇迹》，2002 年 9 月 26 日，新华网（http：//news.sohu.com/36/71/news203387136.shtml）。

《第一批全国文明城市（区）、文明村镇、文明单位名单》，2005 年 10 月 28 日，中国文明网（http：//www.wenming.cn/wmcj_pd/wjzl/201102/t20110223_76173.shtml）。

《东莞 73 家企业纳税过亿 20 多项指标居全省地级市前列》，http：//news.sun0769.com/dg/headnews/201601/t20160108_6174305.shtml。

《高新技术产业支撑起工业"龙头"——打造以先进制造业为主的工业体系》，https：//www.sohu.com/a/281808043_120040259。

《华为，下一步如何作为？——对话任正非》，http://www.xinhuanet.com/2018-04/05/c_1122642170.htm。

《汇川技术研发运营中心开工建设》，http://epaper.timedg.com/html/2019-06/05/content_1579549.htm。

《倪鹏飞：深圳最核心的竞争力在于它的制度和文化》，2010年8月17日，人民网（http://politics.people.com.cn/GB/99014/12462337.html）。

《全国首个：深圳工业增加值破9000亿元》，2019年2月2日，澎湃新闻（https://www.thepaper.cn/newsDetail_forward_2945170）。

《人才争夺战，深圳如何"俘获"更多人心?》，https://www.sohu.com/a/233702501_99890228。

《如果深圳也老了》，www.nbd.com.cn/articles/2018-10-26/1266867.html。

《深圳：实施最严格知识产权保护》，http://ip.people.com.cn/n1/2018/0720/c179663-30159680.html。

《深圳对华为或失去吸引力　房地产过度发展将挤出工业》，http://finance.sina.com.cn/roll/2016-05-23/doc-ifxsktkr5891842.shtml。

《深圳高新技术产业发展概况》，1999年1月28日，国务院新闻办公室网站（www.scio.gov.cn）。

《深圳更新养老模式，开启智慧养老探索》，新浪深圳（https://m.sohu.com/a/284971527_120045187）。

《深圳公安：大数据+视频打造高安全感城市》，https://e.huawei.com/cn/publications/cn/ict_insights/201711071509/public/201711101101。

《深圳市属国资国企2017社会责任报告》，http://www.sz.gov.cn/cn/hdjl/zjdc/201804/t20180413_11759233.html。

《世界一二线城市排行榜新鲜出炉，为何广州力压深圳?》，2018年11月15日，大湾区官微（http://u.focus.cn/profile/156203171/zixun）。

《松山湖再划383亩地给华为建房》，http://news.sun0769.com/dg/headnews/201607/t20160715_6732412.shtml。

《谈建设体育强国，习近平总书记这些论述掷地有声》，人民网（http://cpc.people.com.cn/xuexi/n1/2018/0819/c385474-30237186.html）。

《习近平对深入推进新型城镇化建设作出重要指示》，人民网（http：//politics. people. com. cn/n1/2016/0223/c1024 - 28144199. html）。

Welcome to Silicon Delta：Shenzhen is a hothouse of innovation，http：//www. economist. com/news/special - report/21720076 - copycats - are - out - innovators - are - shenzhen - hothouse - innovation? from = groupmessage&isappinstalled =0。

［美］查理·芒格：《比亚迪电动车和单轨产业将大展宏图》，http：//oip. byd. com/sites/Satellite? c = News&cid = 1514432827972&d = Touch&pagename = BYD _ DEVELOPER% 2FPage% 2FNews% 2FNews Detail&rendermode = preview。

马兴瑞：《在广东省市厅级主要领导干部学习贯彻〈关于支持深圳建设中国特色社会主义先行示范区的意见〉专题研讨班上的讲话》，http：//epaper. southcn. com/nfdaily/html/2019 - 09/13/content _ 7821683. htm。

老亨：《深商的精神》，2016 年 11 月 15 日，全民阅读网（https：//v. youku. com/v_show/id_XMTc4Mjk1NDYxNg%3D%3D. html）。

李希：《在〈中共中央 国务院关于支持深圳建设中国特色社会主义先行示范区的意见〉专题学习会上的讲话》，2019 年 9 月 4 日，http：//www. gd. gov. cn/gdywdt/gdyw/content/post_2597562. html。

林宝、隆学文：《发达国家政府公共服务支出的变化趋势及启示》，http：//blog. sina. com. cn/s/blog_5f2cfc110100ehgk. html。

任泽平：《新加坡住房自有率超我国怎么做到的》，https：//baijiahao. baidu. com/s? id =1612645213168451153&wfr = spider&for = pc。

任正非：《华为已经攻入科技无人区》，http：//finance. sina. com. cn/roll/2016 - 06 - 02/doc - ifxsvexw8308705. shtml。

深圳市城市管理和综合执法局：《深圳市全市绿道数据（2018 年 12 月）》，http：//cgj. sz. gov. cn/zjcg/md/201812/t20181225_14946984. htm。

深圳市科技创新局：《深圳市高技术产业发展情况（2018 年产值）》，http：//stic. sz. gov. cn/zxbs/kjtj/201908/t20190808_18130993. htm。

深圳市生态环境局：《2018 年度深圳市环境状况公报》，http：//wap. sz. gov. cn/zfgb/2019/gb1098/201904/t20190429_17146765. htm。

深圳统计局:《科技创新成就中国硅谷》, http://www.sz.gov.cn/sztjj2015/xxgk/zfxxgkml/qt/gzdt/sjdt/201812/t20181217_14915926.htm。

文静:《落户这16座城市怎么选?住房教育医疗大数据告诉你》, http://dy.163.com/v2/article/detail/DNFJK5DQ0521DFOV.html。

吴俊忠:《胡经之:深圳学术文化建设的先行者》, 2018年9月28, 深圳之窗 (https://city.shenchuang.com/city/20180928/1433780.shtml)。

习近平:《发展是第一要务, 人才是第一资源, 创新是第一动力》, 新华网 (http://www.xinhuanet.com/politics/2018lh/2018-03/07/c_1122502719.htm)。

亿欧智库:《2018年中国人工智能产业发展城市排行榜》, https://www.sohu.com/a/255644855_100134151。

张五常:《深圳是个现象吗?》, 爱思想 (http://www.aisixiang.com/data/116239.html)。

中国政府网, (http://www.gov.cn/jrzg/2013-11/15/content_2528179.htm。

后　记

　　后发国家的现代化道路，从来都不是平坦的。改革开放 40 年来，中国为实现国家的现代化，提升十几亿人民的福祉，进行了卓有成效的探索。2019 年，中国经济总量接近 100 万亿元、人均国内生产总值突破 1 万美元，使世界上这一人口最多国家的绝大多数人民成功摆脱了贫困。为后发国家成功实现现代化提供了一个样本。

　　而深圳，则是中国现代化的成功样本。1980 年，深圳是一个 GDP 不到 3 亿元，常住人口 30 多万人的农业县，2019 年，深圳发展成为 GDP 逾 2.6 万亿元，常住人口 1300 多万人，人均 GDP 全国第一的现代化高科技城市，创造了世界现代化、城市化历史上的奇迹。2019 年，中共中央总书记习近平指示深圳"朝着建设中国特色社会主义先行示范区的方向前行，努力创建社会主义现代化强国的城市范例"，2019 年 8 月，中共中央国务院印发《关于支持深圳建设中国特色社会主义先行示范区的意见》，将支持深圳建设中国特色社会主义先行示范区上升为国家战略。

　　深圳为什么能在如此薄弱的基础上创造现代化的奇迹？目前有多种解释。在深圳经济特区成立 40 周年之际，本著作在吸收借鉴已有研究的基础上，从学者视角对深圳的现代化密码进行了较为全面系统的研究和总结，具有如下特点。一是按照"五位一体"的总体布局对深圳现代化成就和经验进行总结，注重全面性和系统性。二是将深圳的现代化探索置于中国特色社会主义现代化和世界现代化潮流的总的背景下，既突出深圳作为中国特色社会主义现代化缩影的特色，也揭示深圳现代化发展在世界现代化潮流中的普遍性与合规律性。三是既总结深圳现代化的成就，也分析评价深圳现代化发展所处的阶段和存在的短板，并对深圳建设中国特色社会主义先行示范区的未来发展做出预判。

本书稿由课题负责人吴定海负责研究统筹和统稿审定，由谢志岿负责拟定研究提纲、各章提要及课题的具体组织，各章节具体分工如下。

导　　论　谢志岿、李　卓、张志宏

第一章　倪晓锋、邓敏玲

第二章　关万维

第三章　廖明中、杨海波、王岳龙

第四章　徐宇珊

第五章　杨立青

第六章　张　馨、张志宏

第七章　吴燕妮

第八章　施　洁

第九章　张彩宏、张扬文馨、谢志岿

书稿在研究写作过程中得到了省、市相关领导和部门的关心和支持，得到了深圳学派建设专项资金、深圳市哲学社会科学规划课题（SZ2019A003）和深圳市人文社会科学重点研究基地的资助，在此深表感谢。由于时间仓促，作者水平有限，著作不足之处在所难免，敬请方家批评指正。

2020 年 4 月 20 日